하나님의 선물

One Class One School

하나님의 선물

One Class One School

오성연 지음

YAS야스

추천사

존경하는 오성연 장로님께서 교육선교의 중요성을 알리는 책을 펴내신 것을 기뻐합니다. 선교 역사에 있어서 효과적인 교육이 함께 동반되었던 사역은 풍성한 열매를 맺었으나 그렇지 않은 선교사역에는 많은 문제점들이 발생하였습니다. 교육을 통해 그 지역의 올바른 일꾼이 양성되지 않은 까닭입니다. 대한민국을 이룬 선교 사역의 열매는 선교사들이 세운 미션스쿨의 열매였습니다. 교육이 교회학교 교육에만 머물지 않고 많은 사립학교를 통해 세상속으로 뻗어가는 선교사역이 이루어진 것입니다.

오성연 장로님은 한동국제학교 사역을 비롯하여 중국 도문, 필리핀 민다나오, 캄보디아. 아프가니스탄 등 많은 선교지역에 교육선교를 현장에서 실천한 분입니다. 장로님이 체험한 교육선교의 사례를 되돌아보고 앞으로 나아갈 방향을 제시해주신 귀한 책을 남겨주시는 것은 한국교회와 선교에 큰 지침이 될 것입니다. 이 책이 마무리되는 시점에 장로님의 건강이 안좋아지셔서 마음이 아픈 상황속에서 추천사를 쓰게 되었습니다. 하나님께서 장로님의 귀한 삶과 사역을 통해 영광받으셨으리라 믿습니다 이 책을 통해 교육선교의 새로운 방향이 제시될 줄 믿고 추천합니다.

이재훈 목사(온누리교회 담임목사. 한동대학교 이사장)

머리말

가르침과 배움은 하나님이 주신 선물이다. 그러나 세상에는 말도 하고, 알아듣기도 하지만, 글을 배우지 못해 글을 못 읽는 사람들이 너무 많다. 이들을 문맹자라 한다.

전 세계 인구 74억명 중에 약 24억명 만이 글을 읽고, 이해하는 '문해자'이다. 즉 약 50억명은 말은 듣고 이해 할 수는 있으나, 글로 설명하면 모르는 "문맹자"들이란 뜻이다.

이러한 문맹자가 우리 가까이에 있다면, 아니 우리의 부모나 자식들이라면 어떻게 해야 할까?

아프리카에 32개 국가와 인도차이나 반도 5개 국가는 무슬림으로 대부분이 문맹자이다. 이들은 성경에 무슨 내용이 써있는 줄은 모르지만, 말로 설명을 해주면 알아 듣는 사람들이다. 그래서 선교사가 필요한 경우이다.

개신교의 시작은 종교 개혁으로 1517년 활자 문화와 함께 시작되었다. 이 말은 글을 가르치는 교육이 얼마나 중요한지를 상기시키며, 어쩌면 글을 읽고 이해할 수 있는 자 만이 복음을 받아 들이고 그리스도인이 될 수 있음을 시사하는 말이기도 하다.

"사람을 변화 시키는 가장 강력한 무기는 교육이다"라고 남아프리카 공화국의 노벨상 수상자 넬슨 만델라가 말했다. "교육은 삶이며 삶은 교육이다"는 국립 교원 대학교 교육 박물관에 쓰여 있으며, "아는 것이 힘이다"는 프랑스의 철학자 프란시스 베이컨이 말했다. 다시말해 교육 만이 사람이 사람답게 살 수 있다는 것을 설명하는 말이다.

이제 시급한 것은 난민교육이다. 자신들의 국가를 탈출해 난민으로 살아가는 사람들은 다음과 같다. 아프가니스탄, 이란, 이라크, 시리아, 방글라데시, 알제리, 수단, 리비아 소말리아, 예멘, 파키스탄, 인도네시아 등이며 이들 12개 국가의 전체 국민은 이슬람 신앙을 가지고 있다. 이들 난민 중 50%는 청소년들이다. 그리고 이들의 부모들은 당장 시급한 것은 교육이라 말한다.

난민들이 정착을 희망하는 국가는 다음과 같다. 호주, 독일, 영국, 스위스, 이태리, 프랑스, 캐나다, 미국, 덴마크 로 약 9개 국가는 전체 국민의 63% 이상이 모두 천주교, 개신교, 성공회로 기독교 국가들이다.

아래는 난민들에게 어느 것 하나도 뺄 수 없는 깊이 생각하며 찾아봐야 할 제목들이다. (1) 국제적으로 난민을 총괄하는 단체가 없다. (2) 총괄하는 단체는 UN HCR(UN High Commissioner For Refugee)뿐이다. (3) 각 민족이나 종족, 국가의 목회자, 상담자가 없다. (4) 언어권 별로 교육의 기회 제공을 희망한다. (5) 영어와 컴퓨터 교육이 필요하다. (6) 난민은 그리스도의 복음을 잘 받아 들인다. (7) 해외 난민의 역사는 약 10년이 되었다.

이들을 교육을 하는데 있어 큰 문제점은 현지인과 차별화 교육을 실시하는 것이다. 이유는 현지인과의 실력 차이가 많기 때문이다.

"지난 세월 약 2000년을 보면, 예수님 탄생 이후에 이러한 대규모 난민은 없었다. 난민 8,000만 명을 어떻게 한 나라에서 수용할 수 있는가? 인류는 말세를 준비하는가? 아니면 선한 방법을 찾고 있는가? 하나님의 심판을 받을 것인가? 난민 정착 국가 만을 선택할 것인가? 영어와 컴퓨터를 교육하여 난민을 수용하는 것을 국가적인 책무로 이해할 것인가?"

이는 중동 지역에서 약 10여년을 봉사한 한국 선교사 의견을 참고하여 이러한 교육에 대한 의견을 내어 놓았다. 학교 설립과 운영은 하나님께서 기뻐하시는 선한 일이다. 지금까지의 문제점은 학교 규모의 설계가 과도히 크게 되었던 점, 현지 실정에 맞지 않았던 점들이었지만 그럼에도 불구하고 모두가 필요한 일들이었다.

2023년 8월

오성연 장로

차례

한국 한동국제학교 / 1

중국, 길림성 도문시 도문시 인터 직업 양성 학교 / 89

필리핀, 민다나오섬 Cagayan De Oro Hope School / 207

캄보디아 Vot Beng Friend Primary School / 261

Afghanistan, Jouguri [하자라 족을 위한 학교] 설립 / 299

한반도 사이버 평생 교육원 / 371

학교 설립 실패 및 오해 사례 / 429

한국뉴욕주립대학교 / 529

One class One school / 573

한국, 경북 포항시 흥해읍 남송리 3

한동국제학교

2001년 5월 10월 ~ 2004년 2월

세상에 남기고 싶은 몇 가지가 있으니, 중학교-고등학교를 합하여 선교사 자녀(Missionary Kid's)를 위한 [교육]과 [학교]였다. 이 일은 [미국, 감사 기도회]가 선교사 자녀를 위한 학교를 한국 경상북도 포항시에 [한동국제학교]를 설립하여 운영함으로 이루어졌다.

[한국 역사]와 [한국어] [체육] 시간을 제외하고는 모든 수업을 영어로 교육하는 [국제학교]로, 학교 법인 [한동국제학교]가 운영하는 [사회 교육원]을 개설하여 대안 학교로 중학교-고등학교를 개교할 수 있었다. - 2001년

한동대학교 부설 [한동국제학교]가 개교하였으니, 이 학교장 임명을 〈한동국제학교 운영위원회〉가 담당하므로 설립 목적은 달성한 셈이다. 재정 지원은 〈미국, 감사 기도회〉가 원화 50억을 현금으로 지원하겠다는 약속으로 개교하였다. 재정 지원은 학교 법인에 별도 회계로 [장학금]을 두어 관리하였다. [한동국제학교]는 〈또 감사 기도회〉가 〈또 감사 홈 선교 교회〉로 명칭을 변경하여 50억으로 설립-운영이 시작되었다. - 2001년

여기서 [한동국제학교] 설립 운영 배경은 〈어떻게 접촉하였는가〉, 〈무엇을 후원하였는가〉, 〈어떠한 절차로 재정지원 하였는가〉를 설명하므로 학교 설립 운영에 도움이 되고자 하였다. 이러한 절차마다 보관한 사진을 중심으로 설명과 의견을 더하였다. 또한 사진을 보며 기억을 되살려 보았기 때문에 빠진 것이 많았음을 알려둔다.

> [감사 기도회] → [또 감사 기도회] → [또 감사 홈 선교 교회] 발전과 기부금 약속은 다음과 같다

아래 내용은 여름방학이면 이영덕 이사장과 김영길 총장이 미국을 방문하여 학교 소개와 기부금을 모금한 내용이다.

미국 Los Angeles 한인 타운에 Oxford Palace Hotel에서 사장님(처음 만나는 분으로)면담을 호텔에 요청하였더니, 오늘은 안 되며, 2일 후에 이곳에 오시면 문의하여 가능할 지 모른다는 호텔 측의 답변을 들었다. - 2000년 9월

그 후 [학교 설립 설명회] 모임이 이 호텔의 business center에서 약 20명이 첫 번째로 모였다. 이 설명회는 2000년 10월 5일, 저녁 7시에 시작하여, 4시간 반을 학교 설립에 관하여 소개하였다. 나의 소개와 주로 참석자의 질문으로 이어졌다.

한동국제학교(안)설립 제안 전체를 듣고 난 후, 기부금 총액 US$5,000,000를 (당시 환율 = 1300:1) 원화로 제안하였더니, 500만 달러를 50억으로 바꾸자는 것뿐이었다. 〈내가 꿈 속에서 듣고 있는 것이 아닌가〉 생각되었다. 그리고 그들은 〈2000년 12월에 한국을 방문하겠다〉는 놀라운 답을 했다. [한동국제학교]가 설립된 경위를 처음 여기에 기록한다.

1. [감사 기도회] 탄생 – 옥우원 장로의 이야기 소개

1998년 한국의 외환위기 때의 일로 한국의 외환위기를 걱정하며 모두가 기도하던 때였다. 한국 선교사님들 대부분은 한국의 외환위기로 귀국해야 한다는 소식이었다. 이때 성도 몇몇 사람이 모여 계속해서 기도하고 있었다.

미국, Los Angeles 한인 타운 2층에서 기도 모임을 했는데, 〈목표는

US$100만 모금 운동이었다. 1999년부터 1년 동안의 모금액 목표를 US$1,000,000로 정했다. 그리하여 5명~10명 정도가 날마다 기도했는데 정확히 1년 동안에 US$100만 달러가 헌금되었다. 지나고 보니 모금자 이름이 없었다. 그 해 1999년 1년 동안에 100만 달러 헌금에 감사하며, 〈모금자〉의 이름을 **〈감사 기도회〉**라고 모금 후에 이름을 붙였다. 이때 모금한 1999년 액수는 총액 US$1,000,000이었다. 그 당시 해외 파송 한국 선교사 약 2,500여(?)명에게 1인당 송금한 금액은 한 가구당 평균 US$200~US$500 씩이었다. 그 때 책정한 금액 기준은 알 수 없었다.

이 모금 과정 중에 처음으로 알게 된 사실은 **〈선교사 자녀 교육〉**이며, 한국 선교사들의 자녀 교육(Missionary Kid's Education)은 개인적인 사항으로 지금까지 이해되었으며, 선교사 자녀 교육에 대해서는 별 이해가 없었던 때인 듯하다.

지금까지 한국 선교사 자녀 교육비는 구체적으로 생각해본 적이 없었으며, 선교비에 포함되는 줄로만 알았다. 자녀 교육을 염려하면 선교사의 [영성]에 문제 있는 것으로 여기었다. 이러한 형편인 줄은 전혀 몰랐으니, 늦게 알게 된 사실이 부끄러운 일이 아닐 수 없다. - 옥우원 장로님이 후에 한 이야기 -

2. [또 감사 기도회] 동기

〈선교사 자녀 교육에 가장 어려움이 있다〉는 것을 알고부터는 선교사자녀 학교를 찾아 보았으나, 한국 선교사 자녀 교육 단체(학교)는 한국을 포함해 어느 곳에도 없었다(1999년~2000년 당시). 그래서 어떠한 방법이 없을까? 하던 차에 〈한동국제학교(안) 설립〉을 2000년 10월 5일에 미국에서 듣게 되었던 것이다.

이미 대학교로 설립된 한동대학교(1995년 설립) 부설 선교사 자녀학교 설립은 그야말로 쉬운 일이며, 학교용 대지도 준비되어 있었으니, 한동대학교 대지 32만 평 중에서 [선교사 자녀 학교]는 쉽게 준비 할 수 있었다.

〈선교사 자녀 학교 설립〉에 필요한 몇 가지 요건만 갖추면, 한국 어디서도 찾아 볼 수 없었던 [한국 선교사 자녀 학교]가 설립될 수 있었다.

이것 또한 감사할 일이라고 하여 처음으로 **〈또 감사 기도회〉**란 이름이 탄생했다. 즉 〈한동대학교 부설 한동국제학교〉가 설립되는 계기가 되었으며, 설립 초기에는 최진 목사님(감리 교단)이 동역하였다.

3. [또 감사 홈 선교 교회] 설립

미국, Los Angeles 한인타운의 동일한 건물의 [홈 선교 교회, 담임 목사 = 최경욱/Timothy], 교회와 기도회가 연합하여 [또 감사 홈 선교 교회]가 탄생했다. 그리하여 2개 단체가 연합하여 오늘의 [한동국제학교]가 탄생하게 되었다.

즉 모금 단체는 [감사 기도회-1999년] → [또 감사 기도회-2000년] → [또 감사 홈 선교 교회-2001년]로 발전하였으며, 한국 선교사 자녀 교육을 오늘의 〈또 감사 홈 선교 교회〉가 재정 후원하므로 [한동국제학교]라는 이름으로 발전하며 설립 운영하게 되었다.

*   *   *

다음은 [또 감사 기도회]는 한동대학교 학교 법인에 설립 자금을 기부한다는 뜻을 밝히는 〈기부 의향서〉를 공식적인 절차를 통하여, [기부 의향서]는 한동대학교 이영덕 이사장에게 제공하며, 한동대학교 이영덕 이사장은 [이행 확인서]를 [또 감사 홈 선교 교회]를 대표하는 장도원 장로에게 제공하는 행사를 가졌다.

이러한 [기부 의향서]에 따라서 [한동국제학교] 설립재정 50억이 확보되었다. 우리나라 선교사 자녀 교육 단체로 즉 한국에서는 처음으로 **[경상북도 포항시 북구 남송리 3번지, 한동대학교 부설 한국 선교사 자녀학교 한동국제학교가 설립 탄생]**하게 되었다.

이렇게 [학교]의 기본으로 〈교무 행정 업무〉와 〈학생 업무〉 〈기숙사 규정〉 〈일반 행정〉 등은 준비 없이, [학교]는 가르침과 배움이 즉 우선 교육만 있으면 된다는 생각으로 [사회 교육원]에 중학교-고등학교 통합과정을 두어, [한동국제학교]라고 하였다.

기 부 의 향 서

미국의 Los Angeles 「또감사」 기도회는 한마음 교회의 해외 선교모임의 다른 이름으로 학교법인 현동학원 한동대학교에 아래와 같은 6개항의 사업과 조건을 제시하면서 한동국제학교(선교사 자녀를 위한 학교)에 소요되는 비용(예산) 전부를 「또감사」 기도회가 기부할 것을 약속하고 이 기부 의향서를 작성합니다.

제1항 제안 사업

학교법인 현동학원 부설로 중학교 및 고등학교(미국 학제 7학년부터 12학년까지) 과정의 한동국제학교를 설립하여 한국인 해외 선교사 자녀를 교육·양성토록 한다.

제2항 설립정신의 유지·발전

한동국제학교는 「대한민국의 교육이념과 기독교 정신에 입각한 전인적 교육을 실시하고 21세기 국제화 시대를 맞이하여 세상에 영향력을 행사할 수 있는 미래 지도자를 양육함을 목적으로 한다」 의 설립목적에 따라 해외에서 선교활동하는 선교사 자녀를 위한 특성화된 국제화 교육기관으로 유지·발전토록 한다.

제3항 설립과 운영

제1항 사업수행을 위한 일체의 업무는 학교법인 현동학원 한동대학교에서 운영토록하며, 학교법인 현동학원 이사회는 「또감사」 기도회가 제시하는 사업 수행(한동국제학교의 설립과 운영)을 원만히 운영할 수 있도록 보장해 주어야 한다.

제4항 설립과 운영의 이행 보장

「또감사」 기도회는 학교법인 현동학원 이사회에서 적법한 절차를 통하여 위 제2항 및 제3항을 이행하려는 이사회의 「이행확인서」를 받고자 한다.

제5항 기부금 출연

「또감사」 기도회는 위 제1항에서 제4항까지 한동국제학교의 실립 및 운영을 위해 2001년부터 2003년까지 미화 $5,000,000을 출연키로 하되, 2000년 11월중 $1,000,000을, 2001년 3월 이전에 $1,000,000을 우선 출연키로 하고, 나머지 $3,000,000은 2001년, 2002년, 2003년 동안 분할하여 출연키로 한다.

제6항 기부금 출연 방법

기부금 출연은 L.A 한동국제재단 (Handong International Foundation)을 통하여 기부키로 한다.

2000 년 11 월 4 일

한마음 교회 당회장   최   진

「또 감사」 기도회 회원

박종윤   장도원

문현덕   장진숙

Brian Yoo   옥우원

서정림   옥선영

김호진   옥창호

지현석   옥성은

학교법인 현동학원 이사회 귀중

이 행 확 인 서

학교법인 현동학원 이사회는 한마음교회 해외선교모임인 「또감사」 기도회 회원으로 하여금 한동국제학교 설립과 운영을 위한 제안 및 이에 따른 기부의향서를 받고,

「또감사」 기도회의 제안에 전적으로 동의하며, 그 제안에 따른 학교 설립과 운영을 성실히 이행할 것을 확인하며 전체 이사들이 서명합니다.

2000 년   11 월   24 일

학교법인 현동학원   이사장 이 영 덕

이사 김 종 원 _____   이사 김 선 도 _____

이사 김 성 호 _____   이사 정 진 경 _____

이사 변 성 학 _____   이사 서 영 욱 _____

이사 박 영 관 _____   이사 정 근 모 _____

이사 김 영 길 _____   이사 김 현 호 _____

이사 김 수 광 _____   이사 강 호 규 _____

이사 양 민 정 _____   이사 박 진 우 _____

2000년 12월

한동국제학교 이영덕 이사장은 〈장도원 또 감사 홈 선교 교회 장로 Forever 21 회장으로부터 50억 기부 증서〉를 받았으며, 이 증서를 받은 날로부터 3년 내에 현금으로 50억 원을 한동대학교 법인에 기부 입금하였다.

이 학교는 **선교사 자녀(missionary kid's = MK) 학교를 설립하고, 운영한다**는 조건이었다. - 2000. 12. 9

이영덕 이사장(1926. 3. 6~2010. 2. 6)은 한국 국무 총리(1994. 4~1994. 12)를 지냈으며, 서울대학교 사범대학교 교수를 역임하였다. 장도원 회장(1954. 3. 20~)은 재미 사업가로 〈미국, Forever 21 창업자로, 1년 매출액 5조원을 달성하여 세계 540대 부자〉에 이름을 올렸다.

장도원 회장(FOREVER 21. 창업자)은 [또 감사 홈 선교 교회]를 대표하여, 선교사 자녀 Missionary Kid's = MK 학교 교육에 뜻을 두었으며, 2000. 12.~ 2004. 5.까지 〈**한화 50억 원**〉을 [학교법인 한동대학교]에 교육 기부금으로 납입하여 [한동국제학교 설립비]로 사용하였으니, [한동국제학교 설립]은 [**미국, 또 감사 홈 선교 교회**]의 기부로 이루어졌다.

[한동국제학교]는 2001년 5월 28일에, 경상북도 포항시 흥해읍 남송리 3번지에 [한동대학교] 부속으로 설립되었으며, 아래의 학교 명패로 개교하였다.

이 학교는 예수 그리스도의 복음을 가장 일선에서 전하는 한국 선교사 자녀 교육을 위하여 쓰임 받을 것이며, 또한 이러한 복음을 전하는 사람을 돕는 자녀도 해당한다. - 2001년 4월

[학교]의 교무와 학생 업무를 **[한동국제학교]**는 〈어떻게 시작했으며〉, 〈개교에 어려운 점은 무엇인가〉에 초점으로 설명하였으니, 즉 학교 설립, 개교, 운영에 관한 업무를 소개하였다.

[학교]는 교무, 학생 회의가 있으니 당연히 교장, 교감이 회의를 주관하였으나, 개교 6개월 후에는 [교감]이 모든 회의를 주관했으며, 전체 학생 조회도 권효성 교감이 영어로 진행하므로 국제학교 면모를 갖추게 되었다.

2001년 5월

〈하나님께 감사와 영광을!〉〈꿈은 이루어진다〉〈널리 알리어 누가 이러한 꿈을 꾸는지...〉를 알려야 하는지는, 오직 1년이 못 되어 한동국제학교는 개교하게 되었다. 한동국제학교 탄생의 주역들이 한 자리에 모였다. - 2000. 9. ~ 2001. 5. -

뒷줄 오른편부터 엄기력 본부장(한동대), 이경태 교무과장(한동대), 구자문 도시건설 공학부 교수(한동대), 지현석 사장(미국, 후원자), 옥창호 사장(미국, 후원자), 옥우원 사장(미국, 후원자), 장도원 회장(미국, 후원자), 권상석 후생 과장(한동대), 김호진 사장(미국, 후원자), 이기준 전산 실장(한동대)

앞줄 왼쪽부터 권효성 한동국제학교 교감, 오규훈 교목실장(한동대), 이평수 경리과장(한동대), 정기섭 학사 부총장(한동대), 조준탁 부속실 실장(한동대), 김영애 김영길 총장 사모(한동대), 정확실 이영덕 이사장 사모(한동대), 최진 목사(미국, 후원자), 김영인 학사 부총장(한동대)은 한동국제학교 개교를 기념하여 단체로 촬영하였다.

김영길 총장, 오성연 행정 부총장은 2001. 5. 11. 경주 교도소에 수감되어 사진에 없으니 수감 죄목은 7가지였으나 그후 ○○○에 모두 무죄 판결. 그 사건을 통하여 한동대 재정 문제가 모두 해결되는, 하나님이 역사하신 전화위복의 대반전의 사건이라고 모두 입을 모았다.

한동국제학교 초대 교감으로 권효성 씨를 초청하였으나, 학교 설립 업무 전담을 거절하였으니 그 이유는 다음과 같다.

그는 중학교-고등학교 교사로 20년 재직하였으나 교사직에 실망하여 잠시 학교를 떠나서 〈한동대 소비조합 영업과장〉으로 재직 중이었다.

이때 한동국제학교는 [교감]을 찾던 중이었으나 권효성 씨가(2001년) 한동국제 학교 교감 취임을 거절하여, 재삼 간청으로 한동국제학교 초대 교감으로 결국 취임하게 되었다.

취임을 거부한 이유는 아래와 같다.

1. 나는 선교 현장 활동하거나, 장소를 가본적이 없다.
2. 나는 영어로 회의 진행할 수 없다.
3. 국제적인 사람이 될 수 없다.
4. 나는 해외 여행 즉 국제선 탑승 경험이 없다.
5. 나는 〈한동대학교 소비조합 과장〉으로 만족한다.

이상 조건이 교감 취임을 거절하는 이유였으며, 학교 개교 전에 모든 조건을 충족할 것을 약속하였으니, 1항~4항까지는 제안자의 노력과 권효성 과장이 서로 노력하기로 당부하였다.

〈홍콩, 필리핀, 미국〉 견학 요점은 아래와 같다 – 2001. 3 ~ 2001. 5(4일간)

홍 콩

[홍콩, 한인 학교-A] [홍콩 Christian School-B]의 행정제도와 학생관리]를 견학하였으며, A는 입학생은 영어와 한국어 과정 중에 한 개를 선택하여 수업하였으며, B는 좁은 학교 대지에 미국식 축구장을 갖추고 있었다.

필리핀

[미국, Faith Academy]는 기숙사 운영과 학교 제도는 필리핀이지만 미국에서와 동일하게 운영되었다. **[음악실]**은 각종 악기가 확보되었으며, **[화학반]**은 각종 화학 부호를 벽에 붙여 놓았으며, 기초 실습실은 역할을 다하도록 수도물이 공급되었으며, **[목공실]**은 각종 연장이 비치되었으며, **[미술반]**은 그림 그리는 도구가 확보되었다.

미 국

[Harvard Westlake School]과 운영 전반 설명을 요청했으며, **[사진반]**은 촬영에서 현상까지 전체를 일목요연하게 학습하였으며, **[연극반]**은 무대는 크고 화려한데 관람석은 소수로 자세히 보았더니 [평가]하는 연극 무대였다.

그리하여 권효성 씨는 [교감]으로 취임했다. [한동국제학교]의 실무 진용은 2000년 당시 외국인 교장은 미국인 Mr. [디브리스] 교수였으며, 외국인 [교장]은 외국인 교사를 관리하는 임무가 전부였다. 그는 〈한동대학교 국제어문학부〉에 속하였다.

권효성 교감은 서울대학교 사범대학교를 졸업했으며, 대학원 졸업 석사로 20년 평교사로 봉직했다. 그는 한동대학교 소비조합 설립 후 영업 과장으로 근무하며 만족했으며, 그는 한동국제학교 설립 초기에 참여하므로 전체 학사 과정에 그의 손이 미치지 않은 곳이 없었다. 권효성 교감은 가장 적임자였으며, 한동국제학교에 10년간 근무하였으나 교장으로 승진 안 된 것이 크게 아쉬움으로 남는다.

[한동국제학교]란 학교 이름을 붙인 이유는

〈학생도 한국인이며〉
〈한국에서 운영되며〉
〈교무, 학생 업무는 한국인 [교감]이였으며〉〈외국인 교사는 3명 뿐인데〉

[국제학교]라고 붙인 이유는 다음과 같으니

〈영어로 교육하며〉
〈입학생은 주로 지금까지 외국에서 생활했으며〉
〈교재가 영어로 되었으니〉
〈한동국제학교〉라고 명명하였다.

개교 당시에 학생 수는 남학생과 여학생을 합하여 22명이었다. 재학생 모두를 학교 기숙사에 수용했다. 1층에 여자 학생이 기숙했으며, 2층은 남자 학생이 사용하였다.

[한동국제학교]는 국제화된 [학교]로 부모가 현지(외국)의 생활자이므로

〈현지인 복장으로〉
〈현지인 문화를 소개하며〉
〈현지인을 자랑하는 날〉도 정하면 좋을 듯하다.

개교 당시에 〈Honduras〉〈Zambia〉〈Indonesia〉〈Philippines〉〈China〉
〈Pakistan〉〈Uzbekistan〉〈Mongolia〉 등 8개 국가에서 22명으로 시작한 한국
인 선교사 자녀 MK 학교를 개교하였다.

이때 2000년 전체가 한국 해외 파송 선교사는 약 10,000명 정도였으니, 우리
나라 선교사역에 기초를 마련할 때였으며 〈기숙사〉〈도서관〉〈운동장〉〈식
당〉 등 학생 모집과 사용에 하나도 부족함없이 기부하여 지금까지 MK 선교
사 자녀(Korean Missionary Kid's)학교로 한국 내에서는 손색 없이 준비되었
다고 자부하였다. 그러나 선교사 자녀 교육은 각 〈지역 국가의 차이〉와 〈교
과 과정/program 차이〉 등이 나타났으니, 더욱이 한국인 교사들이 실감하는
학생들의 한국어 실력은 낙제점이었다.

MK(선교사 자녀)실력을 높이는 노력으로 〈한동대학교 재학생이 MK 한 학
생에 개인 지도로 실력을 향상하는 작업〉을 시도하였으나, 특별한 효과는
없었다. 평균 실력을 높이는 작업만이 해결점이란 사실도 알게 되었다.
- 2002년 5월

MK는 개인 차이가 많으므로, 평균적으로 실력을 높이는 작업은 〈초등학교
1학년부터 공부하는 시간은 무엇과도 바꿀 수 없는 것〉으로 결정해야 하며,
이러한 결정이 지속적으로 계속되어야 한다.

학교 현관 오른쪽(밖의)에 개교를 기념하여 〈은행 나무〉를 심었으며 쓴 성경 요절
은 위와 같다.

[미국, 감사 기도회]라는 이름으로 US100만 달러 모금에 성공했고(1999년)
[한국 선교사 자녀 학교 교육]에까지 발전하고 공헌하도록 하나님의 놀라운
기적이 2년만에 있어서, 〈한동국제학교〉까지 2001년에 설립하고 운영하도
록 주님은 허락하셨다.

〈꿈(vision)은 항상 마음 속에 간직하면서, 어느 때던지 발표할 준비가 되
어 있어야 한다〉는 생각에는 변함이 없으며, vision이 현실이 된 Missionary
Kid's School이 [한동국제학교]였다.

〈한국 선교사 자녀 학교〉개교는 꿈 같은 이야기였다. 그러나 〈한국 선교사
자녀 교육의 개인적인 문제점〉을 파악한 후 약 2년 만에 해결점을 주셨다. [한
동국제학교]는 우리나라에서는 처음으로 개교한 선교사 자녀 교육을 위한
학교였다. 이러한 vision(꿈)을 이루어 주시는 하나님은 어려운 문제점도, 해
결점도 주신다. 기부자의 기념으로 은행 나무 한 그루 아래 표시한 성경 요
절은

"우리가 하나님의 자녀인 것을 증언하시니, 자녀이면 또한 상속자
곧 하나님의 상속자요, 그리스도와 함께 상속자니"

로마서 8:16~17

한동대학교 본관을 그대로 복사하여 [한동국제학교]로 건축하였으니, 다른 건물과 조화를 이루었다 – 2000년 9월

학교 설립과 운영에 참고할 사항으로는 [학교]는 부설이므로 원래의 모체(母體)의 범위 안에 있어야 한다. 따라서 참고할 사항으로는 아래와 같다.

- 학교 대지와 건축물 즉 교사(校舍)는 선교사 자녀 학교인 〈부속 학교〉로 적당한가
- 교무 업무, 학생 업무, 기숙사 관리 체계가 가능한가
- 〈무엇을 목적으로 학교를 설립하는가〉를 확인하여야 한다
- [한동국제학교]는 〈현실적인가〉에 맞추어야 한다

한동대학교에 [도시환경 공학부]가 있어서 건물 위치와 디자인에 의견이 많았으니, 이 건물도 예외는 아니었다. 건물 전체가 유리로 된 건물은 한동대학교에 전체에 조화를 이루지 못하여서 한동대학교 본관 건물을 닮은꼴로 다시 설계 하였더니, 아무도 다른 의견을 내는 사람은 없으므로 건물 외양은 그대로 결정된 셈이다.

처음(기존) 건물 [창업 보육 센터]는 정부 상공부의 보조금으로 지금 건물에서 약 150m 남쪽으로 제안했으며, 그 외는 건축비가 많이 필요하므로 선택에서 피하였다. 재정의 어려운 가운데서도 전체의 조화를 이루도록 노력하였으며, 재정은 풍족할 때도 있을 것이다.
- 1999년 초부터 검토하였다

처음부터 정부 [창업 보육 센터]자금으로 1999년~2000년 신축하였으나, 언제인가 선교사들의 눈물을 닦아주는 선교사 자녀 학교를 하게 하시리라 꿈꾸며 [한동국제학교]를 마음 속에 두었으니, 이 사실은 엄기력 건설 본부장만 알고 있으면 된다고 했다 - 1999년

건물입주 당시는 1999년에는 [창업 보육 센터]에 입주 희망자가 많고, 역시 설립되면 공간 부족 사태가 올 것이므로, 이 건물은 지금의 위치에서 150m쯤 남쪽으로 이전하여, 약 380평 신축 공사로 [창업보육센터]를 신축하여 입주자를 모두 수용하게 되었다.

[학교]는 언제나 건축 공간은 필요하지만 부족을 말하지 아니하면서 현실에 적응하며 〈시급하느냐〉〈절대로 없어서는 안 되는 경우인가〉로 판단한다. 불과 2년(1999년) 전에 만 해도 〈**미국, 연방정부가 발급 비영리 단체 허가도 없었으며**〉〈**MK 학교는 설립이 꿈과 사명(VISION) 가운데만 있었다**〉는 사실이다.

역시 〈vision은 외쳐야 한다〉 같이 할 사람은 모이고, vision이 나와 다른 사람은 모임에서 떠난다는 말이 맞다.

미국, LA 한인타운에 〈CPA Suh〉 사무실에서 비영리 단체를 신청하였으며 (서성인 CPA)는 나와 국민학교, 중학교 동창생이며 그의 부모님은 독실한 그리스도인 집안이다. 그의 헌신적인 노력의 결과이다.

미국은 비영리 단체 허가가 매우 어려워서 1년이 되어도 못 받는 경우가 대부분이라는데, 하나님 은혜로 2주간을 기다린 보람으로 한동대학교에 비영리 단체 번호가 허락되었다. 번호는 〈HIF C2026636〉이다.

속히 한국으로 귀국하여 50억 원을 받을 수 있는 준비를 하였다. 미국 체류로 비영리 단체 신청이 어렵다는 것을 이해하게 되었으니 다행이었다. 〈꿈-vision〉을 실현하려고 모이며, 떠나기도 한다.

1층은 〈식당〉, 2층은 〈교회〉, 3층은 〈도서실〉 사용 기부금(미국, 또 감사 홈 선교 교회)으로 건축되었으며, 비품도 포함되었다.

히브리서 3:14에 〈우리가 시작할 때에는 확신한 것을 끝까지 견고히 잡고 있으면 그리스도와 함께 참여한 자가 되리라〉고 하였으니 더욱 능력과 힘을 주신다.

내가 한동대학교에 온 목적은 노동조합 파업 9개월째 된 사항을 〈3개월 이내에 해결한 후, 퇴직한다〉는 약속이었다. 그런데 [노동조합 파업 20일 만에 노동쟁의 사항에 합의했으며(1997년), 파업 약 9개월 만에 현업에 복귀했다]는 사실은 다행한 일이다.

노동 조합과 타협은 〈2명을 파면 한다.〉는 조건이었으나 1명은 자진 퇴직하였으며, 나머지 복직을 희망하는 1명에게 제시한 복직 조건 10개 항목 중에서 중요 항목은 다음과 같다.

- 현재 노동조합원을 탈퇴한다.
- 더 이상 학교 측에 요구 사항은 없다.
- 어떠한 인사 조치도 수용/감수 한다.

나는 한동대학교 재직 전에 일반 기업에서 협상 해본 경험으로 비교적 쉽게 문제를 풀어 갈 수 있었다. 1997. 7월 나는 한동대학교에 3개월이 되어 약속한 대로 한동대학교를 퇴직할 참이었다.

그런데 한동대학교 재학생이 여름 방학 때 7월에 남태평양 섬, 피지/Fiji 섬에 봉사 활동을 갔다가 2명이 사망하는 너무나 안타까운 사고가 났다. 또한 재학생 1명이 현역 군인으로 입대하였으나 탈영하여 학교로 수사관이 찾으러 왔다. 이 두 가지 사건은 동시에 발생했다.

학교 기숙사에 있는 모든 재학생은 현 주소가 학교로 되어 있다. 따라서 학교 기숙사로 탈영병을 찾으러 오게 되었다. 그리하여 나는 한 학기를 더 재직하기로 하고 1998년 9월로 퇴직을 3개월 미루었다.

[고등 학교 설립 목적]은 〈무엇을 가르치며〉 〈어떻게 가르치며〉 〈무엇에 사용하는가〉를 구체적으로 명기하며, 여기에 부응하는

- 교사 채용은 〈이론〉 〈실기〉 〈경험〉을 중심으로 하며
- 〈생활 중심인가〉 〈이론 중심인가〉 2가지를 겸하며 답하며
- 〈현장 중심 30%〉 〈교재 중심 30%〉 〈이론 중심 20%〉등을 교육한다.

〈어떠한 교육이 오래 기억되는가〉는 교재와 이론을 기본으로 현장에서 보고, 듣고, 확인하는 작업만이 오래 오래 기억하며 따라서 모든 교육은 여기에 준하며, 미국 교육은(필리핀에서 학교 개교) [Faith Academy] 모든 분야에서

〈음악〉은 음악실로 각종 악기가 비치되었으며, 악기를 사용하며

〈목공〉은 모든 연장과 기구는 비치되었어 사용해 보며

〈화학〉은 실제 시험실 기구를 사용하는 방법을 익히며, 화학 기본 부호가 기록되었으며

〈미술〉은 실제로 그림을 그려보는 실기를 〈인물〉 〈풍경〉그리는 나누어 기법을 교육한다.

이와 같이 실제가 살아 있는 교육을 학교에서 연출하였다. 즉 이론과 실제를 함께 교육을 실현하였다.

실제 교육은 언제까지나 실제 생활에 적용하므로 [교육]은 살아 있으며, 현실 감각이 있으며, 위와 같은 [학교 설립 목적]은 한국이 납득하면서도 시기상조(時機尙早)로 보며, 국민 소득이 $30,000~$50,000이 될 때면 이러한 시설도 필요할 것이다.

여름 방학 때에 1977년 7월 남태평양 섬, 피지/Fiji 섬에 봉사 활동으로 갔으며, 여기서 본인 부주의 사고로 2명이 사망 사고가 났으니, Fiji 섬에 간 전체 학생은 11명이였으며 [학교]는 개교한지 얼마 되지 안됐을 때 였다.

[학교]에서 일체의 장례 절차 따라서 진행했으며, 우선 희생된 학생의 장지(묘지)선정이며 학번 1번인 〈강경식 학생〉과 〈권영민 학생〉이었다.

〈학교 입구〉에 원형으로 된 큰 화단이 있으니, 〈그 자리〉에 두 학생의 유골을 뿌리기로 여러분들이 합의 하였으며, 두 학생의 가족들도 승락하였다.

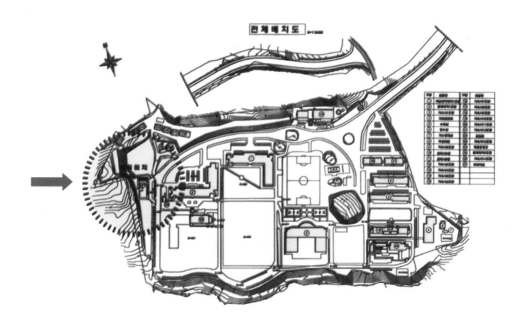

전체 [한동대학교] 부지 총 32만 평 중에 [한동국제학교]는 운동장 포함하여 약 12,000평이다.

그림 속 화살표가 〈한동국제학교〉의 신축 부분이며, 이 부분은 한동국제학교의 〈본관〉과 부속 건물로 〈도서관〉, 〈강당〉, 〈식당〉, 〈기숙사〉, 〈운동장〉을 신설하는 부분으로 가능한 확장은 제한하였다. 이유는 [한동국제학교]는 부속 고등학교이기 때문이다.

실제로 외국인이 설립 운영하는 〈대학이 많은가〉 또는 〈중학교—고등학교가 많은가〉는 1945년 전후로 〈교회와 불교 사찰〉이 학교를 설립 운영하는 경우가 2,300개(야학 포함) 정도였다.

한국은 [교육]이 나라의 전체라고 해도 지나치지 아니했으니, 오늘날 한국의 영광이 있음은 교육이라는 뿌린 씨앗이 있기 때문이다. - 2000년 4월

[한동국제학교]는 처음부터 중학교-고등학교 통합으로 개교하였다. 선교지에 [대학]이 성공적으로 운영되는 해외 사례가 없으며, 외국인이 대학을 운영하는 경우는 거의 없다.

왜냐하면 대학 사명은 〈지도자 양성〉과 〈전문인 배출〉 작업이므로 외국인의 손에 맡길 수 없다는 뜻에서, [교육]은 수 백년이 지나면서도 〈외국인이 운영하는 대학이 해외에서 번창하거나, 성공하는 사례가 거의 없다〉

만약에 외국인이 대학을 꼭 설립-운영한다면, **기술 계통**으로 농업계통의 [종자-육종]이며, 의료 산업의 경우는 [간호사] [병리사] [x-ray 기사]이며, [건축-내부 설계] [토목-측량]으로 보다 근본적이며 기초적인 분야에 집중 할 필요가 있다.

상업적으로는 관광 산업 육성으로서 〈영어〉〈중국어〉〈러시아어〉〈일본어〉 안내 과정이 필요하며, 기타는 〈미용사 = Hair, Skin〉로 2년제 대학이 필요하며, 처음부터 공부 잘하는 학생들 입학으로 명문 학교를 꿈꾸기 보다는 세상의 연약한 직업에 속한 종사자를 먼저 입학할 수 있게 하므로써 계급 사회를 없애도록 해야 한다.

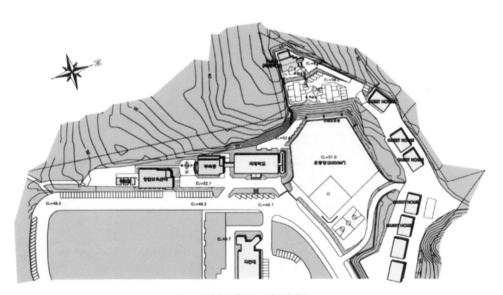

H.I.S 및 창업보육센타 배치계획(안) S=1/1000

[한동국제학교]는 대학 부속으로 속하는 편이 이로운 점이 더 많고 〈중학교-고등학교〉 독립적으로는 아래 항목 운영이 어렵다.

1. 대학은 현지인 담당으로 하며, 처음부터 중학교와 고등학교로 한다. 〈설계가 쉽게 이루어 진다〉

2. 대학교 이사회가 있으니 [한동국제학교 운영 위원회]에 일임하면 자치적으로 운영을 할 수 있다

3. 중학교-고등학교의 〈재정〉〈인사〉〈행정〉〈교무〉〈학생〉 분야의 독립적 운영도 문제되지 않는다

4. [대학교 재정 중에서 매년 2% 이상]을 중학교-고등학교에 재정 지원하며, 해외사업 진행을 보고한다

5. 해외 학교 개발 투자로 매년 1년 예산 중, 1% 이상을 해외 지원 사업에 투자한다.

6. 이상은 세계 어느 국가든지 〈직업 중학교-고등학교〉를 선택하여 재정 지원한다

7. 세계화에 힘쓰며, 〈이웃을 사랑하는 모든 사업〉에 항상 힘쓴다.

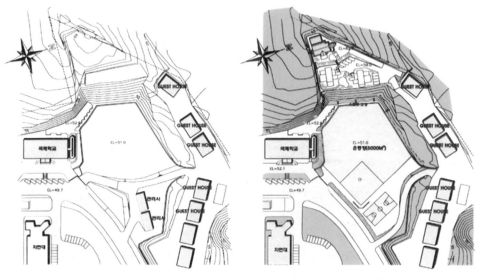

현 황 도 S~1/1000   운동장계획 S~1/1000

1층평면도

[식당]은 재학생 전체 이용은 어려우나,
학년 별로 이용하면 가능하다

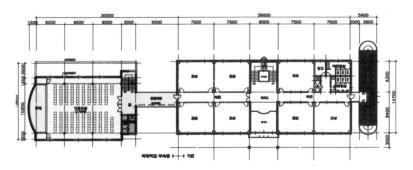

2층평면도

[강당]은 재학생 전체로 모임에 가능하며
다른 용도로 이용 가능하다.

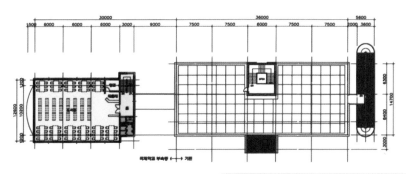

3층평면도

[도서실]은 적당하며, 장래는 선교 전문 책/도서를
수집하므로 [선교 활동]에 특성을 살리려 한다

[한동국제학교]의 중요한 임무를 담당할 운영위원을 임명하다

한동국제학교 운영위원장을 선임하므로 [한동국제학교]의 운영 주체는 형성되었으며, 한국에 거주하는 운영위원과 미국에 거주하는 운영위원으로 나누어 임명하였다. **한동국제학교 위원장으로 장도원 장로님**을 임명하였다.

한동국제학교 운영위원(한국)

1. 오성연 위원 (한동대학교 행정 부총장)

2. 김화문 위원 (한동대학교 법인국장)

3. 구자문 위원 (한동대학교 도시환경 공학부 교수)

4. 박혜경 위원 (한동대학교 국제어문학부 교수)

이상은 주로 〈한국 거주하는 위원〉이며, 담당 업무는 〈교무 업무〉〈수업 업무〉 등이며, 주로 학사에 관한 업무였고 [한동대학교]에 근무하였다.

한동국제학교 운영위원(미국)

5. 장도원 위원 (Forever 21 Inc.)

6. 옥우원 위원 (Janett Fashing Inc.)

7. 옥창호 위원 (One Clothing Inc.)

8. 지현석 위원 (l. P. I. Label lnc.)

9. 김병호 위원 (   )

이상 5, 6, 7, 8, 9 위원은 주로 〈미국에 거주하는 위원〉이며, 담당 업무는 〈입학생 심사〉, 〈재정 관리 업무〉등으로 주로 신입생에 관계된 학사 업무였으며, 이들은 대부분이 미국에서 의류업에 종사하였다.

회 의 록

회의명	(가칭)한동국제학교 운영위원회 (1차)		
일 시	2000 년 12 월 2 일 (토) 11:00	장 소	행정부총장실
의 안	한동국제학교 운영위원회 규정(안) 검토		

토의내용 요 지	1. 운영위원회 운영규정이 없고, 성원이 불가능함으로 오늘은 간담회로서 운영위 규정 초안을 심의하여 초안을 작성키로 한다. 이 내용을 정리하여 「또감사」 기도회의 위원에게 전달, 최종안을 확정코자 한다. 2. 규정제정 목적은 건학이념에 따라 자율적으로 운영한다는 점을 명시한다. 3. 한동국제학교 운영위원회의 영문 명칭은 "Handong International School Steering Committee"로 한다. 4. 추후 교장이 임명되면 당연직 위원으로 참여시킬 것을 건의하기로 한다. 5. 운영위원회는 매월 1회씩 소집하기로 한다. 6. 학교의 장은 운영위원회 심의 결과 대로 학교를 운영해야함을 명시하도록 한다. 단, 천재지변 등 불가력 사유 발생시는 예외로 하되, 그 경우 시행후 30일 이내에 운영위원회에 서면 보고토록 한다.

참석현황	참 석 대상자	4 명	참 석 자	소 속	직 위	성 명	서 명
	참석자	4 명		행정부총장	위 원	오 성 연	
	불참자	0 명		법인사무국장	위 원	김 화 문	
				교 수	위 원	구 자 문	
불참자				교 수	위 원	박 혜 경	
작 성 자	소속 : 기획처 직급 : 기획부처장 성명 : 김 환 생 _(서명)						

한동대학교 부설 [한동 국제 학교]
설립 운영 계획서 및 기증 목록

I. 설립 목적

한동국제학교(이하 본교)는 대한민국의 교육이념과 기독교 정신에 입각한 전인적 교육을 실시함으로서 21세기 국제화시대를 맞이하여 세상에 영향력을 미칠 수 있는 미래 지도자를 양육함을 목적으로 한다.

설립 목적을 열거하면
○ 해외 파송 선교사 자녀의 교육
○ 한동대학교의 외국인 교수 자녀와 해외에서 귀국한 교직원 자녀의 교육 여건을 조성한다.
○ 포항지역 사회의 국제화 교육을 원하는 자녀 교육
○ 본교 설립 목적에 적합하다고 판단되고 교육 이념에 동의하는 자의 교육

II. 발전계획

기간	2001년도	2002년도	2003년도
학교 형태	학교 형태의 「평생교육시설」	자립형 사립 중 · 고교	자립형 사립 중 · 고교
학생수	80명	100명	150명
- 선교사 자녀	40명	70명	105명
- 교직원 및 일반 자녀	40명	30명	45명
비고	전원 기숙사 입사		

III. 학교조직과 구성

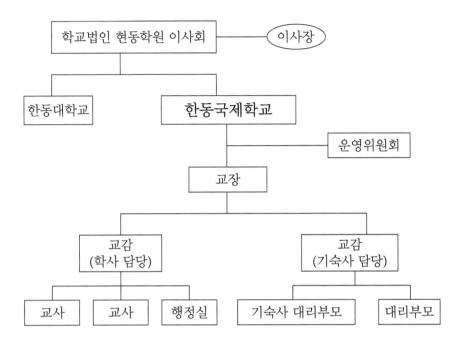

1. 운영위원회는 이사회의 승인으로 운영위원과 위원장을 선임한다. 운영위원회는 학교법인 간사(당연직), 한동국제학교 교장, 후원기관 4명, 한동대 교수 2인의 총 8인으로 구성된다. 운영위원회는 이사회의 위임사항에 관하여 모든 업무를 총괄, 결정, 진행토록 한다.

2. 학교장은 운영위원회의 결의사항과 감독사항을 준수하고 학사를 총괄토록 한다.

3. 기숙사 관장은 기숙사 대리부모 등을 감독하고 기숙사 제반 운영을 총괄토록 한다.

4. 후원위원회는 학교를 자발적으로 후원하는 교회 및 선교단체, 개인 학부모들로 구성하며, 학교가 의뢰하는 제반사항을 자원봉사의 차원에서 후원하도록 한다.

또감사기도회 기부금 자금집행 계획

수입		지출계획	
11/29　입　금　USD 860,000		12/01 창업보육센터 건물 어음결재(1차)	200,000,000
12/01　매　각　USD 170,000	205,870,000	12/10 창업보육센터 건물 어음결재(2차)	200,000,000
12/06　매　각　USD 690,000	828,000,000	12/18 창업보육센터 건물 어음결재(3차)	200,000,000
12/06　예금이자　USD 838	1,000,000	12/30 국제학교 별관 및 기숙사 건축계약	130,000,000
		12/30 창업센터 건축비(시공회사)	200,000,000
		예비비	108,000,000
	1,034,870,000		1,038,000,000

V. 설립 및 운영 소요재정

1. 소요재정 총괄 내역

구분	설립년도 (2001)	2차년도 (2002)	3차년도 (2003)	계
교사 신축	22.5억	–	–	22.5억
기숙사 신축	9억 (2동)	4.5억 (1동)	–	13.5억
운영비	3.9억	4.7억	4.9억	13.5억
합계	35.4억	9.2억	4.9억	49.5억

* 운영비는 총 소요액에서 선교사 자녀 지분을 구분한 것임.
　학생년간 학비 소요 내역 : 붙임 참조

2. 교사 및 기숙사 신축 : 36억

교사	기숙사
건축비 : 650평 × 200만원 = 13억 부속건물 : 7.5억 (식당, 음향, 전산시설 등) 운동장 시설 : 2억	50명 수용시설/동 × 3동 신축 150평/동 × 3동 × 300만원/평 : 13.5억
합계 : 22.5억	13.5억

HIS 교수와 직원

성명	학력	경력	직위	전공과목	재직년수	국적
tarch Covin	BA, Sterling College	ESL 강의 경배와 찬양 밴드 리더	영어 교사	Communication & Theatre	6개월	미국
Amy Morrison	BA, Sterling College	ESL 강의 - 수영로 교회, 이자벨 여고 등	영어 교사	English language literature	1년	미국
박신정	BA, 이화여대	동명상고, 흥해공고, 유성여고 교사	사회, 국사 교사	사회생활학	2년 반	한국
Julie Stockton	BA, Western Washington UNIV.	우송정보대학 영어 교수, westview 고교 수학 교사 등	영어 교사	교육학	1년	미국
Kim Larrain	D. Missiology, Baptist College and Seminary of Washington, Fall church	Pilgrim community Church 등의 교회 사역 및 고등학교의 Laboratory Specialist	교목 성명 및 영어 강의		6개월	미국
전신실	BA, Boston conervatory of Music	영어 교사 및 바이올린 강사	음악 교사	음악(바이올린)	6개월	한국
박지숙	BA, 대구효성 가톨릭대학교	반도광학 안경디자인실, 디자인셋 기획실 편집디자인	행정담당	공예학	1년	한국
김미령	BA, 이화여대	DFS Alaska, visual department	미술 교사	시각 디자인	1년	
강세진	BA, 이화여대	암사중학교, 신도림 중학교 등 과학교사 근무	과학 교사	물리 (과학교육과)	1년	한국

성명	학력	경력	직위	전공과목	재직년수	국적
김병선	BA, 경희대	경상 여중 및 포항 영일고등 수학교사 근무	수학 교사	수학	1년	한국
윤진철	BA, 대구대	수영 강사 및 안전요원 등		체육학	그만 둠	한국
김종현	BA, 경희대	혜광고등학교, 대광중학교, 경복여고 교사	국어 교사	국어국문학	채용예정이었으나 보류 중	한국
오지영	BA, 명지대	두란노 "예수님이 좋아요" 교제 필자 및 동화 작가	국어 강사	중국어	그만 둠	한국
허윤정	BA, 예일대	예일, 줄리어드 교향악단, 세종 솔로이스츠 등	음악 교사	음악(체로)	그만 둠	

운영위원회 명단

직책	성명	주소		전화번호	
		Home	Office	Home	Office
운영위원장	장도원 (Don Chang)	101 Copley Pl. Beverly Hills, CA. 90020	Forever 21 2001 S. Alameda St. Los Angeles, CA. 90058	310-550-5756	213-747-2121
운영위원	옥우원 (David Ok)	4708 Hayman Ave. La Canada, CA. 91011	2W Fashion 1100 S. San Pedro St. #C-4 Los Angeles, CA. 90015	818-790-9388	213-746-6420
〃	옥창호 (Alex Ok)	5285 La Canada Bl. La Canada, CA. 91011	One Clothing 2121 E. 37th St. Los Angeles, CA. 90058	818-790-5453	323-846-5700
〃	김호진 (Howard Kim)	4540 Alveo Rd. La Canada, CA. 91011	Hana Enterprize 1156 S. Main St. Los Angeles, CA. 90015	818-790-7154	213-746-3045
〃	지현석 (Andrew Chei)	848 S. Gramercy Dr. #210 Los Angeles, CA, 90005	I.P.L Label 1543 W. Olympic Bl. Los Angeles, CA. 90015	213-368-0819	213-487-2472

성명	나이	소속	직위	연락처
오성연	62	한동대학교	행정부총장	82-54-260-1140
김화문	62	학교법인 현동학원	법인사무국장	82-54-260-1200
구자문	47	한동대학교 건설도시환경공학부	교수	82-54-260-1422
박혜경	38	한동대학교 국제어문학부	부교수	82-54-260-1331

[한동국제학교] 학사 운영
(권효성 교감 원고에서 옮김)

교육 철학

일반적으로 사립학교는 설립자가 특별한 이념을 실현하기 위해 학교를 세우고 학생들을 모아서 교육을 하지만, 한동국제학교는 교육해야 할 대상이 먼저 정해지고, 그들을 위한 교육이념과 프로그램을 정하는 방식이었다. 즉 일반적인 경우와는 선후가 뒤바뀐 경우였다.

교육철학을 확립하고 교육 프로그램을 구성한다는 것은, 구체적으로는 다음과 같은 것을 말한다. 학생들은

- 어떤 목표를 향해서 가르칠 것인가?
- 무엇을 가르칠 것인가?
- 어떻게 가르칠 것인가?
- 누가 가르칠 것인가?

한동국제학교는 다음과 같은 철학을 정립했다.

교육 이념

− 하나님의 영광을 드러내는 사람, 기르고자 하는 인간상 :

− 감사하는 사람
− 자성(自成)하는 사람
− 사랑을 실천하는 사람

교육 중점

- 신앙교육 : 참된 예배자가 되며 이 땅에서 제자의 삶을 살게 한다.
- 인성교육 : 정직하고 겸손하며 성실한 생활태도를 갖게 한다.
- 섬김교육 : 감사함으로 사랑하고 섬기는 사람이 되게 한다.
- 능력교육 : 건강한 몸을 기르고 학문적으로 실력 있는 사람이 되게 한다.
- 국제교육 : 한국인의 정체성 위에서 국제화된 의식과 태도를 갖게 한다.

입학

2000년 말에 한동국제학교의 설립이 확정되고, 곧바로 건축공사가 시작되었으며, 2001년 봄에는 교육청으로부터 학교 인가를 받는 업무가 진행되었다. 동시에 또감사기도회에서는 세계 여러 지역에서 사역하고 계시는 선교사님들에게 한동국제학교의 설립과 입학을 안내하며 최초로 학생을 모집했다. 또감사기도회의 김호진 집사가 입학 업무를 담당하여 직접 입학지원서를 받았고 학생 선발 업무를 진행하였다.

2001년부터는 입학지원서는 한동국제학교에서 받았고, 선발은 지원서 자료를 또감사기도회에 보내어 또감사기도회에서 선발하였다.

학생 선발의 기준은, 중·고등학생을 대상으로, 성별 또는 성적과는 상관이 없고, 부모인 선교사님의 사역지가 오지라고 생각되는 지역에서 사역 하시는 분들의 자녀들만을 대상으로 했다. 그래서, 미국, 일본, 호주, 유럽 등에 계시는 선교사님들의 자녀는 선발하지 않고, 필리핀, 인도네시아, 중국, 몽골, 멕시코, 러시아, 베트남, 아프리카 국들 등에서 신청한 학생들만을 선발했다. 다음 해에는 중국도 한국과 가깝고 생활 환경이 동양문화에 무난하여 선발 대상에서 제외하였다.

학습/학업 지도

[한동국제학교]는 교육의 대상은 한국인이었지만 학교의 이름처럼 영어 교육에 중점을 둔 국제화된 교육을 목표로 하였다.

그 이유는

첫째 미래의 세계는 민족과 국가의 한계를 뛰어 넘는 국제적인 사회가 될 것이기에 이에 대비하는 교육이 이루어져야 하고,

둘째 선교사 자녀들은 이미 선교지 또는 제3국에서 한국의 교육이 아닌 외국의 교육을 경험한 학생들로서 그들의 경험을 계속하여 유지 발전시켜 줄 필요가 있고,

셋째 선교사 자녀들은 어릴 때부터 다양한 문화를 경험한 사람으로서 향후에 대를 이어 제2, 제3의 선교사로 활동할 수 있는 훌륭한 자원이 될 수 있는데, 그 때에 가장 필요한 것 중에 하나가 국제 표준 언어라고 할 수 있는 영어의 습득이 무엇보다 필요하기 때문이었다.

일반적으로 새로운 학교가 개교를 하면, 첫해에는 1학년만을 모집하고 연차적으로 2, 3학년으로 진급하면서 3년 차에 완성학교가 되지만, 한동국제학교는 개교 첫해부터 중학과정 7, 8, 9학년과 고등과정 10, 11, 12학년을 동시에 모집하여 6개 학년으로 시작하였다.

개교 첫 해에 총 학생 수는 35명 이었는데 6개 학년이 있다 보니 학년당 학생 수가 최저 2명에서 최대 13명까지였다. 따라서, 제한된 예산과 교원 수를 가지고 각 학년별로 수업을 할 수가 없었으므로, 어떻게 반을 구성할 것인지가 급선무였다. 그리하여 7, 8학년을 묶어 한 반, 9, 10학년을 묶어 한 반, 11, 12학년을 묶어 한 반을 만들어 총 3개 반을 구성하여 수업을 시작하였다.

그런데, 5월 28일 개교식을 하고 수업을 시작 하자마자 여러 가지 문제가 즉시 노출되었다. 같은 반에 소속되었지만, 학년이 다르고, 다른 나라, 다른 학교, 다른 교육과정에 따라 교육을 받다 온 학생들이기에 모두를 만족시킬 수

있는 교육과정(Curriculum, Scope and Sequence)을 구성하고 적용하기가 매우 어려웠다. 또한 학생들의 수준 차이가 커서 한 반 단위의 수업을 진행한다는 것이 거의 불가능하였다.

이러한 문제들을 해결하기 위하여 각 교사와 과목별로 다양한 시도들을 해 보았지만 근본적인 문제를 해결할 수는 없었기에, 전혀 새로운 특별한 대안을 마련하지 않으면 안되었다. 그리하여 학부모와 이사회의 동의를 얻어 2001년 2학기부터 미국의 Home Schooling 프로그램인 "School of Tomorrow"의 개인별 학습 시스템을 도입하기로 결정하였다.

여름 방학 기간에 외국인 교사 2명과 한국인 교사 1명이 한국 "School of Tomorrow" 지사에서 교사 교육을 받았고, 필요한 시설(Facilities)을 구비하여 가을 학기를 시작하였다. 오전에는 외국인 교사들이 중심이 되어 정규 교과 프로그램을 진행하였고, 오후에는 이를 보완하기 위한 보조 프로그램을 한국인 교사와 외국인 교사가 함께 진행하였다. 또한 영어가 중심이 된 교육프로그램을 원활히 진행하고 국제적인 학교 시스템을 갖춰나가기 위하여, 10월에는 미국에서 교육경력이 매우 많은 외국인 교사를 교장으로 임용하였다.

그러나 얼마 지나지 않아 "School of Tomorrow" 프로그램도 한동국제학교의 실정에는 적합하지 않다는 것이 드러났다. 이 프로그램은 Native English Speaker들을 위해 만들어진 프로그램으로서, 영어를 읽고 구사할 수 있는 능력 자체가 부족한 다른 언어권 학생들이 사용하는 데는 많은 무리가 있었다. 그리하여 2002학년도부터는 School of Tomorrow의 프로그램을 보완하기 위하여 학급 수를 1개 학급 증설하였고, 교사 수를 증원하여 학생의 수준에 따라 운영하는 보완프로그램의 수를 늘리면서, 외국인 교장의 주도로 개별 학생의 주도적인 학습 방식인 "School of Tomorrow" 대신에, 교사가 중심이 되어 수업을 진행하도록 만들어진 A-beka Curriculum을 점진적으로 도입하기로 하였다.

2002년부터 매년 한 반씩을 증설하고(1개 학년이 한 반을 이루도록 함), 교사를 증원하여 A-beka Curriculum과 한국인의 정체성 확립과 관련된 국어와 사회를 조화시킨 독특한 Curriculum을 발전시켜 운영하게 되었다.

생활관 〈기숙사〉 운영

한동국제학교가 해외에서 사역하는 선교사 자녀들을 교육 대상으로 하기에 생활관(기숙사)을 운영하는 것은 필수적인 것이었다. 그리하여 개교를 준비 하면서 교육시설과 함께 생활관을 함께 건축하였다.

일반적인 학교(day school)에서는 학교의 기능이 "교육"이 중심이고 "보호" 가 부수적으로 행해지는데 비해, 한동국제학교에서는 가장 기본적인 기능이 "보호"이고 그 다음이 "양육"이었고, 마지막이 "교육"이었다. 보호와 양육의 기능은 학교보다는 주로 생활관에서 이루어지기 때문에, 한동국제학교 생활 관은 학교 못지 않은 중요한 기관이었다.

따라서, 생활관을 설계할 때부터 한국에서의 일반학교에서 운영하는 기숙사 형태(먹고 자는 것에만 중점을 두고, 많은 학생들을 소수의 교사가 관리하 는 군대식 형태)가 아닌, Dorm Parent가 소수의 학생들을 가정적인 환경에 서 돌보고 양육할 수 있도록 가정적인 분위기가 나도록 설계하여 건축하였 다. 약 20명 정도의 학생들이 한 Dorm parent(원칙적으로 부부)와 함께 생활 하면서, 평일에는 학교 식당에서 식사를 하고 주말에는 생활관에서 학생들 이 Dorm parent와 함께 직접 식사를 준비하고 거실에서 함께 먹을 수 있도 록 하였다. 또, 매일 아침에는 거실에 모여 QT를 함께 나누고, 주일에는 학 교 채플에 모여 함께 예배를 드렸다. 그리하여 생활관을 하나의 큰 가족의 개념으로 운영하고 있다.

MK(선교사 자녀)와 GK(일반 학생)의 관계

선교사 자녀 학교로서 한동국제학교가 개교하기 이전부터, 한동대학교 캠퍼 스 안에서는 같은 이름의 학교 형태로 중고등학생들을 위한 교육을 해오고 있었다. 그것이 선교사 자녀 학교로 발전하면서, 새롭게 일반 학생들의 입학 은 허락하지 않았지만 기존에 재학하고 있던 학생들은 계속해서 새로운 선교사자녀 학교인 한동국제학교에 재학할 수 있도록 허락되었다.

그런데 이것은 과거에 재학하고 있던 학생들에게는 정서적으로 매우 부담이 되고 기분 좋지 않은 일이었다. 즉, "우리 학교를 선교사 자녀(MK)들이 빼앗아 갔다"는 생각으로 심각한 피해의식을 갖게 되었고, 결국 기존의 학생들과 새로 입학한 선교사 자녀들 간에 두 개의 그룹이 형성되고 서로간에 알력이 발생하였다. MK들은 "한동국제학교는 MK학교인데 일반 학생들이 있다"고 생각하였고, GK들은 "원래 우리 학교였는데 MK들에게 빼앗겼다"는 생각을 갖게 된 것이다. 이것은 학생지도를 매우 어렵게 하였다.

그러나 시간이 경과하면서 서로간에 뺏고 빼앗기는 관계가 아니라, 서로에게 유익을 주는

1. GK 입장에서는 MK들 때문에 많은 후원금을 받아 안정적으로 학교가 운영되어 혜택을 입고 있고,
2. MK 입장에서는 GK들이 보다 많은 수업료를 납부해 줌으로서 학교 운영에 경제적인 도움을 주고 있다.

사실을 이해하게 되었고, 점진적으로 두 그룹간에 갈등은 사라져갔다.

설립 초기의 어려움

한동국제학교는 한국의 일반적인 학교와는 교육목적, 교육대상, 교육과정, 교직원구성이 다른 특별한 학교였다. 그리하여 개교 전에 국내와 외국에 있는 참고가 될만한 학교를 견학하고, MK학교를 방문하기도 하였지만, 한동국제학교와 동일한 특징을 가진 학교는 어디에도 없었기에 모든 것이 새롭고 처음 시도하는 것들이 대부분이었다.

교육과정의 구성과 운영은 여러 어려움 중에 가장 큰 어려움이었다. 특수한 단위 학교의 교육과정은 처음에는 이론적인 바탕 위에서 구성하지만 그것을 교육의 대상인 학생과 가르치는 교사간에 실행을 통하여 그 장단점을 파악하고 계속해서 개선해 나가야 한다. 새로운 학교 모델을 정립해가는 과정에

서 한동국제학교는 매 학기마다 조금씩 새로운 버전으로 업데이트가 이루어졌다. 그런데 이것이 대외적으로는 교육과정 운영에 일관성이 없는 것처럼 비쳐졌고, 일부 학부모들은 학교에 불안을 느끼기도 하였다. 그러나 그러한 과정을 통해서 새로운 교육과정 구성과 새로운 형태의 학교 운영 모델이 형성될 수 있었다.

교육과정 다음으로 어려운 것은 졸업생들의 대학 진학이었다. 한동국제학교가 정규학교가 아니고 학교형태의 평생교육시설이었기 때문에 학력인정이 되지 않아 상급학교 진학을 위해서는 검정고시를 거쳐야만 했다. 검정고시 자체가 어려운 시험은 아니었고, 학교에서도 영어로 가르치는 교과가 많았을 뿐 일반학교에서 가르치는 교과를 거의 다 가르치고 있었기 때문에 검정고시에 실패하여 대학 진학을 하지 못하는 경우는 없었다. 다만, 대학 수학능력 시험이 한국의 일반학교의 교육과정을 기초로 하여 출제되기 때문에, 한동국제학교의 특별한 교육과정만 이수해서는 좋은 성적을 내기가 어려웠으므로, 현실적으로 한국의 유명대학에 진학하기는 어려웠다. 다행스러운 것은 한국 대학의 입시제도가 정규 정시전형 외에 각 대학별로 특징을 살려 특별전형(수시 전형)을 실시했기 때문에, 본교 졸업생들은 대부분 대안학교 출신자 특별전형이나 해외 장기거주자 특별전형 또는 선교사자녀 특별전형과 같은 제도를 통하여 대학에 진학할 수 있었다. 다만, 일반인들이 생각하는 유명대학에는 그와 같은 기회가 많지 않았기 때문에, 본교 졸업생들은 한동대학교에 가장 많이 진학하였고, 기타 기독교 계통의 다른 지역 대학과 해외 대학에 진학하였다.

– 이상은 한동국제학교 권효성 교감 원고에서 –

겨울, 학교 전경 − 2001년 겨울 −

[한동국제학교]는 당시(2001년)에 사립학교로 허가 받아서 중학교와 고등학교를 개교하지 아니했으니 "사회 교육원에 중학교, 고등학교 통합과정 설치"로 개교하였다. 본관 옆 부속 건물은 〈도서실〉, 〈강당〉, 〈식당〉으로 학교가 당분간은 공간 부족은 없을 것으로 예상하였다. - 2001년 5월 -

[한동국제학교]는 우리나라에서 처음으로 선교사 자녀학교(Missionary Kid's Education School)로 설립되었다. 선교사는 해외 현장에서 [선교 사명]을 다하는 동안에, 학교의 [교사/선생님]은 그들의 자녀들에게 교육을 한다.

그에 따라 〈한동대학교 부속 선교사 자녀 학교〉 개교는 더 없는 영광이었으며 감사한 마음이었다. 더욱 충실히 교육해야 할 [한동국제학교]. **〈교사는 부모를 대신하며 부모 역할〉**을 다하므로 맡은 바 사명을 감당하였다.

한동국제학교 교사는 오직 육신의 부모(선교사)가 담당해야 할 교육을 대신하는 것을 보람으로 여기며, 오지에서 수고하는 선교사들을 위해 〈대신 사역〉으로 여기며, 최선을 다하였으니, 특히 한국에서 최초로 개교하는 대신 사역의 보람이 이 학교의 영광이다.

[한동국제학교] 교사와 재학생이 많은 이유는

한동국제학교 이전에 [한동 실험 교실]이란 이름으로 중-고등학교 학습을 지도 운영하는 학습반이 있었다. 해외에서 학생의 부모가 유학을 마치고 귀국한 (한동대 교수 자녀가 다수) 자녀들을 위한〈한동 실험 교실〉은 [한동국제학교]가 설립 되면서 흡수 합병을 원칙으로 진행하였다. 개교 당시(2001년 5월 29일) 재학생 숫자가 많은 이유 중에 하나이다.

대부분 학생들은 한국어 실력이 부족하였거나, 더 좋은 학교 수업으로 실력 향상을 기대하였지만 [한동 실험 교실]은 수업/학교 등록의 목적이 각양 각색 이었다. 위 사진은 대부분 [한동 실험 교실]의 재학생이다. - 2000년~2001년 -

새벽 6시 기도 시간에 아침 잠이 많은 나이에도 불구하고 재학생의 100%가 모였다. 이러한 학생 전원이 새벽 기도 모임은 그 유래를 찾기 어렵다. 이 〈학생들 믿음이 뛰어났을까〉 아니면 〈절박한 기도할 제목이 있었을까〉

[한동국제학교] 새벽 6시 기도회 시간에 〈전원 참석〉은 대단한 믿음이며 신앙생활이다

이들 학생들은 신앙을 뛰어넘어 새벽을 기도로 시작하는 일상생활이었으니 놀라운 행동이며 생활이었다.

[한동국제학교]의 〈자율적 교육 과목 편성〉은 발전하는 기회였으니, 아무런 제약이나 행정 절차 없는 즉 영어로 된 각종 프로그램을 적용, 시험할 수 있는 좋은 기회였다. -2001년~2003년-

여러 종류의 교육 프로그램 적용에 〈적용〉〈반응〉〈평가〉를 여러 교사 의견을 듣고 취합하는 과정을 거쳐야 하므로 프로그램 검토에 1학기가 필요하였다. 그러나 시급한 학생들은 한두 가지 프로그램 적용으로 〈평가〉를 종료하므로 어려운 점이 있었다.

신설하는 [중-고등 학교]의 어려운 점은 학교의 [교무] [학생] [평가] [수업] [질서]는 새로운 시작점에 있으니 각 학년마다 새로운 [규정]을 적용하여 설명해야 한다.

학생 전원이 기숙사 생활이며, 교사도 여러 곳에서 동원되었으며, 학생도 각 국가마다 다른 지역에서 수업해 왔으며, 또한 각양 각색의 수업내용을 한 가지로 통합하는 작업이었다.

음악 수업 시간은 한국어로 수업한다

아래는 [또 감사 기도회]가 학교에 기증한 건물과 시설이다.

- 또 감사 선교관 건축 및 비품 일체
- 또 감사 교육관(도서실) 건축 및 비품 일체
- 사랑관(남자 기숙사) 건축 및 침대, 부엌시설 일체
- 믿음관(여자 기숙사) 건축 및 침대, 부엌시설 일체
- 운동장(고무 바닥공사)은 농구장 2개 및 풋살 축구장 1개
- 피아노 1대
- 기타 학교 사무 기구, 집기 비품 일체
- 사무용 컴퓨터 6대
- 자동차(봉고) 1대
- 식당 〈식탁〉〈의자〉〈조리 기구 일체〉 1set 능 비품 일체

건축물이 하나씩 완공될 때마다 건축물에 이러한 표시를 했다

원래 이곳은 주차장 예정 부지였으나(1996년까지) [한동국제학교] 전용 운동
장으로 용도 변경하여 국제학교 운동장으로 이용하였다. 농구장 1개와 풋살
경기장 1개를 동시에 사용할 수 있다.

운동장이 고무 표면으로 된 이유는 학생이 다치지 않게 하기 위해서이다. 당
시에(2000년) 한국에는 운동장을 고무로 완성하는 회사가 없어서 〈인도네시
아〉에서 수입한 고무로 만든 운동장이었다.

2001년 당시에는 무엇이든지 MK를 우선하여 [〈학사/학업〉〈기숙사〉〈운동
장〉〈식당〉 운영] 아낌 없이 지출하였다.

수학 여행의 경우에 22명 학생이 숙식이며, 미국 왕복 항공료며, 관광 버스
비 등 1주일간 해외에서 소요되는 수 많은 경비를 어떻게 부담할 수 있는
가?! 미국, Los Angeles에서 [한동국제학교 운영위원회]가 열려서 거수로 결
정했더니 부결 되었다. 즉 〈**한동국제학교는 미국으로 수학여행은 안 가기로 결
정되었다**〉 이와 같이 불필요한 곳에 지출은 안 하도록 사정을 설명해야 한
다. 학생들 수학 여행 경비 문제는 〈부담되는 학생〉과 〈부담되지 않는 학생〉
편을 고려 함으로써 (**이 문제는 학부모에 해당 되지만**) 학부모가 담당하는 학
비가 큰 부담되지 않도록 했다. 선교사님도 선교비의 차이에 소득이 많고 적
음에 따라서 빈부로 나눈다.

2000년에는 선교사 자녀(MK)의 경험이 전혀 없으므로 특히 기숙사 생활에 체험이 전혀 없어서 어려운 점이 많았다.

14세~16세 나이 때는 건강 관리에 대한 예상을 할 수 없어서 한밤중에 병원에 가야 할 때가 허다하였다. [사감]이 어머니 역할이며, 남학생은 2층을 사용하였으며, 여학생은 1층을 사용하였다. 거실은 공동 사용 공간으로서 〈학습공간〉으로 이용하였다.

매일 아침과 저녁 식사(매일 2회 × 25번 = 50회)를 준비하며, 토요일과 주일은 (3회 × 4번=12회) 도합 62회의 식수인원이 20명이였으니 1개월에 120여 회 식사를 준비하였다.

〈필리핀 Faith Academy〉를 모방했다. Faith Academy 기숙사에서는 아침과 저녁 식사를 18명 모두가 함께하였다.

남자 전용 기숙사 – 2005년

A. 여자 기숙사 건축에 유의사항은

1. 세탁물 건조대를 별도 마련해야 하며
2. 개인 물품 보관창고를 마련해야 하며
3. 여름에도 샤워실은 더운 물이 나와야 하며
4. 개인별 샤워실도 보장한다.

B. 남자 기숙사의 유의사항으로는

1. 개인별 물품 보관창고가 필요하다. 그렇지 않으면 모든 물품 즉 여름, 겨울 옷을 모두 침실에 보관한다.
2. 물품 보관은 〈학생회〉가 담당하며, 소액의 수수료를 징수한다.
3. 학생 1인에 허용하는 짐은 백 하나씩을 추가로 한다.

남학생-여학생 공동 기숙사 - 2000년

〈한동국제학교〉 기증 건물과 운동장

1. 〈본관 건물〉

2. 〈부속 건물〉 식당, 도서관

3. 〈기숙사/남자〉

4. 〈기숙사/여자〉

5. 〈도서관〉

6. 〈강당〉

7. 〈운동장〉

다음은 기증한 건물의 준공 날짜이다.

1. **또 감사 선교관, 기숙사 = [남자]** – MISSION BUILDING – 2001. 5. 28. 준공 기증

2. **또 감사 교육관 부속 건물 = [식당] [도서관] [예배실]** – EDUCATION BUILDING – 2001. 5. 28. 준공 기증

3. **사랑관 기숙사 = [여자]** – HOUSE OF LOVE – 2001. 5. 28. 준공 기증

4. **[운동장]** – SPORTS FIELD – 2001. 5. 28 준공 기증 – 시설 2001. 5. 28 준공 기증

5. **[믿음관]** – HOUSE OF FAITH – 2004. 6. 3. 준공 기증

[한동국제학교]는 〈선교사 자녀 학교〉로서, 학생 기숙형이란 무거운 짐을 안고 출발하였다. 따라서 교사는 더 많은 관심과 사랑으로 학생을 돌보아야 한다.

이곳에 필요한 각종 악기와 교구도 포함되었다. 즉 학교 식당이면 식당에 필요한 각종 식기와 조리기구, 비품도 포함되었으며, 기숙사이면 침대와 침구도 포함되었으며, 도서관이면 도서관에 필요한 일체의 비품도 포함되었으며 강당에 필요한 음향 기구는 물론이고 의자와 책상도 포함하여 기증하였으니, 필요한 비품과 건축비에 버금가는 비품 비용을 기증했다.

실제 생활현장을 목격하지 않고는 말할 수 없는 특별한 [선교사] 가정이 있으니 아래와 같다.

- 〈선교사 부모가 이혼한 부부였던 사이였으며〉
- 〈선교사 부부가 별거 중인 부부가 있으며〉
- 〈선교사 부부 싸움 잘하는 부모가 있으면 자녀도 대부분 닮는다〉
- 〈이중 결혼한 남자 선교사는 현지 방문을 아니하고는 알 수 없다〉

- 2003년~2004년 -

그래서 이미 입학한 재학생의 경우는 2학기 방학까지는 [한동국제학교]에 재학/기숙사에 머물 수 있으나, 다른 학교로 [전학]을 요구했다. 물론 정상적인 부부가 서로 사랑하는 사이가 많으나, 이러한 비 정상적인 가정 환경을 어떻게 대하여야 할지 막막한 심정이다. 이러한 가정은 현장을 확인하지 않고는 모르는 일이다.

이러한 내용을 소개하는 이유는

〈선교사 부부 관계도 확인 사항〉으로서, 부모는 어떠한 방법으로 확인할 수 있는지 연구할 제목이며, 어떻게 확인할 수 있는지?

현지 가정 방문 아니고서는 알 수 없으며, 〈MK 재학하는 학교〉에서 알아야 할 내용이였다.

특강하신 광나루 장로회 신
학 대학에서 임남수 선교사
(1)와 부인 정희기 사모(2),
오규훈 교수(4)와 김영동 교
수(3), 문양진 선생(5)

[한동국제학교] 운영위원 자격으로 홍콩을 방문했으며, [홍콩한인학교]와 [Hong Kong Christian School] 2개 학교를 견학하기 위해 2000년 4월 홍콩 공항에 도착했다. - 2000년 4월 -

이번 방문은 홍콩, 필리핀, 미국 견학이며 [한동국제학교] 설립에 참고하려고 기획하였다.

왼쪽부터
- 1- 구자문 교수(한동대, 도시 환경 공학과)
- 2- 김화문 국장(한동대, 재단 현동 학원 사무국)
- 3- 오성연 부총장(한동대학교 행정 부총장)
- 4- 권효성 교감(한동국제학 교) 선생이 [홍콩] 공항에 도착했다.

[홍콩 한국인 학교]와 [Hong Kong Christian School] 방문은 권효성 교감 선생님의 외국학교 방문 약속을 지키는 목적도 있었으며, 여유가 없는 여행이었으니, 겨우 숙식만 해결하였다.

◇◇◇◇◇◇◇◇◇◇◇◇◇◇◇◇◇◇◇◇◇◇◇◇◇◇

다음은 필리핀 미국 선교사 자녀 학교인 [Faith Academy]이며, 그 다음은 미국의 [West Lake Harvard School]이다. 따라서 바쁘게 움직여서 3개국의 [학교] 견학을 할 수 있다.

1차로 방문한 지역은 [홍콩 한인 국제 학교]이다. 한국 정부 교육부에서 [학교장]을 파견하며 〈한국어 교육〉과 〈한국 역사〉를 교육한다. 학교에서 [브라질] [베트남] [인도네시아]에 [한국 국제 학교]가 있다고 알려준다.

박경애(한동대 언론정보학부) 교수만 사진에 없다. 당시는 한국 당국에서 학
원법 위반으로 조사를 받고 있을 때이며, [한동 실험 학교]로 입건되었으므
로 동행하지 못하였다.

권효성 교감 선생은 외부 업무와 내부 업무를 통합해서 하나로 결정하는 작
업하였다. 즉 미국 운영위원은 〈신입생 입학〉을 담당하였으며, 한국측 운영
위원들은 내부 업무로 〈교무 업무〉 〈수업〉을 담당하였으니 거의 각 전문 영
역별로 담당했다.

◇◇◇◇◇◇◇◇◇◇◇◇◇◇◇◇◇◇◇◇◇◇◇

2차로 방문한 [학교]는 필리핀의 미국 학교로 Faith Academy 기숙사로서 〈선
교사 자녀 교육〉을 전적으로 담당하는 [학교]였다.

[한동국제학교] 운영위원 3명(오성연 행정 부총장, 김화문 법인 국장, 구자문
건축과 교수)은 필리핀 Faith Academy 방문해서 기숙사를 견학하였다.

필리핀, Faith Academy 기숙사에는 선교사 부부가 아버지와 어머니 역할을
담당하며 학생 18명이 공동체 가족을 이루어, 아침과 저녁식사를 함께 하며

한 가정을 이루고 있었다. 세탁, 식사준비 등을 가정 생활의 모형으로 하여 한 가정을 그대로 실현하였다.

이들 기숙사 어머니, 아버지도 미국 Faith Academy에 Los Angeles 영락 교회가 선교사로 파송 하였으며, 재미 한국인 마 제이슨과 마사라는 부부이다.

외국인 부부는 필리핀 Faith Academy 기숙사 학생 18명의 아버지이며 어머니로서 대리 부모 역할을 충실히 하였으니, 일반 가정생활에서처럼 아침, 저녁 식사를 준비하였다.

그리고 18명 학생의 건강, 숙제, 학교 관계와 세탁, 가정, 공동체 생활를 돌아보고 개인적인 문제는 아버지, 어머니로서 충실히 담당하였다. 필리핀은 섬이 많은 국가(8,000개)이므로, 부부를 선교사로 보낸 것은 섬을 위한 선교 전략 인듯하다.

Faith Academy에 〈부모가 선교사 아닌 학생은 입학이 안 되는 것이냐〉하며, 학비만 **기숙비, 수업료는 선교사 자녀의 100%를 더 지불하며 그 외 학교 준수 사항은 똑같이 하면서 입학도 가능하다.** 이 얼마나 합리적인가.

[필리핀, 미국 Faith Academy]의 선교사 자녀 학교는 운영 방침이 아래와 같이 매우 다르다.

1. 설립자(학교) 중심으로 운영하며, 설계
2. 기숙사 운영에 학부모와 재학생의 의견은 반영되지 않으며
3. 학교와 교사의 일방적인 생각으로 운영되었다.

[한동국제학교]의 기숙사는 필리핀, 미국 Faith Academy의 운영방식을 대부분 모방하였으며, 아침 식사와 저녁 식사는 기숙사별로 식사하며, 점심은 학생 모두가 학교 식당을 이용하였다.

4. 학교 기숙사 공동체 생활은 18명이(1개 기숙사는 18명이) 한 가족으로 생활하며
5. 세탁/빨래, 공부(자습-복습)은 함께 매일 모여 했고
6. 외출은 공동체 생활로 개별 행동은 자제한다.

이 제도는 일부분은 합당하지만, 불합리한 점이 많아서 [한동국제학교]는 이대로 받아 들이는 것 보다도 수정, 보완 적용하였다. 앞서서 운영하는 〈선교사 자녀 교육 학교가 필리핀에 있어서 참고할 줄이야 몰랐으니〉 그 뜻을 짧은 시간에 이해하기는 어려웠다. - 2000년 4월 -

지금까지 준비한 [2003년, 한국 선교사 학부모 교육 의견 청취] 사업은 전적으로 [한동국제학교] 운영 위원장 장도원 장로의 제안으로 실시되었다

- 〈학부모 의견은〉 23개 국가에 거주하는 선교사들의 93개 의견 중에서 15개 의견만을 선택하며 사용했으며
- 〈학생 의견은〉 48개 의견으로 필리핀, 미국 Faith Academy 재학생 의견 중에서 18개 의견을 사용했다.

[2000년~2004년에는 우리나라 10,000명의 선교사로부터 특히 160개 국가의 자료]를 얻을 수 있었다. 해외 교육, 문화, 통상, 무역 등에서 자료를 얻을 수 있으며, 또한 이 자료는 [국제화 교육에 생생한 자료]가 될 수 있을 것이다.

이번 [2003년, 의견 청취]는 1회 사업으로 끝나는 사업보다는 격년으로 계속 사업(조사)하면 선교사에게는 처음 있는 작업으로서 현장의 선교사는 놀라워했다. 이 [의견 청취] 작업에 많은 비용(항공 요금)을 지출하면서, 한 가지 목적만으로 조사하기보다는 위에 자료를 함께 수집하면 유익할 것이다.

다음 우리나라 [2003년, 한국 선교사 학부모 교육 의견 청취]와 [2004년 학생]을 이 두 가지 사업의 작업 기획부터 원고 정리는 약 1년이 소요 되었다.

[한동국제학교] 실제 설립 운영보다 1년~2년 앞서서 했더라면 학교 운영에 많은 참고할 수 있는 사항 있을 터인데, 아쉬웠다. 기획 업무는 불필요한 것 같지만 [영리 기업과 비 영리 사업에 절대로 필요한 업무]라 본다.

오일규, 오이규 형제 집 방문
하여, 아버지 오인열 선교사
와 어머님 김현미 사모

오인열 선교사 두 아들과 함
께 〈하얼빈의 축제인 빙등
축제〉에 참석했다.

구슬기 학생은 동생을
안고 있다.
캄보디아, 시아누크 빌.

[2003 선교사, 학부모 자녀 교육 의견 청취] 국가, 도시, 학부모는 무엇인가

A. 동남아시아		B. 서남아시아		C. 중.극 아시아		D. 아프리카	
* Vietnam	4	* Turkey	3	* China	2	* South Africa	2
* Philippine	4	* Kosovo	1	* Russia	2	* Madagascar	1
* Indonesia	2	* Albania	1	* Uzebekistan	2	* Sierra Leon	2
* Cambodia	2	* India	3	* Afganistan	2	* Ghana	1
* Singapore	1			* Pakistan	2	* Botswana	2
				* Mongolia	1	* Tanzania	1
				* Tazikstan	1	* Egypt	1

A. 학부모	8명	B. 학부모	6명	C. 학부모	9명	D. 학부모	4명
의견서	29명	의견서	36명	의견서	48명	의견서	36명
방문도시	13개	방문도시	8개	방문도시	12개	방문도시	10개

전체 방문 : 23개 국가, 43개 도시
면　　담 : 선교사 149명, HIS 학부모 : 27명

전체 방문 지역은

　　A 동남 아시아 - 5국가

　　C 중국 · 극동 아시아 - 7국가

　　B 서남 아시아 - 4국가

　　D 아프리카 - 7국가

방문국가 23개 국가이며, 〈의견서〉는 149명의 선교사로부터 받았다. 다음의 의견은 약 83가지 항목 중에서 〈자녀-MK 교육〉에 관한 부분만을 선택하였다. - 2003. 4 -

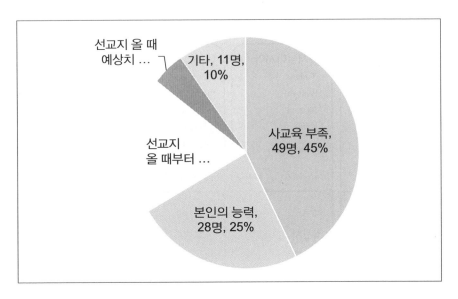

〈사교육 부족이 45%〉는 사설 학원이 없으며
〈본인의 능력 25%〉이면 75%는 본인의 능력이 학력저하 요인은 아니라는 뜻
이다.

어떤 선교 단체는 [자녀는 자기 아버지, 어머니가 학습을 지도한다]는 조건
으로 파송하니 어쩌면 이 방법이 합당하다.

입학 전, 초–중등에서 학교 옮긴 횟수

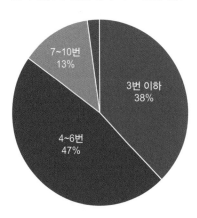

초등학생은 〈전학〉을 가능한 자제하면
서, 선교지(사역 지역)를 바꾼다. 그러나
중학교 때는 〈전학〉하면 안 된다. 학생이
〈중학교 때 전학하면〉 충격을 받으며, 고
등학교 때에 전학은 6번(47%)을 전학하
면, 학교 성적은 추락하며 학생에게 매우
충격이 커서 〈절대로 전학하면〉 안 된다.

학교를 전학하면, 학력이 떨어지던지 아
니면 부작용을 감수해야 한다.

3 MK(선교사 자녀)는 누구인가

MK는 유치원, 초등학교, 중·고등학교까지 20년~25년을 선교지(타국)에서 교육 받으며 지내면서도, 해외(외국/선교지)에서 거주를 원하지 않는 반면, 아버지, 어머니는 선교지에서 교육 받은 사실이 없는데도 남은 여생을 선교지에서 살기를 원한다.

한국 선교사는 선교지역 국가에서 남은 여생을 거주하기 희망한다. 무슨 이유에서인가? 1세대 부모 선교사는 〈타 문화권 이해 부족〉과 〈국제화 적응력 부족〉 하지만 한국의 발전에 매료되어, 선교지역 장점과 지역 개발에 적극적인 참여가 없는 점이 아쉬운 점이다.

선교사 2세대는 다음과 같은 특징을 가지고 있다.

- 자녀/MK에게 구체적인 〈주체 의식〉이 없다.
- MK는 〈초등, 중·고등학교〉 12년(?)을 선교지역에서 교육 받으나, 현지 국가에 〈목적이 없다〉.
- 준비된 〈지역 전문인〉으로 성장할 수 있도록 양육이 필요하다.
- 현지인으로 동창생과 친구가 있다.
- 〈타 문화권〉, 〈이중 문화권〉, 〈국제화〉에 적응력이 뛰어나므로 친화적인 성격이다.

4 MK 한글 교육, 영어 교육은 어떻게 할 수 있는가

한글 교육

1. 읽고, 쓰기 초등 과정을 반복해서, 성경 읽기, 쓰기를 계속한다.

   몇 구절씩 성경을 읽고, 쓰기를 계속함으로써 한국어 실력이 향상된다. 그러나 MK 세대가 꾸준히 쓰고 읽으려면 반드시 성과에 따른 포상을 해야 하며, 이웃에게 〈쓰는 실력〉을 노트로 자랑해야 한다.

2. 초등, 중등학교는 목표를 제시해야 된다.

초등 학생은 포상으로 가능하지만, 중등학교는 융통성 있는 교재를 선택한다. 성경과 다른 교재를 추가한다.

3. 국어 교육 기회를 제공한다.

한글의 〈문법〉〈맞춤법〉〈대화법〉 등의 규칙을 교육한다.

4. 부모와 생활언어로 능력오해 한다.

생활에 불편이 없을 정도로 〈언어 구사 능력이 좋으니〉 한국어 문법, 맞춤법을 잘 할 수 있다고 오해한다. 그러나 한국어 능력은 낙제점이란 사실을 인정해야 한다.

5. 한글과 한국어, 학습 기회는 앞으로 충분히 많다.

초등학교는 초등학교에 합당한 학습이 있으며, 중·고등학교에 책임 학습 체계를 수립하여 학년에 합당한 학습은 꼭 해당 학년에 완성해야 한다.

영어 교육

1. 전문적인 목표를 제시해야 한다.

영어 통역원, 학자, 회사원 등의 전문 직업에 합당한 〈영어 실력〉을 갖추려면 무엇을 어떻게 학습하는가에 성공 여부가 달려있다.

2. 영어 교육기간이 8년으로 너무 길다.

목적/목표가 명확하지 못하면 중학교 3년, 고등학교 3년, 대학은 2년, 합계 8년간 영어를 공부하는 것은 시간 낭비다. 목적이 뚜렷하면 효율성이 높다.

전체 93개 조사 항목 중에서 15개 항목만을 여기에 표시하였으니 대표적인 응답이라 할 수 없으나, 주요 관심 사항이다. 선교사이자 학부형이란 책무는 피할 수 없다. 따라서 선교사 자녀 교육에 대한 몇 가지 [의견 청취]는 유념할 필요는 있다. - 2003년 -

현재 사역국가에서 향후 사역 계획은

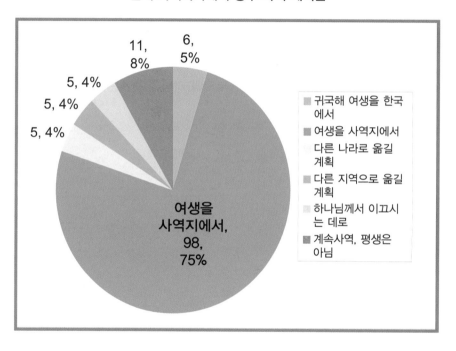

11, 8%
6, 5%
5, 4%
5, 4%
5, 4%

여생을 사역지에서, 98, 75%

■ 귀국해 여생을 한국에서
■ 여생을 사역지에서 다른 나라로 옮길 계획
■ 다른 지역으로 옮길 계획
■ 하나님께서 이끄시는 데로
■ 계속사역, 평생은 아님

총 선교사역 기간

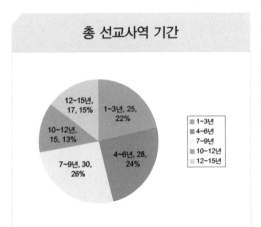

- 1~3년, 25, 22%
- 4~6년, 28, 24%
- 7~9년, 30, 26%
- 10~12년, 15, 13%
- 12~15년, 17, 15%

범례:
- 1~3년
- 4~6년
- 7~9년
- 10~12년
- 12~15년

현재 사역하시는 내용은 무엇입니까?

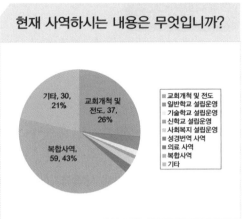

- 교회개척 및 전도, 37, 26%
- 기타, 30, 21%
- 복합사역, 59, 43%

범례:
- 교회개척 및 전도
- 일반학교 설립운영
- 기술학교 설립운영
- 신학교 설립운영
- 사회복지 설립운영
- 성경번역 사역
- 의료 사역
- 복합사역
- 기타

선교 계획, 추진 시 자녀 교육 고려하는 정도는

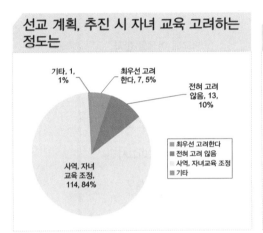

- 기타, 1, 1%
- 최우선 고려한다, 7, 5%
- 전혀 고려 않음, 13, 10%
- 사역, 자녀 교육 조정, 114, 84%

범례:
- 최우선 고려한다
- 전혀 고려 않음
- 사역, 자녀교육 조정
- 기타

부모와 자녀의 관계는 어떻습니까

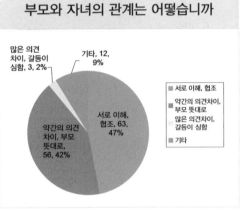

- 많은 의견 차이, 갈등이 심함, 3, 2%
- 기타, 12, 9%
- 서로 이해, 협조, 63, 47%
- 약간의 의견 차이, 부모 뜻대로, 56, 42%

범례:
- 서로 이해, 협조
- 약간의 의견차이, 부모 뜻대로
- 많은 의견차이, 갈등이 심함
- 기타

자녀의 적성에 상관없이 부모의 희망에 따라 권유하고 싶은 직업은?

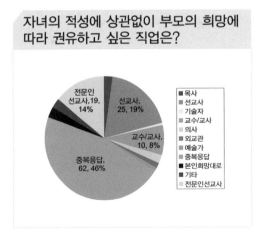

- 전문인 선교사, 19, 14%
- 선교사, 25, 19%
- 교수/교사, 10, 8%
- 중복응답, 62, 46%

범례:
- 목사
- 선교사
- 기술자
- 교수/교사
- 의사
- 외교관
- 예술가
- 중복응답
- 본인희망대로
- 기타
- 전문인선교사

현재 환경에서 자녀의 대학은 어떻게 계획하는가?

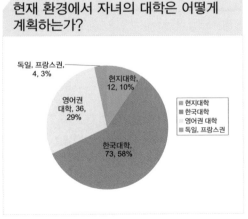

- 독일, 프랑스권, 4, 3%
- 현지대학, 12, 10%
- 영어권 대학, 36, 29%
- 한국대학, 73, 58%

범례:
- 현지대학
- 한국대학
- 영어권 대학
- 독일, 프랑스권

현지 국제 학교에 대한 의견

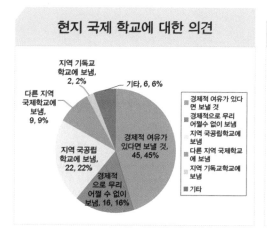

다른 지역
국제학교에
보냄,
9, 9%

지역 기독교
학교에 보냄,
2, 2%

기타, 6, 6%

경제적 여유가
있다면 보낼 것,
45, 45%

지역 국공립
학교에 보냄,
22, 22%

경제적
으로 무리
어쩔 수 없이
보냄, 16, 16%

- 경제적 여유가 있다면 보낼 것
- 경제적으로 무리 어쩔수 없이 보냄
- 지역 국공립학교에 보냄
- 다른 지역 국제학교에 보냄
- 지역 기독교학교에 보냄
- 기타

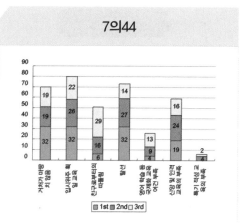

□ 1st ■ 2nd □ 3rd

부부가 자녀교육 문제로 갈등을 겪은 적이 있습니까?

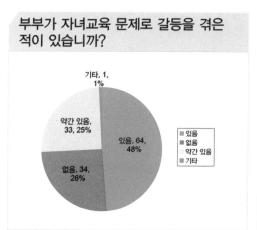

기타, 1,
1%

약간 있음,
33, 25%

있음, 64,
48%

없음, 34,
26%

- 있음
- 없음
- 약간 있음
- 기타

갈등의 이유는?

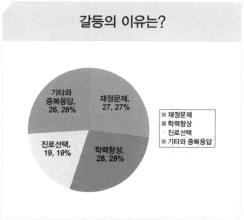

기타와
중복응답,
26, 26%

재정문제,
27, 27%

진로선택,
19, 19%

학력향상,
28, 28%

- 재정문제
- 학력향상
- 진로선택
- 기타와 중복응답

자녀가 HIS에 입학하지 않았다면 어떻게 하였겠습니까

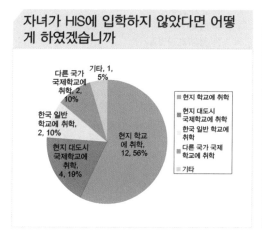

다른 국가
국제학교에
취학, 2,
10%

기타, 1,
5%

한국 일반
학교에 취학,
2, 10%

현지 학교
에 취학,
12, 56%

현지 대도시
국제학교에
취학,
4, 19%

- 현지 학교에 취학
- 현지 대도시 국제학교에 취학
- 한국 일반 학교에 취학
- 다른 국가 국제학교에 취학
- 기타

HIS에서 12학년까지 교육함에 만족해서 HIS 계속 재학시킬 뜻이 있습니까?

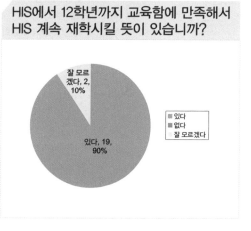

잘 모르
겠다, 2,
10%

있다, 19,
90%

- 있다
- 없다
- 잘 모르겠다

필리핀, 미국 Faith Academy 한국인 선교사 자녀(학생) 49명을 대상(모집단)으로 재학생 18명의 응답을 여기에 실었다. 주체가 학생 자신이란 점이 중요하다. -2004. 12-

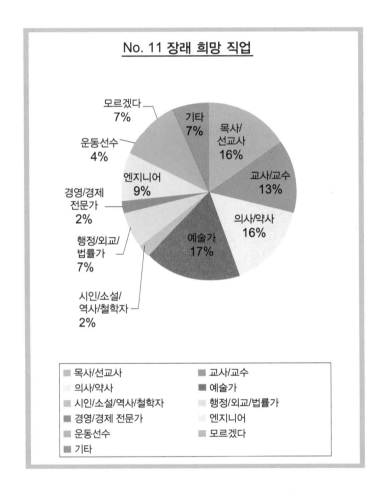

No. 11 장래 희망 직업

모르겠다 7%
기타 7%
목사/선교사 16%
운동선수 4%
교사/교수 13%
엔지니어 9%
경영/경제 전문가 2%
의사/약사 16%
행정/외교/법률가 7%
예술가 17%
시인/소설/역사/철학자 2%

■ 목사/선교사   ■ 교사/교수
□ 의사/약사   ■ 예술가
■ 시인/소설/역사/철학자   ■ 행정/외교/법률가
■ 경영/경제 전문가   □ 엔지니어
■ 운동선수   ■ 모르겠다
■ 기타

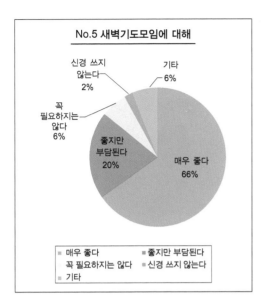

No.5 새벽기도모임에 대해

- 신경 쓰지 않는다 2%
- 기타 6%
- 꼭 필요하지는 않다 6%
- 좋지만 부담된다 20%
- 매우 좋다 66%

■ 매우 좋다　■ 좋지만 부담된다
꼭 필요하지는 않다　■ 신경 쓰지 않는다
■ 기타

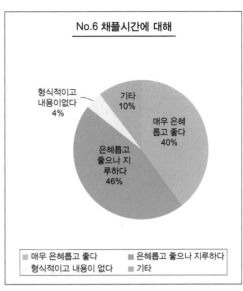

No.6 채플시간에 대해

- 형식적이고 내용이없다 4%
- 기타 10%
- 매우 은혜롭고 좋다 40%
- 은혜롭고 좋으나 지루하다 46%

■ 매우 은혜롭고 좋다　■ 은혜롭고 좋으나 지루하다
형식적이고 내용이 없다　■ 기타

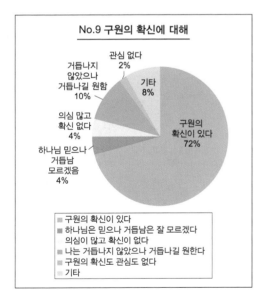

No.9 구원의 확신에 대해

- 관심 없다 2%
- 거듭나지 않았으나 거듭나길 원함 10%
- 기타 8%
- 의심 많고 확신 없다 4%
- 하나님 믿으나 거듭남 모르겠음 4%
- 구원의 확신이 있다 72%

■ 구원의 확신이 있다
■ 하나님은 믿으나 거듭남은 잘 모르겠다
의심이 많고 확신이 없다
■ 나는 거듭나지 않았으나 거듭나길 원한다
■ 구원의 확신도 관심도 없다
■ 기타

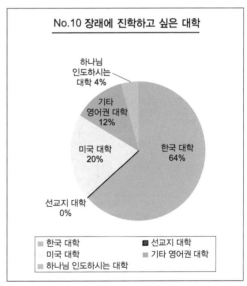

No.10 장래에 진학하고 싶은 대학

- 하나님 인도하시는 대학 4%
- 기타 영어권 대학 12%
- 미국 대학 20%
- 한국 대학 64%
- 선교지 대학 0%

■ 한국 대학　■ 선교지 대학
미국 대학　■ 기타 영어권 대학
■ 하나님 인도하시는 대학

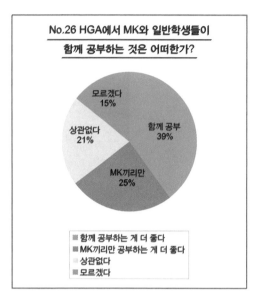

No.26 HGA에서 MK와 일반학생들이 함께 공부하는 것은 어떠한가?

- 모르겠다 15%
- 상관없다 21%
- 함께 공부 39%
- MK끼리만 25%

- 함께 공부하는 게 더 좋다
- MK끼리만 공부하는 게 더 좋다
- 상관없다
- 모르겠다

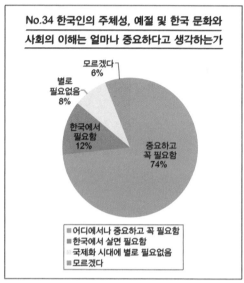

No.34 한국인의 주체성, 예절 및 한국 문화와 사회의 이해는 얼마나 중요하다고 생각하는가

- 모르겠다 6%
- 별로 필요없음 8%
- 한국에서 필요함 12%
- 중요하고 꼭 필요함 74%

- 어디에서나 중요하고 꼭 필요함
- 한국에서 살면 필요함
- 국제화 시대에 별로 필요없음
- 모르겠다

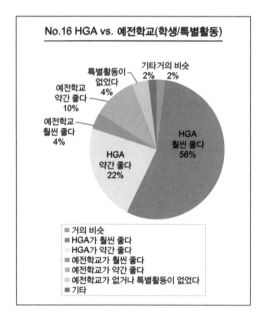

No.16 HGA vs. 예전학교(학생/특별활동)

- 특별활동이 없었다 4%
- 기타거의 비슷 2% 2%
- 예전학교 약간 좋다 10%
- 예전학교 훨씬 좋다 4%
- HGA 약간 좋다 22%
- HGA 훨씬 좋다 56%

- 거의 비슷
- HGA가 훨씬 좋다
- HGA가 약간 좋다
- 예전학교가 훨씬 좋다
- 예전학교가 약간 좋다
- 예전학교가 없거나 특별활동이 없었다
- 기타

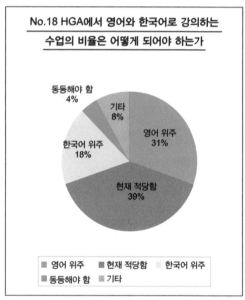

No.18 HGA에서 영어와 한국어로 강의하는 수업의 비율은 어떻게 되어야 하는가

- 동등해야 함 4%
- 기타 8%
- 영어 위주 31%
- 한국어 위주 18%
- 현재 적당함 39%

- 영어 위주
- 현재 적당함
- 한국어 위주
- 동등해야 함
- 기타

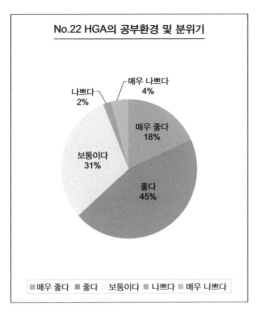

No.22 HGA의 공부환경 및 분위기

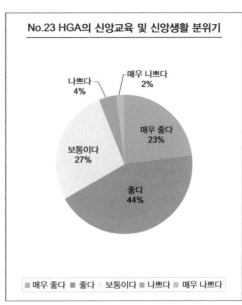

No.23 HGA의 신앙교육 및 신앙생활 분위기

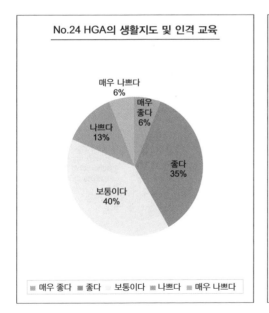

No.24 HGA의 생활지도 및 인격 교육

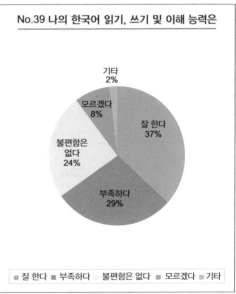

No.39 나의 한국어 읽기, 쓰기 및 이해 능력은

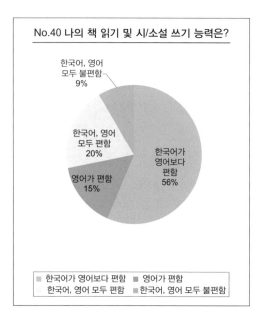

No.40 나의 책 읽기 및 시/소설 쓰기 능력은?

한국어, 영어 모두 불편함 9%
한국어, 영어 모두 편함 20%
영어가 편함 15%
한국어가 영어보다 편함 56%

- 한국어가 영어보다 편함
- 영어가 편함
- 한국어, 영어 모두 편함
- 한국어, 영어 모두 불편함

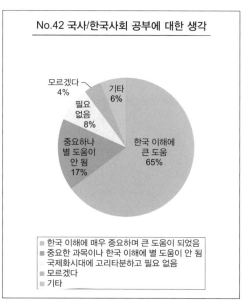

No.42 국사/한국사회 공부에 대한 생각

모르겠다 4%
기타 6%
필요 없음 8%
중요하나 별 도움이 안 됨 17%
한국 이해에 큰 도움 65%

- 한국 이해에 매우 중요하며 큰 도움이 되었음
- 중요한 과목이나 한국 이해에 별 도움이 안 됨
  국제화시대에 고리타분하고 필요 없음
- 모르겠다
- 기타

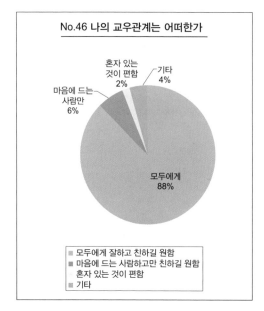

No.46 나의 교우관계는 어떠한가

혼자 있는 것이 편함 2%
기타 4%
마음에 드는 사람만 6%
모두에게 88%

- 모두에게 잘하고 친하길 원함
- 마음에 드는 사람하고만 친하길 원함
  혼자 있는 것이 편함
- 기타

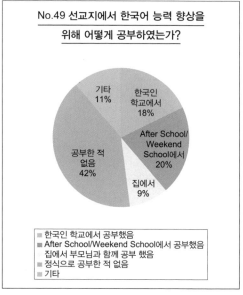

No.49 선교지에서 한국어 능력 향상을 위해 어떻게 공부하였는가?

기타 11%
한국인 학교에서 18%
After School/ Weekend School에서 20%
공부한 적 없음 42%
집에서 9%

- 한국인 학교에서 공부했음
- After School/Weekend School에서 공부했음
  집에서 부모님과 함께 공부 했음
- 정식으로 공부한 적 없음
- 기타

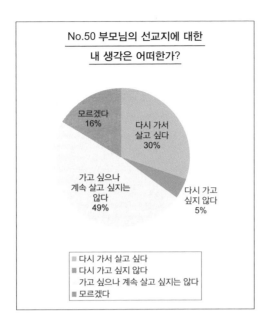

No.50 부모님의 선교지에 대한
내 생각은 어떠한가?

모르겠다
16%

다시 가서
살고 싶다
30%

다시 가고
싶지 않다
5%

가고 싶으나
계속 살고 싶지는
않다
49%

- 다시 가서 살고 싶다
- 다시 가고 싶지 않다
  가고 싶으나 계속 살고 싶지는 않다
- 모르겠다

MK(Missionary Kid's) 교육과 훈련 관계

A. 전문인

어느 분야인가, 즉 [지역별], [영리 또는 비영리], [국내 또는 해외]로 구분
하므로써 구체적으로 직업을 선택할 수 있다.

예 : 1) 〈대학교 교수〉 또는 〈영역〉 〈비영리〉

2) 〈사업가/대표〉 또는 〈영역〉 〈영리〉

3) 〈직장인〉 〈영역 = 영리 또는 비영리〉

B. 한국어(한글)

외국인이라도 기본적인 교육으로 통용된다. 대학교 교수와 직장인이 다
르며, 한국인이면 한글의 맞춤법은 이해하여야 한다.

C. 언어, 현지어

한국인으로 외국어/현지어를 자국어처럼 사용하려면, 이미 모든 면에서
국제화된 사람이며, 사고 방식도 국제화 되었다. 한인 선교사 자녀 2세대
의 자랑스러운 모습이다.

D. 한국 문화

〈세계역사〉〈한국역사〉〈한국사회〉〈한국인의 가치〉〈동양인의 가치〉
〈한국인의 예절〉에 익숙하며, 선교사 자녀에 합당한 정도로 갖춘다. 특히
[한국인의 예절]에 인사법, 식사법을 습득한다.

E. 양육

복음으로 양육

F. 훈련

[문화]는 가정에서 반복하며 계속 〈듣고〉〈보고〉〈접촉〉하므로 익숙해
지며, 오랫동안 지속된다. 각 가정은 청소년 〈훈련에 가장 적합한, 최상의
공동체〉이다.

이 페이시는 [MK 교육, 훈련의 연계]를 항목마다 어떤 관계가 있는지를 설
명하였다.

MK 교육, 훈련의 연계

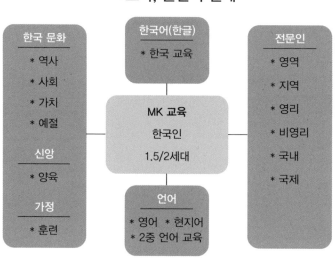

[그리스도인]과 [비 그리스도인]의 선교사 학부모 자녀 교육 계획과 목표

그리스도인	비 그리스도인
1. 국내외 우수한 대학입학	1. 국내외 우수한 대학입학
2. 영어를 잘하고	2. 영어를 잘하고
3. 국제 감각을 갖추어	3. 국제 감각을 갖추어
4. 전문인이 되어서	4. 전문인이 되어서
5. 하나님 쓰임 받는 사람	5. 재물, 명예, 권력을 가지고
	6. 존경 받는 인물이 되어야

〈선교사 학부모님과 비 그리스도인의 자녀에 대한 희망은 분명히 다르다〉 왜냐하면 선교사 학부모는 그리스도인이므로 목적이 다르며, 소망이 다르기 때문이다.

교가

1. 한국 [한동국제학교]
2. 중국 [도문시 인터 직업 양성학교]
3. 필리핀 [Pota On Academy]
4. 캄보디아 [Vot Beng Friend School]
5. 아프가니스탄 [Alaudol Friend School]
6. 아프가니스탄 [Sabes Bulou Friend School]
7. 아프가니스탄 [Zola Friend School]

 작사, 작곡자는
윤형주 장로

한국, 한동국제학교 교가

1절
한동의 옥토 위에 작은 씨앗 떨어져
생명의 뿌리들이 힘차게 뻗어나리
자라는 가지 위에 아름다운 열매들
모두의 기쁨이요 하나님의 축복이어라

우리는 사랑의 청소년, 아름다운 십대들이여
세계를 향한 꿈을 갖고 자라나리라
우리는 한동의 사람들 지혜로운 십대들이여
한동의 자랑 하나님의 기쁨이 되자

2절
저 땅끝 어둠 속에 빛을 들고 다니는
부모님 승리 위해 쉼 없이 기도하리라
내 나라 대한민국 나의 일터 온 세계
진리의 깃발 들고 소리 높여 노래하리라

우리는 사랑의 청소년, 아름다운 십대들이여
세계를 향한 꿈을 갖고 자라나리라
우리는 한동의 사람들 지혜로운 십대들이여
한동의 자랑 하나님의 기쁨이 되자

중국, 도문시 인터직업학교 교가

1절
도문의 옥토 위에 작은 씨앗 떨어져
생명의 뿌리들이 힘차게 뻗어나리
자라는 가지 위에 아름다운 열매들
세상의 기쁨이요 부모님의 축복이어라

우리는 사랑의 청소년, 아름다운 십대들이여
세계를 향한 꿈을 갖고 자라나리라
우리는 도문의 사람들 지혜로운 십대들이여
세상의 자랑 부모님의 기쁨이 되자

2절
이웃나라 세상 속에 사랑으로 살아가는
부모님 행복 위해 쉼 없이 노력하리라
내 나라 중화민국, 나의 일터 온 세계
진리의 깃발 들고 소리 높여 노래하리라

우리는 사랑의 청소년, 아름다운 십대들이여
세계를 향한 꿈을 갖고 자라나리라
우리는 도문의 사람들 지혜로운 십대들이여
세상의 자랑 부모님의 기쁨이 되자

기부금으로 건축한 [한동국제학교]의 건축물과 물품

본인은 [한동대학교]에 8년간 재직하면서(1996년 10월~2004년 2월) 노동 조합의 쟁의는 계속되었다. 그러면서도 [한동대학교]와 [한동국제학교]에서 새로운 건축 사업과 기부금은 계속 입금되었다.

[첫 번째 기증]은
[성미전자 성운량 회장]이 자녀(1남 4녀)에게 현금 유산으로 20억을 했으나, 성미전자 성운량 회장 사위 강효규 사장은 모두 나누어 준 유산을 다시 가져 오도록 해서 [한동대학교]의 [교회] 신축으로 목적 헌금하였다. 그러나 본인 한동대학교에 취업 전에 기부금 전액을 모두 소진되고 없었다. - 1995년 10월 -

1995년 10월 6일 현금으로 입금되었으나, [학교] 설립 과정에 혼란으로 당시에는 〈목적 사업〉이 이루어지지 못했으나 본인이 파악했을 때는 이미 6년

[머릿돌]에 수많은 단종 면허자인 〈골조〉 〈조적〉 〈창호〉 〈비계〉 〈철근〉 〈석공〉 〈설비〉 〈유리〉 〈유리〉 〈도장〉 〈타일〉 〈방수〉 〈조경〉 〈비계〉는 성명을 쓰도록 했으며, 시공회사 책임자의 성명도 기록했다. 책임 시공이란 실제 작업자의 이름이 중요함으로 이름을 명기했다.

효암관 채풀

이 지났으니, 7년은 기부금 목적 사업이 이루어지지 않을 경우는 40% 무거운 증여 세금을 납부하는 경우가 있으니, 이러한 세금을 내기보다는 완공하는 편이 더 좋다는 판단이었다. 그리하여 당시에 단종 사업자인 〈거송산업〉에 발주를 주었다. 건물 외벽을 알미늄보다 돌(석재)로 했으며, 원래는 좌석이 700석인데 1200석으로 넓혔으며, 바닥을 앞 부분 만을 목재로 바꾸었다.

[두 번째 기증]은
[한동국제학교]의 〈본관〉〈남자 기숙사〉〈여자 기숙사〉〈도서실〉〈강당〉〈식당〉〈전용 운동장〉을 50억으로 기증하였다.

〈본관〉〈교실〉〈도서실〉〈강당〉〈식당〉〈남자 기숙사〉〈여자 기숙사〉

전용 운동장

형식적인 [머릿돌] 보다는 실제적인 건축 작업에 임하였던 작업자의 노고에 감사하는 뜻에서 실무자의 이름을 [머릿돌]에 기록하였다.

[세 번째 기증]은

김낙중 어르신(1930.5. 27일생)

은 무학으로 농업을 생업으로 하던 중, 자녀에게 유산을 주지 않기로 작정하고, [한동대학교]를 유심히 2년을 주시하던 중, 〈경북 포항시 흥해읍 매산리 농지 3,500평 재산을 모두 [한동대학교]에 기부하기로 작정했다〉

농지 보상금 〈82,785,420원〉과 〈2억원〉을 총액으로 282,785,420원을 2006년 7월 14일 기부하였으니, 본인 재산은 〈정미소〉 한 개와 농지 약간을 장남에게 유산으로 남겼을 뿐이다.

[네 번째 기증]은

유앵손 목사는 〈경기도 의왕시 월암동 자연녹지 임야 약 2,500평〉을 기증했다. 2018년에 5억원에 매도하여, 학교 법인 수익용 재산으로 정기예금 되었다. 또한 유앵손 목사는 늘 기도하기를 [건국대학교]가 믿음의 지도자를 양성하는 [학교]가 되기를 바랬다.

그 즈음 하용조 목사(온누리 교회)를 방문해서 자초지종을 설명하였더니, "경북 포항에 하나님 대학이라는 한동대학교에 기증할 것을 권유하였다" 그렇지 않아도 〈갈대상자〉 간증 책을 보고, 기도 응답이라고 생각하게 되였는데, 유 목사는 건국대학교 설립자 겸 초대 유석창 총장이 큰 아버지라고 하셨다고 한다.

유앵손 목사는 그의 남편이 남긴 유일한 유산으로, 부인이 노년에 혼자 살면서 경치 좋은 곳에서 살 것을 당부하며, 준 유산을 1998년 2월에 [한동대학교]를 직접 방문해서 위에 임야를 기부했다.

또한 그는 노년에 우리나라에 왔던 미국 군인들 특히 대다수 흑인과 결혼하여 살고 있는 분들을 위해 미국 네바다 주에서 [목회]를 했으며, 〈네바다 주〉 Victor Vill 시에서 여생을 보냈다.

[다섯 번째 기증]은
신동아 그룹(회장 최순영)에서 현금으로 총액 58억 원을 기부했으니, [대한생명]에서 48억원이며, [신동아 건설]은 5억원이며, [신동아 화재]는 5억원으로, 합계 금으로 총 58억원을 1999년 1월 8일에 기부했다.

[여섯 번째 기증]은
그 밖에 재정은 [갈대상자]로 매월 정기적으로 입금되는 매월 약 8,000명이며, 금액으로 약 15억원이 기부되었으니, [한동대학교]의 어려운 재정에 크게 도움되었다. -2000년~2004년으로 매년 평균이다-

학교 설립에 필요한 최소한 요건

다음은 [학교 설립]을 신청할 때, 소관부서에 참고용 〈지침서〉가 될 수 있다. 사립학교 운영 규정 기본으로 뿐만 아니라 [학교 운영 규정]에 사용할 수 있다. 이러한 〈지침서〉를 작성하면 실무자 실력이 성장한다.

특히 현지 언어로 번역하면 [학교 설립 정신과 이념]을 명확히 하면서 학교 허가에 유익하며, [학교 운영]에 참고할 수 있으며, 〈설립 운영〉하려는 학교 설명자료로 사용이 가능하다.

사립 학교 정관(안)

이사장 : 〈공동체 설립자〉〈소유자/법인 대표자〉〈영적 지도자〉---이사회에서 이사장을 임명 한다.

학교장 : 〈학사 책임자〉〈학교 실무 책임자〉〈학교 운영 관리〉〈행정 관리자〉---이사회에서 임명한다.

학교 설립 계획서(Paper School) – 설립자

1. 학교 성격 – (이사장/이사회)
  1) 미션 학교
  2) 기독 학교
  3) 사립 학교(일반 인문학교)
  4) 사립 학교(상업, 예술, 체육, 공업, 농업, 수산, 임업)로 설립
  5) 특수 학교(신입생에 합당한 학교)
  6) 구제형 학교(재정이 어려운 학교)

7) 비 엘리트 학교(한 마리 양)

8) 교육 기회 제공형 학교(야간)

2. 학교 종류 – (이사장/설립자)

1) 보조 학교 : 문맹퇴치, 야간 성인 중-고등 학교, 성경 학교

2) 기술 학교
   - 공업 계열(토목, 건축, 전기, 기계, 화공, 방적) = 국가 담당하는 분야
   - 비 공업 계열(디자인, 미용, 위생, 컴퓨터, 조리 등등) = 사립에서 담당하는 분야 학교

3) 직업 학교 : 조리학교, 안경학교, 경찰학교, 열쇠학교, 선원학교, 디자인학교, 체육학교, 예술학교, 농업학교, 보건-위생-의료학교, 음향학교, 항공학교, 세무학교, 철도학교, 우편학교

4) 재활 학교 : 농아학교, 맹아학교, 발달 장애/다우니 학교

3. 설립 정신 – (이사장)

1) 대한민국 교육 이념 : 〈홍익인간, 이화 사상〉

2) 미국 교육 이념 : 〈자유, 평등, 독립〉

3) [돌봄과 배움의 사랑 공동체] : 〈중국의 교훈 설정〉은 공동체에 신선한 방향 감각을 준다.
   [교장]과 [교사]에 주는 목표는 다르다.

교장 = [복음적인 학교]

교사 = [질서] [친절] [청결]

세계 205개 국가의 중학교와 고등학교의 [교육 이념]을 수집하는 업무가 있으니, 가치 있는 일이다. 각 국가의 교육에 비전(vision)은 있고, 그 실현은 여러 가지 방법이 있으나 찾을 수 없다.

   - 〈vision은 나와 관계가 있는가〉
   - 〈어떻게 꿈을 꾸는 지〉

- 〈꿈을 달성할 수 있는 지〉
- 〈비전은 무엇인가〉
- 〈꿈과 사명은 어떤 관계인가〉
- 〈나의 책무는 무엇인가〉
- 〈희망과 꿈은 어떠한 관계에 있는지〉
- 〈내 사명은 무엇인가〉

한 없는 질문이 나온다. 이러한 비영리 단체만이 〈꿈/vision/사명/책무/희망〉이 있는가?

꿈을 성취하기 위해 실제적 행동으로 〈무엇을 해야 하는지〉를 모른다. 답은 **[헌신과 봉사]**이다.

4. 설립 목적 – (이사장 + 이사회)

1) 복음 : 신학교, 진리 전달, 지식과 공동체 생활인
2) 지도자 양성 : 목표와 지도자 목적은 무엇인가
3) 국가 지도자 배출 : 국민을 위한 봉사자 양성
4) 국토 방위자 : 사관학교(육군, 해군, 공군, 간호장교)
5) 지역 개발 공무원 : 지역 봉사자 양성
6) 문맹 퇴치 교사 : 〈문해자, 문맹자〉 교실 운영
7) 교사로 헌신 : 은퇴자, 또는 희망자

* 분명한 **〈가치가 목적〉**이 되어야 하며, 〈인성〉 〈직업〉 〈기술〉 〈공헌〉으로 인류에 공헌할 결심에 있는 자

5. 학교 위치 – (이사장 + 학교장)

대도시, 중/소도시, 농촌 마을, 어촌 마을, 빈민 지역, 부자지역 — 〈학교 성격〉에 따라서 지역을 정한다.

* 주일학교 여름 방학 수련회 장소 선정하는 요소 — 수련회 성격, 설계 결정이 우선한다.

6. 입학 대상자 – (학교장)

평균 이하, 한 마리 양 즉 〈빈곤 학생〉〈학습 기회 제공〉〈지식과 만남〉이 필요한 곳은 빈민지역이다. 〈장애자 학교〉〈재활 복지 대학/평택〉 국가 지정으로 한다.

7. 학교자(교사) 선임/채용 조건 – (이사장 + 학교장)

교과 편성과 내용을 경험으로
학교 설립 〈목적과 학사 지침〉〈학사 지도 형태〉는 [생활 중심] [지식 중심] [현장 중심]으로 정한다.

예 = 〈70% 생활 중심〉과 〈30% 지식 중심〉으로 학사 운영한다.

8. 재정 규모 – 설립 예산과 운영 예산 – (이사장 + 학교장)

1) 설립비 : 연차적으로(금액은 규모가 허락되는 한도) 토지, 건물, 시설 등에 투입 재정은 이다.
2) 운영비 : 매년 인건비, 실습비, 운영 관리비, 학습에 필요한 비용으로 변동 가능하다.
3) 건축규모 : 일시적으로 해결하기 보다 연차적 증축비로 예산을 책정한다.
4) 학비 징수 책정(등록금) 수납 방법(분납으로 가능)
5) 〈기부금〉〈장학금〉〈발전 기금〉은 용도가 다르다.

다수 기부자가 소액으로 기부하는 것이 안정적이며, 여러 종류의 〈사업 계획서〉 준비로 〈1,000만원〉〈5,000만원〉〈1억 규모〉 등 다양한 모금 계획서가 필요하다.

9. 소유와 운영 책임자 결정 – (이사장 + 이사회)

1) 가족 중심 설립 : 선교지에서 처리가 쉽다.
2) 현지인 중심 설립 : 현지인 중심으로 이사회 구성한다.
3) 동역자 중심 설립 : 소유와 운영 책임자 분명히 구분한다.

4) 단체 중심 설립 : 위탁 관리자

5) 재정 후원 설립 : 위탁 관리자

[설립] [개교] [모금] 때 모금의 기부금 성격 규정이 필요하여, 개교 후에
는 분쟁의 소지가 많다.

10. 학교 이상 선언문 – (이사장 + 교장)

Vision State, Mission statement ---- 학교 공식 문서
공동체(학교) 존재 이유, 이상(vision), 목표는 무엇인가, 학교 사명을 명기
한다.

1) 독립 선언문 : 공동체 구성원에게 정체성을 제공하므로 방향과 학교
   방침 소개한다.

2) UN, 인권 선언 : [Universal Declaration of Human Right]
   (1) 아동 권리 헌장
   (2) 장애자 권익 헌장
   (3) 경제 사회 문화 헌장
   (4) 시민적 정치 권리 헌장
   (5) 난민 헌장
   (6) 국제 노동기구 헌장
   (7) 자연보호 헌장
   (8) 국민 교육 헌장

3) [설립 목적]에 참고할 사항이며, 〈인류에 공헌 가능한 공동체 목표와
   목적을 표시한다〉

11. 설립위원회–운영위원회 구성 – (학교장)

해외, 현지인과 협력관계를 위하여 현지인 동역자를 찾던지, 지역 사회
(도시, 마을)지도자를 찾아야 하며, 교육 경력 지도자를 만나야 한다.

  ▪ 당연직 이사/운영 위원으로 : 퇴직한 전임 시장이나, 전임 국회의원이

던지, 전직 학교장, 전직 교사

- 선임직 이사/운영 위원으로 : 학부형으로 현지인과 교류에 능숙한자, 학부형 회장으로 선임한다.

12. 재정 후원 조건 – (이사장/설립 단체 모임)

1) 본인 재정 조달 : 가족 중심으로 가능하던지, 본인 재정으로 가능하다.
2) 교회 재정 후원 : 교회 헌금(기부)인가, 투자인가, 일시 차용인가를 구분할 필요가 있다.
3) 개인 후원 : 설립 주체와 관계(기부인가, 동업인가를 요청함으로써 지분을 요구할 수 있다)
4) 단체/NGO 후원 : 설립 주체와 협의 사항이다.
5) 〈현지 교단〉, 〈한국 후원자〉, 〈한국 교회〉, 〈개인〉 등으로 후원 문서를 할 필요가 있다.

학교 설립 희망자는 〈보유 예산은 얼마이며〉 〈사회 증여인가〉 〈개인 기부인가〉를 문의해야 한다.

13. [설립 예산]과 [운영 예산] 계획 수립 – (이사장 + 교장)

1) [설립 예산] : 이사장–이사회
   a. 학교 대지 매입 비용 : 등기로 명의 이전(개인의 경우)
   b. 건물 구입, 신축비 : 전문가(설계 회사와 건축 회사) 참여가 필요
   c. 학교시설, 교구 : 수준, 재정 규모 기준으로 예산 책정

2) [운영 예산] : 학교장
   a. 교사 인건비, 학교/학사운영-관리비, 일반 관리비, 행사비(입학, 졸업, 발표회)
   b. 비영리기관은 이상(vision)실현 공동체로 기부금 관리 기부자
   c. [운영 예산] 집행을 공개하면 기부자와 관계 개선된다.
   d. 매년 학교장의 제안 사항이다.

14. 학교 이사회 정관 – (이사장 + 이사회)

1) 법정 이사 숫자, 이사장과 감사를 선임한다.
2) 당연직 이사, 선임직 이사를 선출하는 절차와 방법
    a. 이사회 역할은 무엇이며
    b. 외부 단체 입장을 문의하고
    c. 조직의 사명을 지속적으로 평가하고 개발한다

15. 학교 이름 – (이사장 + 교장)

1) 현지 신문에 공모하며, 이사장과 이사회에서 결정한다.

16. 학교 조직, 업무 분장 – (교장)

1) 보직 결정은 〈전임직〉〈비전임직〉〈임시직〉이며, 전임직은 교사로 임명하며,
2) 재임 기간은 필수 항목이다

17. 학교 상징 – (이사장 + 교장)

1) 〈교화〉
2) 〈교가〉
3) 〈교복〉
4) 〈교칙〉을 정한다.

18. 학사 규정 – (학교장)

1) 〈상벌〉
2) 〈입학〉
3) 〈PTS/학부형 만족도를 높인다〉
4) 〈장학금〉
5) 교사와 교장의 선출을 제도화하여 결정한다.
6) 〈퇴학은 없으나, 이에 상응하는 벌칙을 정한다〉

19. 학사 일정 – (학교장)

1) 〈개교〉〈개학〉〈입학 시험〉〈방학〉〈졸업식〉을 지정한다.
2) 각종 행사, 학교 회의 일정, 학교 공개행사, 대외 활동 일정을 결정하며 공개한다.

20. 다음 사항은 [학교 설립 운영 사업 계획서] 작성에 추가한다.

1) 후원비 제공하는 동역자
2) 교사-봉사/헌신하는 동역자
3) 학생과 학부형 이름을 명시하는 동역자

21. 정부 교육 관계자와 후원자에게

1) 학교 공동체가 나아 갈 목적과 방향을 기록하면, 깊은 신뢰를 얻게 된다.
2) Home page와 설립 서류 작업은 공동체 구성원 간에 유일한 소통 수단이다.
3) 학교 공동체 구성원(동역자)에 협력하고 동역할 주제가 분명하며 필수 항목이다.

* 이상을 약 1년 동안에 작성하면 우수한 〈학교 설립 기획서〉를 완성하게 된다.

현장에서 얻은 교훈

1 한국 MK가 재학하는 고등학교는 장래 진학할 대학이 있는 국가에서 공부하면 유익하다

해외/다른 국가 동창생도 있으며

해외 취업이 용이하며

외국/국제 사회 환경도 익숙하다

2 MK 학교는 특수 학교로서 [재정]과 [학사 자립]은 불가능하다

학사와 교사는 자립할 수 있지만, 교사의 생계비와 재정 자립은 불가능하다.

선교사의 재정이 MK 학교를 독립적으로 운영할 재정 준비가 안되었다.

3 〈MK는 다양한 직업 희망한다〉 학부모의 의견은 다르다

선교사 학부모와 학생이 견학은 함께 할 수 있으나, 본인(MK)와 학부모는 대학교에 대한 이해가 각각 다르다.

> **[한동대학교] [한동국제학교] 캠퍼스를 재직 중에 기획했으나, [증설이나 건축의 미처 못한 사업]을 소개한다**

1997년~2004년 기간 동안 재정 조달은 언제나 부족하거나, 아예 예산이 없는 상태에서 진행하였다.

또한 사업 기획을 했을 뿐, 실행을 못한 3개 건축 사업이 있으니 **〈노아 방주〉**와 **〈기도의 집〉**은 건축 사업을 못하게 되어 아쉽다.

그리고 해외에서 [학교]와 [기업]을 설립 운영할 경우에 〈관광 학교〉개설을 권유한다.

- 2022년 5월 -

A. [노아의 방주] 건립한다

〈방주 Noah's Ark〉〈기도의 집〉건축 사업은 성경에 기록된 〈135m 길이×22.5 높이×13.5 폭〉의 실제 모형 작업이다. 이러한 사업은 실제가 필요하며, 한동대학교와 한동국제학교가 세계에 없는 건립 작업이다.

이 〈방주〉로 지역은 물론 한동대학교와 한동국제학교 캠퍼스는 유명해질 것이며, 성경을 현실로 증명하는 예수님 탄생 후 기록될 만한 업적으로 보일 것이다. 이 [노아의 방주 건조-건축] 작업에 필요한 목재 전체를 국내 기업이 담당하기로 약속했다.

1. 성경을 〈의미〉로 해석하겠느냐, 〈실제〉를 기점으로 해석하느냐에 있다.
2. 〈노아의 방주=방주 사업〉를 실제화하는 작업이다.
3. 〈방주 사업〉은 〈캐나다 산 목재〉로 제작하며, 〈목재〉를 수입하여 기증한다는 〈기업〉이 있었다.
4. 내부에 들어가는 동물 모형은 〈미국, 시카고〉에 [회사]에서 제작한다.

5. 이 사업은 10년~30년 소요되는 사업이다.
6. 〈한동대학교 캠퍼스〉에 건립한다.
7. [성경]에 써 있는 대로 제작한다.

B. [기도의 집] 건립한다

[한동대학교] [한동국제학교]가 개교 준비 때부터 현재까지(2021.3까지) 현금은 물론이며, 작은 물품까지도 기증자 명단을 작성하여 [기도의 집]에 기록하며 보관한다. [기도의 집]에 명단이 쓰여 있는 분은 어느 분을 막론하고 [한동대학교] [한동국제학교] 설립에 공헌하신 분이다.

1. [한동대학교] 초기부터 이 학교가 개교할 때까지와 지금까지 〈기부자 명단〉을 기록한다.
2. [한동대학교] 개교 후, 작은(소액이라도) 금액까지도 낱낱이 명단을 [기도의 집]에 기록한다.
3. [한동국제학교]는 위와 동일하다.
4. 기부자 물품 목록과 물품 기증자 명단은 학교법인 이사회에서 운영-관리한다.

C. 선교지에 [관광 학교] 설립 운영을 제안한다

[관광 학교]는 자연을 설명하기 쉬우며, 친절과 성실로 소개하며, 하나님이 창조한 자연을 설명하면 [관광 안내원] 자격자로서 충분하다. 아래 국가는 전체 인구 약 10억 명은 〈21개 선교 대상 국가이며, 관광 국가로 부상〉이 예상된다. 미래는 교육에는 자유로울 것이며, 〈Corona 19〉후는 관광 사업이 [가족중심]으로 예상되며, 많은 시설이 필요 없다.

1. 관광 안내는 〈영어〉〈스페인어〉〈중국어〉〈일본어〉〈러시아어〉 세계 인구의 약 과반이 대상이다.
2. 시설은 불 필요하며, 〈통역〉과 〈성심〉으로 가능한 [직업]이다.
3. 가장 간략한 시설, 장비, 숙소만 준비되면 전 세계에 확산은 가능하다.
4. 〈한국 관광 고등학교〉이사장으로 재직하면서 생각이며, 많은 시설은 필요 없다.

개설하려는 [관광 학교]는 자기 국가 언어와 아래의 5개 중에 1개를 선택하여 〈관광 통역하면〉 졸업한다.

(A) [인도차이나 반도] : 5개 국가

　　약 2억 5000만 명 =〈Viet Nam=인구 9,880만 명〉〈Thailand=인구 6,900만 명〉〈Cambodia=인구 1,700만 명〉〈Myanmar=인구 5,500만 명〉〈Laos=인구 737만 명〉 거주

(B) [중앙 아시아] : 5개 국가

　　약 7,530만 명 =〈Kazahstan=인구 1,900만 명〉〈Uzbekistan=인구 3,400만 명〉〈Kyrgystan=인구 662만 명〉〈Turkmestan=인구 611만 명〉〈Tajikistan=인구 953만 명〉 거주

(C) [남 아메리카] : 6개 국가

　　약 4억 8000만 명 =〈Mexico=인구 1억3,000만 명〉〈Brazil=인구 2억 1,400만 명〉〈Argentina=인구 4,600만 명〉〈Nicaragua=인구 670만 명〉〈Peru=인구 3,300만 명〉〈Ecuador=인구 1,800만 명〉 거주

(D) [아프리카] : 5개 국가

　　약 1억 6000만명 =〈South Africa=인구 6,000만 명〉〈Namibia=인구 260만 명〉〈Tanzania=인구 6,200만 명〉〈Botswana=인구 239만 명〉〈Madagascar=인구 2,800 만 명〉 거주

이러한 **1. [노아의 방주] 건립**
　　　　2. [기도의 집] 건립
　　　　3. [관광 학교] 개설

사업은 한동대학교 세계화에 일익을 담당하는 것이 가능하다.

[노아의 방주] 사업은 정적인 사업이라면, [관광 학교 개설]사업은 보다 더 적극적인 확장 사업으로 [교육]을 도구로 삼을 수 있으며,〈학교를 동적인 사업 주체로 한다〉즉 관광업을 것 보다 더 훈련된 사명자로 삼는다.

　　　〈하나님이 보낸 사람〉
　　　〈살아서 움직이는 이는 예수님 닮은 사람〉으로

인성을 훈련하여, 세상 사람으로는 도달할 수 없는 안내 기능을 갖추어 헌신된 안내원이 된다. 즉 지식으로 모든 것을 배우며 감사한다.

중국, 길림성 도문시
도문시 인터 직업 양성 학교
2004년 7월 15일(개교일) ~ 2012년 12월

[도문시 인터 직업 양성 학교]

교 훈
"지혜와 지식을 이웃과 함께"

학교장의 사명 : "복음적인 학교"
교사의 학생 지도 : [질서] [친절] [청결]

[질서] = 〈시간 엄수〉 〈약속 이행〉 〈책임 완수〉한다
[청결] = 〈사회 환경〉과 〈개인 환경이 깨끗하면〉청결하다
[친절] = 〈이웃을 먼저 배려하면 친절〉 하다

인성과 기술을 갖춘 하나님의 제자로 양육하기 위해서 **[도문시 인터 직업 양성 학교]**를 설립하며, 교사는 〈학생을 세상의 사랑 받는 사람으로 가르쳐야 한다〉

[복음적인 학교]
　"하나님과 사람의 도리를 지키며, 교육-훈련하는 생활 공동체"

중국, 길림성 도문시는 조선족 자치 지역으로서 조선족 교민이 가장 많이 거주하고 있다. 조선족 청소년에게 직업 교육을 실시하여 직업 기술을 갖게 하려고, 2014년 7월 15일 [도문시 인터 직업 양성 학교]를 설립하였다. 중국에 약 64개 다른 민족들이 거주하며, 이들 민족 중에서 조선족 약 250만 명이 〈조선족 자치 주〉 8개 시[〈연길시〉〈도문시〉〈돈화 시〉〈훈춘시〉〈룡정시〉〈화룡시〉〈왕청시〉〈안도시〉]에 거주하고 있다. -2000년 ~ 2019년 현재-

중국에서 중학교까지는 의무 교육이다. 고등학교는 대부분이 진학을 아니하며, 기술 있는 직업을 선택하여 사회로 나간다. 이를 보며 〈조선족 청소년에게 고등학교 졸업장을 받도록 하고 싶다〉는 뜻에서 [또 감사 홈 선교 교회]는 〈1인 1기 직업 양성 학교〉를 설립하였다.

전문 기술 과목으로 [피부미용] [자동차 정비] [컴퓨터] [치과 기공] [태권도] [임상병리] 등 6개를 만들어 생계형 기술 학교를 개설하였다.

1. 설립 허가 관청 = 중국, 길림성 도문시 교육국은 [도문시 인터 직업 학교 분교]로 허가하였다. '인터'는 〈international〉의 준말이다.
2. 직업 학교 조건 = (1) 재정 자립한다. (2) 교과 편성 자율권을 부여한다. (3) 교사 선임·선발은 자율적으로 한다.
3. 직업 학교 운영 = 고등학교 3년 과정을 부여하되 [교육 기회]를 제공한다.
4. 학사 관리 감독 = [운영 이사회] 설치로, 〈운영 이사장/오성연〉〈외국 교장/정번언〉〈교장/박경애〉〈교감/신영성〉을 임명한다.
5. 설립 단체 = [미국, 또 감사 홈 선교 교회]는 한화 약 8억3000만원을 입학생 장학금과 운영 자금으로 지원했다.
6. 재정 지원 = [미국, 또 감사 홈 선교 교회]는 US$250,000,000을 지원하여 [중국, 길림성 도문시 전화국 건물] 전체 수리 후, 사용한다.
7. 재정 지원 = 교사 사례비는 〈한국인 교사 = US$300/월/주거비 포함〉〈중국인 교사 = US$200/월〉을 지불한다.
8. 총계(한화 + 외화) = 약 11억5000만원을 설립비를 포함해서, 매년 운영비로 지원했다.(2004년 7월 부터)

[중국, 도문시 인터 직업 양성 학교] 설립 배경

중국, [도문시 인터 직업 양성 학교 = 도문시 인터 직업학교]는 중국 교육 제도에서 열외가 되고 있으며, 경제 사정이 열악한 중국 거주 조선 동포(조선족) 청소년들의 상급학교 진학을 돕고자 2004년 7월에 설립한 [도문시 인터 직업 학교]이다.

한국과 중국 간의 국교가 1992년 8월 수립된 후에 많은 조선족 부모들이 돈을 벌기 위해 한국이나 산동 반도의 한국기업(공장)에 일자리 찾아 떠나면서, 고향에 있는 할아버지 할머니에게 맡기거나, 이웃에게 맡겨 놓았다. [도문시 인터 직업 양성 학교] 재학생의 대부분은 〈금방 자리잡으면 데려간다〉는 부모 있는 고아이다.

많은 조선족 청소년은 결손 가정에서 성장하게 되었다. 부모와 함께 생활하는 재학생이 손가락으로 꼽을 정도였다. 그러니 교사는 아버지이며 어머니 역할까지 담당하게 되었다. [중국, 도문시 인터 직업 학교]는 가정의 사랑이 뭔지 모르고 자라난 학생들에게 단순한 지식만 가르치는 것이 아니라, 선생님들의 훈계와 사랑으로 건강한 자아상을 가진 사람으로 기르고, 기술 교육을 전수하여, 사회에 잘 적응할 수 있도록 노력하며 기술 교육하였다.

이러한 사회적 환경과 개인적인 환경에서 [중국, 도문시 인터 직업 학교]는 설립되었으며, 〈중국, 도문시 인터 직업 학교〉 2009년 5회 졸업생의 중간 보고는 아래와 같다.

> 전체 학교 졸업자 = 156명
> 전체 재학생 = 조선족 128명, 고려인 24명(UZB.), 한족 8명
> 도문시 노동국 2급 자격자 = 145명 〈피부 미용사〉 〈자동차 정비사〉
> 〈치과 기공사〉 〈태권도〉

중앙 아시아 고려인 후손〈Uzbekistan인〉을 돕는 이유

또한 1937년 중앙 아시아로 17만 명이 이주하는 도중에 고려인 후손 약 1만 5,000명이 위생 시설이 없어서 죽었거나 질식사 했으며, 이들을 [까레이스

키]라고 부르며, 여러 국가 [〈극동 지역/본동〉〈우즈베키스탄〉〈카자흐스탄〉 〈러시아〉〈사할린 지역〉]에 흩어져 살고 있었다. 당시에 김병화 씨의 콜호즈, 황만금 씨의 "협동농장"이라는 유명한 인사가 많이 있었다.

소련 시절에는 잘 사는 고려인 〈박사〉가 12%였으며, 유태인 〈의사〉, 그 다음이 고려인이었다. 이역 만리 타국에서 "내가 땅을 일구어 땀을 흘리는 일은 오로지 나의 조국을 찾기 위함이다"라고 했으니 이제 우리는 그 후손을 돕는 일을 하는 것이다.

고려인의 근면과 성실로 2차대전 때 식량을 공급하며, 전쟁에 참가하였다. 당시에는 중앙 아시아에 20만으로 추정되는 고려인 인구가 있었으니, 〈우즈베키스탄〉〈카자흐스탄〉〈러시아〉〈극동〉〈사할린〉 지역의 고려인 청소년들에게 다른 국가로 가지 않도록 배려하는 정책이 필요하다.

그 친척과 후손이 지금의 [중국, 조선족]이며, 북한에 거주하고 있으며 소수가 남한, 한국에 살고 있다.

[미국, 감사 기도회]와 교제하게 된 연유

한동대학교에 2000년 여름 방학을 마치고 초청 강사로 오신 이영덕 이사장과 김영길 총장이 미국에서 돌아오셔서 소개하는 말씀이 〈미국에 한국 선교사 자녀 학교를 설립하여 운영하려는 분이 있더라〉고 하였다. 이 말씀을 듣고 미국 Los Angeles로 갔으며, 호텔에 투숙하여 하루를 기다렸더니 〈감사 기도회 관계자〉와 처음으로 만나게 되었다. - 2000년 10월 -

이때는 미국 Los Angeles에서 〈해외 선교사 후원 모금 운동〉으로 US100만 불이 응답되어 [감사 기도회]란 이름이 있을 때였으며, 이 모금 운동으로 한국 선교사들의 개인적인 고민이 자녀 교육이란 사실도 처음으로 알게 되었다. 〈선교지 교육 수준〉〈현지 학교에 진학 여부〉〈외국인 학교의 높은 학비〉는 가장 시급한 문제점이었다.

〈한동국제학교 설립 계획서〉를 가지고 2000년 10월에 Los Angeles에서 한국 선교사 자녀를 위한 학교 설립 계획서를 설명하였으니, 이 때가 첫 만남이었다. 그 때는 [한동국제학교]가 미국 정부의 비영리 법인 허가 승인을 받지 못할 때였으니, US500,000만불 기부 [약속]하였으나 [한동국제학교]가 미국 정부가 인정하는 비영리 법인 번호를 소유했느냐가 관건이었다.

약 20일간을 미국 Los Angeles 체류(Suh CPA/서성인 회계사)하면서 [한동대학교]가 None profit organization number(비영리 단체 허가 번호)가 받기를 미국에서 기다렸고 우리나라에서는 〈두 번째로 받게 되었다〉. 첫 번째는 이화여자대학교이다. - 2000. 11 -

미국 [또 감사 기도회]란 이름은 2001년 [한동국제학교]를 설립하게 되어 감사할 제목이 또 생겼으니 〈또 감사 기도회〉라고 하였으며, 이를 계기로 〈교회와 기도회〉가 연합하여 [또 감사 홈 선교 교회]라고 하였다 - 2001년 10월 -

2003년에 [또 감사 홈 선교 교회]가 설립된 역사는 위와 같으며, 해외에 설립한 학교로 〈중국, 도문시 인터 직업 양성 학교〉가 첫 번째 사례이며, 학교 설립을 요약하면, [미국, 감사 기도회 -1999년] → [미국, 또 감사 기도회 -2000년] → [미국, 또 감사 홈 선교 교회 -2004년]으로 발전하였다.

◇◇◇◇◇◇◇◇◇◇◇◇◇◇◇◇◇◇◇◇◇

[해외 학교 설립과 운영]에 필요한 항목은 [재정 준비와 조달], 신앙 분야이다. [재정]과 [신앙] 두 분야는 학교 설립의 중요한 분야 임은 분명하다.

〈재정〉은 몸의 피와 같으며 〈신앙〉은 몸의 정신과 근육 같으니, 두 분야는 불가분의 관계가 있다. [피]와 [근육]은 자기를 위하여 존재하지 않으며, 서로 정신을 위하여 존재한다.

중국, 길림성 도문시(Tumen,圖們)란 어떠한 도시인가

중국, 도문시 인터 직업양성 학교
북한 땅(함경북도 온성시)
두만강 상류
중국, 송화강 상류

중국, 길림성 도문시(Tumen)는 중국의 국경 도시로서 북조선을 마주 보고 있는 국경 도시이다.

2004년 당시 인구는 약 60,000명이며, 농업이 주 산업이고, 조선족이 주로 거주하며, [교육]을 중요한 요점으로 삼는다. 이농향도(移農向都) 현상이 뚜렷하여 도시가 쇄락해 가는 모습이 역력했다.

두만강 상류 지역으로 한국의 역사적 정서가 많이 보이며, 중국 국경 수비대가 있다. 학교로는 〈조선족 학교〉가 있으며, 북조선 말씨가 주민들의 억양에 배어 있다.

〈한국/조선〉의 정취가 깃든 역사적인 도시이며, 다리를 건너면 〈함경북도 온성시〉이다. 중국시민은 언제든지 하루 왕래할 수 있다.

중국 지역의 교량이며, 파란색은 북조선 지역 관리 교량이다.

본인은 11년동안(2004년~2015년) 20여 차례 이상 중국, 길림성 도문시를 왕래하였으며, 익숙한 도시이다.

[백두산]을 중심으로 동해 바다로 물이 흐르면 〈두만강〉이며, 서해 바다로 흘러가면 〈압록강〉이다.

인천 공항에서 중국 연길 공항까지는 비행기로 2시간 정도 걸린다. [중국, 연길시] 공항에서 다시 자동차로 40분이면 〈중국, 길림성 도문시〉에 도착하니 모두 합쳐 3시간이면 넉넉히 도착한다.

북한은 먼 나라가 아니며, 바로 이웃에 있으니 중국에서 걸어서 10분이면 방문할 수 있다.

중국, 길림성 [도문시 인터 직업 양성 학교] 개교식 후, 박송렬 시장님을 방문하다

[도문시 인터 직업양성 학교]를 도문시 부설 학교로 지명해주신 것에 감사하여, 도문 시청 청사로 박송렬 시장 을 학교 설립 관계자와 함께 방문했다.
- 2004. 7. 15 -

앞줄 = 황종연 목사(온누리 교회), 오성연 장로(도문시 인터 직업 학교 이사장), 박송렬 시장(도문시 시장), 정번언 외국인 담당 교장(캐나다 교민), 신향원 교사(자동차과)
뒷줄 = 신영성(본교 교감), 조성관 교사(자동차), 김미경 교사(한동국제학교), 이경구 교사(치과 기공사), 강병태 교사(본교 병리사), 권효성 교감(한동국제학교), 김문주 교수(안산 제일 대학), 박희선 권사(온누리 교회)

박송렬 도문시 시장은 같은 조선족으로 임명하였다. 도문시 주민의 60%가 조선족이었으며 함경북도 주민과 왕래 또한 빈번하여 자연히 북조선과 관계하려는 지역 사람이 많았다.

이 지역 [교회]는 탈북한 사람이 많으므로 아예 〈그들이 필요한 용품 일체를 구매하여 응급으로 쓸 수 있도록 나누어 주며〉 〈탈출한 북한 주민은 예고 없이 탈북하므로〉 항상 준비 해 둔다.

도문시 인터 직업 양성 학교
시청 정부 허가증서

조직 명칭 : 중국, 도문시 인터 직업
　　　　　 양성 학교
주관 : 도문시 교육국
발급기일 : 2005년 6월 14일
유효기간 : 2012년 6월 14일
중화인민 공화국, 국가 외국 전문가 국

[또 감사 홈 선교 교회] 장도원 설립자 대표

[도문시 인터 직업 양성 학교] 초대 박경애
교장

박 에스터 사장, 주영덕 사장,
옥우원 사장, 장도원 회장, 지연화
선생, 양현석 사장, 박경애 교장선
생, 정번언 외국교사 교장, 오성연
운영 이사장, 신영성 교감선생,
강병태 병리사 선생/목사

중국, 길림성 [도문시 인터 직업 양성 학교(교사 편) 기본 방침]

2004년 7월 15일에 [도문시 인터 직업 양성 학교]가 개교한 후, 학교를 운영하면서 학사와 관련된 사항들을 정리해 왔고, 유의점을 항목별로 나열하였다. 교사는 학교의 성패를 좌우한다. 학생의 모든 것이 교사에게 달려있다. 교사 교육, 교사 훈련, 교사 영입, 교사 생활 여건, 교사 제도 등에 대한 적극적인 검토와 연구가 요망된다.

1. 교사의 신분

1) 평신도 선교사
2) 봉사자/헌신자
3) 은퇴자(60세 이상)
4) 전문기술 보유자
5) 교사/실기 교사 자격증 보유자

교사 후보자들은 1개월 합숙 교육/훈련과 온누리 교회 선교 훈련기관 교육을 이수하였으나, 이것만으로는 선교 현지 교사활동에 어려움을 겪게 되었다. 물론 훈련과정을 통하여 이들은 〈평신도 선교사의 직분〉을 받은 것이며, 〈자신감〉〈사명감〉〈하면 된다〉는 열정이 더욱 힘을 얻게 되었다.

그러나 다음과 같은 문제들이 있었다.

- 성경적 선교에 대한 깊은 이해가 부족하다.
- 인격적인 준비, 특히 공동체 생활에 대한 교육 및 훈련 체험이 없다.
- 국제화 시대에 맞춰진 예절교육(대화, 접대, 인사, 회의, 초대, 태도 등)이 없다.
- 교사 자세와 실기교사(실습) 교육/훈련이 절실히 필요하다.
- 교육과정 계획, 학습지도안 작성, 학생지도 등 학사행정에 대한 연수가 필요하다.

2. 교직 분야 −한국인−

대부분의 교사 후보자들이 봉사활동에 대한 열정만 있을 뿐이지 실제 교사 경험이 없고, 사회생활이나 직장생활이 처음이기 때문에 각종 연수가 필요하다. 중국 같은 〈선교 거부 국가〉에서는 복음을 오직 일상생활로 전해야 하기 때문에 교사들 스스로의 생활 교육이 절실한 환경이다. 생각보다 더 다듬어진 생활(경건), 매너 있는 겸손한 새생활의 자세가 필요하다.

교사 자신의 신앙 인격을 위한 선교 현장의 소개와 경건의 시간 등이 교육/훈련에 배정되고 있으나, 실제 교사로서의 학교 생활에 교사 자신이 이러한 부분을 정리하고 적용하기는 참으로 어렵다.

인격은 만들기도 어렵고 고치기도 어려우나 크리스천 인격체를 형성하려면 교회, 양육자, 교육/훈련 등의 시간 제공이 필요하지만 현실적으로 잘 되지 않는다.

1개월 동안의 〈평신도 선교지 학교 교사 양성 훈련은 그 기간이 단기간으로, [도문 인터 직업 양성 학교]에서의 체험으로 볼 때 최소 1년 이상의 준비(교육, 훈련, 참여, 독서, 해외훈련, 직장 겸하여) 과정이 필요하다.

전문 기술 과목	교양 기초 과목
1) 치과 기공사*	9) 음악 교사*(기타, 드럼, 피아노)
2) 피부 미용사*	10) 음악 교사*(성악/합창)
3) 임상 병리사*	11) 태권도*(지도 교사)
4) 물리치료사	12) 미술 교사
5) 자동차 정비사*	13) 영어 교사*
6) 호텔경영, 안내, 예절 교사	14) 한국어 교사*
7) 봉제, 디자이너	15) 컴퓨터/기초 교사*
8) 목공 기술자 (가구)	

*1차로 *표시는 실시한다.

3. 교사 교육 – 훈련 과정

1) 10년 이상 동일한 직종(직업)에서 실무 종사 경력자
2) 전문대 전문과목 졸업자/ 실기 교사 자격증 소지자
3) TIM, GO, COME 단기 교육 과정 이수자(위탁) 1월-5월
4) 전문직업 훈련원 이수자(전문기술 연수원/학원. 위탁) 3월-1년
5) *예절 교육, 실업교사 실기 교육, 해외 교사 근무 교육(자체) 1주
6) *해외 연수 과정(영어, 학교생활/ Philippines, Faith Academy (위탁)

직업학교는 학생들을 위한 기술 교육/훈련과 신앙인격자 양성이 목표입니다. 이러한 목표를 이루기 위하여 전문기술 교사들은 기독교 세계관에 의한 전문기술과목을 가르칠 수 있어야 합니다.

신앙과 지식, 신앙과 기독교 세계관에 대한 충분한 이해와 함께 전문기술과 신앙을 통합하여 교육하는 연수가 있기를 희망합니다. 선교지에서 교사들에게 기독교 세계관을 교육하거나, 교사 취임 전 교육 훈련 기간에 충분히 기독교 세계관 교육 시간을 갖도록 해야 합니다.

- 그리스도인의 인격을 훈련해야 합니다. (성숙한 인격이 없이는 사역 불가능)
- 실제 사역에 대한 준비가 필요합니다. (전문기술 교사의 필수 정리 사항 / 교안 작성, 교재선정 등)
- 선교지 경험이 필요합니다. (학교 방문)

교사들의 해외연수 과정으로 필리핀 Faith Academy(FA)를 고려한 이유는

- 기본적으로 교사들의 해외 학교 Campus 경험이 필요하다. (3개월)
- Faith Academy 교사 전부 평신도 선교사로서 근무하며, 교사 선교사 모델학교를 제시할 수 있다. (50년 전통)
- 영어 연수가 필요한데, 필리핀은 영어 사용 국가이다.
- 교생실습(수업참관)의 기회가 가능하다. (초 · 중 · 고/유치원)
- 비용이 저렴하다. 아파트 1세대. 겸임 교사 1명. 영어 강사 2명. 주관자 임명

    ▪ 독립된 기능/부서로 실험운영의 가능성이 있다. (1년 기간)

많은 교사 경험 위에 선교적 사명감까지 갖추어 중국으로 갈 수 있는 평신도 전문인 선교사를 찾기는 어렵습니다. 따라서 건강, 열정, 크리스천 교사 자격, 도피적인 사연이 없는 지원자를 받아들여, 35년을 공업고등학교에서 교사로 정년 퇴직하신 이승호 선생이 [중국, 도문시 인터학교]에 3년 1개월 체류하며 교사 직분을 수행할 수 있는 기본 교육을 이들에게 전수함으로 부족한 영역을 보완하였습니다.

앞으로 각종 전문 기술교육을 받고 자격증을 소지한 젊은 평신도 선교사를 파송하려면, 최소 과목(교사 자세, 교양교육, 예절교육)을 자체 교육- 훈련하기를 희망합니다.

4. 주관 기관과 조직

1) 직업학교 교사 선발과 교육/훈련은 〈외부 전문 기관의뢰/out sourcing〉 제도를 도입한다.
2) tim, inter-corp, come, go, ccc, 바울선교회 등에 영성 교육 훈련을 위탁한다.
3) 교사/봉사, 헌신 선교사 희망자는 연중 수시 접수하여 전문 기관에 위탁한다.
4) 교회, NGO, 선교기관 명의로 추진한다면 국내활동은 가능하다. 그러나 해외 특히 선교대상 국가인 이슬람권등에 있는 학교, 교회, NGO, 선교 단체라면 불가능하다.
5) 대안학교/계절학교(1.5/2 세대, 예절, 영어, 한국문화, 검정고시, DTS)가 주체가 되어 교사 교육, 교사 훈련을 담당하여 진행하면 국내-외적으로 세가지(MK, 1.5. 2세대 계절 학교, 직업 학교설립 운영) 기능을 담당할 수 있다.
6) 필리핀 Pota On 마을 학생을 위한 Cagayan Hope School 경우와 파키스탄 Lyari Friend School 경우와 같이 무슬림(학부형)은 설립 운영 주체이며, 자금조달 등을 확인하며, 교회/기독교 단체임을 확인이 예상된다. 현지 선교사의 견해이다.

도문시 인터 직업 양성 학교(학생 편) 기본 방침

1. 학생 선발

1) 고아(양친 부모가 없는 청소년)
2) 신체장애 청소년(부모 여부 무관)
3) 한 부모가 없는 청소년
4) 부모가 있으나 경제능력이 없는 청소년
5) 도문시 주변 마을 지역에 거주하거나 성장한 청소년
6) 목표 : 조선족, 한족, 남학생, 여학생 동일 비율

2. 매년 학생 선발을 위한 교사 회의

1) 매년 입학 신청서 접수 전에 선발기준을 확정해야 한다.
2) 〈입학 기준〉을 전체 교사회의에서 심의 통과해야 한다.
3) 회의록을 작성하고 보관한다.
4) 외국교사, 중국교사 동수로 참석하여 학생 면접한다.
5) 면접 항목을 작성하여 면접 현장을 작성하여 제출한다.
6) 보직 담당이 없는 교사들이 〈입학위원〉으로 선임되어 진행한다.
7) 교장/교감이 각 분야 담당 교사를 두어, 학생 현실을 파악한다.
8) 사회 흐름을 파악하는 자료를 보고한다.

개교식
미국 [또 감사 홈 선교 교회]가 [도문시 인터 직업 양성 학교] 설립자이다

2004년 7월 15일 개교식

미국 [또 감사 홈 선교 교회]이며, 오른쪽부터 장도원 위원, 옥우원 위원, 양현석 위원, 주영덕 위원, 박 에스터 위원이며 이들은 중국, 길림성 [도문시 인터 직업 양성 학교] 설립자이다.

재학생들(한복)은 2004년 7월 15일 〈도문시 전화국 건물〉 전체를 수리해서 [도문시 인터 직업 학교]로 사용하였다.

외국인으로는 [직업 학교]를 처음으로 설립했으며, [중국]과 [미국]이 해외에서 실시한 첫 번째 교류 사업의 열매이다. 이들 재정 후원자들은 미국, Los Angeles에서 의류 제조업에 종사하는 중소기업 사장들이다.

중국인 교사와 한국인 교사 모두 함께 촬영했으니, 처음 만난 사이지만 〈한국말로 대화하며〉 〈기쁜 날이면 한복을 입는 풍습〉은 [한민족]이란 증거이다.

1992년 중국은 개방하여 급속히 성장하는 〈경제〉와 〈문화〉에 한국과 견고히 지속하리라 본다. 그러나 미국 자본주의 〈경제〉 〈문화〉 역시 100년은 더 지속되리라 보이며 중국과 미국의 〈경제〉 〈문화〉는 동행해야 할 것으로 본다. - 2006년 7월 15일 -

교훈 : [지혜와 지식을 이웃과 함께]

[교훈] [급훈]은 필요하며, 특히 청소년 시절에는 인생의 〈좌우명〉으로 마음에 새겨야 하며, 오랫동안 기억하는 문구가 되어야 한다. 학교 입구에서 매일 읽고 마음에 새긴다.

전세계 205개 국가는 우리의 [이웃]으로 베풀어야 할 대상이다. [지혜와 지식]은 하나님이 누구신지를 깨닫는 단어이다. 중국인 즉 비 그리스도인들은 이 문구의 참뜻을 이해하고 참 좋은 글이라고 한다.

우리의 꿈(Vision)은 일생에 오직 한 가지이다. 〈이웃을 내 몸 같이 사랑하라〉는 계명이니, 청소년 때부터

1. 이웃을 〈배려/관심〉을 가지며,
2. 이웃도 내 가족으로 〈생각〉해야 한다.

이웃은 〈동네 이웃〉 〈이웃 국가〉이다.
〈이웃은 학급 친구〉라는 뜻을 전달하려 했다. 현재 이웃은 가장이 가까이 있는 형제 자매며, 친구이며, 이웃 나라이며, 버스의 옆자리에 앉아 있는 사람이 [이웃]이다. - 2007년 여름 -

중국에서는 〈예수님 누구이며〉 〈그의 [사랑]이 어떠한 것인지〉 알지 못하며, 교리 공부를 못하며, 성경의 해석을 인민 정부가 한다. [주일 예배]는 성령으로 인도하는 행사가 아니다. [교회]의 행사는 모두가 일관되어 있으며, 성령의 인도하심으로 운행되지 않는다. 따라서 아예 〈뜻을 이해하며〉 〈행동하기 쉽도록〉함으로써 신앙을 생활화하도록 하였으니 함께 매진하자.
- 2007년 -

[도문시 인터 직업 양성 학교] 전체 교사 모습 - 2006년 -

중국, 길림성 [도문시 인터 직업 양성 학교] 외국인 교사와 중국인 교사 전체 사진이며, 외국인 교사는 남자 선생님 5명, 여자 선생님은 4명으로 시작하였다.   박경애 교장 선생님이다. -2004-

[도문시 인터 직업 양성 학교]의 대부분 외국 교사는 선교사를 지망했거나 희망자들이며, [교사]들은 성실히 근무하였으니 또한 중국 정부가 요구하는 〈외국인 교사의 주의 사항〉은 철저히 준수하였다.

그러나 외국 교사 (미국)한 분이 야간에 어느 가정 집에서 성경 공부를 하였더니, 〈3일 이내로 출국하라〉는 [공안/경찰서]의 명령이 있었다. 교사는 명령대로 따랐다. 이 경우를 보더라도 중국은 철저한 보안-정보로 주민을 감시하며, 보호한다.

어느 국민일지라도 국가의 지시 사항이나, 〈위법 사항이 발견되면 철저한 처벌을 받는다〉는 엄정히 처벌한다.   표시는 〈필리핀〉〈미국〉〈캐나다〉〈한국〉의 국적의 외국인 교사이며, 그 외는 모두가 [중국 국적]이다.

〈외국인〉 국적 교사 〈교육 과목〉

1. Kenny 선생(필리핀/영어) 2. 방상억 선생(한국/치과 기공) 3. 송혜영 선생(미국/영어) 4. 박상규 선생(한국/태권도) 5. 신영성 선생(캐나다/교감) 6. 채정화 선생(한국/한국어) 7. 최정심 선생(한국/음악-피아노) 8. 강병태 선생(미국/병리분석) 9. 박은주 선생(한국/한국어) 10. 박수나 선생(한국/한국어) 11. 김신아 선생(한국/한국어) 이상은 사진에 있으며 〈필리핀〉〈미국〉〈캐나다〉〈한국〉의 외국 국적으로 11명이다.

〈외국인〉 국적 교사 〈교육 과목〉

12. 차연화 선생(한국/피부미용) 13. 전성율 선생(한국/태권도) 14. 김태훈 선생(한국/태권도) 15. 임종택 선생(미국/컴퓨터) 16. 박태원 선생(한국/자동차) 17. 임정혜 선생(한국/피부미용) 18. 정번언 선생(캐나다/외국 교사 담당/교장) 19. 김신정 선생(한국/한국어) 20. 윤상 선생(한국/영어) 21. 강영숙 선생(한국/한국어) 22. 김신정 선생(한국/한국어) 23. 이월희 선생(한국/피부미용) 24. 차연화 선생(한국/피부미용) 25. 김진희 선생(한국/영어) 26. 장영미 선생(한국/영어) 27. 이향선 선생(캐나다/영어) 이상 1년씩 근무한 선생이다. 그 외에도 이름이 없는 분이 많으며, 연장 근무했던 선생도 있으며, 대부분 한국 선생님은 기술 교사이다. 위에 기록한 [교사]는 사진에는 없다. 〈외국인 교사〉 전체는 약 27명이었다. (1년씩 교체되는 교사 포함하였다)

〈중국인〉 국적 교사 〈교육 과목〉

1. 방미화 선생(중국/행정) 2. 유미란 선생(중국/한국어) 3. 이경문 선생(중국/중국어) 5. 김경애 선생(중국/영어) 7. 김영숙 선생(중국/컴퓨터) 8. 채철호 선생(중국/영어) 9. 김창성 선생(중국/컴퓨터) 10. 고선희 선생(중국/회계) 12. 전세권 선생(중국/자동차 정비) 13. 조미란 선생(중국/중국어) 14. 박경애 선생(중국/교장) 15. 황경애 선생(중국/수학) 16. 황옥화 선생(중국/이미용) 17. 동려화 선생(중국/중국어) 18. 오철호 선생(중국/후방근무) 19. 박상춘 선생(중국/수학) 20. 지연화 선생(중국/행정) 21. 후원령(중국/중국어) 22. 한비(중국/중국어) 이상 중국인 국적 [교사]는 22명이었다.

해외-외국에서 [도문시 인터 직업 양성 학교]를 찾아오신 손님들에게 접대하는 작업이며, 〈어디를 방문하는 곳이 좋은지〉를 정하는 일이다. 〈윤동주 시인 기념관〉 〈연변대학 부설 연길 공과대학〉 〈두만강변 국경 지역〉 등 많은 유적지와 관광지가 있다.

방문자는 지현석 사장(미국), 옥우원 사장(미국), 지련화 선생, 정번언 교장 선생 부부(캐나다), 신영성 사모(캐나다), 장도원 회장(미국), 박희선 권사(한국), 오성연 장로(한국), 박경애 교장 선생은 방문한 여러 분을 환영하려고 왔었다.

〈학교 교사〉들은 모두가 수업 중으로 한가한 시간이 없었으므로, 모두 함께 사진 촬영이 어려운데 마침 있는 [교사]는 행운이었다.

[도문시 인터 직업 양성 학교] 교장에 박경애 선생을 임명하다

박경애 교장 선생은 조선족 3세대로 [중국, 길림성 도문시]에서 1962년 8월 1일 출생하여, 중학교-고등학교 [영어 교사]로 근무한 경력자이다.

남편은 [길림성 도문시 전화 국장(지웅일)으로 재직 중]이며(2004년 7월 현재), 가족으로 외동딸(지련의)이 있으며, 본인은 교육국 진수 학교(교사를 가르치는 학교)에 근무하였다.

본인 성품은 내유외강(內柔外剛)하며, 외부 세계와 친화력 또한 좋아서 [교장]으로는 적임자이다. 특히 이 고장 출신으로서 〈누가 어떤 신분 이었으며〉 〈어떠한 [교육] 배경인지〉를 소상히 파악하고 있는 장점으로 구제형 교육 단체 시작을 쉽게 할 수 있었다.

[도문시 인터 직업 양성 학교] 교무실 전경

중국, 〈도문시 인터 직업 양성 학교〉처럼 지역 교육국 정부 허가를 받은 [학교]는 별로 없으며, 〈있다〉 해도 몇 개 [학교] 였다.

[교무실]은 중국 교사와 한국 교사가 〈한 사람씩 서로 번갈아 배치〉하였으니, 중국인 교사(전체가 조선족)는 어떤 신앙도 없었으므로 교무실에서 만이라도 친분을 쌓으라는 이유에서였다.

전도는 〈개인적인 친분〉〈신앙의 체계화〉의 단계를 거쳐서 신앙을 받아 들이는 첫 단계가 매우 중요하다. 처음에 기독교도는 [박경애 교장] 한 분이었으나, 10년 사이에 [교사] 약 20명이 그리스도인으로 고백했으며, [학생]은 그 숫자를 셀 수 없이 많았다.

주일 날이면 어느 [교회]는 대부분 〈도문시 인터 직업 양성 학교〉 학생으로, 모여 있으므로, 다른 교회로 분산해서 참석하도록 권유하기를 [공안]은 희망했다.

등교 길에 〈아침 인사로 시작하다〉

매일 아침 등교 시간에 [학교] 현관에서 〈인사를 가르치며〉 실습한다. [인사 태도]와 [절도]를 가르치는 것은 첫 번째이며, 〈먼저 인사〉는 기본으로서 두 번째이며, 허리 굽히는 자세는 세 번째이다. 이러한 [인사 교육]은 모든 교육에 앞서는 가르침(교육)으로 중요하다.

[도문시 인터 직업 양성 학교]의 교육은 실제로 보여주는 〈교육〉이며, 효과적이며 실효성 있는 학습이다. 선생님 한 분과 함께 [인사]로 아침에 등교 때부터 배움이 계속된다.

부모와 함께 생활하지 않으니 자연히 인사성은 없다. 〈인사〉는 인성 교육의 기본이므로 친분이 없는 사람에게 먼저 인사하기란 쉬운 일은 아니다. 〈학교를 방문하는 모든 사람에게 [인사]하는 것은 아무리 강조해도 지나 치지 않다〉

우리 [학교]에 방문하는 처음 본 신사, 숙녀는 어떤 관계로 용무를 보러 왔던지 불문하고 [인사] 버릇을 기르는 학교로 성장하기 위하여 아침부터 [인사]를 연습했다.

[도문시 인터 직업 양성 학교] 운동장은 어디인가?!

[도문시 인터 직업 양성 학교]는 도문시 전화국 건물 빈 공간을 임차하여 전체를 수리해서 교육 공간으로 사용하였다. 당시는 비워 있는 상태였으니 쉽게 사용할 수 있었다. - 2007년 -

또한 학생 기숙사도 전화국 건물을 수리하여 사용했으니 편리한 점이 많았으니 박경애 교장의 남편은 중국, 길림성 도문시 전화 국장으로 재직 중이어서 〈학생의 편리를 많이 배려〉하였다.

특히 학생의 안전에 신경을 썼으니, 저녁 9시 이후에는 〈학생 통행이 금지〉되었다. 또한 운동장이 없어서 학생들에게 불편했으나 〈학습〉에 많은 도움이 되었다. 특히 여학생 기숙사와 남학생 기숙사가 있으므로 저녁 점호에 특별히 신경을 썼다.

중국, 〈학교 운동장은 어디인가?!〉 그러나 없어도 감사하
며 또 감사한다 !

학생에게는 운동장이 필요하였으나, 중국, 길림성 도문(Tumun)시 전화국 건
물이 시내에 있어서, 10분간 쉬는 시간에 〈도로를 운동장〉으로 사용하였다.

중국은 〈자전거 전용 도로〉가 있으며 충분하지 않지만 여기서 5분간 〈체조
운동장〉으로 만족하였다. 학생들은 좁은 운동장(?)에서 열심으로 운동하며,
배운 기술에 감사한다. 넓은 학교 운동장과 비교할 수 없으나, 〈좁은 운동장〉
에 감사할 줄이야 누가 알았을까?! 〈우리는 충분할 때는 감사를 모르며, 부
족을 느낀 때야 감사〉하는 미련한 인간이다.

따라서 〈항상 감사하라〉는 말씀대로 우리 주변에 넘치는 [사랑]에 감사하며,
이러한 〈넘치는 사랑으로 공부한다〉

도문시 인터 직업 양성학교 [이사장] [교장] [외국인 교장] [교감] [교사]의 사명

[이사장] [외국인 교장] [교장] [교감] [교사] 역할과 사명은 〈운영 이사회〉에서 정하였다.

A. 이사장 = [교사들의 지도력 증진] [영적 지도자] [해외 연수]를 담당하다.

B. 교장 = [학교와 학사 관리] [전체 운영 운영자 책임자]이다.

C. 외국인 교장 = [외국인 교사 관리 책임자]이다.

D. 교감 = [학교 행정] [학생 관리 책임] [교장을 보조] 한다.

E. 교사 = 〈이사장〉〈교장〉〈외국인 교장〉〈교감〉은 [교사] 교육 활동을 도우며, [학교]의 행정 절차를 통하여 [재학생]을 통제한다.

[교사]의 임무는 담당하는 과목을 훌륭히 〈가르치며〉〈배우는〉 임무를 성실히 수행하며, 이러한 역할을 위하여 맡은바 임무를 다한다. 이사장, 교장, 외국인 담당 교장, 교감, 교사는 〈서로 독립적이며〉〈상호 보완적으로〉 협조한다.

〈외국인 교사〉와 〈중국인 교사〉는 서로 소통할 뿐 아니라 한 몸 같이 서로 돕는 긴밀한 관계로 협력하며, 교사는 임무를 수행만 하는 것이 아니다. [도문시 인터 직업 양성 학교]는 모두가 [주인]이다. 모두가 [교사]이며, 모두가 [학생]이라는 역할만 있을 따름이다.

이것이 진정한 〈그리스도 안에서 공동체〉이며, 〈내가 너희 안에 있으며, 너희가 내 안에 있다〉는 뜻으로 적용한다. 우리 모두가 이 [학교]의 주인이며, 모두가 [학생]이다.

8명이 한 개 침실에서 잠자며, 더 많이 잘 수 있다.

남자 기숙사와 여학생 기숙사는 따로 있으며, 매일 〈청결〉을 점검한다. 기숙사 생활도 학업 생활로 인정하여 〈생활 청결〉을 철저히 하였다. 윤상 선생이 기숙사 사감을 담당하였다.

비록 한 방에 8명이 합숙하였으나 〈서로 절제하며〉〈이웃을 배려하는 습관〉을 기르는 자세를 기숙사에서 교육한다.

훈련은 동일한 행동을 반복하므로 저절로 되는 것이며, 〈자기 절제〉와 〈협동〉으로 이루어진다. 따라서 생활 훈련은 [합숙]에서 〈이웃을 배려〉하는 생활 교육장이다. 기숙사는 〈의〉〈식〉〈주〉의 생활예절을 교육하는 장소 역할을 충분히 가능케 한다.

〈한 개 침실에서 어떻게 8명이 잠을 자는가〉는 서로 배려하면, 한 개 방에 32명이 〈합숙〉하는 경우도 있으니 절대로 놀라운 일이 아니다. 〈필리핀, Boy's Town〉을 보면 더 깨끗하고, 더 정리 정돈이 잘되었다. - 2008년 10월 -

비록 식사는 빈약하지만, 하나된 단체이며, 남는 음식이 없다.

학교 식당에서 재학생 전체가 한꺼번에 식사할 수는 없으나, 160명이 함께 조리하여 식사할 수는 있다. 〈보라! 이 장면은 협동으로 이룩한 열매〉이다. 1학년, 2학년, 3학년은 시간차를 두어서 아침, 점심, 저녁 식사를 한다.

식사는 즐거운 시간이며, 음식을 남기지 않는다. 함께 식사하는 〈학생의 생일 있으면, "생일 축하 합니다"라는 축복의 노래를 합창하면 더욱 의미가 있다. 학교 생활 즉 모든 행사마다 의미가 있으며, 지난 세월에서 갖지 못했던 창조적인 학창 시절로 보내면 보람되리라 믿는다.

식당 규모는 비록 작지만(80명 좌석) 교대로 식사하면 즐거운 시간이 되리라 생각된다. 먹고 남은 음식(잔 반)은 매일 계량하여 최소화했다. 식당에 근무하는 상근 인원은 4명이며, 조리 외는 학생 보조 4명~5명이 배식과 그릇 씻기 등 모두 담당하였다.

비록 식사와 식당은 빈약하지만, 〈즐거운 시간〉〈더 멋진 식사 시간〉으로 보내면, 그 이상 무슨 진수성찬(珍羞盛饌)이 더 필요하겠는가!

입학생–신입생의 학교 생활 목표는

고등학교 1학년 입학생은 〈질서〉〈친절〉〈청결〉을 [학교]에서 실천하는 모범생이 되어야 한다.

> **[질서]**는 〈모든 아름다움에 근본〉이며
> **[친절]**은 〈사랑하는 마음에서 부터〉 나오며
> **[청결]**은 〈깨끗한 마음이 근원〉이다

입학생 모두는 직업 기술을 배우고자 입학하였으나, 먼저 마음의 자세를 바로 잡기 바라며, 이러한 자세는 훈련으로 확인하며, 〈학교 생활〉에서 먼저 모범이 되어야 한다.

우리는 〈의〉〈식〉〈주〉의 생활훈련이 필요하며, 따라서 부단한 노력이 필요하다. 모든 환경에서 학업과 기술을 노력하면 [성공]은 보장한다.

[도문시 인터 직업 양성 학교]가 학교 생활에서 제시하는 〈생활수칙을 그대로 따르면, 중국 인구의 상위권 30% 내에 들 수 있다〉는 확신이 있으니, 모든 재학생들은 준수하기 바란다.

[수학 여행] 떠나기 전에 예행 연습은 무엇을 준비하는가?!

〈남자 학생 교복은 모두가 한국에 [@@ 고등학교] 등 학교에 따라서 〈학교 마크〉가 다르므로, 떼기를 권유했으나 모두가 〈이대로 좋다〉로 답했으니, 한국에서 잉여품을 가져왔기 때문이다. 따라서 여러 [학교]가 한 개 학교에 여러 학교로 [등교]하는 웃지 못할 장면이었다. - 2008년 -

이 때는 매년 [수학 여행] 출발 전에 주의 사항을 전달하며, 방문하는 [회사]를 위하여 만세 삼창(萬歲 三唱)을 선창하면, 따라서 힘차게 한다.

〈@@회사를 위하여 만세!〉
〈중화인민 공화국을 위하여 만세!〉
〈도문시 인터 직업 학교를 위하여 만세!〉

한 명의 [학생]이 선창하면, 재학생은 따라서 함께 외치는 하청회사 방문 때 예행 연습한다. 이러한 〈감사〉표시는 방문자의 도리이며, 어쩌면 책무이다. 항상 방문자의 예의를 갖추며, 방문하는 곳을 〈축복〉하는 습관을 가르쳐야 한다. 이렇게 하므로, 그리스도인은 방문하는 곳을 〈축복〉하는 습관을 갖추게 된다.

수학여행에는 두 가지 목적이 있다.
① 학생들의 안목을 높이는 것과 ② 방문자 숙식을 도와주는 교회를 통하여 은연 중 복음을 접하게 하는데 있다.

전체 재학생은 [중국 국경 수비대]에 입소하며, 1학년은 30일, 2학년-3학년은 1주일을 훈련한다

[중국, 두만강 국경 수비대]에 입소하여 새로운 생활을 출발하며, 새로운 각오를 다짐한다. 왼쪽은 [도문시 인터 직업 양성 학교] 전교생이며, 오른쪽 사진은 [도문시 인터 직업 학교] 교사들이다. 그리고 그 외는 열심히 훈련하는 [교관]들이다.

1) 4주간을 〈두만강 국경 수비대 입소〉하여 훈련을 받는다.
2) 〈사회교육〉 〈학교 교육〉은 동전의 양면으로 서로를 위해 있다.
3) 〈연합과 체험〉은 공동체 활동으로 서로의 존재를 인정한다.
4) [인성 교육]은 인간됨의 기초이다.
5) 4주간의 공동체 생활로 새로운 생활을 경험한다.
6) 3년 동안 헌신을 각오한다.

훈련 기간 4주에 1주간은 전교생이 함께 훈련하므로 〈학교의 일체감〉을 더하며, 신입생은 3주간 훈련을 더 받으므로 [단합]에 유익하다. 조선족 청소년은 〈무질서한 생활〉 〈목적 없는 생활〉 〈중국 소수 민족의 소외감〉 〈성공에 대한 열등 의식〉 등 패배감에 있었으나, 오랜 만에 무시험 합격으로 의기 충천하였다.

= [도문시 인터 직업 양성 학교] 선생/교사들

= 박경애 교장 선생 〈도문시 인터 직업 양성 학교〉

6개 전업 생 모두는 입소하며, 힘든 훈련을 받는다

[훈련 공동체]에 입소하여 30일 동안에 [질서]를 배우며, 생활에 익숙해지며, [공동체 생활]을 체험한다.

특별한 결심과 각오 아니면 30일간 이러한 [제식 교육]과 [훈련]을 감당하기 어렵다. 훈련은 〈매일 동일한 행위를 하므로 저절로 되는 것〉을 말하며, 그렇게 하므로 불편이 없는 생활을 말한다.

30일간 이러한 [교육]과 [훈련]을 마치면 〈내 자신이 훌륭하다〉〈이러한 학습은 얼마든지 이겨낼 수 있다〉는 자신감이 생긴다.

2학년 재학생 교육-훈련 모습

1학년 신입생의 [교육 훈련]을 받는 모습 〈나의 새로운 삶이 시작될 것이다〉

입학은 나이에 상관 없으며, 새로운 각오만 있으면 자기의 꿈(vision)으로 1학년 입학은 허락된다.

〈젊은 나이의 꿈은 얼마나 값비싼 이상일까〉가 입학 조건이라면, 참으로 아름답다.

장래에는 이렇게 입학하는 [학교]가 설립되기를 기대하며, 모든 직업기술학교는 〈입학생은 직업 의식이 투철하며, 보수-급료가 아니며, 평생을 나의 반려자로 할 직업이다〉

2008년 신입생, 중국 인민군 부대 1개월 훈련을 마치고

훈련 받은 만큼 일생 동안은 살아가면 된다

1. 엄격시간 관리하며
2. 자기통제하며
3. 이웃과 협력한다.

2008년 1학년, 2학년 공동체 생활의 합격점은 훈련 받은 만큼의 효과가 나타
난다.

[도문시 인터 직업 양성 학교]는 직업 학교이지만 〈중국어〉 〈한어〉 〈영어〉 〈수학〉 〈한국어〉 〈음악〉 〈예절〉 7개 과목은 필수 과목이다. - 2008년 -

비록 〈직업 양성 학교〉이지만, 한국인 특성인 〈음악성과 미적 감각을 살리므로 소수 민족의 자질 중에 뛰어난 소질을 발휘〉할 수 있도록 평소에 환경 조성을 하였다. 〈학교에서 패션 쇼를 개최하여 감각을 기억하게 하려고 다방면으로 노력〉 - 2005년 -

최정심 피아노 선생(한국적/음악)은 열심으로 가르쳤다

한국, 강원도 태백의 [예수원]의 〈벤 토리 부부〉와 중국, 길림성 (아래)에서 지도자가 오셨으니 박경애 교장 선생이 [도문시 인터 직업 양성학교]을 안내하였다.

도문시에는 직업 양성 학교만이 국제화 수준에 있으며, 다른 단체는 유명무실하여 찾는 사람이 없었다.

이러한 국경 도시는 중국에 너무도 많아서(중국은 17개 국가가 국경 을 접해있다) 흔한 일이다.

신입생(학생)은 언제나 상담실에서 입학 상담이 가능하다.

피부 미용 전업

한국인에게 합당한 [피부 미용 전문] 직종이며, 직업이다.

이 전업은 〈청결하며〉 〈창조적 생각〉이 있어야 하는데 한국인에 알맞은 전문 업종이라 판단되며 〈머리/hair〉는 한없는 창조성이 필요하여, 무궁한 발전을 기대할 수 있으며, 또한 그곳에 필요한 의약품도 많으므로 기대할 만하며, 연구하는 많은 인력도 필요하다.

전 세계 인구 74억 명의 50%가 여성으로, 아름다워지려는 취향과 욕망 있으면, 고객은 많다. 창조적인 생각을 어떻게 나타내느냐가 해답이다. 이를 위해서 기초를 닦는 기간이 필요하다.

피부 미용 전업 학생들과 함께 〈차연화 담임 선생　〉

[피부 미용] 전업은 〈여자〉만의 직업이 아니란 증명으로 3명의 남자가 있다

[피부 미용 전업] 학생은 여학생만의 전업이 아니며, 이제는 〈남자 학생의 전업〉으로도 여기기 시작했다.

〈여자 학생만의 전문영역이 아니다〉는 뜻은 남자 학생이 더 창조적이며, 더욱 발전적으로 행동하기 때문에 여성만의 영역은 아니란 뜻이다. 피부미용 담임 교사와 학생이며 남자 학생 3명이 있다. - 2007년 -

사진에는 남자가 3명이 있으므로 사실을 증명했다. 앞으로 더 많은 지원자가 있으리라 예상하며, 미용 분야에 큰 발전을 기대한다. 그러나 〈머리(hair)인지, 화장(make up)인지〉는 확실치는 않다. 피부(skin)는 아니다.

남자 직업으로 [피부 미용 전업] (hair)은 특히 적성에 맞아야 한다.

미용/hair은 여성 전문 직업이지만, 〈남자도 할 수 있는 전문 직업〉으로 창조적인 감각이 필요하다. 〈여성 머리 모양에 관심을 가지면...〉〈여성 취향에 ...〉라는 여성적 관심을 갖고 있다면 적성으로 판단해도 무리는 없을 것이다.

남자이든지 여성이든지 고객과 대화형 사람이라면 더 없이 좋다. 자기 성격을 파악하여 자기 직업에 적용하면 〈천직〉이라 할 수 있다. 우리 각 사람은 일찍이 나의 특성을 발견하므로서 우왕좌왕하지 않고 낭비 없이 정확히 맞추는 축복을 누리는 세월을 살아야 한다.

〈천직〉을 찾는 방법 중에 부모의 도움이 필요할 수도 있다. 부모는 그가 성장할 때에 자녀가 〈무엇을 좋아하는지〉〈무엇을 싫어하는지〉〈그것을 하고 있으면, 시간 가는 줄 모른다〉는 것 쯤은 알 수 있다. 또는 지금은 알 수 없으나, 기다려 보면 〈마음에 꼭 맞는 무엇을 찾게 될 것이다〉

〈천직〉은 수 많은 세상 일 중에 〈쉽게 할 수 있는 작업을 그를 통해서 주시는 것〉이며, 또한 〈시간에 구애 없이 좋아 한다.〉는 것이다.

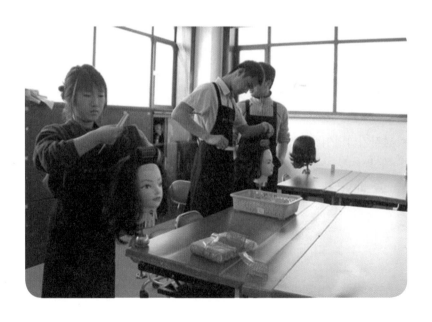

실습하는 학생은 [남자 학생]이며, 모델도 [남자 학생]이다

남자 머리 [이발]은 남자 만의 일 자리로 생각했던 영역을 남자도 할 수 있다는 가능성을 입증하고 있다. 2명의 남자 학생은 여자 학생에게 [이발 머리]를 내어 주고 있다. -2005년-

남자 학생 머리 자르는 일은 남자만의 전용 작업이 아니고 〈여성도 할 수 있다〉는 것이다. 이러한 양성(兩姓)이 가능한 작업인데, 아직도 여성만 전업(專業)으로 여기는 일이 많으니, 특히 미용 분야에 즉 〈손톱 미용사〉 〈피부 미용사〉 〈한복(韓服) 양재사〉 〈무대 화장 전문 직업〉 등으로 앞으로 개척해야 할 분야가 많다.

한국 여성에 적합한 직업은 〈창조적〉〈독립적〉〈청결한〉임무가 적격이다.

한국인 특성을 살려서 청결한 환경으로 직업을 선택하는 것은 잘한 것이다. 한국 여성 적성에 맞으며, 〈직업〉을 속히 이해한다.

자격 시험으로 [자격증]을 얻는 것은 미처 생각하지 못하였다. 〈머리〉〈피부〉〈화장〉미용 3종류가 있으며 3년에 연습, 공부, 훈련하며 시험을 대비한다.

- 〈머리/hair〉 = 남성 전업+여성 전업
  머리 다루는 기술을 배우며, 미적 감각을 익힌다.
- 〈피부/skin〉 = 여성 전업피부를 다루는/손질하며, 평상시에 다 하지 못한 기술로 노화를 억제한다.
- 〈화장/make up〉 = 남성 전업 + 여성 전업으로 〈눈, 코, 입〉을 아름답게 보이는 기술을 익힌다.

중국에는 2004년까지는 〈피부 미용〉 국가 자격증이 없었으며, 예를 들어 가르치는 〈머리〉〈피부〉〈화장〉으로 구분하여 〈가르치며-교육〉하므로 발전한다.

일반적으로 미용실-미장원은 위에 3가지를 모두를 합하여 몸을 치장하며 〈미용실-미장원〉이라 부른다. 사진에서 보는 교실은 〈피부〉이며, 특징은 청결하므로 신뢰를 얻는다. 〈피부 과목〉은 첫째도 청결, 둘째도 청결이므로 실내 시설도 [청결]에 신경써야 한다.

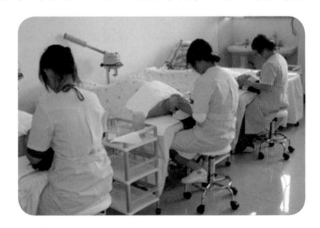

*   *   *

〈머리/hair〉는 [창조적 디자인]을 원하며

〈피부/skin〉는 [청결한 환경]을 바라며

〈화장/make up〉은 [뛰어난 기술]을 바란다.

이러한 재주를 고객에게 발휘하면 경쟁자는 없으며, 지역의 독보적인 〈미용실-미장원〉될 것이다. 이러한 미용실 3대 조건을 갖추면 영구적으로 사랑 받는 미용실이 될 것이다.

화장(make up)은 선천적으로 미술 감각이 요구된다

[피부 미용-화장(make up) 전업]의 특성상 꼼꼼한 성격의 직업이며, 〈한국인 성격/특성에 맞는 직업〉으로 맞다.

본인이 천성적으로 〈미용인〉으로 태어나야 하며, 한국인 특성에 알맞은 〈전문 직업〉이며, 전 세계 여성은 미용에 〈시간 절약하며〉〈편리한 용품〉을 선택하는 경향이 있다.

따라서 [시간 절약과 편리]를 근간으로 모든 화장품과 기구는 변화하며, 여성 대부분은 〈정성들인 모든 것을 지우며, 또 다시 그대로 모습을 재현〉 하는 반복적인 행동을 한다. 여기에 시간과 편리함을 두는 〈화장품 기구〉는 크게 성장 할 것이다. 아직 〈미용 기구〉는 연구할 분야가 있으며, 〈화장〉〈머리〉〈피부〉가 있다.

치과 기공사 전업

[치과 기공 전업] 지망생은 적성이 합당해야 함에도 [적성 검사] 한 번도 없었다

[도문시 인터 직업 양성 학교]에서 본인의 적성에 합당하다고 판단되어 이 전업을 선택했지만, 하루 종일 말이 필요 없이 근무하는 직업이며, 더 없이 꼼꼼하며, 세심하며, 바늘 구멍 만큼 틀려도 용납 안 되는 [작업]이다. 따라서 본래 자기 성격에 맞아야 하는 타고난 직업에 해당한다.

따라서 [작업]이, 곧 〈말 안 하는 작업〉이므로, 활동적인 사람보다 비교적 내성적인 사람에게 알맞은 직업이니, 자신을 깊이 묵상해 보아야 한다. 방상억 치과 기공사 는 [도문시 인터 직업 양성 학교]학생을 사랑하므로 〈모든 것을 다 가르쳐 주고 싶다〉고 한다. 그러나 학생들은 〈늦게야 어떤 〈직업〉이 나에게 합당하며, 적성에 꼭 맞는 〈직업〉인가를 확인〉하는 기회를 찾게 되었다.

오복(五福) 중에 한 가지는 〈치아가 늙도록 튼튼한 것이다.〉 인생의 다섯 가지 복 중의 한 가지를 드리는 셈이니, 큰 선물임에 틀림 없다. 이 [전업]은 귀히 여겨야 한다.

[직업 학교]의 첫째는 자기 적성에 맞아야 한다

치과 기공과는 학생들이 열심으로 〈원리의 학습과 실습〉을 하였으며, 방상억 선생이 퇴근 시간이면 학생들이 〈출입문을 잠그고 더 가르쳐 달라〉고 열성을 다하였다.

〈치과 기공과〉는 대단히 발전하였으며, 묵묵히 기술을 배울 뿐만 아니라 열성을 다 했으니 〈국가 시행하는 2급 기능사에 전원이 합격〉하였다.

학생들이 실습으로 만든 모형이다

졸업해서 [직장]은 염려 없이 확보되었으니, 좀더 공부하여 〈국가 시행 1급 기능사〉에 도전해 보기를 권한다.

치과 기공과 교사로 방상억 선생 을 좋아하는 이유는 **〈자유 재량권〉과 다음의 [원칙]을 주기 때문이다〉.** 즉 학생들의 의견을 존중해주고 학생들로 하여금 자기 재량권으로 모든 일을 자신이 처리한다는 [원칙]을 주기 때문에 자신이 책임지는 교육의 우수한 점을 실천에 적용하였다.

교육과 실습에는 언제나 [자기 의견]과 [객관적 의견]이 대립되지만, 〈자기 것〉이 좋은지 〈객관적인 것〉 좋은지는 어렵다. 몇몇 가지를 제외하고는 [원칙]과 [자기 재량권]이 뒤바뀌는 경우가 있다.

정성을 다하여 열심으로, 〈치과 기공 작업〉을 다하는 학생들 모습은 아름다운 광경이다.

사람은 더 좋은 직업을 선호하며, 보수가 더 많은 직접을 선택한다.

〈치과 기공과 전업〉은 본인 성격이 차분해야 하며, 조금만 어긋나도 성격상으로 용납이 안 되는 학생이 안성맞춤 적성이다. 또한 오래 앉아 있어도 괴로움이 없어야 한다.

세공 작업에 싫증이 없으며, 오히려 좋아하는 학생은 적성에 알맞은 직업이다.

직업 훈련은 〈얼마나 진지하게 연습하는가〉에 달려있다. 연습은 실제작업으로, 치기공과 작업은 〈말 없이 전달되는 직업〉이다.

하루 종일 말 없는 〈직업〉으로 성격적으로 합당하지 않으면 [작업]이 안 되는 작업이다. 따라서 〈치기공과〉와 〈치위생사/간호사〉 2개 자격을 갖는 경우도 있으니, 검토해 볼만한 일이다.

[치과 기공사]는 [치위생사-간호사]는 2개 직업 간에 크나 큰 차이가 있으니, 〈치과 기공사〉는 환자와 치석 제거 작업은 안되지만, 〈치위생사-간호사〉는 허락된다.

따라서 〈치위생사〉 자격은 취득할 필요가 있으니 고려해 볼 만하다.

태권도 전업

사람은 모든 일 중에 〈뛰어난 사람으로 활동〉하기를 좋아한다.

박상규 사범　의 철저한 지도와 교육으로 남학생 17명과 여학생 6명은, 일치 단결하여 [대한민국]과 [중국]의 〈명예를 높이며, 태권도를 통하여 기량을 드높이기를 제일 목표로 삼는다〉

〈태권도는 일상이다〉는 남녀노소가 다 함께 참여하는 스포츠로 변화하였으니, [태권도]를 배우는 학생은 무예의 일상을 이해하며 실천하면 된다. 〈태권도는 심신(心身)을 함께 단련하므로 높은 경지에 이르는 세계적인 무예(武藝)이다.

한국에서 기원한 격투기로 1970년대에부터 세계화로 널리 보급되기 시작했으며, 손과 발을 주로 사용하는 전신운동이며, 국제 공인 스포츠이다. 태권도는 인간 본능인 자기 방어를 위한 자연 발생적인 투기가 체계화된 것이다.

우리의 전통 무술은 수박(手搏), 수박희(手搏戲), 택견인데 전통 무술을 계승 발전시켜, 현대에 탄생한 것이 바로 [태권도]이다.

국기 태권도는 〈인간의 완성〉을 목표로 한다

태권도 전업은 〈전성률〉 사범 6단(1대 교사) 〈김대훈〉 사범 4단(2대 교사) 〈박상규〉 사범 6단(3대 교사)로 [전주, 전문 공업 대학]에서 [중국, 길림성 도문시 인터 직업 양성 학교]에 파견 되었다.

학생들은 아무런 규율이 없는 생활 태도에서 〈철저한 생활 규칙에 따라서 생활하는 태권도인의 생활로 [변화]는 큰 발전이다. 이런 규율 있는 생활이 절대로 필요하며, 이 학생들에게는 철저한 규범이 필요하다.

〈참으라〉 〈견디어라〉 〈무슨 말이 필요한가〉 〈말이 필요 없는 행동으로 하라〉는 단순한 일상 용어로 대화하는 태권 도인(道人)이 되어야 한다.

〈예의〉 〈인내〉 〈염치〉 〈극기〉 〈열정〉으로 무장되어 있으면, 인격으로든지 사회 생활에서 인격자라고 한다. 따라서 이제는 무엇이 두려운가.

남자와 여자 학생의 구분 없이 〈훈련으로 쌓는 묘기이며, 재주이며, 수련의 열매〉이다

[태권도 전업]은 대단히 인기가 많았으며, 너도 나도 〈태권도 사범〉이 되려는 매력으로 지망생이 많았다. 공부를 안 좋아하는 학생이 많으니, 자기 적성에 합당한 것을 선택하려는 매력은 어쩔 수 없다.

학생이 목표를 설정할 때 〈이웃을 위한 설정인가〉〈나만을 위한 설계인가〉태권도 사범의 설명이 필요하다. 물론 일시적인 매력 때문에 선택한 전업-직업이라고 할 수 있는가?! 학생 중에서 태권도 〈선택을 잘 했다〉〈잘 못했다는 학생〉도 있다. 어떤 목적으로 태권도를 전업을 선택하였는지를 생각해 볼 일이다.

〈일생을 통하여 선택한 전업이며, 이후에도 후회는 없다〉고 말하며, 태권도를 선택하고 성장하여 어른-성인이 되어 〈다른 직업을 선택할 것이면 좋았을 것〉이라고 할 자신이 있는가. 7일 동안을 〈생각하고〉〈묵상하며〉〈친구와 상의하고〉〈나의 특기가 태권도〉라고 생각되면 나의 전업으로 결심해도 후회는 없다.

단정한 생활 태도는 [태권도]의 기본이다

태권도는 자기 훈련이며, 공격보다 방어를 수련의 제일 목표로 정하고 있다. 〈엄격한 생활 태도〉는 〈바른 생활 태도〉를 이웃에게 보이며, 〈단정한 자세〉로 출발하게 한다.

박상규 사범(6단)의 지도로 맹연습하며, 공격보다 방어에 힘쓰며 연습을 소홀히 하지 않는다.

체육 훈련을 위한 수련뿐만 아니라, 정신 세계의 수련과 훈련도 게을리해서는 안 된다.

모든 태권도에 필요한 (머리 보호대, 가슴 보호대/호구, 팔 보호대) 등은 질서 정연하게 정리 되어 있다.

자동차 수리 전업

〈교육 훈련〉은 살아서 숨쉬는 동안에도 꼭 필요한 항목이다

중국, 길림성 〈도문시 인터 직업 양성 학교〉에서 2년 동안 일반 자동차 기술 교육을 마친 다음에 중국, 길림성 연길시 [현대 기아 자동차 정비 정비 훈련원]에 입소한다.

훈련생 입소 후, 1년간 자동차 전문 기술 교육-훈련을 또 다시 받은 후에 [도문시 인터 학교]에 돌아와서 자동차 직업 정비 기술 학교 1년 과정을 총정리한 다음에 졸업한다.

현대 기아 자동차 정비 훈련원(이기홍 원장)에서 1년 교육으로 자동차에 대한 보다 전문적인 자동차 수리 기술을 습득하며, 이러한 정비 기술은 중국 전역에 어느 곳 보다 우수한 시설과 교사로 되어 있다. 돌아보니 1년은 우리 학생에게 꼭 필요한 교육 훈련 내용이었으며, 이러한 정직성은 두고 두고 쓰임 받는 [재료]이었다. 이 [연수원]은 한국의 현대 본사에서 직원을 파견하여 교육하므로 영리 목적이 아니고 〈수리하는 문제점 파악에 초점〉을 맞춘 듯하며, 더욱이 [도문시 인터 직업 양성 학교]에 매년 장학금을 제공하고 있다.
- 2008년 10월 -

모든 정비 기술은 〈원리〉를 이해하는 데 있다

체력의 뒷받침으로
〈기술〉이 발휘되며

체력으로 더 좋은
〈기술〉을 제공하며

체력은 모든 일에
〈근본〉이므로

매년 2월에 입소하여 다음 해 10월에 마친다. 훈련하는 동안에 숙식은 기숙사에서 무상으로 담당하며, 오직 〈교육〉에만 열중하였다.

작업복까지 무상으로 제공하니 큰 혜택이며, 자동차 정비에 좋은 기회가 아닌가! 이러한 혜택 대신에 〈훈련〉은 너무나 혹독하였다.

[직업 연수원]에 입소하면, 3개월 동안은 아무런 [기술 교육]도 없으며 오직 〈정직성〉만 교육한다.

그리하여 [생명]을 다루는 〈자동차 정비〉가 얼마나 중요한지를 깨닫도록 하는 〈인간 개조〉를 먼저 한다.

1년 동안에 〈3개월이 없으면 자동차 정비의 정신 기본〉을 모르고 학교를 졸업했을 것이다.

[연수원]에서 1년 간 각종 정비 〈기술〉과 〈정신력〉을 갖춘다. 모든 기술은 강한 정신에서 이루어진다.

따라서 그 무엇보다 바른 정신력을 갖추는 데에 있어서 추위와 더위를 이기는 힘이 기본이라는 것도 깨달았다.

그리하여 모든 정비 기술은 〈추위〉와 〈더위〉를 극복하는 힘이 가장 먼저이며, 다음은 〈정비 기술〉이라는 것이다.

따라서 자연을 이기는 힘(추위와 더위)이 어떠한 능력 보다 더 큰 능력이며, 자산이다. 모든 힘의 원천은 자신의 체력에 있다.

전체 학생들은 안정적인 자세로 교육 훈련에 열중하였다. 여기 모인 훈련생은 약 35명으로 〈3개 직업 학교 학생이 한자리에 모였다〉 -2008년 5월-

1년 후, 졸업식 때, 만찬 장에서 맥주를 마시지 않고 있는 모습을 보면서 〈학교 교육은 철저히 받았구나〉를 실감했다.

이러한 후문은 이웃으로 전해져 알게 되었으며, 〈선생님이 듣는 순간에 큰 보람〉을 느꼈다.

〈가르쳐 이웃에게 본이 되었을 때, 그 기쁨은 무엇에 비교할 수 있을까〉 이러한 좋은 소식은 들어도 들어도 즐거움이 가득하다.

정비 [기술]과 정비 [정신]은 바른 [태도]에서 출발한다

[자동차 전업]은 [도문시 인터 직업 양성 학교]에서 1학년에 10명을 선발하여, 2년 동안에 〈정비 정신〉과 〈기본 자세〉를 배운다.

다음에 중국, 길림성 연길시 〈현대 기아 자동차 정비 연수원〉에 입소하여 마지막 1년을 자동차 정비 기술을 배우며 도합 3년을 공부하며 정비 기술을 공부하며 실기를 습득한다.

1년 동안에 [연수원]에서 정비 기술 교육-훈련을 수료하며 보다 더 완성된 자동차 전문기술을 〈도문시 인터 직업 학교〉에서 연수한다.

〈실무 기술 교육은 기술 교육과 실습 장비를 얼마나 교육-훈련〉에 익숙하게 사용하느냐에 있다. -2007년-

〈생산 장비와 동일한 교육 장비로 교육-훈련하며, 현대-기아 자동차 A/S 교육-훈련을 미리 받는 것은 유익한 전략이라 할 수 있다.

자동차 정비는 〈기술과 정신은 하나이다〉를 정신 교육에 30% 시간을 배정하며, 〈엔진〉〈전기〉〈판금〉에 골고루 시간을 배정하여, 1년 동안에 습득하도록 가르친다. 이러한 교육 훈련은 [한국]에서보다 더, [중국]에 합당한 교육인지

도 모르며, 지금이 〈한국의 1970년대의 새마을 운동 때〉로 보인다.

깃발을 든 선두가 외치는 소리에 무슨 소린지 모르며 따라서 외치며 나아간다.

1년에 3개 학교에서 35명을 선발하여 교육 훈련하며, 3개 학교의 입학생 모두가 함께 기숙사 생활하며, 철저한 자동차 수리 기술자를 배출한다.

처음에는 [도문시 인터 직업 양성 학교]에서 파견한 10명 학생이 훈련으로 고된 탓에 중도에 〈도문시 인터 직업 양성 학교〉로 돌아와서, 박경애 교장이 〈다시는 퇴교하지 않겠다〉는 서약을 한 적이 있었다는 것을 이 훈련원 [이지홍 원장 께 들었다]

[도문시 인터 직업 양성 학교] 방학일 때는 더위와 추위를 이겨 나아갔으나, 교육과 훈련으로는 처음 느끼는 추위여서 견딜 수 없었다.

이러한 극심한 더위와 영하의 추위는 처음으로 [학교]를 무단 이탈할 수 밖에 없었다. 전체 사무직원 함께.

1월~3개월 동안 영하 15도를 오르내리는 겨울 동안에 자동차 기술 대신에 〈정신 교육〉만을 교육한다. 이유는 겨울 영하의 추위에도 올바른 태도로 〈자동차 수리〉의 원칙을 지켜 훈련하며 나아가는 지를 확인한다.

누구나 원칙은 알고 있으나, 더위와 추위는 보통 심정으로는 이기는 힘이 부족하기 때문에 육체적으로 극기를 체험해야 한다.

이러한 체험을 통하여 〈우리는 육체적인 시험(test)을 이기는 승리를 체험하며, 주님 안에서 결국은 기쁨을 누린다〉

한자로 이야기하면 고진감래(苦盡甘來)가 있으니 이 문구는 결코 헛된 것은 아니며, 〈No pain, No gain〉으로 표현하기도 한다.

성경은 〈환란은 인내를, 인내를 연단을, 연단을 소망을 이루는 줄 앎이로다〉 로마서 5장 3절~4절

◇◇◇◇◇◇◇◇◇◇◇◇◇◇◇◇◇◇◇◇

자동차는 생명을 다루는 기술이므로
　　〈청결한 마음〉
　　〈정확한 자세〉가

필요하며, 입소하여 엄동설한(嚴冬雪寒) 3개월 동안에 〈올바른 교육〉을 하는 이유가 여기에 있다.

[도문시 인터 직업 양성 학교]에서 열심히 자동차 정비 기술은 배웠지만, 그래도 [현대 기아 자동차 정비 연수원]과 같이 철저한 교육 훈련은 없었으니, 〈언제나 허락되는 환경에서 최선을 다〉하는 노력이 우리에게 필요하다.

지금 주어진 고생스런 환경은 '또 〈다시 나에게는 없다〉'는 생각으로 열심히 최선을 다해서 노력하였다. - 2008년 -

컴퓨터 전업

컴퓨터 전업에는 [컴퓨터 60대]를 도문시에서 설치해주었다.

[컴퓨터 전공]은 기초에서 자료 처리까지 습득하며, 3년 동안에 컴퓨터 언어 (S/W)와 컴퓨터 구조(H/W)까지 습득한다. 매우 어렵다.

학생 개인 note book이 한 명도 없는 현실에서 S/W(언어), H/W(기구) 모두 를 이해하여 운용하기는 매우 어려우며, 너무도 짧은 시간이다.

장래 〈사무실의 모든 업무는 컴퓨터로 관리 운영한다〉는 이상을 현실에 맞추고 있으나, 꿈 같은 이야기이며, [중국]이 전산화 사회가 되는 날을 기대하며 기다린다.

PC 개인용 컴퓨터가 1970년에 개발되어, 이제 40년이 되었으나 중국은 13억 인구가 컴퓨터로 사회의 모든 분야를 하기까지는 50년을 개발해야 할 것이다. - 2007년 -

2004년 7월

컴퓨터 사회가 〈개관적 사회로 변화될 것〉이라고 생각할 것이지만, 컴퓨터 주체는 인간사회로 변화할 것이다.

즉 사람은

　　　〈개인의 성장 배경에서 가치〉로 하며
　　　〈사회적-경제적인 가치로 회기〉하며
　　　〈역사적인 가치〉로 하며
　　　〈민족적인 가치〉로 한다

등이 있으니, 총체적으로 융합하여 무엇이 〈더 가치 있다, 가치가 없다〉하기는 어렵다.

이러한 세상이 도래 됨으로 컴퓨터 사회가 되어도, 〈사람〉이 주체가 되는 세상은 [컴퓨터 세상]과 [사람의 세상]이 갈등만 있을 뿐으로 〈정답〉은 없으며 〈모범 답〉만 있을 뿐이다.

병리 검사 전업

[도문시 중의원]에 [도문시 인터 직업 양성 학교]의 임상 병리 실
습장 개설하다

임상병리 전업으로 [강병태 병리사]는 [도문시립 병원]에 교육실과 실습장
개설로 교육 훈련하였다. - 2004. 7 -

〈도문시〉는 작은 농촌 도시이지만, 국경 도시로서 엄격하며, 통제가 심하며,
폐쇄 사회를 표방하므로 오랫동안 대외 개방을 통제하는 사회이다.

정번언 외국인 담당 교장, 박경애 교장, 강병태 담당 선생 과 12명의 학생
들과 병원 직원들이 사진에 있다.

[도문시 중의원]에 중국, 〈도문시 인터 직업 양성 학교 임상 병리 전업 실습장〉을 개설했다.
(앞줄) 임상병리과 교사, 학생들 (뒷줄) 도문시 위생국 국장, 병원장, 의사, 간호사

이들의 어려운 점은 〈피/혈액 검사〉 〈소변 검사〉 〈대변 검사〉 등의 시료의 채취가 어려움에 있었으나, 이러한 문제점은 쉽게 해결 되었다.

[병원]의 임직원이 [직업학교 임상 병리 전업 실습장 개설]을 환영하였다.

강병태 담당 선생(교사)의 전업으로 [도문시 인터 직업 학교]가 시민전체를 대상으로 〈기생충 검사〉를 실시하려고 기획하였으니, 전체 시민의 공로는 이웃이 할 수 없는 역할이다. - 2004.7 -

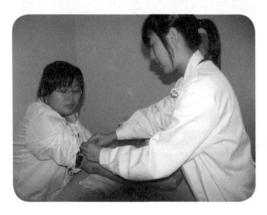

> [여름 방학] [겨울 방학]은 교사들의 심신(心身)을 단련하
> 는 기간이다.

중국 〈도문시 인터 직업 양성 학교 교사〉들은 겨울 방학에 〈하얼빈 빙등 축
제〉에 참여하여 견문을 넓힌다. - 2007년 2월 겨울 -

〈도문시 인터 직업 양성 학교〉 교사는 견문이 있어야 하며, 특히 넓은 세상
에 두루 다녀 본 역사가 있어야 한다.

최소한 자기가 살고 있는 성(省)에서 축제만이라도 참가해서 〈하얼빈 빙등
축제〉를 설명해야 한다.

〈축제 규모〉〈특색〉은 설명이 필요하다.

뒷줄에 중국 [도문시 인터 직업 양성 학교] 교사들이며, 그 외는 〈벨 국제학
교〉 교사들이 방문하였다. 박경애 교장, [벨 국제학교 이홍남 교장, 강연숙
선생, 윤상 선생이다.

인터학교 교사들 겨울 연수때 사진

한국, 논산 [벨 국제 학교] 교사들이 중국 [도문시 인터 직업 양성 학교]를 방문하였다. 박경애 교장 옆에 〈벨 국제학교 이홍남 교장 〉 선생님), 강영숙 선생(한국/한국어), 윤상 선생 (한국/한국어)이 있다.

충청남도 [벨 국제학교]는 철저한 기독교 교육, 인성 교육, 지식교육을 표방 하므로 다른 학교와 차별화 교육을 실시하고 있다.

요즘 청소년 교육은 〈기독 교육〉〈인성 교육〉이 제외되어서 인류 사회가 〈기 능 교육〉에 치중하는 현실이다. 이러한 경향은

〈교육의 목적이 무엇이며〉
〈인류는 무엇을 위하여 존재하는지〉를 상실하게 된다.

따라서 우리 두 학교는 한국의 〈벨 국제학교〉와 중국의 〈도문시 인터 직업 양성 학교〉는 교사 간의 교육의 목적을 서로 교류하며, 친목을 나누는 사이 로 발전하고 싶다고 의견을 나누었다.

〈벨 국제학교 교사〉와 [도문시 인터 직업 양성 학교] 교사는 함께 촬영하였 다. 민족이라서 두 [학교] 교사는 분별키 어렵다.

도문시 인터 직업 양성 학교의 전체 교사 수련회는 여름 방학때, 백두산 정상을 탐방하여 심신을 단련한다. 이러한 2개 [학교]가 연합하여 초청하며, 초청받으면 〈서로 좋은 모형〉이 될 것이다.

[교사]는 부지런히 지식은 책을 통해서 쌓지만, 경험은 각종 체험으로 보고, 들은 것을 자기 것으로 만든다. [교사]가 여러 곳을 여행하여 얻은 많은 체험은 여러 학생에게 전달해 주어서 유익을 준다.

따라서 방학 때면 여러 국가와 각종 분야를 견학하며 체험한다. 만약에 국가가 허락한다면, 한국과 중국의 교사 교류로 이웃 국가 간에 [문화와 문명의 교류를 장려]하며, 인적 교류 역할도 장려하여 교사의 우정도 나눌 만하다.

예를 들어

1. 초청하는 단체 = [중국, 길림성 도문시 교사 연합회] 초청
2. 초청 받는 단체 = [한국, 서울시 용산 초등학교 교사]
3. 초청하는 기간 = 2005. 7. 15 ~ 2005. 7. 22
4. 견학 지역 = 서울 근교
5. 비용 = 왕복 항공료 US$500 본인 부담, 숙식비는 협의에 의한다.
6. 기타 비용은 실무자 협의하여 결정한다.

[교사]들 간에 이러한 관계가 되었으면, [중국 교사]와 [한국 교사] 사이에 아름다운 관계로 발전할 수 있을 것을 예상한다.

〈중국인 교사〉와 〈외국인 교사〉가 즐거운 시간을 함께 보내며 서로 친숙해
지며, 개인적 사정을 흉금 없이 털어 놓기까지는 수년이 소요되지만 금방 친
해지는 이유는 〈한민족〉이기 때문이다.

중국인 교사와 한국인 교사는 대부분이 3세대~4세대를 이어 살아오면서도

〈언어와 한글이 같으며〉
〈음식이 같으며〉
〈복장/한복도 같으며〉
〈예절도 같으며〉
〈풍습도 같으니〉

동일한 전통을 지켜나가므로 금방 친해진 이유 역시 〈한민족〉이기 때문이
다. 아무리 오랫동안 다른 국가에 살아도 자기나라의 고유한 풍습과 언어를
사용하면 〈한민족〉임을 나타낸다.

[도문시 인터 직업 양성 학교] 전임 교사들은 방학 때 [연수]를 소중히 여기
어 〈개인 성숙에 노력한다〉

따라서 여름방학, 겨울방학에 교사 자신의 인격 배양에 힘쓰며, 교양 쌓기에
노력한다. 여름 방학 전에 박경애 교장 선생과 함께 이번 방학에는 〈어느 곳
을 방문할지를 중국 교사에 문의〉하여 결정하는데 중국 교사는 〈해외〉를,
한국 교사는 〈중국 내〉를 선호한다. [북한]과 [남한]으로 나뉘어 있으나, 〈통
일〉로 한두 세대 후에 하나되는 일에 매진하게 될 것이다. - 2007년 7월 -

온누리 교회 Turnning Point
과정으로 황종연 목사(훈련
원 원장님)과 〈김신아 교사〉
는 제1차로 선교지에 왔으
니, 2번째는 어머니 강영숙
(사범대학 출신으로 한국
어)이 교사로 [학교]에 오게
되었고 큰딸 〈김신정 교사〉
가 이듬해 합류하여, 중국
[도문시 인터 직업 양성 학
교]에 세(3)모녀가 교사로 있었다.

3명의 모녀가 1개의 [학교] 재직하였으니 자랑스러운 [학교]이며, 믿을 만한
단체이며, [학생]들 또한 품행이 단정한 학생이므로 추천할 만하다.

모든 해외 파송 선교사는 온누리 교회의 Turning Point 과정을 30일간 이수
하여, 선교사의 자격을 받았다.

김대훈 사범(태권도), 박상
규 사범(태권도), 김신정 선
생(한국어), 이철준 학생(치
기공과 전업), 조미란 선생
(중국어) 김용 학생(태권도)
축하하러 왔으며, 이정화 학
생(이미용), ++++선생〉
〈++++ 선생〉도 [도문시
인터 직업 양성 학교] 선생
님들이 왔다.

고등 학교 재직 중이던 이승호 교감 선생님(가운데)이 도문 인터 직업 양성 학교 교사로 은퇴와 동시에 〈선교사 교사로서 1개월 과정을 수료하였다〉

[도문시 인터 직업 양성 학교] 교사로 **〈사람은 노년에도 배우는 참여로 인생의 가치를 한층 높인다〉**는 인생의 퇴직 후의 새로운 삶을 아름답게 보낸다.

[중국, 도문시 인터 직업 학교] 교사들이 5명은 〈필리핀, Faith Academy〉에서 7일간 연수에 참가했으며 다음을 구체적으로 질문하며, 실제 수업을 참관하였다.

〈음악 수업은 어떻게 운영하는가〉
〈미술 교실은 어떻게 운영하는가〉
〈화학 실험 교실은 어떻게 운영하는가〉
〈목공 교실은 무엇을 만드는가〉

견문을 넓히려는 교사들이 질문과 관심이 많았다. 한국의 교육 현실은 [교실]에서 시작하며, 수업 종료마저도 [교실]이었으니 그 차이는 너무도 그것이 그것이다.

즉 미국의 실습 과목은 [실습실]이며, 실습이 아닌 이론은 [교실]에서 교육하므로, [음악 = 음악실에서 교육하며], [미술 = 미술실에서 가르치며], [화학 = 화학 실험실에서 실험을 보며], [목공 = 목공 실제 작업실에서 행하며] 〈실습 과목은 실제적〉으로 교육한다.

온누리 교회 Turning Point 프로그램 1개월 수료식에서 조미란 교사는 수료증을 받았다. 프로그램 과목은 아래와 같고 강사는 다양한 경력자로 구성되었다.

〈Life Mapping〉= 황종연 강사. 〈QT 이론과 실제〉= 김철희 강사.
〈온누리 선교와 미래〉= 김홍주 강사. 〈지역연구〉= 마민호 강사.
〈한국의 선교 역사〉= 이종훈 강사. 〈타 문화의 이해〉= 김재형 강사.
〈디 브리핑〉= 황종연 강사. 〈이주민 사역〉= 박창홍 강사.
〈이주민 현장 이해〉= 박창홍 강사. 〈이주민 전도〉= 박창홍 강사.
〈미디어 선교의 이해〉= 조성훈 강사〉. 〈자기화 시간〉= 박은정 강사.
〈선교 보안〉= 이경희 강사. 〈선교사의 자기이해〉= 박영희 강사.
〈비전 스테이트먼트〉= 방 갈렙 강사 이수한다.

위에 열거한 강사와 강의 제목으로 3개월 동안에 수강하며, 이들은 〈장기 선교사〉로서 수강한다. 이들은 6년에 한 번은 이번 같이 수강하는 차례가 오며, 선교사로서 필요한 자격을 갖춘다.

1. 김진희 교사(한국/영어)이며
2. 이경문 교사(중국/한어)이며
3. 김영애 교사(중국/영어)이며
4. 유미란 교사(중국/한국어)이며
5. 방미화 교사(중국/행정)이다.

여자 선생은 [중국, 도문시 인터 직업 양성 학교] 교사들이며, 남자 선생은 [Afghanistan, Alaudol 과 Sabes Bulo Friend School 교사들이다.

여기 모인 학생들은 약 3천명인데, 불과 2분만에 소리없이 아침 조회로 학생들이 자치적으로 모인다.

주소는 필리핀, 마닐라에서 [가빗데]군이며, 〈신랑〉 지역에 Girl's Town(학교)와 Boy' Town(학교)을 방문했더니, 놀라운 세상이 있었다.

Girl's Town에는 〈요리반〉〈봉제반〉〈비서반〉이 있으며, 재봉틀이 1,200대가 있으며 Boy's Town에는 〈전기반〉〈용접반〉〈기계반〉으로 구성되었으며, 이 학교 규모는 직업 고등학교인데, 대학교 규모 만큼 크다.

1. 재학생 기숙사에 전체 학생이 약 3,000명이며
2. 초등학교 졸업 후에 입학하며
3. 중학교-고등학교를 4년만에 졸업하며
4. 일체의 숙식 비용은 4년간 무상이며
5. 숙식과 학비는 4년간 무상이며
6. 초등학교 5학년 때 입학 통지를 받으며
7. 무상으로 학비는 4년간을 받으며
8. 매년 신입생은 7,000개의 섬에서 선발하며
9. 여름 방학, 겨울 방학은 15일로 단축하며
10. 전염병(결핵, 간염)은 부속 병원에서 치료 후, 입학한다

여자 직업학교로 〈조리〉〈봉제〉〈비서〉역할로 학교 안내 책자는 없다.

생활 환경으로는 장식이 없으며, 청결하였으며, 남자 직업 학교와 여자 학교는 공부나 교무는 여자 학교와 전문반만 다를 뿐으로 〈일체 무상〉이다.

시설과 운영은 남자학교와 여자학교가 동일한 수준이며, 남자 직업학교와 여자학교는 약 1km 거리에 떨어져 있다. 이 [학교]에 장도원 장로님이 원단을 컨테이너로 1개를 기증하였더니, 너무도 감사 하였다.

이러한 〈학교 모형〉은 전 세계에 있어야 하며, 아무리 많이 있어도 〈가난과 기술〉을 함께 해결할 수 있으니 좋은 본보기가 되며, 일체의 자랑이 없으며, 심지어 안내하는 [간판]이 없으니 두말 할 것이 없으며, 이 [학교] 시작은 한국 부산에서 출발하였다.

〈수업하는 교실〉과 〈기숙사〉〈식당〉은 복도가 가운데 있으며, 등교와 하교가 복도만 건너면 되었다. 이 학교는 한국 부산-영도에서 시작했으나, 계속되지 못하고 [필리핀]에서 열매를 맺었다.

이러한 [학교]는 직업학교 표준형(?)으로 대학교 캠퍼스 만큼 대규모 큰 규모이다. [구제형 학교]이며, 숙식이 4년 동안 무료이며, 수업도 무료이다.

가난한 사람을 위한 직업 학교를 개교하거나 준비하려면, 반드시 이 학교를 방문 후에 설립-운영을 권유한다. 이러한 [학교]는 개신교에는 없으며, 모형만이라도 실천하여, 적용을 할 수 있기를 바란다.

〈필리핀, 마닐라〉에서 약 2시간 자동차로 가면 〈가빗데〉의 〈신랑 마을〉에 남자 학교와 여자학교가 있으며 간판도 없다. 남자학교와 여자학교가 각각 약 3,200명으로 [알 스왈즈-Al Schwalch] 미국인 신부님이 13년 동안 기도 끝에 응답받고, 설립한 학교가 Boy's Town과 Girl's Town이라는 [학교]이다.

[남자]와 [여자] 학교가 따로 있으며 두 학교는 약 1km 거리에 마주보고 있다. 이 학교는 〈버려진 한 아기로 시작〉 했으니, 얼마나 생명은 귀하고 또한 엄중한가.

그리고 [학교] 앞에 [병원]이 있으니 입학 후, 전염성 질병이 발견되면(폐결핵, 간염 등) 1년 동안 격리하여 치료 후에 입학하도록 하는 병원이다. 이 얼마나 합리적인가!!

또한 치과 의자가 많으니, 전체 학생수 3,000여명이 충치가 전혀 없도록 4년 동안에 〈전교생의 치과 치료실〉을 이용한다.

전체로 평가하면 구제형 학교라면 꼭 이러한 [학교]를 참고하여 설립하며 운영할 필요가 있다. [봉사]란 무엇인가는 바로 이러한 자세다. 우리는 저절로 [봉사]를 터득하리라 믿는다.

이러한 사회적 관점으로 볼 때 얼마든지 많은 〈의료기관〉 〈고아원〉 〈장애자 지원 단체〉 등은 설립을 장려할 필요가 있으며 이때는 반드시 이러한 〈직업 학교〉를 참고할 필요가 있다.

1. 시설 규모를 참고하며
2. 직업학교로서 남자 학교와 여자 학교 규모 면에서 참고하며
3. 〈남한과 북한〉 통일 시대에 참고할 사항이다.
4. [구제]에 관한 직업 선택에 필요로 하는 사항이다.
5. 〈학업〉과 〈직업〉의 선택에 필요한 사항이다.

양로원 봉사 활동

사회 봉사 활동은 〈경노 활동 봉사〉〈청소 봉사〉는 모두가 [사회 봉사]로 여긴다. 〈나의 기쁨을 드리는 것〉으로 양로원에서는 〈봉사 활동〉으로 여긴다.

사회주의에서는 원래 [봉사]는 없으니, 〈우리〉는 사회주의에서 [대표 용어]로 통한다. 계급사회를 타파하는 운동으로 전개되었으며, 우리 〈함께〉라는 사회 운동으로 발전하기도 했다.

[봉사]는 〈자원해서〉〈기쁨으로〉〈무보수로〉〈예수님 봉사 생애를 닮은〉개인 봉사 활동 또는 단체 봉사 활동을 소개하고 있다.

〈양로원 봉사〉는 개인의 기쁨을 모아서 함께 단체로 드리는 행동을 말한다.

〈중국, 길림성 연길시〉 근처 양로원을 방문해서 [봉사]하며, 학생의 [봉사 정신]에 보답하여 [기쁨]을 나누는 기회를 갖는다.

중국에는 [봉사]란 뜻이 무엇인지, 〈봉사자〉란 뜻은 무보수로 기쁨을 나누는 사람을 말한다. 즉 청소 기구 사

〈중국, 길림성 도문시 석현 양로원〉

용 보다는 직접 손으로 청소를 실천하는 〈봉사 정신의 사람〉을 말한다.

〈봉사 정신의 사람〉은 자기의 유익얻기 보다는 〈나보다 먼저 이웃을 배려하는 사람〉이다.

방학 때 10일간 [세례 교육]을 받으니, 〈중국, 길림성, 연길시〉에 최선수 박사의 지도로 합숙하며 [세례 공부]했다.

최 장로는 중국 [도문시 인터 직업 양성 학교] 교사들에게 겨울 방학을 이용해 [세례 교육]했으니 1회에 약 5명씩 그룹으로 했다.

마지막 날, 세례식은 미국 [또 감사 선교 교회] 최경욱 목사가 담당하였다.

교재는 주로 [성경]과 [일대일 제자 양육 성경 공부]를 이용했으며, 찬송가는 이용하지 아니했다. - 2006년 -

숙식은 그 집에서 10일간을 했으니, 많이 절약되었을 뿐만 아니라 은혜 있는 10일간이었다.

사진은 김상옥 사모(권사)-2이며, 연길 시내에 있는 자택이다.

선생이 제자의 발을 씻는 모습을 보면서 감동이 있습니다.

〈선생〉과 〈학생〉 사이에 선생님이 제자의 발을 씻는 관계를 본 적이 있는 가?! 우리는 들은 적도 본 적도 없으나, 그리스도인이면 〈그리스도의 사랑〉으로 가능하다.

[교사]가 학생의 발을 씻는 모습은 평상시 같으면 도저히 이해도 안되며, 정상인이면 할 수가 없는 일이다. 그러나 [그리스도의 사랑]으로 할 수 있다. 어쩌면 비정상일지도 모른다.

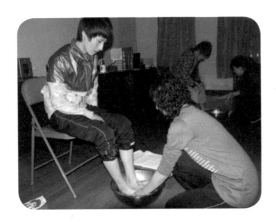

〈섬기는 행사〉에 세족식이 있으니, [제자의 발을 씻는 장면]은 신앙심으로밖에 이해하기 힘든 장면이다. 부모님이 어릴 때 내 발을 씻어 주던 기억밖에는 없으니, 아무리 종교 행사라고 해도 충격적이었다. 이러한 3명의 [교사]는 3명의 [제자]에게 [섬기는 자세]로 가르친다는 맹세를 하는 행사이다.

교사와 학생의 [인성 교육] 현장을 함께 체험하면서, 2개의 다른 집단이 선생님과 학생이 동시에 감동의 현장이 되었다. 먼저 깨닫는 사람이 행하여 감동을 주는 〈선생이 제자의 발 씻는 모습을 보여 준다〉

지금까지는 체제가 다른 2개 국가 〈사회주의와 민주주의〉 가운데 살면서 서로 확인하는 방법이 비껴 갈 수밖에 없었다. 모두가 다 불행한 중, 다행으로 여긴다.

의자에 앉은 사람은 [학생]이며 -발은 씻으라고 의자에 앉아 있는 자는 [학생]으로, 무릎을 꿇은 사람은 〈선생님으로 학생을 섬기는 자세로 행동〉 하겠습니다.

[도문시 인터 직업 학교] 체육 대회 – 운동회

운동회는 친목, 선의 경쟁, 단합 등 교실에서 체득할 수 없는 것을 실제로 체득하며, 공산주의가 이러한 선의로 연습이 없음은 〈교육이 다른 것인가!?〉

이러한 체육대회-운동회를 체험하므로 〈중국은 하나의 민족임〉을 확증하려 하지만, 각 민족은 자치주 독립을 주장한다.

그러나 언제인가는 독립 국가를 꿈꾸는 열망은 인간의 마음 속에 살아 있을 것이다. - 2006년 5월 어느 날 -

민주 사회의 봉사는 [의무]이며, [책무]이다

〈봉사 정신은 생활에서 생겨난다〉 어른의 발을 씻어 드리는 마음이 생겨 나도록 〈실천〉하는 것이 중요한 덕목이다.

〈생각〉으로 봉사하기 보다는, 한 번이라도 나의 손과 발로 움직이는〈봉사〉가 필요하다. 〈봉사 정신〉은 가장 낮은 자세로, 이웃이 실천하기 싫은 일을 자원하는 마음으로 행하는 것이다.

〈누구나 싫은 일은 나도 원하지 않는다. 그런데 어떻게 기쁨으로 행하게 되는가, 이러한 나의 행실은 그의 가장 친한 이웃이 드린다〉는 마음으로 행동하면, [봉사 정신]으로 드리는 행실이다.

발을 씻는 행동은 〈그를 사랑하는 사람의 전적인 [행실]이다〉

남자 학생들은 〈육체적인 노력 봉사〉로 이웃을 위한 봉사는 특정하여 개인이 아니며 여러분(대중)에게 혜택을 주는 작업이다. 공공 사업으로 주로 정부가 담당하는 작업은 〈근로 봉사〉로 처리한다. 수 많은 공공 사업은 〈공공〉이란 명분으로 국민에게 맡김으로 〈근로 봉사〉하므로 봉사 작업을 수행한다.

이러한 공공 사업이 적을수록 선진국으로 가는 길이다. 대신에 세금 부담이 많음으로 더 전문성은 높다. 즉 [노력 봉사]는 비 전문성으로 쉬운 작업 만을 위탁한다.

양로원 봉사 활동

마을 도로 보수 작업

자연을 보호하고 사랑하는 것은 〈인간의 의무〉이다

도문시 인터 직업 양성 학교는 〈삶은 교육이며 교육은 삶이다〉 현장에 교육을 적용한다. [자연 보호]를 외치는 학생도 필요하며 〈자연 보호원리〉를 생활에 적용하는 것이 필요하다.

중국 보다 한 세대 앞서 가는 [한국]을 전하며 〈자연 보호 원리〉를 실천하며, 그 [교육]으로 알려준다.

[자연]은 하나님이 인류에게 맡겨준 최고의 선물이며 또 다시는 지구가 없으니, 아껴서 이용해야 한다. - 2005년~2010년 -

인류는 〈지구가 몇 개 더 있으면, 여유 있게 삶을 지탱할 수 있으나, 오직 하나를 주셨으니 우리의 책무는 엄격한 제한적인 조건〉을 주셨다.

[도문시 인터 직업 양성 학교]는 자연 보호는 곧 [인간 보호]라는 원리를 가르치는 [교육]으로, 조선족 학교이지만 전 세계를 향하며, 인류를 사랑하는 마음은 우리에게 가득하다.

〈자연 보호〉 교육은 [지역 사랑]이며, 전 세계화 작업이며, 10대들에게 이보다 더 좋은 [봉사]는 없다.

〈토양〉 〈해양〉 〈산림〉을 대상으로 창조한 원상대로 복원하려는 노력을 [자연 보호]라

하며, 그 구체적인 행동 지침을 소개한다. [자연보호 헌장]을 1978. 10 제정
하여 전 세계가 동참했으니

1. 인간과 자연과의 관계
2. 자연 생태계의 오묘한 조상들의 자연 보호관
3. 산업문명의 발달과 인구 팽창에 따른 자연파괴의 심각성
4. 자연에 관한 인식과 각성

7개 항의 결의를 통해 〈국가와 국민의 의무〉〈국민 교육의 중요성〉〈올바른
환경윤리의 확립〉을 강조하고 있다.

두만강변 청소

처음에는 조선족/한국인 〈도문시 인터 직업 양성 학교〉가 1주일마다 〈두만 강변 청소-쓰레기 줍기〉를 했다. 그런데 중국인 학생은 내일이면 다시 쓰레기로 덮일 것인데 하면서 헛된 일을 한다고 비웃지만, 비웃던 중국 학생들이 이제는 〈쓰레기 줍기〉를 자신이 담당하게 되었다. - 2006년 3월 -

매주 금요일 두만강 쓰레기 줍기와 시내 주변을 청결하게 하는 모습은 많은 시민들에게 감동을 주었을 뿐 아니라 몇년 후 도문시 정부와 타 학교들이 도시 환경 미화에 참여하는 계기가 되었다. 〈도문시 정부는 매주 금요일 오전을 도시 환경 미화 시간으로 정했다.〉

언제나 사람은 자기 중심으로 〈현재〉를 판단하며, 먼 훗날도 똑 같은 과거가 〈현재로 나타나리라고 판단한다〉 그러나 [오늘]은 상황이 다르며, 조건도 다르므로 똑 같은 〈과거가 현재로 출현되는 일은 없다〉

다른 〈판단〉이 나타나며, 〈판단〉 기준도 다르므로 즉 〈청소-쓰레기 줍는 작업〉은 보편적인 〈봉사 작업〉으로 변화를 맞이 하게 되며 일상적인 작업이 될 것이다. 따라서 〈두만강변, 청소-쓰레기〉 줍는 청소 작업은 반복해도 〈선한 작업〉이며, 아름다운 작업으로 평가할 것이다.

중국 [도문시 인터 직업 양성 학교] 제1회 졸업식

[중국, 도문시 인터 직업 양성 학교] 제1회 졸업생은 7명으로 〈전려명 군〉〈안미연 양〉〈함수옥 양〉〈김혜란 양〉〈장매화 양〉〈허광일 군〉〈최동일 군〉이 마지막까지 [학교]에 남아서 졸업하게 되었다.

재학생은 7명인데, [교사/선생]은 29명으로 개교 때 2004년 7월 당시는 교사가 재학생 숫자보다 더 많았으니, 〈도문시에 허가 신청 중〉이었으니, 7명은 지난 2년 동안은 허가 없는, 즉 [무허가 학교]에서 수업하였다. - 2002년 ~2004년 -

[중국인 교사]는
이경문 교사 = 중국어
박상춘 교사 = 수학
고선희 교사 = 회계
김영숙 교사 = 컴퓨터
채철호 교사 = 영어
김창성 교사 = 컴퓨터
김경애 교사 = 영어

[외국인 교사]는
최정심 교사(한국)   = 음악/피아노
이월희 교사(한국)   = 미용/머리, 피부
송혜영 교사(미국)   = 영어
방상억 교사(한국)   = 치과 기공
임종택 교사(캐나다) = 컴퓨터
전성율 교사(한국) = 태권도
염상섭 교사(캐나다) = 영어
신영성 교사(캐나다) = 교감
정번언 교사(캐나다) = 외국인 교장

졸업식 사진
언제 다시 만날 수 있을까!

제1회 졸업식 2005년

중국, 길림성 [도문시 인터 직업 양성 학교] 조선족 학생 입학은 23명이 했으나 졸업은 7명만이 1년을 공부하여 졸업하였다.

사진 : 박경애 교장, 옥우원 사장, 오성연 장로, 최찬영 선교사, 장도원 장로 (FOREVER 21회장), 정번언 외국인 교장, 신영성 교감, 제1회 졸업생 7명으로 축하받아야 마땅하다. 이제 졸업하면 언제 또 다시 만날 것이며, 아마도 영원히 못 보게 될 것이므로, 오히려 개인의 사진 촬영이 유익할 것이다.

제1회 [도문시 인터 직업 양성 학교] 졸업생 명단 -7명-

1. 전려명 군	2. 안미연 양	3. 함수옥 양	4. 김혜란 양
5. 장매화 양	6. 허광일 군	7. 최동일 군	

제2회 졸업식 2007년

1회보다 많은 졸업생이 증가했으니, [학교]가 소문이 났기 때문이다. 중국 직업학교에는 없는 학생을 위한 전문 직업 교육 분야가 많기 때문이다.

전문직업에는 〈컴퓨터〉〈자동차〉〈미용〉〈치과기공〉에 지원자가 많은 사실은 사회에서 요구가 많다는 뜻이다. 특별히 〈컴퓨터〉에 전공자가 많은 이유는 육체 노동이 없는 전문직이며, 사무직이기 때문으로 자녀가 육체 노동 없는 전문직으로 사무실 근무 때문이다. 또한 〈실습 교사 자격증〉은 모두 〈한국인 교사〉로 충원 되었으며, 모든 전문직이 중국에는 생소한 기술이므로 더욱이 지원자가 많았다.

제2회 [도문시 인터 직업 양성 학교] 졸업생 명단 -35명-

1. 강동길	2. 박영호	3. 김용C	4. 박 철	5. 김용일	6. 박상현
7. 이덕재	8. 김승일	9. 한광천	10. 연해화	11. 이설매	12. 박국화
13. 강금복	14. 이정화	15. 조춘매	16. 김나연	17. 김정애	18. 황용수
19. 오청룡	20. 김관락	21. 안미화	22. 이덕남	23. 신동국	24. 장승일
25. 김 용D	26. 유 미	27. 장 연	28. 김 향	29. 박향화	30. 박미화
31. 고해련	32. 김영화	33. 림 향	34. 박금란	35. 박춘미	

제3회 졸업식 2007년

왼쪽부터, 박상돈 대표(함장, 예비역 해군 소령), 이명자 장로(예비역 육군 대위)부부, 장영수 한국 대표(Afghanistan 상무부), 박경애 교장, 오성연 이사장, 이용호 원장(현대 기아 연수원), 주영덕 대표 (미국, Steps Apparel Inc.), 정동근 대표(미국, Muse Apparel Inc.)

이들은 각자가 이 [학교]에 도움을 주는 역할이 있으니, [주영덕 대표]와 또한 옆에 정동근 대표는 출발지 [도문역 ↔ 상해역]까지 45명 분의 왕복 기차표를 구입하였으며, 간식도 구입해 주는 역할을 담당해 주신 분들이다. 이지홍 원장은 〈자동차 연수원〉에서 약 1년 동안 교육 훈련을 무상으로 담당해 주고 있는 분들이며, 이러한 담당하는 역할 있으니, 감사한 마음으로 초대하였다.

제3회 [도문시 인터 직업 양성 학교] 졸업생 명단 −33명−

1. 김양빈	2. 홍상국	3. 박일파	4. 김영남	5. 김홍일	6. 김 건
7. 허 암	8. 현 호	9. 정철국	10. 조동철	11. 왕 룡	12. 김 철
13. 이철준	14. 이준남	15. 림련화	16. 김 영	17. 최미화	18. 정예화
19. 김송해	20. 구해연	21. 이설매C	22. 김찬양	23. 김일A	24. 김일 B
25. 송 범	26. 김정호	27. 려려근	28. 윤 정	29. 정일권	30. 진 화
31. 채룡혁	32. 황춘길	33. 지련의			

제4회 졸업식 2008년

세계 어느 국가이든지 〈국가 자격증〉이 교육 훈련 목표이며, 해당 국가의 [모범 기술자]가 되어야 한다. 그리스도인의 자랑스런 [모범 기술자]가 되도록 하며, 타고난 [인성]으로 부족한 것이 없어야 한다.

방상억 교사(치과 기공), 신영성(교감) , 윤상 교사(영어), 임종택 교사(컴퓨터), 주영덕 대표(미국, 또감사 홈 교회), 정동근 대표(Muse Apparel Inc.), 이향선 교사(한국어), 강영숙 교사(한국어), 이용호 원장(현대 기아 연수), 박상돈 대표(예비역 해군 함장), 박경애 교장, 임명자 장로(중국, 연길 연수원 원장)이다. 그리고 [여성 교사]는 중국인, 외국인 교사 모두가 흰옷으로 통일하였으니, 아름다움을 돋보이게 하려 함이다.

제4회 [도문시 인터 직업 양성 학교] 졸업생 명단 -38명-

1. 김걸민	2. 석일룡	3. 김계화	4. 최련화	5. 김성자	6. 김미설
7. 김 영	8. 성미란	9. 문혜경	10. 김류휘	11. 허문걸	12. 양 준
13. 박미선	14. 김태범	15. 손 휘	16. 오 철	17. 김 걸	18. 리현석
19. 남 용	20. 김연화	21. 전향란	22. 유림화	23. 허영실	24. 송 령
25. 고판판	26. 심 월	27. 최령령	28. 최정국	29. 박장춘	30. 리권주
31. 박송철	32. 황미연	33. 전은욱	34. 김찬도	35. 김훈권	36. 최문철
37. 김문학	38. 감성자				

제5회 졸업식 2009년

가난한 학생을 위한 [교사]는 청소년의 직업 교육-훈련은 아래 지침을 실천한다.

    a. 기술 교육에는 엄격한 규율을 준수하며

    b. 〈봉사〉란 무엇인지 먼저 알아야 하며

    c. 기술 교사는 〈인성 교육〉으로 교사가 된다

제5회 [도문시 인터 직업 양성 학교] 졸업생 명단 −32명−

1. 배민호	2. 윤동규	3. 김 걸	4. 마성용	5. 장 봉
6. 김원수	7. 허서양	8. 송계흠	9. 한문일	10. 김승룡
11. 장해룡	12. 김권성	13. 김이경	14. 태 화	15. 최미월
16. 김 화	17. 이 화	18. 렴영희	19. 박미애	20. 주 현
21. 최철호	22. 정 광	23. 이 군	24. 이권순	25. 이춘녀
26. 김향화 A	27. 이홍란	28. 김향화 B	9. 이해월	30. 이희영
31. 이설매	32. 왕 영			

제6회 졸업식 2010년

왕진무 원장(한국, 한양학원)-1, 주영덕 대표(미국, Steps Apparel Inc.)-2
박상돈 대령과 임명자 장로 부부-3, -4, 강영숙 교사(한국/한국어)-5

제6회 [도문시 인터 직업 양성 학교] 졸업생 명단 -24명-

1. 김송원	2. 황현철	3. 홍해성	4. 허영훈	5. 박성림
6. 김준원	7. 박려홍	8. 원 미	9. 한려려	10. 김미연
11. 김혜련	12. 박설화	13. 김연단	14. 이옥란	15. 윤 연
16. 오홍매	17. 이미화	18. 김혜영	19. 류 양	20. 박동승
21. 강정우	22. 강 군	23. 부 연	24. 주청초	

제7회 졸업식 2011년

제7회 졸업생은 "청도 분교 8명"을 포함해 38명이다.

박범진 대표는 〈중국, 산동성에 세라핌 Co〉가 있으며, 직원을 선발하려고 [도문시 인터 직업 양성 학교]를 방문하였다.

이향선 교사-1(캐나다/영어)는 학생들이 열의가 없으며, 교사를 〈교육하는 편이 좋다〉고 했으니, 전업 아니므로 학생의 성의가 떨어지는 경향이 있다.

세라핌 Co 회사는 직원이 약 300명이며, 여성용 장신구를 생산하며, 전량을 주문 생산한다. 따라서 사장님이 〈학교 현장을 보며 선발하는 편이 좋다〉고 방문하였다. 그러나 [도문시 인터 직업 양성 학교]에는 세라핌 Co 전문 과목 이 없으니 새로이 〈장신구 전업〉을 추가 신설해야 한다. 역시 [학교]도 신중 히 검토하겠으니, 신설 자문을 바란다.

제7회 [도문시 인터 직업 양성 학교 청도 분교] 졸업생 명단 -8명-

1. 김길선	2. 김 군	3. 황요한	4. 장진엽	5. 왕 도
6. 김광휘	7. 김 택	8. 국운도		

제8회 졸업식 2012년

교사—선생님과 내빈 여러분

임병자 상로, 박상돈 대표 부부(한국)-1, -2, 이향선 교사(캐나다/한국어)-4, 윤상 교사(한국/영어)-7, 박경애 교장-3, 박범진 대표-5(한국/세라핌 분교 졸업식 참관으로), 정동근 사장(미국, 또 감사 홈 선교 교회)-6

제9회 졸업식 2013년

교사—선생님과 내빈 여러분

박태원 교사(한국/자동차)-1, 강영숙 교사(한국/한국어)-2, 박경애 교장-3, 방상억 교사(한국/치기공)-4, 김용 교사(중국/태권도)-5, 오동일 교수(중국, 청화대)-6

제10회 졸업식 2014년

정동근 사장(미국, 또 감사 홈 선교 교회)-1, 박경애 교장 선생(중국)-2, 장영미 선생(한국/영어)-3, 이향선 선생(캐나다/영어)-4
이로서 사진은 [도문시 인터 직업 양성 학교]의 공식 사진으로 한다.,

이때는 재정이 어려워서 [학교]의 공식적인 졸업 앨범을 제작하지 못한 것을 아쉬워하며 후회한다. 그리하여 이 사진을 근거로 하여 [도문시 인터 직업 양성 학교]의 공식적인(?) 학교 앨범으로 대신키로 하였으니 다행이다. -2014년-

또한 이 [학교]는 영존할 것과 번영할 것을 바라마지 않으며, 본인은 이 세상에 없어도 [도문시 인터 직업 양성 학교]는 영원할 것이다.

또한 중국, 길링성 [도문시 인터 직업 양성 학교]는 미국, Los Angels에 [또 감사 홈 선교 교회]가 〈학교를 설립하며 운영〉을 잊지 않기를 바란다. 또한 1회부터 13회까지, 즉 2007년부터 2014년 까지를 〈학교 운영과 발전에 온 힘을 다 했다〉

제11회 졸업식 2015년

중국, 산동성 청도시 〈세라핌 분교〉 재학생 7명은 본교에서 [도문시 인터 직업 양성 학교]에서 2014년 10회 졸업식에 참석했으며, 이때 분교장으로 박범진 사장이 담당하였다. - 2014년 12월 -

이러한 분교 제도는 어느 성(城)에 본교가 있을 지라도 실용에 합당하면 수업에 참석하는 것으로 인정했으나, 부정 입학이 많으므로 2015년도부터 이 분교는 없어졌다.

중국, 길림성 [도문시 인터 직업 양성 학교] 제12회 졸업식 −2016년−

한국, [전주비전대학] 캠퍼스에서

박태원 교수(우측)는 [중국, 도문 인터 직업 양성 학교] 담당이며, 이희영 교수(좌측)는 전주비전대학 유학생 담당으로 사진 촬영했다.

2009년 2월

이철준 학생〈치위생사/간호사〉 강동철 학생〈자동차 수리〉은 품행이 단정하므로 [도문 인터직업 학교] 교사 후보로 선발되어서 한국에 왔다. 〈전주비전대학〉 입학 유학하면 2년을 공부한 다음으로, [치과 위생사] 국가 시험에 응시하여 합격해야 하며 [자동차 수리] 국가 시험에 응시하여 합격해야 한다.

이철준 군과 강동철 군 모두 함께 합격하였으니, 유학으로 성공하였다. 이제는 한국의 정서를 속히 터득하며, 풍습을 익히며, 한국화에 앞장서야 할 것이다.

김용 학생은 〈태권도과〉 졸업장을 획득했으며, 이정화 양은 〈피부미용과〉를 2009년 2월에 졸업했다. 두 명 학생도 한국국가 자격 시험에도 합격했다.

2009년 2월

김용 학생(남), 이정화 학생(여)은 〈태권도장〉〈미용실〉을 한국에 개업하려면, 즉 한국과 중국에 개업 가능하다. 앞으로 국제화에 맞추어 여러 가지 자격증을 준비하는 것이 현명하다.

〈태권도〉〈미용실〉 등 2가지는 국제화 선두에서 개척 할 수 있는 전공 과목이 필요하며, 졸업하면 1년 정도 실습 후에 [태권도장]을 자기 이름으로 개업할 수 있으며, [미용실]도 동일한 현장 실습을 거친 후에 자기 이름으로 개업 가능하다. 〈자동차 수리 업소〉〈치과 기공소〉〈태권도장〉〈미장원〉 등은 당당히 한국에서 자기 기업으로 성장할 수 있다.

Uzbekistan, 1차 고려인 청소년 유학생 입국 −2008년−

Uzbekistan 청소년 학생이 처음으로 중국, 길림성 [도문시 인터 직업 양성 학교] 유학하게 되었다.

[평화 교회]는 Uzbekistan, 치르 칙시에 1980(?)에 개척으로 설립되었다. 당시는 한성정(한 임마뉴엘 목사)가 독신으로 자기 아파트에서 [평화 교회]를 시작하였으니, 처음에는 교회 이름도 없었다.

〈김 스텐리 스라브=슬라바〉 목사는 현재[평화 교회] 담임 목사이다. 김 목사는 국가 국영 기업의 사장으로 30대에 대표 사장으로 재직하였다.

그를 찾아가서 〈당신은 목사를 하시요〉라고 말했더니, 〈김 슬라바〉 목사가 듣고는 놀라서 〈의자에서 넘어졌다〉고 하며, 죄 없이 감옥에서 3년을 살고 교도소를 출소했다.

나는 〈아파트 교회〉도 가 보았으며, 〈국영 기업회사 대표〉로 있을 때도 방문했으며, 〈Chirchic 회사도 방문〉했으니, 이 과정은 1980년~2005년(?) 사이에 있던 일이다.

지금(2021년) 봄에 정식으로 허가 받은 [평화 교회]를 2023년 봄에는 Uzbekistan에 [평화 교회]를 가보고 싶다. 지금(2021년)은 정식으로 허가 받은 [평화 교회]를 운영한다고 듣고 있다. 이러한 연고로 내가 〈중국, 길림성 〈도문시 인터 직업 양성 학교〉 이사장으로 있을 때(2004년~2012년), 중국 유학생으로 초청했으며, [한국 전주비전대학교]에 초청하고 싶다.

제1차 고려인 청소년 유학생은

1. [자 안드레이 학생]   2. [최 데니스 학생]
3. [강 사샤 학생]   4. [홍 까자 학생-여]
5. [최 율리야 학생-여]   6. [아르뚜르 학생]
7. [함 사샤 학생]   8. [조 스타스 학생]
9. [무랏 학생]   10. [최 슬라와 학생]   이상 10명
- 2008년~2009년 -

제1차 Uzbekistan 국적 유학생으로 장도원 장로, 옥우원 집사와 함께 식당에서 – 2009년 –

제1차 Uzbekistan 국적 유학생 입국하다.

1차 외국인 유학생 성도는 모두가 UZBEKISTAN 국적으로 〈강 싸사 군〉
〈자 안드레이 군〉〈아르뚜르 군〉〈조 스타시 군〉〈무랏 군〉〈함 싸사 군〉
〈최 슬라와 군〉〈최 데니스 군〉〈홍 까자 양〉〈최 율리야〉이다.

최재호 목사와 오성연 이사장은 한국인이며, 그 외는 모두가 [우즈베키스탄]
국적이며, 그리고 빨간 목도리는 〈최 율리야 양〉이다. - 2008년 -

이들은 〈곤란에 처했을 때 서로 힘이 되며〉〈경제적으로 어려움에 당했을
때에 도움을 주며〉서로 형제 자매와 같이 지내기를 당부하였다. 이역만리
타국에서 의지하는 형제의 관계는 〈오직 고향 사람 밖에는 없다는〉 것이다.

〈즐거운 일이나〉〈기분 상하는 일이나〉〈슬픈 일이든지〉서로 나누며 지내
기를 당부하였다.

이들은 모두가 성장해서(?) 만났으니 동일한 〈교회〉에서, 한 분의 목사 〈설
교〉를 듣고서 신앙도 성장했으며, 우정도 돈독해졌으니, 우리 모두가 힘을
합하여 하나로 뭉쳐서 유학생 본보기가 되어야 한다.

제1차, 제2차 Uzbekistan 고려인 유학생들 [중국 교회]에서

Uzbekistan 제1회와 제2회 고려인 유학생이며, [도문시 인터 직업 양성 학교] 재학생으로 장래는 유학을 희망했으나 〈무슨 직업을 희망하는지〉는 거의 없었다.

따라서 외국인 신분으로 〈평화 교회〉에 신앙 생활에는 [교회]가 필요하였다. 이 학생들은 Uzbekistan, 칠칙 시 [평화 교회]에서 선발하여 1차, 2차 유학생을 보냈으며, [김 스라바] 목사와 윤태영 선교사가 면담 후에 결정하였다.

또한 이들 부모님의 동의도 얻었음을 알려두며, 그리고 이들은 모두가 〈한민족〉이다. 2008년~2009년에 1차, 2차가 중국, 길림성 〈도문시 인터 직업 양성 학교〉에 유학했으며, 이들은 한국을 정착하는 꿈을 잊지 아니했다.

Uzbekistan 제1차 고려인 유학생(2008. 9~2009. 9)

1. 〈강 사싸〉 학생
2. 〈자 안드레이〉 학생
3. 〈아르뚜르〉 학생
4. 〈조 스타시〉 학생
5. 〈무랏〉 학생
6. 〈함 사사〉 학생
7. 〈최 스라와〉 학생
8. 〈최 데니스〉 학생
9. 〈홍 까자〉 여자/학생
10. 〈최 율리야〉 여자/학생

Uzbekistan 제2차 고려인 유학생(2009. 9~2010. 9)

1. 〈예믈란〉 학생
2. 〈이 에두아르드〉 학생
3. 〈김 코스자〉 학생
4. 〈김 와딤〉 학생
5. 〈김 보봐〉 A 학생
6. 〈김 보봐〉 B 학생
7. 〈이 알렉스〉 학생
8. 〈심 올레샤〉 여자/학생
9. 〈노 이리나〉 여자/학생
10. 〈김 율랴〉 여자/학생
11. 〈이 베레니카〉 여자/학생
12. 〈최 나쟈〉 여자/학생
13. 〈김 말리카〉 여자/학생

최재호 담임 목사는 [교회]를 떠났으나, 교사와 학생은 모두가 아쉬움으로 이별하다

최재호 목사(부부 함께) 개인 사정으로 중국, 길림성 [도문시 인터 직업 양성 학교 교회] 담임 목사로 할 수 없어서 퇴임하게 되었으니, 이유는 알 수 없다. [도문시 인터 직업 양성 학교]의 우즈베키스탄 1차 유학생과 2차 유학생, 그리고 가족들, 외국인 교사들이 모두 [주일 예배]에 참석했다.

[한국인] [미국인] [우즈베키스탄인] 외국인만 [교회]에 출석이 가능하며, 봉사도 한다. 점심도 함께하며 성도로서 〈교제〉도 한다. 매우 친밀한 관계로 교제하면서 〈도문시 인터 직업 양성 학교〉의 학생, 교사 그리고 가족으로 외국인만이 참석한다.

중국인 국적은 종교 행사에 함께 참석할 수 없다. 〈어느 때가 되면 누구나 예배에 참석하는 날이 오려는가〉 기다려 본다. 〈도문시〉에 있는 [삼자 교회인 도문 교회]는 예배에 피아노 반주자가 없어서 〈외국인 성도가 참석하며 봉사〉하였다.

최재호 목사 후임으로 신임 담임 목사를 예배에 초청하였으니, 중국인 국적자는 없으며 외국인 신분으로 [한국인]과 [우즈베키스탄인]으로 구성되었다.
- 2007년 -

방상억 선생(한국/치과 기공), 강영숙 선생(한국/한국어), 김신정 선생(한국/한국어), 김신아 선생(한국/한국어)이 눈에 띄며, 최재호 목사 사모가 눈에 띈다. 그 외는 모두가 [우즈베키스탄] 국적 사람이다.

제1회 수학여행   중국, 길림성 연길시 – 2005년

2005년 입학생으로서 의지할 곳이 없는 [학생]들의 〈제1회 수학 여행〉은 중국, 연길시로 정하였으니 〈어떻게 놀아야 하는지〉 〈무엇을 목적으로 왔는지〉 〈왜 우리가 대접을 받는지〉가 상상이 안 되었다. 한 번도 사람으로서 대접을 받아 본적이 없었기 때문이다.

〈학습〉과 〈교육〉이 무엇인가를 분간하기 어려운 청소년이다. 부모의 사랑 만으로 성장할 때에 조부모와 이웃 집에서 성장하였으니 이 [학교]는 적성에 안 맞는 단체이다. 이중에 7명만이 〈도문시 인터 직업 양성 학교〉를 졸업하였다.

같은 민족이며, 동일한 언어를 사용하는 동일한 종족인 청소년이 해외에서 [교육]을 받으므로 생길 수 있는 이해득실을 생각해 본다. 세계화 시대를 앞서 가는 민족인가, 아니면 한민족의 불행인가. 장래에는 [민족주의]가 부활 하는가.

이 학생들은 [왜 이러한 분에 넘치는 대접을 받아야 하는지?] 알지 못하며 따라왔으니 어리둥절하였다. 여하튼 이 젊은 학생들은 생전에 처음으로 받아본 호텔이며, 식사이며, 대접이다. 이 호텔을 기억할 것이며, 이러한 곳은 〈견문을 넓히는 정도가 전부였다〉 이렇게 [호텔]을 구경했으며, 하루 밤을 보내는 [수학 여행]을 마치게 되었다.

중국, 길림성 연길시
어느 호텔에서

제2회 수학여행 중국–소주, 삼성 반도체 –2006년

다음해 2번째부터는 〈삼성전자도 견학하였다〉. 삼성전자의 납품업체도 함께 견학하였으니, 하청 기업도 공장 견학은 불가능하였다.

해외 동포의 자존심을 높이기 위한 작업으로 세계적인 삼성전자의 해외 공장 견학은 〈한국 청소년에게 큰 소득〉이 아닐 수 없다.

현지에 〈박스 생산공장〉〈식당용품 납품 기업〉도 공장 견학은 허가하지 아니하는데, 본인은 이력서를 첨부하여 1개월을 기다려서 견학 허락을 받았다.

이 견학에서 삼성의 〈전자 오븐 공장〉〈TV 조립 공장〉을 함께 견학하였고, 〈소주 지역(蘇州) 협력 업체〉도 견학하였으며, 삼성 반도체(전자)를 견학한 후에는 다른 기업의 방문 교섭은 쉬웠다. - 2006년 겨울과 여름 -

삼성 반도체(전자) 방정호 사장( )의 극진한 대접을 받았다. 박경애 교장, 주영덕 사장, 신영성 교감 선생, 김영애 선생과 그 외 교사와 재학생 일동도 극진한 대접을 받다.

삼성 반도체(전자)의 견학을 위해서 1개월 동안 편지로 신청하여 방문자 이름, 소속, 목적, 이력서를 밝혔으며, 굉장히 까다로운 절차를 통과 했다.

이러한 철저한 회사방문 검사는 한국의 청와대 방문하는 모습과 동일하였다.

그 지역에서 가장 큰 호텔에서 노래방으로 밤을 보내도록 해주었으니, 미처 기대하지 못한 대접을 받았다.

제3회 수학여행 　중국-천진, LG - 2007년

3학년은 수학 여행을 2박 3일 동안 기차여행으로 [상해]로 갔으며, Uzbekistan 재학생도 동행했다. 처음으로 3층 기차여행이었으니 역시 〈대륙〉이었다.

기차로 〈도문 역〉에서 출발하여 2박 3일을 밤과 낮을 달리면 〈상해 역〉에 도착한다. 침대에서 먹고 잠자며, 학교에서는 금지하는 〈신앙 상담〉으로 시간 가는 줄 모른다.

1년 동안 아니 일생 동안 학교에서 못한 이야기를 못다한 〈조선족〉과 〈고려인〉이 [하나의 민족]임을 새삼스럽게 실감한다.

침대 칸에서 즐거운 여행으로 시간가는 줄 모른다. -2009년 여름 방학에-

3층 침대칸으로 1층은 〈이경문 선생〉과 〈김신정 선생〉이 자리 잡았다.

중국 [상해, 동방 명주]를 방문하며, [삼성]의 진면목을 듣다.

뜻밖에 [삼성]의 방 사장이 [동방명주] 관람하는가?라는 질문에 묵묵부답이 었더니, 그 뜻을 알고서 버스와 45명의 입장권까지 매입해 주셨다.

주영덕 장로(미국, 또 감사 홈 선교 교회), 박경애 교장, 정동근 대표, 김신정 교사와 다른 선생님이 함께 상해 [동방명주]를 구경했다.

〈삼성 반도체/전자〉의 지시로 [삼성]의 〈TV 조립공장〉 〈오븐 공장〉 등 계열 공장을 견학하였다. 여기서 특기할 사항은 하나의 [대학]이다.

*　　　*　　　*

〈2년제 초급대학에 생산 현장에서 사용하는 동일한 생산장비를 제공하여 졸업과 동시에 [삼성]에 취업하게 하다〉

〈이 회사에 축구팀이 있으며, 노래하는 합창팀이 있어서 극장에서 공연한다.

*　　　*　　　*

중국은 17개 국가와 국경으로 연결되었으니, 밤 9시 출발하는 〈연길 행〉 기차는 아직도 멀었다면서, 저녁 식사도 45명을 몽땅 대접해주셨으니, 얼마나 감사한 일인지 모르겠다.

세계에서 영토가 큰 국가는 [러시아] [중국] [미국] [캐나다] [호주]이며, 국토가 넓어서 2박 3일 이상을 기차로 간다.

제4회 수학여행 중국, 옌칭 〈기아 자동차 공장 견학〉 – 2008년

3개 학년(전교생)이 남방에 [수학 여행]을 갔으니, 중국의 남쪽에 옌칭(鹽城)에 〈기아 자동차 공장〉을 견학하였다.

이 학생들이 어느 때에 이러한 단체 여행을 할 수 있을까? 중국 68개 소수 종족 가운데 하나로, 한국이 해외에 공장 있으니, 견학하였다. 이러한 3개 학년이 동시에 한곳으로 가는 [수학 여행]은 쉽게 이루어지지 않으며 추억으로 남을 것이다.

외국으로 한국의 기업 수출은

　〈한국의 국익을 널리 알리며〉
　〈한국인의 자부심을 높이며〉
　〈한국인의 국제적인 감각을 높이는〉 효과를 있게 한다.

임종택 선생(미국/컴퓨터), 윤상 선생(한국/영어), 김용 선생(중국/태권도 사범), 박경애 교장　선생도 동행하였다.

중국 전체 학교는 수학 여행이 없으니, 학창 시절에 추억도 없으며, 학생 시절에 추억은 오로지 [학교] 뿐이며, 기업체 방문도 없다. 한국은 작은 나라이며, 이웃은 [북조선] 뿐인데 중국은 17개 국가가 국경을 마주보며 있으니 중국은 아시아에서는 대국이며, 선진국은 아닐 지라도 결코 등한히 하지 못한다.

그런데 왜 [미국]과 [중국]중에서 미국 편에 있느냐는 첫째는 〈민주 국가〉이며, 두 번째는 〈자본주의〉로 이와 같이 근본이 다르므로 우선 [교육]이 다르며, [사회제도]가 전혀 다르기 때문이다.

[북경 현대 자동차] 대표 이사와 함께 수학 여행(견학 학생)에게 영상 자료 관람하였으며, 마치고 협력 업체도 방문 견학했다.

학생들의 교복은 각 학교에 납품하고 남은 것을 기증했으니, 학교 마크가 각각 달라서 〈마크〉는 떼자고 했으나 학생 모두가 거절하므로, 어떤 학생은 〈현대 고등학교〉〈배재 고등학교〉〈여자고등학교〉 등 여러 학교 그대로였다.

〈북경 현대 자동차〉위치가 있는 곳이 11여 개 구역 중에 〈최하위 지구〉에 속하였으나, 현대 자동차가 신입사원을 선발 때 〈지역 주민을 우선 채용〉하므로 단연 제3위가 되었다. - 2007년 -

중국 북경에 있는 [萬里長城]을 관광하며 그 웅장함에 놀라움을 금치 못하였다. 옛날에 중장비도 없이 이러한 공사를 완성하려면 얼마나 국민의 노동이 심했을까!?

혜초/慧超(704~780년) 스님이 〈왕오천축국〉전은 8세 경에 기록했으며 여행기록문으로 가장 거대한 불상이 Afghanistan에서 지금 이 나라의 [버미안/Bamiyan]에 있다.

[왕오천축국]은 지금의 Bamiyan과 왕복하는 긴 여정을 기록하였다.

Uzbekistan 고려인 유학생

중국, 길림성 도문시

중국, 길림성[도문시 인터 직업 양성 학교]

2008년 ~ 2010년

Uzbekistan 고려인 청소년 유학 배경

- 중국 조선족은 250만 명이다.
- 중앙 아시아 고려인 55만 명(16개 국가) 중에 청소년은 30만 명이다.

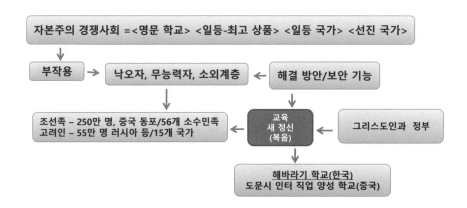

중앙 아시아에 고려인 청소년이 약 30만 명이 살고 있으며, 이들은 자본주의와 사회주의 경쟁사회에서 살고 있다. 자본주의 경쟁사회는 사회적 산물로 〈명문학교〉〈일등상품〉〈선진국가〉를 향한 의지는 강할 수밖에 없었으니 경쟁에서 낙오자는 소외계층이나 무능력자로 전락하는데 어쩔 수 없는 일이 아닐 수 없다.

여기에 새 교육 정신(새 정신/복음)으로 조선족 학교나 고려인 학교가 필요하다. 고려인 청소년을 위한 학교로 〈도문시 인터 직업 양성 학교〉가 설립되었다. 즉 〈중국, 길림성 도문시 공산당 위원회〉가 이 도표 설명으로 고려인 유학생을 거부하던 태도를 변경하여 **〈조선족 학교 유학을 허가〉**하였으니 한국은 [해바라기 학교]이며, 중국은 [도문시 인터 직업 양성 학교] 입학이다. - 2008년 -

[교육 새 정신/복음]으로 어려운 문제를 해결할 수 있으니, [도문시 인터 직업 양성 학교]가 답이며 해결점이다.

[조선족 자치주]를 설립한 이유와 조선족의 특유한 정신은 아래와 같다.

1. 조선족의 민족 동질성을 바탕으로
2. 풍습, 의상, 음식, 관/혼/상/제, 언어는 쉽게 바꿀 수 없으며
3. 경로 사상(敬老思想)도 바꿀 수 없으며
4. 항일 운동 정신은 어제와 오늘에 이루어진 것이 아니며
5. 한국 역사 중에 무엇으로 〈항일〉 〈한국 전쟁〉을 이야기하며

민족 특유한 사상을 일관성 있게 주창하려면 [조선족 자치주] 허가로 모든 정치, 경제, 교육, 철학 등에 해답을 찾게 될 것이다. 따라서 한국 고유의 정치, 문화, 교육, 철학은 자주 독립을 배제하고는 설명은 아니 되므로, 자주 독립을 주창할 수 있는 [자치주]에 속하였다.

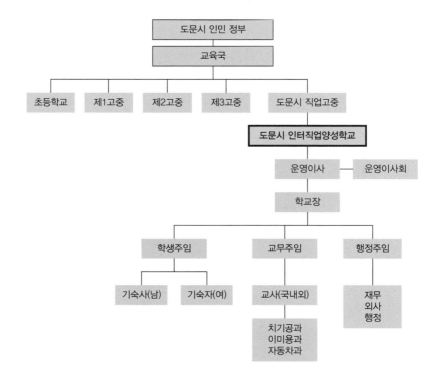

중국 정부(길림성)에, Uzbekistan인 외국인 입국을 신청하였으나, 허가를 아니하므로 도문시 시장에게 설명 자료를 작성했다. 99번째 설명과 함께 이 조직도 표도 사용하였다.

Uzbekistan, 1차 고려인 청소년 유학생 – 2008년 –

Uzbekistan 청소년 학생이 처음으로 중국, 길림성 [도문시 인터 직업 양성 학교] 유학하게 되었으니, 그 연유는 아래와 같다.

[평화 교회]는 Uzbekistan, 치르 칙시에 1980(?)에 개척하여 설립되었다. 당시는 한성정(한 임마뉴엘) 목사가 독신으로 자기 아파트에서 [평화 교회]를 시작하였으니, 처음에는 교회 이름도 없었다.

〈김 스텐리 스라브=슬라바〉 목사님은 현재(2016년?) [평화 교회] 담임 목사이다.

김 목사는 국가 국영 기업의 사장으로 30대에 대표로 재직하였다. 그를 한 목사가 찾아가서 〈당신은 목사를 하시요〉라고 말했더니, 〈김 슬라바〉 목사는 그 말을 듣고는 놀라서 〈의자에서 넘어졌다〉고 한다.

결국은 〈김 슬라바〉 목사는 정부 회사에 사표를 냈더니, 아무 것도 모르고 재판도 없이 감옥 생활 약 3년을 살고 교도소를 출소했다. 나는 〈아파트 교

회〉도 가 보았으며, 〈국영기업 회사 대표〉로 있을 때도 방문했으며, 〈평화/칠칙교회도 방문〉했으니, 이 과정은 1980년~2005년(?) 사이에 발생했던 일이므로, 길고 긴 시간을 오고가면서 [평화 교회]는 많은 사연이 있었다.

지금(2021년)은 정식으로 허가 받아서 [평화 교회]를 운영한다. 2023년 봄에는 이 [평화 교회]를 가보고 싶다. 이러한 연유로 해서, 해외 유학생도 있으며, 내가 〈중국, 길림성 〈도문시 인터 직업 양성 학교〉 이사장(2004년~으로 있을 때, [유학생]을 초청했으며, 한국에 유학 초청도 하였다.

[제1차 고려인 청소년 유학생]은[강 사싸]] [무랏] [좌 안드레이] [최 데니스] [조 스타시] [최 스라와] [아르뚜르] [함 싸사] [홍 까자-여] [최 율리야-여] 10명이었으며, 모두가 1800년대에 Uzbekistan에 입국한 〈한국인 5세대~6세대〉에 해당한다.

역사적으로 본다면 최초의 이민은 1863년~1904년 독립국가 연합(러시아) 시절에 이루어졌으며, 중국은 1863년에, 일본은 1910년에, 미국은 1903년에, 캐나다는 1967년에 우리나라 [이민]이 최초로 이루어졌으니 약 30년 지나면 (2020년), 우리의 [이민 역사]도 200년이 된다.

이와 같이 [이민]은 세계화의 한 방안으로 단체로 〈이주(移住)하는 기회〉가 마련되어서 합법적으로 정착하는 기회를 되었음을 말한다.

Uzbekistan 학생, 1기 유학생 − 2008년 −

〈외국인 100명 이상이 한 도시에 거주하면, 외국인을 위한 교회를 설립할 수 있다〉는 소수 민족 종교법을 모르고 외국인은 〈한국인과 Uzbekistan인으로 [교회 개척]을 할 수 없는 줄로 알고 있었다〉

따라서 〈도문시 인터 직업 양성 학교 유학생〉으로

　　〈1차 Uzbekistan 유학생 − 10명〉
　　〈2차 Uzbekistan 유학생 − 11명〉
　　〈외국인 교사 − 12명〉

을 합산하면 33명으로서 그들 가족을 합하면 일단은 50명은 가능했다.

최초로 교회 설립을 위해서 나머지 약 50명은 어디에서 채우는 가를 고심하던 중, 이웃에 [학교]가 있어서 50명 충원을 제안하였다. 그러나 그 [학교]가 모든 〈예배 인도〉와 주관을 본인들이 하는 것으로 주장하므로 성사되지 못하였다.

다시 〈소수 민족 국(종교국)을 만나서 모자란 50명은 어찌할 도리가 없다〉고 했더니, 지역 [종교 국]에서는 〈도문시 외곽에 장소를 임차할 터이니, 교회 간판은 붙일 수 없으며, 1년간 임차료는 1회로 납부〉하기로 하였다.

그리하여 담임으로 최재호 목사를 [학교]에 초청하였으며, 떳떳하게 〈외국인 교회〉를 개척 설립할 수 있었으니 천만다행이었다.

〈최재호 목사〉는 1번이며, 유학생과 함께 모였다

Uzbekistan의 2차 고려인 청소년 유학생 – 2009년 –

제2차 Uzbekistan 고려인 유학생 11명과 외국적 유학생은 모두가 21명으로 [도문시 인터 직업 양성 학교]는 외국적 유학생의 [교회] 설립이 가능하였으나, 이때까지 미처 알지 못했다.

중학교-고등학교를 30년 봉직한 문양진 선생도 동행하였으니, 문양진 선생님 의견과 경험에서 얻은 많은 자문은 큰 도움이 되었다. 자녀의 말을 믿고

〈체벌은 다른 학생과 공평하게 해야 할 것 아니냐〉
〈왜 우리 아이만 잘못했느냐〉 따지려 학부형이 직접 왔다는 것이다.

이러한 〈잘못된 가정 교육관은 다음세대까지 계속되었으니,

UZB. 고려인 청소년, 2차 유학생 신청자 설명회 모임
2009년 5월 UZB./Tashikent 에서

2009년에 [한민족]은 다른 국가로 진출하기를 희망하였으나, 그런 기회가 없었던 차에 마침 좋은 [중국 유학 기회]라고 생각되었으며, 열심히 듣고 이 기회를 이용하는 분위기였다.

사회주의 국가에서는 대학교 진학은 방법을 알 수 없으니, 이들은 오직 [직업 기술 교육]만이 선택할 수 있는 길이다.

[학생들]은 지금은 직업 기술 준비 과정으로 〈한국어〉〈영어〉〈컴퓨터〉〈중국어〉만을 필수과목으로 공부하며, 전공 과목은 한국의 [전주비전대학]에서 결정할 것이다.

〈Uzb. 고등학교 졸업과 동시에 중국학교에 입학 신청〉 → 〈중국, 도문시 인터 직업 양성 학교 재학생〉 → 〈졸업 후 2년〉 → 〈중국, 직업 학교 졸업과 동시에 [전주비전대학] 입학 → 〈한국, 취업으로 직장생활〉 또는 〈4년제 대학 입학〉한다.

이와 같은 과정을 설명하면서 한국 생활을 안내하며 소개하였더니, 한국 유학 생활만을 꿈꾸며, 중국 [도문시 인터 직업양성 학교]에 관심이 없어 보였다.

Uzbekistan 한국인 입학/면접 설명회로 학부형과 입학생이 기다리는 중이다. 2차는 17명이 신청했고 학생과 학부모 모두가 참석했다.

제2차 Uzbekistan 고려인 유학생 수업과 고심

Uzbekistan 국가에 대대로 살고 있는 5세대, 6세대 고려인은 중국, [도문시 인터 직업 양성 학교]에서 〈중국어〉 〈영어〉 〈한국어〉 〈컴퓨터〉를 2년간 공부하면서, 장래는 한국에 유학갈 예정이다. Uzbekistan 1차 유학생은 중국으로 유학하지만, 2차 유학생도 2009년에 한국이 목표이다.

[전주비전대학]을 목표로 열심히 공부하면, 장래에는 취업에 성공한다. Uzb. 고등학교를 졸업했으므로, 한국 학제에 맞추어 준비한다. 전주비전대학의 전체 26개 전공 과목(주-야간) 중에서 선택하여 일생에 삶의 목적으로 삼는다.

〈학생〉들은 사회주의 국가 제도 안에서 살았으므로 〈학교 제도〉와 〈사회 제도〉에 대한 개념을 새로이 설계해야 한다. Uzbekistan 학생들은 〈사회주의 중국〉과 〈자본주의 한국〉의 교육 제도에서 혼란스러울 것이지만, 학업에 열중하면, 금방 익숙해질 것이다.

〈러시아〉〈공산권〉교육 제도에 속하는 [재학생]은 고심하며 공부를 계속할 것이냐, 포기하여 Uzbekistan으로 돌아갈 것이냐.

◇◇◇◇◇◇◇◇◇◇◇◇◇◇◇◇◇◇◇◇◇

청소년일 때, 더욱이 고향이 아닌 곳에서 진로에 고심이며, 공부에 대한 부담이며, 젊음에 대한 주체할 만큼의 여유가 없다. 따라서 [학생]들은 〈대학 진학〉을 포기하며 고향으로 돌아가는 사례가 있다.

특히 몇 명 안 되는 〈여자 학생〉에게 많으니, 앞으로 〈여자 학생〉을 선발할 것인가, 아니할 것인가를 김 스라바 목사와 상의할 일이다. 더욱이 2차 고려인 유학생은 여자 학생이 과반 수가 넘으니 심사숙고(深思熟考) 할 일이다.

◇◇◇◇◇◇◇◇◇◇◇◇◇◇◇◇◇◇◇◇◇

Uzbekistan의 [일대일 제자 양육 성경공부]라는 교재를 가지고 있으며, 가르치는 김 스라바 목사와 함께 있다.

붉은 책의 표지는 〈한 사람이 한 사람을 대상으로 공부하며, 목적은 제자를 만들기 위해서이며, 성경은 하나님을 아는 수단으로 공부한다〉 이 책은 [교회]에서 번역하여 출판한다.

이 책을 만드는 목적은 문자를 이해하는 사람에게 처음으로 [믿음]을 소유하려는 자에게 〈그리스도인이란 누구인가〉를 소개하는 책이다. 성경 공부를 경험하며, [성경]을 교재로 사용하면 편리하다. - 2008년~2009년 -

또한 추천은 [훈련으로 되는 자] : 월터 헨릭슨 저, [작은 목자 훈련] : 변제창 저. 두 권을 추천한다.

Uzbekistan 고려인 후손들이 한국으로 유학왔으니, [전주비전대학]에 1학년에 입학하였다. 공항에서 전북 [전주시 행] 버스 앞에 있다. 이들은 2년 동안 중국, 길림성 도문시 [도문시 인터 직업 양성 학교]에서 공부하여 [컴퓨터] [영어] [한국어] [중국어]를 공부했다.

왼쪽부터 7명은

1. 〈강 사싸〉 학생   5. 〈무랏〉 학생
2. 〈아루뚜루〉학생   6. 〈최데니스〉 학생
3. 〈최 스라와〉학생   7. 〈함싸사〉 학생
4. 〈조 스타시〉 학생   -2000년에 김포 공항에 도착했다-

또한 2년간 수업하였으며, [컴퓨터과]에 입학하였다. 이들은 앞으로 2년 공부하여 〈준 학사 학위〉을 취득하여 쉽게 취업이 가능하다. 〈컴퓨터 전공〉은 비교적 한국어를 적게 사용하며, 컴퓨터과는 어디에서나 이용 가능하기 때문이다.

이 [학생들]은 Uzbekistan에서 이미 고등학교를 졸업했으며 〈한국어〉〈러시아어〉〈우즈벡어〉 등이 가능한 실력파이다.

Uzbekistan 고려인 1차 유학생 인천 공항도착

UZB. 유학생 7명은 고려인 4세대로 UZB.에서 출생하였으며, 초-중-고등학교를 졸업하고, 중국에서 〈한국어, 영어, 컴퓨터, 중국어〉를 2년 공부한 후, 전주비전대학에서 2년을 유학으로 [준 학사 학위]로 졸업하였다. 미국, [하나 장학 재단] 이충선 회장님과 삼성 장학재단으로 7명이 졸업하다.

   졸업생 - 〈강사싸〉학생, 〈무랏〉학생, 〈좌 안드레이〉학생, 〈최 데니스〉학생,
        〈조 스타시〉학생, 〈최 스라와〉학생, 〈아루뚜루〉 학생
        - 이상 순서 없으니, 7명이다 -
오른쪽부터
이희영 교수(컴퓨터), 박태원 교수(자동차), 차준한 상임 이사(법인), 홍순직 총장, 오성연 협력 부총장, 강영숙 교사(한국어/도문시 인터 직업 양성 학교), 김신아 교사(한국어/도문시 인터 직업 양성 학교)

현장에서 얻은 교훈

1 사회주의 국가(중국)에서 〈기능교육〉은 가능하다

지역 봉사자는 철저히 〈법을 준수하며〉, 외국인 교사는 〈준법을 서약한다〉

2 인간의 공통 가치 즉 〈자녀 교육〉〈효도〉를 중요시 하는 학사활동은 가능하다

교사 학생 지도는 학생에게 〈질서〉〈청결〉〈친절〉은 비정치적이며, 비종교적이며, 비 이념적이다.

교장 운영 지침은 〈복음적인 학교〉이며, 〈공동체로 이웃 학교에 증명〉한다.

중국의 [도문시 소재 23개 초, 중, 고등학교]의 모법 학교로 운영된다.

3 교육과 견학, 교육과 사랑

〈생활 중심 교육〉은 가을 체육회, 양로원 봉사로 한다.

〈협동 교육〉〈인성 교육〉은 수학여행, 난타공연, 두만강 청소, 학교 청소로 한다.

필리핀, 민다나오섬

Cagayan De Oro Hope School

2003년 ~ 2011년

1. 임남수 선교사는 〈무슬림들이 어떻게 개종하면 되는 것인가?〉 책을 쓰는 작업이었다.
2. 지역 사립 초등학교 6년, 사립 중학교-고등학교를 4년만에 졸업한다.
3. 공동체 생활은 미국 [또 감사 홈 선교 교회] 후원으로 시작하였다.
4. 기숙사 공동체 생활과 학교는 〈영적 생활〉로 시작하였다.
5. 중학교-고등학교에 생활비는 〈아파트/기숙사 임차비〉 〈입학금〉 〈학비와 식비〉 유학 경비는 미국, 〈또 감사 홈 선교 교회〉가 부담하였다.

미국 [또 감사 홈 선교 교회]의 후원금 산출 내역

- 〈Immanuel Mission School 입학금〉 = 〈APT. Rent비 선납〉으로 IMS 학교 건축비를 충당했다.
- US $17,000/1년 × 4년 = US$68,000이다.
- 임시 기숙사/APT. Rent비 = 〈4 unite/세대당 × $350 × 20개월〉 = US$28,000
- 기숙사 건축비(?) = 〈$200,000 + 대지(?) $2,000〉 = US$220,000
- 총 후원금 합계 = $68,000 + $28,000 + $220,000〉 = US$316,000(4년 + 13명 + 입학금 + 수업료)

미국, [또 감사 홈 선교 교회]는 US$316,000을 Immanuel Mission School 서은철 선교사에게 건축비를 선납하므로 Cagayan De Oro Hope School은 설립되었다.

필리핀, Mindanao 섬에
2명의 선교사가 정착하다

오성연 장로 부부는 한동대학교 정년 퇴직 후, 2004년 4월에 [학교 설립과 운영에 대한 의견]을 조사하기 위해 1차로 〈필리핀〉을 방문하다.

〈필리핀〉〈싱가폴〉〈캄보디아〉〈베트남〉〈태국〉〈중국〉〈파키스탄〉〈인도네시아〉〈방글라데시〉〈알바니아〉〈코소보〉11개 국가 중에서 처음으로 방문한 국가가 필리핀이고 민다나오 섬은 첫 번째 방문지역이다.

서은철 선교사는 도시 중심으로 선교 활동했으며, 임남수 선교사는 〈침례〉교단으로 산골에서 선교 활동을 시작하였다. 서은철 선교사와 L선교사는 같은 국가에서 평생을 친구로 살아가며 서로 돕고 살아가는 모습을 보았다.

서은철 선교사 아들이〈한동국제학교〉재학생으로 조사하였으며, 2004. 4,에 이어서, 〈2차로 2005. 3. Pota On Academy 졸업식〉에 참석하였다.

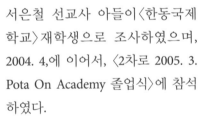

L 선교사   J 선교사   서은철 선교사

여기에 쓴 글은 2차 방문을 중심으로 기록했으며, 서은철 선교사께 〈이곳에 특별한 선교 활동하는 선교사님을 소개하여 주십시오〉 요청하여 소개 받은 〈산골 지역 선교 사역자〉였다.

이때 소개한 L선교사, J선교사 부부가 [학교] 선교 사역을 소개하였으며, [마을과 학교]는 〈Pota On 마을〉과 〈Pota On Academy〉였다 -2004년-

임남수 선교사와 정희기 선교사가 학교를 설립하여 운영하는 Pota On Academy가 있는 마을이며, 부부가 일생을 두고 헌신할 수 있는 곳을 〈Pota On 마을〉로 삼았다. 〈어떻게 해서 개종하게 되는가〉를 연구하며 적용해보는 과정을 [한 권의 책]으로 남기는 목적으로 삼았으니 참으로 아름다우며 본 받을 만 하다.

보통은 [현지 사정에 따라서 목적과 방법을 정하기 마련인데, 선교지를 선택할 때부터 목적과 방법에 합당한 지역(마을)을 선택]하는 경우로 Pota On 마을이 기독교 마을로 바뀌는 과정을 책 한 권으로 쓰기 위해 선택한 마을이다. - 2005년 5월 -

[Mindanao 섬]은 필리핀에서 2번째로 큰 섬으로, 비행장 있는 도시 Gagayan De Oro 시를 출발해서 비포장 도로를 자동차로 4시간을 가면 [Pota On 마을]이 나오는 데, 이 곳이 Pota On Academy가 있는 마을이다.

[Pota On 마을] 소개

마을 이름: POTA ON

포타온 마을은 필리핀, 〈민다나오〉 섬의 중앙에 있는 매우 작은 〈마라 나오〉 무슬림 부족 마을이다. Pota On 마을이 위치해 있는 지역부터는 〈민다나오, 마라나오〉 무슬림 자치구가 시작된다. 이 마을의 인구수는 약 1천명 가량되고 교육 기관으로는 유치원과 초등학교 과정의 1개의 학교가 있다.

마을 주민들의 주요 생계수단은 농사로서 고구마, 감자, 옥수수, 사탕수수로서 가난하고 무지한 마을이다. 주민들의 종교는 이슬람으로서 이슬람의 모든 형식을 취하나 이슬람에 대해서 무지한 편이고 무작정 전통과 자신들의 관습을 지키고자 하는 마을이다. 마을에는 1개의 모스크가 있어 하루 5번의 기도의 부름이 있으나 이것을 제대로 지키는 사람은 거의 없다.

학교 설립 년도 : 1997년

학교설립 때 주위 환경

[Pota On 마을]은 산속의 소외된 무슬림 마을로 주민들은 교육을 받지 못했고 어린 아이들도 학교가 없었기에 마을에서 신발없이 흙을 가지고 노는 것이 그들의 일과였다. 그러나 이들의 지도자 술탄은 후대들의 교육에 대해 매우 걱정을 하고 있었고, 자기의 후대들은 교육을 시키고자 하는 마음을 가지고 있었다. 그러나 지방정부에서는 이 마을에 학교를 세우고자 하는 생각을 하지 못하고 있었다.

주민들은 이슬람 신앙 때문인지 타 지역 사람들과 교류가 없었고 늘 가난에 찌들어 사는 삶이었다. 그러나 이들은 신앙적인 면에서 모든 형식과 이슬람의 절기를 지키고 있었고 이슬람의 율법을 지키고자 노력하는 마을이었다.

마을의 주택은 모두 목조 건물이었고 이들의 의복은 동 · 남아 무슬림들

복장과 매우 비슷한 복장을 갖추고 있었다. 일반적으로 이 당시 무슬림들에 관하여 일반 사람들의 생각은 매우 부정적이어서 이들은 테러리스트, 마약 판매자, 부정부패의 소굴 등과 같은 인식이 팽배했었다. 따라서 이들은 자기들끼리 힘을 모으고, 통혼하고 자치구 지방 정부 형태를 가지고 있었다.

◇◇◇◇◇◇◇◇◇◇◇◇◇◇◇◇◇◇◇◇◇◇◇◇◇◇◇◇

이들은 하루 2끼를 먹고 있었고, 양식이 충분치 않고 채소를 가꿀 줄을 몰라 반찬도 매우 제한적으로 만들어 먹었다. 마른 생선(불랏)과 채소가 이들의 주식이었다. 이들의 반찬은 때때로 소금이나 간장일 때도 많았다. 그러나 금식월 [라마단]에는 금식을 하고 어린 아이들까지 금식에 참여하는 아이들이 많았다.

전체 학생 수 : 337명
   1) 유치원 학생 수 : 25명
   2) 초등학생 수 : 약 222명
   3) 중 · 등 학생 수 : 약 80여명
   4) 대학생 수 : 12명

2009년 현재는 위와 같이 [Pota On 마을] 설명 나온다.

2009년 이후에 Pota On 마을을 검색하면 위와 같이 [Pota On Academy]가 나오며 이 [학교]가 이 〈마을을 어떻게 개발했는지〉를 소개한다.

이러한 변화는 인간의 사랑으로 이루어진 열매이며 결과이다. 또한 이러한 〈변화와 발전〉은 개신교 선교사 부부의 헌신으로 이루어 졌으며, 이는 초기부터 [Pota On 마을 개발 목적]이었다고 믿어야 한다.

우리는 어떠한 사업에 [목적]을 명확히 정하고 출발하면, 〈달려 가는 길〉도 빠르며, 〈고난이 닥쳐도 다시 일어서는 회복하는 길〉도 빠르다. 여기서 배울 점이다.

필리핀, 민다나오 섬 [Pota On 마을]에는 2개 공공 단체가 있으니, 이슬람 회당으로 〈Pota On Mosque〉가 있으며, 또 하나는 사립 교육 단체로 〈Pota On Academy 초등학교〉가 있다.

〈이슬람 모스크〉는 90% 이상이 동네마다 존재하며, 어린이부터 어른에 이르기까지 예배에 참석 한다. 이슬람 신앙이 신실한 신앙이 아닐 지라도 모스크 숫자와 형식으로는 개신교가 따르지 못한다. 이유는 동네마다 〈이슬람 모스크〉가 있으니 숫자로 이길 수가 없으며, 개종(改宗)하면 복수한다는 사실이다.

이곳 Pota On 마을에 [Pota on Academy]가 설립된 연유를 소개한다.

어느 비 오는 날, 해질 무렵에 Pota On 마을 앞을 자동차로 지나다가 임남수 선교사의 자동차가 수렁에 빠져서 힘썼으나, 안되어 자동차를 꺼내어 줄 것을 마을에 부탁했다. 그 다음 날에 [감사 인사]로 다시 방문했으니 이것이 인연이 되었다.

다시 만난 분이 자동차가 수렁에 빠졌을 때, 꺼내는데 앞장 섰던 분이 [빰삥 까사바사란] 술탄으로 이 동네 이슬람 지도자였다. 이로서 술탄과 임남수 선교사는 이 마을에 [학교]가 없는 사실을 알았으며, 초등학교 설립에 동의하였다.

임남수 선교사는 이 때가 학교를 설립하려고 지역을 찾던 중이었다. -2003년-

[Pota On Academy-초등학교] 설립된 연유를 설명하며, [Pota On 마을] 공공 단체가 2개 있으니 하나는 〈이슬람 회당〉이다. 또 하나는 〈Pota On Academy〉 [학교]가 있다. -2003년-
좀 더 자세히 설명하자면, 아래와 같다.

이 학교가 설립되게 된 계기는 임남수 선교사는 민다나오의 어느 무슬림 도시에서 사역을 하다가 견디지 못하고 후퇴하여 다음 사역지를 찾고 있던 중, Pota On 마을에서 좀 떨어진 소도시의 신학교에서 매주 강의를 하고 있었다. 그러던 중 지름길을 알게 되어 [Pota On 마을]을 통과하게 되었다. 이때 차량이 진흙 웅덩이에 빠져 마을 주민들의 도움을 받게 되어, 인연이 되었다.

임남수 선교사는 그 다음 주에 다시 이 마을을 통과하면서 주민들에게 감사의 뜻을 전하면서 〈당신들이 어려움에 빠졌던 우리들 도와 주었으니 나도 할 수 있으면 당신들을 돕기를 원한다〉 말했을 때 마을의 지도자인 술탄은 〈당신이 정말 돕기를 원한다면 우리 아이들을 교육시켜달라 그리고 우리는 가난하여 아파도 병원에 갈 수 없으니 약품을 지원해달라〉라고 요청하였다.

이렇게 하여 구체적으로 학교설립에 대하여 의논하기 시작하였다. 임남수 선교사는 학교건축 부지가 필요하였고 여러 가지 토의 중에 결국 술탄 [빰삥 카사바사란]이 자기가 땅을 기부하겠다고 하여 일이 진행되기 시작하였다.

[Pota On 마을]의 이웃 마을에서 그리스도인들이 자원 봉사로 왔다. Pota On Academy는 이렇게 해서 건물이 건축되었다. - 1997년 -

〈건축 봉사〉라는 이런 풍습은 어느 때부터인지 알 수 없으나 〈아주 아름답고 훌륭한 사례〉라고 보며, 그 유례를 찾아 보기로 한다. 무슬림 마을의 선교를 위해서 임남수 선교사가 강의하던 교회와 신학교는 성도들이 자원하여 자원 봉사로 학교 건축을 위해 수고하였다. 이들은 초창기 학교 건물의 지붕과 골조를 만들었으며, 나머지는 Pota On 마을 학부모들이 완성하였다.

임남수 선교사는 [학교의 주인은 마을 사람]이라는 것을 항상 주지시켜, 모든 일은 마을 주민들이 자원할 것을 강조하였으며, 지금까지 학부모들이 학교의 여러 가지 일들을 모두 담당하고 있다.

〈학교 건물〉로 세워질 대지는 〈빰뻥 까사바사란〉 술탄의 개인 소유 토지를 학교에 기증하였다.

세명의 선생님이 앞장 서서 간식을 주어, Pota On Academy에서는 〈사회 교육 봉사를 학교〉에서 만이 어린이들이 세상을 배우는 실습장 역할을 한다.

Pota On Academy도 술탄 [빰뼁 까사바사란]이 개인 소유 대지를 기증하므로 학교가 설립되었다. 이러한 산골에도 교육의 중요성을 깨닫고 사회에 기부하는 〈술탄〉이 있었다.

술탄 [빰뼁 까사바사란]씨는 진정한 마을 지도자이며, 선각자이므로 이분을 기념하는 공덕비(公德碑)를 세워 줄 필요가 있다.

한국의 옛날에는 아름답고 마을에 공공사업을 보아서 미담을 후대에 소개하며, 동네 공헌 부활을 제안한다.

[Pota On 마을]은 80세대가 거주하며, 동네의 어린이들이다. 술탄 〈빰뻥 까 사바사란〉은 진정한 마을 지도자이며 어른으로 존경 받을 자격이 있다.

이슬람 문화가 발전하도록 함께 협력할 필요가 있으니, 즉 마을 지도자를 〈존경하는 방법〉을 알려 줄 필요가 있다.

〈진정한 교제-교류는 곤경에 빠졌을 때 필요한 것을 공급하는 것이다〉

[Pota On 마을]에 학교를 세우기로 결정하기 전에 근처 이웃에 있는 조금 더 큰 마을에 학교를 세우고자 하였다.

그러나 그곳에는 학교를 세우고자 하는 열정이 없어 보여 [Pota On 마을]에 설립하게 된 것이다. [Pota On 마을]에는 3개의 마을에서 어린이들이 와서 공부한다.

이 마을은 가난해서 어린이부터 어른까지 점심이 없으니, [가난]에 대한 연구가 필요하다. 가난의 이유로는

1. 제도적으로 〈가난〉이 있으며, 부자는 용납 안되는 사회를 말한다.(북한, 조선 사회)
2. 성격적인 〈가난〉이 있으며, 성격적-천성적으로 게으른 사람을 말한다.
3. 재난으로 가난이 있으며, 병이 들었거나, 전쟁이 났거나, 예기치 못한 일이 닥치는 경우를 말한다.

위에 3가지 중에 속하지 않는 [가난]이 있으며, 그러면 이 [가난]은 어디에 속하는 것인가. 대대로 [가난]이 있으니, 가난을 벗어나는 유일한 길은 예수님을 믿고 [예수 제자]되는 길이다.

1세대가 그리스도인이 될 수 없는 때에는, 2세대까지 기다리는 방법이 가장 안전한 길이다. 바로 이 길이 1, 2, 3에 속하지 않는 [가난]인 듯 하다.

점심을 못 먹는 가난은 이렇게 〈대용식이 있던지〉 〈배고픔을 모르던지〉 하는 수밖에 없으니 사람으로는 이해가 불가능하다.

평상시에 〈어차피 점심은 없으니 집에 갈 필요는 없다〉며, 점심 대신에 옥수수대의 단물을 빨아 점심이다.

Ms. 머나 교사와 ○○○○ 교사

[Pota On Academy] 여자 교사 숙소이며, 〈새로운 건물〉과 이미 있었던 건물로 구별된다

술탄 〈빰삥 까사바사란〉의 딸이며, 새로 건축한 학교 건물이다

2003년 〈Pota On 마을〉 처음 방문 때 동네 어른들과 함께 촬영했다

이슬람 신앙인도 같은 사람으로서 〈예절에 밝은 사람〉〈병든 사람〉〈나이든 어른〉〈관, 혼, 상, 제〉가 있으니, 이슬람도 사람이란 사실을 서로 인정하며, 임남수 선교사가 가정 방문까지는 4년이 걸렸다.

절대로 허락 없이는 학생들의 신상에 관한 수집은 아니했으며, 즉 가정 방문도 술탄의 허락으로 방문하였으니, 학교 운영에 관해서 요구는 아니했을지라도 학교에 관해서 자진해서 즐겁게 알려주었으니, 서로에게 신뢰가 쌓였다.

특히 Pota On 마을에 약 80가구가 주민인데 초등학교가 없으므로 학교가 필요하여, 학교 설립을 건의 하였더니, 즉시 술탄의 허락으로 [학교]를 건립하기로 했다. 학교 건축할 대지도 술탄 [빰뼁 까사바사란]씨의 개인 토지를 기증하였다.

특히 [Pota On 마을]에는 어린이가 공부하도록 교육에 헌신적으로 자기 소유를 기부하는 독지가가 있으니 Pota On 마을에 바로 [빰뼁 까사바사란] 이러한 분이었다.

아픈 사람이나 환자 있는 가정(집)을 방문하는 모습으로, 가정 방문은 술탄 [빰뼁 까사바사란]이 허락 할 때까지 4년을 기다려서 각 가정을 방문했다.

임남수 선교사는 마을 주치 의사(?)로 1주에 1회를 가정 방문하며, 가방 안에는 모든 상비약(?)이 있으니, 마을주민이면 〈아픈 사람은 선교사님께 말해야 한다〉로 통한다. 주민이나 술탄은 스스럼 없이 임남수 선교사와 소통하며, 기독교 선교사로 모든 주민이 잘 알고 있다.

임남수 선교사는

〈서둘지 않으며〉
〈주민 중에 한 사람도 관계가 나쁜 자가 없는 것〉

이며, 전체 주민에게 [사랑] 받으며 인정과 신뢰 받은 선교사가 될 수 있었을까.

이 마을의 주민의 신뢰를 얻기 위해서 [모든 학교 업무]도 술탄의 허락을 받았으며, 허락 없는 사항은 실행을 아니했다.

Pota On 마을 전경과 가정 방문하는 임남수 선교사이며, 머리 위에 [가방]은 약이 들어 있다

필리핀, 〈Mindanao 섬〉의 Pota On 마을 지도자이다

무슬림 지도자 술탄 [빰뼁 까사바사란]은 Pota On 마을에서 지도자이며 실력자이다.

임남수 선교사, J 선교사 부부와 〈빰뼁 까사바사란〉은 형제 같은 사이로 친밀하며, 〈Pota On Academy〉가 설립되는 과정에 적극적으로 협력하였다.

필리핀에 오래 살면서도 Mindanao섬은 한 번도 방문하지 않는 위험 지역이라고 생각한다. 임남수 선교사는 아무리 사소한 일이라도 Pota On 마을에 관한 일이라면 [빰뼁 까사바사란]에게 협의하므로 서로 믿고 의지하며 지냈다.

[학교 건축]은 이웃 그리스도인 마을에서 목재만 준비해 주면 자기들이 건축해 주는 그야말로 〈합력하여 선을 이룬 사례이다〉

헬렌 켈러도 〈홀로 할 수 있는 일은 적지만, 우리가 같이 할 때 많은 것을 할 수 있다〉

에티오피아 격언에 〈거미줄이 힘을 모으면 사자를 묶을 수 있다〉

〈우리는 나보다 똑똑하다〉는 말이 있듯이 [협동]하면 훨씬 많은 지혜가 나온다.

대부분 학교가 지식과 기술이란 공동 목표를 사용하면서도 〈경쟁 속에서 각자가 성적표만 잘 받기 위한 교육을 한다〉

▲ 술탄 〈빰뼁 까사바사란〉 ● 임남수 선교사

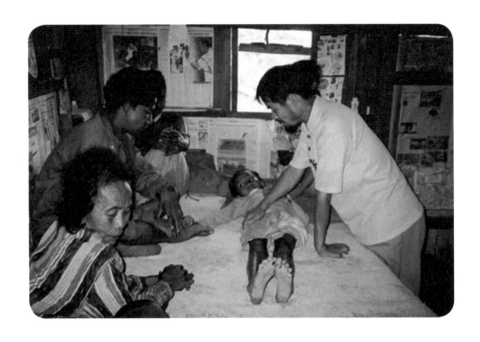

술탄 [빰삥 까사바사란] 허락을 4년을 기다려서 가정 방문하고, 1주일에 한 번 Pota On Academy를 협력하면서 〈학교 업무 외는 관심이 없는〉이었다.

침대에 누워 있는 어린이가 자동차에서 떨어지는 교통 사고였는데, 너무 오래 누워만 있어서, 병원에서 X-RAY 촬영으로 뼈가-골절한(부러진) 것을 알게 되므로 석고(기부스) 해서 완치되었다.

임남수 선교사가 안수 기도할 때에 할머니는 외면하며 〈알라〉에 충성하는 모습은 인상적이며, 그러나 아버지는 손을 잡고 간절히 기도하는 모습은 인간적이다. 그 후에 어린이는 완쾌되었으며, 가족은 임남수 선교사의 가정 방문과 진실한 기도 덕분이라고 믿는다.

우리가 살아가는 인간적인 모습과 하나님의 형상 가운데서 방황하는 모습을 역력히 보면서 〈인간의 연약함을 본다〉.

[Pota On 마을]은 80세대가 거주하는 동네이며, 어린이들은 [학교 있는 Pota On 마을]이다

술탄 〈빰뼁 까사바사란〉은 진정한 마을 지도자이며 어른으로 사랑 받을 자격이 있다. 이슬람 문화가 발전하도록 함께 협력할 필요가 있으니, 즉 마을 지도자를 〈존경하는 방법〉을 알려 줄 필요가 있다. 〈진정한 교제-교류는 곤경에 빠졌을 때 필요한 것을 공급하는 것이다〉

[Pota On 마을]에 학교를 세우기로 결정하기 전에 근처 이웃에 있는 조금 더 큰 마을에 학교를 세우고자 하였다. 그러나 그곳에는 학교를 세우고자 하는 열정이 없어 보여 [Pota On 마을]에 설립하게 된 것이다. [Pota On 마을]에는 3개의 마을에서 어린이들이 와서 공부 한다.

가장 먼 곳은 4km 떨어진 곳으로서 왕복 8km을 걸어서 등하교하는 아이들도 많았으니 비가 오는 날이면, 비를 다 맞고 학교를 오간다. 그러나 이러한 환경에서도 마을에 [학교]가 생긴 것을 고맙게 생각하여 학부모와 학생들이 열심으로 학업에 참여하여 뜨거운 열정을 보였다.

Pota On Academy 초등학교 교실 모습이다. 〈아침 식사〉와 〈저녁 식사〉로 하루에 2번으로 식사로 만족하지만, 학생 모두가 건강하며 즐겁기만 하다.

Pota On 초등학교는 매년 한 학년씩 증설하여 7년째에 1학년부터 6학년까지 전체 학년을 갖춘 학교가 되었다.

처음에 교실 2개로 시작하여 매 2년마다 교실 2개 씩을 증설해서 학교가 확장되었고, 학교가 증축에 따라 마을의 모습도 조금씩 바뀌기 시작하였다. 학생들의 모습도 점차 청결해지고 마을의 위생시설도 점차 나아지기 시작하였다.

[학교]의 모든 일들은 마을 사람들이 힘을 모아서, 회의를 거쳐 실시하였고 모두들 적극적으로 학교 일에 참여하게 되었다. 마을의 어린이들이 점점 아름답게 성장하게 되자 학부모들은 전적으로 임남수 선교사 부부를 신뢰하고 따르게 되었다.

초창기 교사들은 그리스도인으로 모집했으며, 2명으로 시작하여 계속적으로 1명씩을 늘려가게 되었다. 학생들의 수업료는 최소의 비용을 받았고 그 비용은 학교의 비품을 사는 정도였다.

필리핀 [민다나오 섬], Pota On Academy(초등학교) 학부모회 모임

〈졸업식을 어떻게 할 것인가?〉를 토의하고 결정하는 날이다

1. Pota On Academy는 100% 이슬람식으로 졸업식을 진행할 것인가
2. 설립자가 임남수 선교사/목사로 개신교를 따를 것인가

〈기독교식으로 진행할 것인가〉를 결정하는 날로 위의 2가지 중에서 선택하도록 한다. 토론에 여러 가지로 있었지만 〈Pota On Academy을 설립한 분의 뜻을 따르는 일이 도리라고 본다〉라는 마을 술탄 〈빰삥 까사바사란 ▲〉씨의 제안에 모두가 동의하여 오래 동안 결론을 못 내렸던 졸업식 형식은 더 이상 토론 없이 종지부를 찍게 되었다.

임남수 선교사의 개신교 예배 형식은 [제1회 Pota On Academy 졸업식] 준비를 논의하였으며, 앞으로 모든 의식에 참고하며, 그를 따르게 되었다.

옥우원 사장과 장도원 회장은 Mindanao 섬을 처음 방문하였으며, Pota On Academy 졸업식에 참석하기 위해 비행기로 미국에서 도착했으니, 이보다 더한 오지가 있을까. [나이아가라 폭포] 근처까지 선교사를 만나러 갔으니, 이곳은 남미 지역보다 〈더한 위험한 지역〉이다.

이들은 중남미의 〈나이아가라 폭포〉가 가장 오지라고 여겼으며, 대낮에 사람을 사형 시키는 사례가 빈번하여 오지라고 한다. 이 섬은 경찰권이 미치지 않는 지역이 많아서 경찰서에 여행 신청하면 무상으로 〈외국인이 제한된 지역을 가려면 4명의 무장한 경찰이 호위해 준다〉 따라서 〈민다나오 섬〉은 더 위험한 오지이다.

인류 역사에 〈왜 신앙 지도자는 서로가 화해하지 못하는가〉는 크나큰 숙제이며, [이슬람]과 [기독교]만이라도 서로 [사랑]하면 큰 업적으로 나타날 것인데 말입니다.

- 2005년 3월 29일 필리핀, Gagayan De Oro 공항에서 -

처음으로 방문한 미국, 〈또 감사 홈 선교 교회〉 오른쪽부터 옥우원 사장, 장도원 회장, 임남수 선교사, 정희기 선교사이며, 오성연 장로이다.

Pota On 마을에 방문(2005년 3월 19일)은 Pota On Academy 제1회 졸업식에 귀한 손님으로 초청하였다.

사진은 술탄 [빰삥 까사바사란]님, 현지인 마흐로 싱궐 목사(하나님의 성회), 필리핀 주민으로 서은철 선교사, 임남수 선교사 부부는 모두 현지인이며, 장도원 장로(미국), 옥우원 집사(미국), 오성연 장로(한국)는 졸업식 당일에 미국과 한국에서 필리핀, [민다나오 섬]에 도착하였다.

〈Pota On 마을에 학교 설립 운영하려는 꿈(Vision)을 가지고 있었더니 하나님은 이루어 주셨다〉고 고백한다. 우리의 꿈은 언제나 〈현실에는 맞지 않으면서도, 그러나 [하나님은 현실을 기초]로 출발한다〉는 사실을 [믿음] 으로 기다려야 한다.

하나님 기적은

　　　〈나이 많아 아들을 낳을 수 없는데도 아들을 낳았으며〉
　　　〈눈은 장님인데도 눈을 뜨게 했으며〉
　　　〈30년 혈우병 환자를 고치셨으며〉
　　　〈바다가 갈라져서 건너게 했으며〉

사람으로 능력으로 불가능한 일을 〈기적〉으로 모두가 이루었다. -2005. 3. 19-

〈Pota On 마을〉에 Pota On Academy가 설립되고, 처음 있는 1회 졸업식 행사에 전체 마을은 진심으로 축하한다 – 2005년 5월 –

학교를 설립한지 7년 만에 첫 졸업식을 갖는 [Pota On 마을]은 설레고 기쁨으로 술렁거렸다. 학부모들은 비록 초등학교이었지만 자기의 자녀들이 초등학교를 마치고 졸업한다는 사실이 믿어지지 않는 일이었다. 그야말로 아무도 돌보지 않는 마을로서 학교라는 것을 모르고 자랐던 부모들에게는 가슴 벅찬 일이었다.

P 마을은 80여 가구의 주민들이 살고 있으며, 농사로는 옥수수를 재배하며 살았으며, 지금은 나무가 없는 산이지만 얼마 전까지는 산에 목재(나무)가 울창했다. 한국에서 모두 베어가서 지금과 같은 나무 없는 산이 되었다.

자연도 보전하며, 생활도 발전하는 세상이라고 하는 공정한 사회가 올 것인지 오직 [교육]에 기대한다.

어린이들도 지금 도시로 간 오빠와 언니들과 같이 도시에서 [학교]를 다닐 것이다. 그런데 무슬림 가정에서 성장하며, 초등학교에 입문해서, 사춘기에 개신교의 그리스도인이 되는 과정을 연구해본 분이 있는가?!

Pota On Academy의 〈1회 졸업식〉으로 형님, 언니에 축하하려고 온 동생들은 기다리며 이 마을 어린이는 Pota On Academy 모두가 동창생이며, 선배 아니면 후배 사이다. 기다리는 이들은 모두가 이 [학교]를 졸업하며, 도시로 가서 공부하게 되는 꿈에 있다.

이곳의 초등학교 과정에 모두가 여기에 해당하는 어린이이므로 〈부모가 있는 가정〉이냐, 아니면 〈본인에게 전도〉해야 하는가?! 이러한 갈등과 혼란은 상관없이 각 개인의 문제로 맡긴다. 어느 분이 연구할 제목이다.

2005. 3. 19-

필리핀 민다나오 섬, 포타온 마을에 [Pota On Academy 초등학교]를 설립(1977년)하였으며, 지난 6년간 운영하여, 오늘 졸업식을 갖는 임남수 선교사, 정희기 선교사 부부는 감회가 크지 않을 수 없을 것이다.

〈더러는 좋은 땅에 떨어지매 나서 백배의 결실을 하였느니라. 이 말씀을 하시고 외치시되〉〈들을 귀 있는 자들은 들을지어다〉
- 누가 복음 8:8 -

Pota-On Academy(초등학교) 제1회 졸업식 2005년 3월19일이며 하루 종일 즐겁다.

Pota On Academy에는 어떠한 〈문화〉가 영향이 있었을까! 이곳 Pota On 마을에는 구교(카톨릭) 문화가 영향을 끼쳤을 것이다. Pota On 마을에 성당은 없으나 구교(카톨릭) 문화에 영향을 받았을 것이다.

뒤에 있는 분은 장도원 장로님 (미국, 또 감사 홈 선교 교회)이며, 앞에 있는 분은 오성연 장로(한국, 온누리교회)로서 이런 산골에 그것도 제1회 졸업식 두 장로에게는 〈영광스러운 참석〉이다.

두메 산골에 술탄 〈빰삥 까사바사란〉 씨, 임남수 선교사 부부, 장도원 장로, 서은철 선교사가 없었던들 이러한 초등학교와 졸업식은 없었을 것이다.

또한 이들의
　　　〈도시의 빛나는 [학교]의 영광을 소망할 것이며〉
　　　〈4년 동안의 장학금은 얼마나 보람 되었는가〉는

참으로 보람되었다.

더욱이 〈Immanuel Mission School 고등학교 입학을 앞에 두고 흥분된 감동〉
은 감출 수 없다.

자녀가 〈선생님과 부모님 말씀 잘 듣고〉
　　　〈공부 열심히 잘 하고〉
　　　〈우정을 쌓으면〉 동네에서 모범생으로 칭찬 받는다.

졸업생 부모인 아버지, 어머니는 졸업식장에 입장했으니, 부모의 보람이다.

무슬림과 그리스도인의 공통점은 어디에서 찾으며 누가 이러한 이야기들 한 단 말인가.

이러한 공통점을 주장하면, 〈약 2000년 동안 지켜온 이슬람 진리가 훼손되어 용납될 수 없다〉는 것인지를 알 수 없다. 또는 [구원] 주체가 달라서 두 종교 간에 상극으로 대하는지를 명확히 알 수가 없다.

〈개종하면 죽이는 이슬람 종교법이 무섭다〉던지, 여러 명의 아내를 둘 수 있는 혼인 법이 있는 것을 알 수 없으니 막연한 이슬람에 대한 이해가 아쉽다. 요약된 이슬람과 기독교가 무엇이 다르며, 내 것만을 주장하려면 〈기독교의 탁월성과 우수성을 알고 있어야 한다〉

필리핀, [국기에 대한 경례 !!] 모든 국가는 애국심은 동일하다.

필리핀 [국기에 대한 경례!]

임남수 선교사는 감회가 클
것이며, [Pota On Academy
설립자]에게는 첫 번째 졸업
식이다 – 2005년 3월 19일–

왼쪽부터 : 임남수 선교사, 현
지인 목회자, 옥우원 사장, 장
도원 회장, 술탄, 오성연 장
로, 서은철 선교사

Pota On Academy를 6년간 설립-운영하면서 얼마나 많은 고통이 있었을까!?
선교사는 말로 표현할 수 없는 고난이 있었을 것이나, 이 고통을 기쁨으로
여기지 않고서는 누가 기쁨을 주며 누가 위로를 줄 수 있겠는가. 오직 주님
이 위로했으며, 오늘을 감사했을 것이다.

두 선교사는 한 분은 〈도시 〉에서, 또 한 선교사는 〈농촌 ⬆〉에서 선교 사
역을 시작하였으니, 서로 돕는 관계로 출발하는 좋은 사례이다. Pota On 학
생들이 초등학교를 졸업하고 도시로 왔을 때 중·고등학교는 서은철 선교사
가 운영하는 기독교 학교에서 공부를 하게 되었다. 이렇게 할 수 있었던 중
요한 연결점은 후원자였던 〈또 감사 교회〉의 학비 후원이 안정적으로 지원
되었기에 가능한 일이었고, 오성연 장로의 창조적인 생각이 있었기에 가능
한 일이었다. - 2005년 3월 19일 -

[Pota On 마을]이 조성된 후, 첫 공식 행사이며, 졸업식은 의미가 크다. 학교가 설립 운영되어 Pota On 마을 발전에 지대한 역할을 기대하는 것이다.

졸업식은 모든 공식행사의 표준이 될 것이며, 졸업식 행사는 어떠한 논쟁이 없이 진행되었으니 처음부터 〈양보와 협력〉으로 진행되었다.

2시간은 [졸업 감사 예배]로 진행되였으며, 2시간 30분은 [졸업식]으로, 전체로 4시간 30분을 졸업식 행사로 진행하였으며, Pota On 마을 전체는 Pota On Academy 졸업식 행사로 들떠 있었다.

따라서 6년이란 세월은 헛되지 아니했으며, [학교 설립 운영]에 보람 되었으니 〈학교 설립 운영은 살아서 숨쉬는 단체〉와 같다. 또한 〈학교는 날마다 학교 전통을 만들며, 학생에게 지식을 축적하며, 성장과 더불어 내적 충실함을 더 한다〉

pota-On Academy(초등학교) [제1회 졸업식 2005년 3월19일]에서

2학년~3학년 재학생이 형님, 언니들을 학교 졸업으로 보내면서 부르는 〈찬송가〉 였으니, 이 [학교]에서는 공개적으로 처음으로 부르는 [찬송가] 였다.

이 [학교]가 1977년에 설립되었으니, 약 8년 만에 부르는 〈찬송가〉였다

재학생들이 선배들이 부르는 교가에 답으로 [찬송가]를 부르니, 이는 동네 주민 회의에서 허가받은 찬송가로, 공식적으로는 이슬람 마을에서 처음으로 부른 〈찬송가〉이다.

Rev. Mahro Singcol 목사가 설교를 했으며, 찬송가는 〈행사 순서〉로 자연스런 순서였다. 이슬람 마을에서 〈개신교 목사의 설교를 들으며 찬송가를 부르는 행사〉는 처음이었다.

이러한 행사는 그간에 L 선교사님의 말 없는 헌신의 열매이며, 순종으로 얻은 공로라고 할 수 있으니 조용한 승리라고 해야 할 수 있다.

1st. Commencement Theme, March 31, 2005
"success is not achieve once, but step by step" - Rev. Mahro Singcol

Pota-On Academy-초등학교, [제1회 졸업식]을 마치고 기념촬영하였다.

- 2006. 3. 19 -

남자 학생 이름 :

1. 자말 꼬타 군
2. 따난 다또 군
3. 이브라 힘 군
4. 바간다이 군
5. 미뜨농 군
6. 놀하산 군
7. 지마엘 디바로산 군
8. 사프라 군
9. 타일란드 군

−이상 9명−

여자학생 이름 :

1. 마잇짜 바간다이 양
2. 노르말라 다바로산 양
3. 알메라 카바사란 양
4. 아살 양
5.　　양
6.　　양

−이상 6명−

필리핀, Mindanao 섬 시내로

[Immanuel Mission School – 서은철 이사장] 1학년 입학으로 [Pota On Academy] 졸업하므로 Gagayan De Oro시까지는 자동차로 4시간 거리를 〈농촌에서 도시로 유학 생활〉을 시작하다.

아파트 4채(4 unite 1층, 2층)를 1은〈여학생 기숙사〉, 2는〈식당〉 3은〈공동 공부 방〉 4는〈남학생 기숙사〉으로 임차 하였으니, 학생들의 아침과 저녁 식사는 13명의 학부모가 차례로 [Pota On 마을]을 떠나서 1개월 씩을 담당하여 해결되었다.

점심 식사는 학교 식당에서 하는 공동체 생활로 유학 생활을 시작하였다. 유학 생활은 부모를 처음으로 떠나서 필리핀, Mindanao섬에 Gagayan De Oro

Pota On Academy 유학생, 첫 〈임차 기숙사 생활〉하다

시에 있는 Immanuel Mission School에 학비와 유학 비용은 미국의 〈또 감사 홈 선교 교회〉가 전액 장학금(헌금)으로 지급하였으니, 임마누엘 학교는 이 자금으로 신축하는 교실에 보태었다.

이제 Pota On Academy 유학생은 오직 공부에만 열중하라는 당부였으며, Pota On Academy 초등 졸업생은 모두가 중고등학교 입학과 동시에 생활에 큰 변화가 있었다.

중고등학교 입학과 숙식이 해결되었으니, 열심히 학업에 열중하는 길이 부모에게 그리고 후원자에 보답이라 생각했으며, 중고등학교가 없는 지역 학생은 이러한 〈공동체 생활도 해결점〉이란 사실이다. - 2006. 3 -

〈알메라 카사바란〉 양 어머니로 첫 번째 기숙사 당번을 맡았다

〈Ms.머나 〉 선생은 초등학교 1학년부터 담임 선생이였으니 임남수 선교사와 더불어 스스럼이 없다. 쇼핑센터에서 각자에게 신발을 구입해주려고 나왔으니 〈구두〉는 각자 본인들이 선택하도록 하였다. 난생 처음으로 내 소지품을 갖게 되었고, 자기 생각대로 선택하는 것도 처음 해 보았다.

[학생]들은 모두 같이, 상급학교(중-고등학교)로 진학하므로 서로 안심되었으며, 산골 자기 마을을 벗어나서 Gagayan De Oro라는 대도시로 유학할 때도 모든 친구와 함께 왔으니 안심이다.

2006년 4월 Pota On Academy 1회 졸업생들 전체가 Immanuel Mission School에 입학 준비했으니 신발을 각자가 준비했다.

Gagayan De Oro 시내에 호화로운 백화점을 Ms. 머나 선생과 임남수 선교사와 함께 구경했다.

신입생들에게는 부엌이 가장 안전한 곳인 듯(?) 평생에 처음으로 본인이 선택하여 받은 선물이 얼마나 대견스러웠으며 자랑하고 싶었을까!

이제는 학생들에게 사회적응 훈련이 필요한 때이며, 모두가 잘 따라 주었다. 여러 가지를 직접 체험하며, 경험하게 함으로 점차 망설임 없이 자신감 있게 행동 할

로 산 신발(구두)은 평생에 자기가 처음 구입해본 〈구〉로, 세상에서 가장 마음에 흡족한 신발을 샀으니, 집안서 가장 안전한(?) 구역에 보관키로하였다. - 2006. 4 -

수 있게 되었고, Pota On Academy 졸업생들에게는 특히 외양에 신경을 써서 시골티가 나지 않도록 도와주었다.

◇◇◇◇◇◇◇◇◇◇◇◇◇◇◇◇◇◇◇◇◇

그야말로 〈촌 사람〉이란 말을 듣기 보다는 식당을 한번 체험하므로 〈도시 사람으로 취급 받는 편이 더 낫다〉는 것이다. 모든 사람이 경험하는 것을 마

필리핀, 민다나오 섬, Gagayan De Oro 시내, 대중 식당에서 학생 모두 함께 외식을 즐기고 있다.

땅히 다 들어가 보는 것은 당연하다. - 2006년 -

그리고 당연히 지켜야 할 도리가 있으니

〈소리 나게 먹지 아니하는 것이다〉
〈음식을 남기는 것은 죄악이다〉
〈이웃과 나누어 먹는 것은 좋은 일이다〉
〈기도〉로 감사하며, 음식을 먹는 것은 좋은 일이다.

또한 [식사 예절]에서 주의 할 점은

〈기도〉는 이웃에게도 이와 같이 하나님 은혜를 베풀어 주십시오
〈식사 속도를 이웃과 맞추는 것은 잘 한 일이며, 옆 사람에 보조를 맞추어야 한다〉

◇◇◇◇◇◇◇◇◇◇◇◇◇◇◇◇◇◇◇◇◇

입학 준비가 완료되었으나, 과연 〈이슬람 청소년〉의 눈에는 〈그리스도인 청소년〉이 어떠한 영향을 줄 것인가하는 의구심이 싹터있다. Pota On 마을 청소년은 태어날 때부터 무슬림이였으며, 〈무슬림 문화〉로 살아 온 것이다.

〈무슬림 500명에게 성경 말씀을 듣고 개종했느냐〉고 물어 보았지만 아니라고 답하였다.

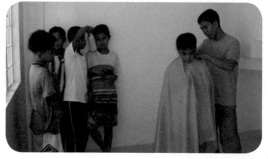

필리핀 〈민다나오 섬, Gagayan De Oro 시〉 시내에 있는 중학교-고등학교에 입학 준비했으니, 이발사가 출장하여 Pota On Academy 졸업생들이 단체 이발하므로 입학 준비는 완료되었다.

오직 답변은

〈그리스도인의 삶을 보며 개종하였다〉
〈그리스도인의 인격을 보며 개종하였으며〉
〈그들의 인간을 보며 개종하였다〉

미국, Fuller 신학교의 Wood Berry 교수의 이야기이다.

학교 등교 준비가 완료되었으니 이러한 축복은 임남수 선교사, 정희기 선교사, 미국의 [또 감사 홈 선교 교회]의 성도들에게 감사한다.

임남수 선교사, Ms. 머나 선생, 학교 버스 기사, 식사 당번 학부모, 오성연 장로이다.

남자 학생 9명

　　〈미뜨농〉 군, 〈놀하산〉 군, 〈아브라힘〉 군, 〈사프라〉 군,
　　〈알리바이어〉 군, 〈타일란드〉 군, 〈자말〉 군, 〈따난다또〉 군,
　　〈자마엘〉 군

여자 학생 4명

　　〈노르말라〉 양, 〈알메라〉 양, 〈아살〉 양, 〈마잇자〉 양

2005년 4월

필리핀 Mindanao 섬, Gagayan De Oro시 Pota-On Academy 초등학교 졸업생 13명은 Immanuel Mission School(중학교-고등학교)에 입학하였다. - 2006년 4월 -

임남수 선교사는 이 지역에서 유명해졌으니, 〈Pota On 마을 시골 학생을 무더기 입학하였다〉로 이름이 났으니, 부러움 가운데 Pota On Academy(임남수 선교사)와 Immanuel Mission School(서은철 선교사)은 서로 돕는 관계로 되었다.

[Immanuel Mission School]이며 정문(Mindanao Campus)은 크고 멋있었으니, 2003년에는 참으로 무일푼으로 이러한 성취는 큰 성공이라 본다. 더욱이 도시 주변에 있는 [쓰레기장]을 개발하여 [학교 대지]로 이용하려는 계획은 2003년대 당시는 없었던 [사업]이었다.

　　〈모든 도시는 **[확장]**되며〉
　　〈인간은 **[편리]**를 택하며〉
　　〈시간을 **[절약]**하는 방식에 적응하면〉

결코 도시 개발은 대부분이 맞으니, 여기도 위의 원리에 합당하였다. 필리핀은 인구가 이미 1억을 바라보며, 더 큰 도시를 바라본다.

2003년에 처음으로 〈필리핀, Mindanao 섬에 왔으며, 지금은 3년이 지난 2006년, 4년 동안에 있던 이야기들이다.

넥타이 맨 분이 서은철 선교사(고신 파송)이며, 가운데 서있는 분이 임남수 선교사이며, 옆에 서있는 분은 부인 정희기 사모로, 남편은 침례교단 파송 출신으로 중학교 교사 경력자이다.

이야기는 많으나 모든 이야기와 사연은 임남수 선교사와 정희기 선교사 부부의 주변에 무슬림에 속하는 이야기들이며(2006년), 서은철 선교사(설립자) 사무실에서 나눈 이야기들이다. - 2006년 2번째 방문해 때 -

이 학교 자리는 원래 Mindanao 섬,
Gagayan De Oro시의 쓰레기 처리장
이였으나 〈학교 용지〉로 이용되었다

[학교]는 인간 생활의 필요 조건에 [배
움]이 있어야 하므로 〈도시의 확장〉에
부합하였다.

따라서 대도시 주변에 생활 쓰레기 처
리장은 필요 조건이면서 장래에 도시
의 확장 유보지역으로 평가한다.

1000만 명이 거주하는 서울시에도 위
에 설명하는 쓰레기장이 훌륭한 공원
으로 변경되어 사람에게 유익한 용도
로 이용되는 사례가 있다.

➡ 표 자리가 Immanuel Mission
School이 태동한 장소였다. 화살표 자
리에서 유치원생 1명으로 시작하였다.

일반적으로 〈농촌〉은 그대로지만 〈도
시〉는 번창하게 되는 이유는 〈편리함〉
때문으로 점차 발전하며 확장된다.

이와 같이 어린이 1명으로 Immanuel
Mission School은 출발하였으니 모든
[학교]는 이렇게 적게 출발하였으니,
어차피 [학교] 역시 준비하는 중이었다.

아침 전체 학생조회 시간으로 모였으니 〈유치원〉 〈초등학교〉 〈중-고등학교〉
학생이 모였다.

Immanuel Mission School이 짧은 기간에 성장 발전하게 된 이유로는 〈민다
나오 섬〉은 인구 증가에 있으니, 외부 유입보다는 내부 이동으로 보아야
한다.

이 사진은 여름 방학을 마치고 전교생이
아침 조회 (신학기)에 모였다.

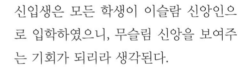

아침 조회 때 모임으로, ↑ 표시는 Pota
On Academy 초등학교 졸업 후, 이 학교
에 신입생으로 입학하였다.

신입생은 모든 학생이 이슬람 신앙인으
로 입학하였으니, 무슬림 신앙을 보여주
는 기회가 되리라 생각된다.

이 학교에 Immanuel Mission School 이
슬람 신앙인이 몇 명 있는지는 알 수 없
으나 다른 학생이 차츰 어떻게 학교 생
활하는지는 〈이슬람 신앙이 평가 대상〉
이 되리라 본다.

신앙은 [생활/삶]으로 표현되므로 생활
을 증거로 삼으니, 이보다 더 확실한 〈믿
음〉의 증거는 어디에 있는가.

아침 조회를 마치고 〈유치원 생〉과 〈중학생 반〉은
지정된 [교실] 가는 장면이다.

교육 환경 조건 개선은 학업 능률 향상에 도움된다

Pota On Academy 졸업생의 교실은 냉방장치(에어컨) 되어있는 교실에 배치하였다.

하루 아침에 〈흙 바닥교실에서 타일 바닥 교실로〉와 〈냉방 장치 있는 교실〉로 개선이 〈이웃의 손으로 이루어 진 것〉은 꿈만 같다.

교육 환경이 좋아지는 만큼 〈열심히 공부하는 것〉으로 선교사님과 부모에게 보답하는 것으로 이해하였으니, Pota On Academy 졸업생은 오직 열심히 학업에 열중하였다.

이 학교 이사장(서은철 선교사)과 Ms. 머나 선생은 [Pota On Academy]의 생활과 부모님 생각을 잊지 못하는 것이 아닌가?!

이 학생들은 Ms. 머나 선생이 초등학교 1학년부터 가르쳤기 때문에 부모와 같으니, 안심하며 염려는 없다. 그러나 이제 막 사춘기에 접어든 시기에 학교 생활에 예민해 있을 것이다.

서은철 선교사가 〈Ms. 머나〉 선생과 교실에서.

임남수 선교사와 오성연 장로가 함께 교실까지 확인하였으니, IMS는 안심이
되었다. -2006년 4-

여름에는 시원한 냉방이 되며, 교실 바닥은 타일 치장으로 Pota On Academy
초등학교 졸업으로 수업-공부 환경이 급변 하였으니, 모든 환경의 변화는 후
원자와 임남수 선교사 덕분이었다.

**학교 운영 지침에 준수 서약으로 〈Immanuel Mission School: IMS〉은 기독교
학교를 실제적으로 나타낸다.**

IMS 〈학교 운영 지침〉에 수업 시작 전에 〈기도〉로 시작하기로 되어 있으므
로 〈기도〉시작하였다.

초등학교 때 부터 Pota On Academy 담
임 교사였던, 〈Ms. 머나〉 선생을 담임교
사를 했으니, 학교규칙을 준수는 학생의
책무라고 생각하였다(오른쪽 기도하는
모습)

우리 동네에는 문맹자가 없는 줄로 알았
는데, 바로 〈우리 부모님이 문맹자였다〉
는 사실을 깨달았다. 〈문맹자 교육〉은 이제 우리의 [책무]라고 인정하였다.

필리핀, 민다나오 섬, Gagayan De Oro시에 2009년 3월 〈미국, 또 감사 홈 선교 교회〉가 기부한 건축자금으로 200명을 기숙할 수 있는 기숙사를 준공 하였으니, 꿈꾸던 기숙사였다 - 2004년~2012년 -

2008년 7월25일 기숙사 전용으로 건축 준공 행사를 성대히 가졌다. 〈또 감사 홈 선교 교회〉의 지원과 함께 1년 공사로 420평 기숙사를 완공하여 기쁨의 감사 예배를 드렸다. 이것은 산속의 가난한 무슬림들과 산속 부족들의 선교와 교육의 산실이 되었다.

[문맹 퇴치]는 글을 읽거나, 쓸 줄 모르는 사람에게 읽고, 쓰는 방법을 알려주는 것이 목적이다. 〈문맹 퇴치 = 초등 교육 전에 이루어지는 과정〉을 말한다.

1년 건축 공사로 완공되었고 뽀따온 마을의 〈무슬림들에게 배움/교육의 터전〉으로 훈련 받고, 복음의 산실 역할을 할 것이다.

기숙사 대지는 필리핀, Mindanao 섬, Cagayan De Oro city 시장이 가난한 자들의 교육을 위한 것을 알고 시유지를 값싸게 제공을 하였으며, 독지가들의 헌금과 [또 감사 홈 선교 교회]의 헌금을 통하여 1년의 건축 공사로 완공하게 되었다. 약 420평의 건물로 기숙사 전용으로 설계되어 있다. -2009년-

미국, 〈또 감사 홈 선교 교회〉는 7개 국가에 [협동 교실] 개설을 시도했으나, 나 개인이나 국가적으로 용납되지 못하였다.

〈베트남〉〈인도〉〈몽골〉〈중국〉〈북한〉〈팔레스타인〉〈니카라과〉는 사전 조사가 불충분하거나, 조건이 맞지 아니해서 학교 설립은 실패하며, [협동 교실]로 전환했다. 〈실패 사례 참조〉

어느덧 4년의 시간이 지나서, 산속 마을 Pota On Academy 초등학교를 졸업하여, 중학교-고등학교 과정 Immanuel Mission School을 졸업을 하게 되었다. 호텔을 빌려서 졸업식을 했다. -2009년 3월-

이때 13명이 입학하여 10명 모두 졸업하게(3명은 부모님이 다른 도시로 이사)되었다. 이 중에 대학을 진학한 학생은 2명이었다.

Pota-On Academy 초등학교 1회 졸업생들은 Immanuel Mission School 고등학교에 입학으로 4년만에 졸업하였다. 2009. 3. 19

고등학교를 졸업했으니, Pota On 마을은 농촌이 아닌 〈도시〉에서 공부시키는 복된 마을이 되었다.

Pota-On Academy 초등학교 산골 마을 졸업생은 도시로 유학했으니 Immanuel Mission School 중학교-고등학교 졸업식에서 -2009년 3월 30일-

필리핀, 민다나오 섬의 Pota On Academy 동네 아들, 딸들의 고등학교 졸업
식에서 술탄 [빰삥 까사바사란]은 Immanuel Mission School 이사장의 [감사
장]을 받았다. -2009년

교단이나 교회는 서로 사랑하면 될 것을 〈더 무엇을 바라는가!?〉항상 사랑
하려면 내편인가, 누구 편인가를 판단할 것 없이 〈우리는 하나이다〉

이제 〈우리는 잊지 말고 함께 살아가는 사람이 되자〉는 〈빰삥 까사바사란〉
술탄이 말씀했으며, 인간의 도리로 살아가면 〈하는 일마다 형통한다〉는 뜻
으로 말씀하였다.

그의 옆에 서있는 분은 [미국, 또 감사 선교 교회]의 장도원 장로이며 〈Forever
21 회장〉으로, Immanuel Mission School 학비를 장학금으로 4년 동안 모두
제공하였다.

Pota On Academy 초등학교 1회 졸업생이 Immanuel Mission Academy 중학교-고등학교 통합에서 수석 졸업(1등)하는 명예를 차지했다.

산속의 초라하고 가난한 아이들이 제대로 가르치고 훈련하니, 그들은 결코 둔하거나 어리석은 아이들이 아니었으니, 도시의 학생보다 뛰어난 성적을 거두며 [Pota On 마을의 희망]이 되었다. 이리하여 산속에 살던 부모들의 자부심과 기대감은 삶의 활력이 되었다.

○○○○군은 IMS의 자랑이며, Pota On 마을과 Pota On Academy 자랑으로 여기며, 노력하면 Pota On 마을에서도 우승을 할 수 있는 가능성을 보여주었다. - 2009년 4월 -

Pota On Academy 졸업식에 참석하였으며, 최경욱 목사, 장도원 회장, 옥우원 사장, 서은철 목사, 오성연 장로 그리고 술탄 [빰뼁 까사바사란]이다. Pota On 마을의 어머님들과 아버지들이 대거 참석했으니, 졸업생들과 함께 촬영했다. 이 Pota On 마을에서 중학교-고등학교 졸업생이 나오리라고는 누가 생각했을까!?

Pota On Academy/마을에서 졸업생 − 남학생 = 9명
        〈미뜨농〉 군, 〈놀하산〉 군, 〈아브라함〉 군, 〈사뜨라〉 군,
        〈알리바이어〉 군, 〈타이란드〉 군, 〈자말〉 군, 〈따난다또〉 군,
        〈자마엘〉 군

Pota On Academy/마을에서 졸업생 − 여학생 = 4명
        〈노르말린〉 양, 〈알메라〉 양, 〈아살〉 양, 〈마잇자〉 양

- 2009년 3월 30일 -

예배 후 미국 [또 감사 홈 선교 교회] 후원자들과 함께 – 2009년 –

이들은 매년 정기적으로 학생들을 방문하여 Pota On 마을 주민과 기숙사에 학생들과 함께 시간을 보내고 제자 훈련 등 많은 봉사활동을 하여 이들에게 꿈을 심어 주고 소망을 준다.

　 표시한 사람과 뒤 편에 손을 든 사람은 모두가 미국 또 감사 홈 선교 교회에서 오신 분이다. 그리고 왼쪽부터 박에스테-1 지현석 사장-2 옥우원 사장-3 서은철 사모-4 오성연 장로-5 술탄 〈빰뺑 까사바사란〉-6 장도원 회장-7 최경욱 목사-8 서은철 목사-9이다.

〈GIVE THANKS TO THE LORD!〉는 이 건물을 주신 주님께 감사했으며, Pota On 마을의 필리핀 주민이며, 필리핀 국민이다.

미국에서 방문한 약 25명은 lmmanuel Mission Academy 졸업식과 기숙사 준공식에 참석하기 위해 방문하였으니, 사진에는 나오지 아니했으나, 감사 할 따름이다.

"당신의 후원에 대단히 감사하며

우리는 당신의 사랑을 결코 잊지 못할 것입니다"

졸업식에 Pota On 마을 학부모들도 참석하여, 기쁨을 함께 하였으니, 그들의 마음 속에 〈후원자들과 선교사〉에게 사랑과 고마움으로 가득 차고 복음에 대한 마음이 열리는 것이다.

그리스도 사랑 안에서 선한 일들이 〈이슬람 신앙〉에 서서히 그들 마음을 변화시켜 갈 것임을 우리는 믿는다. 졸업생 부모님과 아들, 딸들을 한 학생씩 촬영 못 한 것을 후회하며 다음을 약속한다.

춤과 노래로 즐거운 한때를 갖는 졸업생은 추억을 쌓으며, 〈물질〉은 문명의 방향을 교육하며, 〈문화〉는 인간의 종착점을 가르친다. 이슬람 문화는 이중 적으로, 젊은 사람들이 배우기는 어렵다.

학생들이 기숙사생활을 하면서 많은 추억들을 간직하게 되는데, 그 중의 하나가 JS PROM(Junior Senior PROM)이다.

이는 필리핀 교과 과정 중의 하나로 학생들이 졸업을 하기 전에 후배들과 쌍쌍파티를 하는 것이다. 이때 학생들은 가장 아름다운 모습으로 꾸미고 춤과 노래 그리고 잘 준비된 식사를 함께 하는 것이다.

Pota On 마을에서 온 학생들은 물론이고 모든 학생들은 처음으로 사회에 나갈 준비를 해보는 것이다. 프로그램에 따라 남녀가 함께 그룹 율동을 하고 특별한 프로그램을 갖는 것이다. 이때의 추억은 졸업을 하고서도 잊지를 못하고 그때를 추억(기억)하고 그리워하게 된다. 이러한 아름다운 추억을 산속에 살았다면, Pota On 마을에서는 상상도 못할 것이다.

Pota On 마을 살고 있으면 [문명]은 멀리 있으며, [집단]으로 개화도 멀리 있으니, [교육]은 무엇보다 우선한다. 미국에 있는 [또 감사 홈 선교 교회]와 임남수 선교사와 정희기 선교사 부부에 감사하며, 서은철 이사장께도 감사, 감사한다.

보따온 졸업생 선후배 함께 2009년 3월

뽀따온 졸업생 선후배 함께 2009년 3월

위 사진에 모두가 Pota On 마을 출신이라(Pota On Academy 졸업생)하는가!?
이 젊은 청년들은 Pota On 마을에 [복음 사역]과 [현대화 사업]에 매진할 것
이다.

장래에 Pota On 마을이 교육을 기초로 해서 발전하느냐, 그대로 남아 있느
냐는 이들 어깨에 달려있다. 한국 선교사들은 언제인가 Pota On 마을에 없
을 것이며, 이 젊은이들이 발전하며, 책임지는 날이 올 것이다. 이러한 〈건축
물은 기부자가 계속 있는 활동은 역시 믿음, 소망, 사랑을 어떻게 우리의 생
활에 적용하느냐〉에 있다.

현장에서 얻은 교훈

1 이슬람 지역에 [평화]를 생활로 보여주어야 한다.

평화는 [자유] [평등] [공존]을 의미하며, 학교에서 실천하는데 전심으로 노력하였다. 진리-복음을 생활로 18년을 보내면서 [변화와 구령] 사업으로 이루었다. 학교가 지식 중심이 생활 중심으로 바뀌었으니 〈교육은 살아 움직이는 생활〉이다.

2 이슬람 지도자와 교류는 〈구령 사역〉이다

〈순종〉과 〈존중〉은 함께하는 동력으로 발전할 수 있으니, 이슬람 지도자(술탄, 빰뼁 까사바사란)와 절대로 서로 존중했으며 서로 순종하였다. 인격적으로 대접하는 행위는 진심으로 대하였으니, 이슬람 지도자 또한 마찬가지였다. 〈구령 사역〉의 하나로 여기며 전심으로 노력하였으니, 어쩌면 내 진심이 전달되는 것이었다.

3 지역 발전은 [자립과 참여]가 핵심 가치이다

사례 : 의류품 판매로 실증하였으며, 학부형 회의(PTA)로 교구는 준비했다.

〈의류 지원〉 : 한국에서 의류들을 후원 받을 때가 있는데 이는 절대로 무료로 나누어주지 않고 최소의 비용을 받고 분배를 한다. 그것이 이들의 자존심을 세워줄 뿐 아니라 여기서 얻은 것으로 책상, 의자, 칠판을 모두 구입했다.

이익금으로 학교의 필요한 부품을 장만하기 때문이다. Pota On Academy 교사들이 전담해서 판매했는데, 총 판매액은 US$20,000에 달했으니 이는 적지 않는 금액이다.

* 2015년 현재, Pota On Academy 졸업생은 교사로 10명이 재직 중이며, 〈왜 우리 동네는 교회가 없는가?!〉라고 질문한다.
  (2022년 현재 전체 졸업생은 초등학교 800여명이며, 중학교-고등학교 기숙사 졸업은 400여명이다)

Cambodia-캄보디아

Vot Beng Friend Primary School

초등학교는 개교하였으나, 대학(Life University)은 준비 중이었다

초등-중등-고등학교로 1,400명 규모로 계획하였으나 초등학교만 개교하였다. 그러나 Life University는 개교 준비 중이었으나 준비금(일정 현금을 예치)이 부족하여 개교 신청을 못하고 있던 중이었다. 이때 〈미국, 또 감사 선교 교회〉의 옥창호 사장이 Life University 재정 지원금으로 약 US$40,000을 개인적으로 지원하므로 2005년 5월에 대학교는 개교하였다.

이 Life University는 〈싱가폴에 거주하는 그리스도인들의 재정 지원으로, 대학 건물만은 완공해 놓은 상태〉였다. 그러나 본인이 계획한 초등학교 위치는 〈도시〉보다는 〈지방-농촌〉을 원하였으며, 초등학교가 없는 곳을 선택하려 하였다.

[Vot Beng 마을]을 안내 받다

이곳은 캄보디아 수도 [프놈펜]에서 제2도시 시아누크빌(Sihanoukville)로 버스로 2시간 가면, [Vot Beng 마을]이란 작은 마을이 나온다. 여기서 하차하여, 다시 포구(?)로 2km 거리를 가면, 강(江)에서 배를 타고 Vot Beng 마을에 도착한다. 그리하여 안내 받은 지역이 바로 [Vot Beng 마을]이며, 이곳은 버스로 [프놈펜]에서 2시간 거리이다.

이 지역은 다리(교량)가 없어서 섬이 되었으나, 사실은 육지이다. 이러한 지역이 [캄보디아]는 다수가 있으니 장래는 〈토목/건축〉이 장래성 있는 전공 분야이다. 우기(雨期)이면 국토의 60%가 물에 잠기는 실정이며, 토목 사업이 필요하다.

이곳은 도로가 없으며, 농업도 적당한 재배 작물이 없으며, 더욱이 생산 공장도 할 수 없으며, 교통이나 인력으로도 쓸모가 없는 지역이다. 그래서 〈캄보디아〉에서는 아무도 눈 여겨 보는 지역이 아니므로 [지역 개발]은 가장 마지막 대상이 될 것이다.

황신 선교사는 평소에 알지 못한 분으로, 한국 대사관의 소개였다. 현지에 도착하여 [한국 대사관]에서 자세한 안내를 요청하므로 캄보디아 현지 업무는 출발한다. 따라서 대사관의 안내와 소개는 가장 안전하고 정확하며, 캄보디아 방문 목적을 소개한다.

황신 선교사는 한국 여의도 순복음교회 조용기 목사 설교를 번역하여, 현지 라디오 방송국을 통하여 방송 업무를 담당하는 중이었다. 또한 [캄보디아] 방송 선교와 [한인 선교사 협의회 장직]을 담당하고 있으며, 캄보디아 전국에 연결되었다. 내가 만나고 싶은 분은 현지에 구견회 선교사였으며, 그는 캄보디아 제2도시인 〈시아누크/Sihanoukville〉에 거주하였다.

내가 [대학교]에서 퇴직했으므로 자연히 자녀 진학에 관심으로 대화하였다.

〈아버지, 내일 새벽 기도에 같이 갑시다〉하는 평소에 아니하던 새벽 기도에 참석 제안은

〈아들의 외치는 소리를 듣고 주님은 듣고 싶었다〉
〈무슨 연유로 나를 찾는가〉

지금 그 아들은 의사로 활동 중인지?! 모든 사람은 자기 꿈(vision)이 있으니 〈그 꿈을 이루려면 하나님이 필요하며, 하나님은 전지 전능하시며, 해결사이시다〉

 은 아들이 의대 입학을 결정하므로 〈네 입학은 전적으로 하나님께 달려있으니, 그리 알게 되리라〉는 주님께 있으니 그렇게 알리라.

한국의 어린이는 부모가 〈프놈펜〉중심 활동이며, 대부분 선교사는 〈캄보디아〉가 첫 번째 선교 사역지였다

선교사가 힘을 합하여 [어린이집]을 개원하면 현지인에 좋은 본보기가 된다. 선교사 생활의 모든 분야에서 힘을 합하는 모습을 보여야 한다. 그리하여 [캄보디아]에 활동 중인 한국인 선교사를 소개하였으며, 구견회 선교사가 〈프놈펜〉으로 초행이므로 〈프놈펜〉 방문을 요청했다.

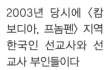

2003년 당시에 〈캄보디아, 프놈펜〉 지역 한국인 선교사와 선교사 부인들이다

오성연 본인-1의 왼편이 〈황신 선교사-2 부부〉이다. 이때는 한국인 선교사는 오직 도시 중심으로 사역 활동하였으며, 지방은 돌아볼 여유가 없었다.

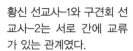

황신 선교사-1와 구견회 선교사-2는 서로 간에 교류가 있는 관계였다.

본인의 부탁으로 구견회 선교사-2는 〈프놈펜〉으로부터 왔으니, 구견회 선교사에 문의하여, 선교지 기초 상황을 파악하는데 도움이 되었다. -2003년-

구견회 선교사의 캄보디아 제2도시인 [시아누 쿠 빌]에서, 현재 [한동국제학교]에 재학 중인 장녀가 막내 동생을 안고 있다. -2003년-

현재 초등학교만을 개학했으며, 중학교와 고등학교는 설립 중이었다. 2003년 당시는 사회적으로 교육의 필요성을 요구하지 않을 때였으니, 구견회 선교사는 일찍이 교육의 필요성을 캄보디아에 인정하므로 〈초등학교, 중학교-고등학교 설립〉을 계획했으리라 본다.

캄보디아 내전을 마치면서(1993년) 새로운 지금의 정부가 지배하기까지는 10년 밖에 되지 아니했으므로, 사회적으로 안정되었으나 교육에까지 국민정서가 자본주의와 시장 논리에 따르기는 어렵다. 따라서 교육의 필요성이나 사회적 안정에 따른 국민적 요구는 먼 훗날에 반드시 올 것을 확신하였다. - 2003년 -

지금은 [캄보디아]가 2003년은 후진국으로 있으나, 얼마 후면

〈인구가 증가되며〉
〈관광이 활발하며〉
〈치산치수가 발달하며〉
〈교육이 발전하며〉 [캄보디아]는 크게 융성할 것이다.

[캄보디아]는 3대 발전 요소를 갖추었으니 〈참고 견디며〉〈정직하며〉〈가난을 알며〉는 전 국민적인 성품이 그러하다는 것이다.

〈싱가폴〉에 거주하는 그리스도인들이 헌금하여 이 건물은 건축 중이었으며, 옆에 비어있는 대지는 아직 용도가 없는 땅이였다.

다행히 이웃의 토지가 용도가 없는 대지로 남아 있으니, 재정이 허락한다면, 이 대지는 대학교(Life University)가 구입하기 바란다.

[초등 학교] [중학교] [고등학교] [초급 대학]은 장래에 확장 가능하므로, 유보 지역이 있음을 다행으로 여긴다.

더욱이 Cambodia, Sihanoukville은 대도시에 있어서 교육 단체의 확장이 기대되며, Life University는 발전의 초기임으로 장래는 어떠한 방향으로 발전할 지는 모르는 일이다.

◀— 국가의 교육 정책에 관하여는 잘 알 수 없는 영역이며, 국가의 기초에 해당하기 때문이다. - 2003년 7월 -

[Cambodia], Sihanoukville에서 구견회 선교사는 [Sihanoukville 성경 학교]를 3년 졸업으로 시작했다. -2003년-

이 성경학교 졸업생들에게 〈활동비〉로 염소 20마리 씩을 주었는데, 10마리는 학교용(선교용)으로, 10마리는 생활비(자신의 생계용)로 졸업과 동시에 구입해 주었다. 그런데 1년 후에 학교용 10마리만 모두가 죽었다는 것이다.

〈왜 학교용 염소만 죽었을까?〉 정확히는 알 수는 없지만, 추측하면 당시는 국민이 굶주림으로 식량이 부족하여 도살하여 잡아 먹었을 것이다. 그래서 새로운 방안으로 〈악어〉 두 마리 씩을 구입하여 나누어 주었으니, 〈악어〉는 잡식성으로 키우기가 쉽다. 〈악어〉는 3년 만에 알을 30개씩~50개씩 낳으며, 태국(Thai Land)이 고객으로 경기가 좋은 때는 수출이 좋았으며, 선교사 한 사람 생활비에 도움 되리라 생각되었다.

구견회 선교사 가족은 그 때에 학교 교실에서 〈구견회 선교사 부부, 2남 2녀가 거주하고 있었으며, 장녀가 [한동국제학교] 구슬기 학생이었다. 이번 방문은 [우리나라 선교사 학부모 자녀(MK) 교육 의견 청취]를 면담 조사를 위하여 [캄보디아]를 1차로 방문하였다.

[학교]는 건축된 Life University 건물 옥상에 [초등학교]가 가장 먼저 개교했다.

[교육 예산]은 어떠한 지출보다도 최우선해서 배정하므로 〈세월은 지나가며, 되돌아 오지 않는다〉는 세월에 순응하는 자세를 생각해야 한다. 어린이는 성장하면서 〈나이에 맞는 초등학교 입학하며, 중학교-고등학교 과정을 공부하여 잘 했다〉고 말할 것이다.

선교사는 어떠한 사업보다 적령기 어린이에게 [학교]에 등교하므로, 배움의 시기를 놓치지 않기를 바란다. 그리고 다음에 할 일은 [교회] 설립하는 일이며, 무엇보다도 [시급한 업무는 적령기 어린이가 학교에 출석]하는 일이다 -2003년-

선교사이므로 당연히 [학교 설립]보다 더 먼저 [교회 설립]을 주장하겠지만, 어린이 경우는 전혀 다르므로 나이에 알맞은 배움이 있으니 〈국민 의무 교육〉이다. 세계 공통으로 〈사회주의〉나 〈자본주의〉가 동일한 제도는 [의무 교육은 나이]로 말한다.

〈국민적 의무 교육〉은 빈부를 막론하고 남녀 국민이면 따라야 할 의무이며, 혹시 종교법에 따르는 규례가 있을 지라도 국민 의무 교육은 우선한다.

〈싱가포르〉에 거주하는 [중국] 기독교인들이 건축비를 헌금함으로 위의 건물은 2003년에 대학교 건물로 완공하였다. 학교 건축비에만 관심이 있었을 뿐이며 〈대학교 설립〉 절차에 필요한 비용은 생각하지 못했다.

당시(2002년)는 대학 설립 작업은 꿈같은 이야기였다. 그래도 〈사람은 언제나 높은 곳으로 향한다〉는 속성을 이해하였으니, 구견회 선교사는 대학교 설립 비전(vision)이 있었으며, 대학교 건물 비용이 많이 지출되는 부분이란 것을 알고 있었다. 따라서 〈대학교 건물〉 건축비를 헌금하도록 했으니, 건축비는 액수가 많아서 규모에 합당한 사업을 제안한 듯하다.

〈기부금〉 〈헌금〉 받는 자세는 이러하니 큰 금액부터 작은 금액까지, 즉 [책상] 하나부터 [학교 건물]까지 기부금과 헌금을 받으려면, 〈헌금한 금액으로 건축 가능할 수 있다〉고 설명 가능해야 한다. 또한 〈저희 학교에 절대로 필요한 건축으로 유익할 것이다〉라고 감사해야 한다.

일반적으로 건축비는 청구할 수 있으나, [대학교 설립비]는 청구하지 못하므로, 너무도 염치 없는 행위로 대학 설립에 필요한 적립금(대학 인건비의 2개월 분에 해당)이라는 필요한 항목이 있음을 미쳐 생각하지 못하였다. 이 경우도 건축비는 모금되었으나, 대학의 예치금(현금)은 미쳐 말하지 못 하였으리라고 본다.

앞줄 오른쪽부터
구 선교사 사모(애기 안고 있는)와 큰 딸(한동국제학교 재학생)이며, 장남이며
둘째 아들이다. 그리고 구견회 선교사이다.

뒷줄 왼쪽부터
옥우원 사장, 최찬영 선교사, 성명은 미확인, 브라질 선교사(남자와 여성), 장
도원 장로이다. - 2004년 -

구견회 선교사 가족은 아들 2명과 딸이 2명으로 한국의 가족구성으로 보아
서 복된 〈가정〉이라 할 수 있었다.

모든 아버지 어머니는 닮고 싶은 가족이니, 아들 2명에 딸 2명을 두었으니
딸은 영특하였으며, 두 형제는 [한동국제학교] 재학하였다.

장도원 장로와 오성연 장로 가운데 서 있는 분이 옥창호 사장이다. 나머지는 모두가 구견회 선교사 가족과 함께 촬영한 인물과 동일하다.

모여서 논의한 것은 〈앞으로 이 [학교]를 어떻게 지원할 것인가〉였으며, 결론은 더 오지를 선택하므로 〈학교〉가 없는 지역을 찾아 보기로 하였다.

구견회 선교사에게 〈학교 건축 개교 대상 지역〉과 〈학교 위치〉〈학교 대지 구입조건〉을 일임하므로 회의는 종료하였다. -2004년-

한편 캄보디아 전국에 [학교] 설립 운영 대상지역을 물색하기 보다는 아예 한 지역에 집중하므로 전문성을 확보하는 것이 유익하다는 생각이었다.

◇◇◇◇◇◇◇◇◇◇◇◇◇◇◇◇◇◇◇◇◇

지금까지 사진으로 보여준 〈신축 건물〉〈신학교〉〈초등학교〉는 구견회 선교사의 업적을 보여 주었으며 그의 가족을 소개하였다.

그러나 [미국, 또 감사 홈 선교 교회]가 학교 설립하려는 위치와 조건에는 합당하지 아니하므로 다른 지역을 소개하였다.

[미국, 또 감사 홈 선교 교회]의
학교 설립 운영하는 〈지역 선택 조건〉은 다음과 같다

1. 교육을 위한 [학교 설립 운영] 할 〈**계획**〉이 없는 지역

2. 교육을 위한 [학교 설립 운영]할 〈**가능성**〉이 없는 지역

3. [학교 설립]할 정부의 〈**예산**〉이 없는 지역

4. [학교 설립]운영 할 〈**가능성**〉이 없는 지역

구견회 선교사가 운영하는 Life University 부속 초등학교는 위의 조건에 맞지 아니하며, 즉 학생 가정 형편이 캄보디아 Sihanoukville 도시에 존재하므로 해당이 안된다.

따라서 〈초등학교 설립은 위에 조건 1, 2, 3, 4에 합당한 [Vot Beng 마을]을 선택하였으니, 가정 형편이 극히 가난한 학생을 위한 [학교]이다. - 2005년 -

[학교 제도]와 [학교 운영]도 가난한 운영이며, 관리도 가난에 맞추어 할 필요가 있다. 학교 청소와 관리는 가난한 형편에 합당하도록 운영하며 즉, 유지 관리 역시 〈개발이 필요한 창조적 작업 방법이며, 전문 영역〉이다.

[학교 청소]는 반 친구가 모두가 함께 청소하며, 매일 청소하기보다는 〈하루 건너서 청소〉하는 방식을 택하였으니 모두가 힘써서 깨끗하게 관리하며, 나 혼자만 청결하기는 쉬우나 다 함께 청결하기를 습관화한다.

Cambodia,

Vot Beng Friend Primary School 설립

2005년 ~ 2010년

1. 〈초등학교〉〈중학교〉는 각 학년마다 1학급으로 설립한다.

2. 〈학교 부지 규모〉는 약 3,000평(한국 평수 기준)으로 한다.

3. 〈학교 부지 매입비〉는 US$580로 매입한다.

4. 〈학교 건물 건축비〉는 약 US$100,000-$200,000이다.

5. 〈개교하는 학교 건축비〉와 〈학교 운영비〉는 기부금으로 하지만, 5년 후부터는 〈학교 교실 증축비〉와 〈학교 운영비〉는 학교 자신이 조달하도록 한다.

6. 개교 때부터 5년 후에 해약하는 [별단 예금]을 통장 개설하여 학교 방문자로부터 일정 금액을 징수한다.

〈1인: 프놈펜 시내 버스 차비〉

2003년에 이어서, 2차 방문으로 구견회 선교사와 Vot Beng 마을로 동행하였으니, 이곳 섬은 육지이지만 교량(bridge)이 없어서 섬과 같다. 이 곳은 주로 숯(땔감)을 구워서(생산하여)/생활 수단으로 살아간다

[캄보디아] 사람의 생계는 주로 농토뿐이며, 다른 자원이 없을 뿐만 아니라 오직 〈관광 자원〉이 있을 뿐이다. 이러한 〈관광 사업〉은 〈힌두교 사원〉으로 〈앙코르 와트/Angkor Wat〉는 인류의 세계적 7대 불교/힌두교 사원이며, UNESCO에 등재된 3대 불가사의 한 역사로 인정한다.

〈UNESCO〉에 등재된 유적지 방문 기회가 있으면 〈관광〉하는 기회로 삼아야 한다. 이유는 [다음]은 기약이 없으며, 미래는 불 확실하기 때문이다. Angkor Wat는 지금부터 약 9세기~15세기(400년~500년 전)에 지나면서 건축되었으니, 왜 이러한 신앙 역사를 [감보디아인]에게만 내려 주었는지를 알아야 할 필요가 있지 않는지?! 〈앙코르 와트〉를 견학하지 못한 자에게는 의문이 많다. 또한 인류는

1. 〈개인이나 국가는 다음 세대에 무엇을 남길 것인가〉
2. 〈지난 2천년 동안의 [역사 만]을 유산으로 남기는 것인가〉

세계 인구 약 74억 명(2004년)은 약 6,000년~6,500년 동안에 〈한 개 별(star)을 왕복〉했는데, ─큰 업적으로 보아서─ 나머지 수 많은 별(star)은 얼마나 더 기다려야 할지는 모를 일이다. 인류는 하늘의 별을 보며 한 없는 개척의 꿈을 꾸며, 나머지는 미개척을 생각한다.

캄보디아, 〈Vot Beng 마을〉의 현지 주민의 주택이며, 이 곳(섬)에 20여 가구가 주민이며, 그래도 TV 안테나(수신기)는 있다. 뉴스(새 소식)은 〈문맹〉일 때는 세상 물정에 관심이 없었으나, 〈뉴스 사업〉은 문맹이 없어지면서 가장 먼저 관심은 신문(뉴스) 사업이다. 따라서 종교 개혁(1517년) 이후에 새로 등장한 새로운 사업은 〈뉴스 산업〉이다.

인류에게 컴퓨터의 등장은 〈누구에게나 알 권리를 주었으니...〉약 500년 후에 이러한 〈지식 평등 사회〉가 올 줄은 상상을 못했을 것이다.

지금부터 500년 후, 2520년을 상상하면

〈인간의 지식은 어느 정도로 발전할 것이며〉
〈어떠한 방향으로 개선되며〉
〈지식은 무슨 목적으로 발전하는가〉

2520년 후에는 〈가능성에 열망〉하게 되며, 헤아릴 수 없는 별(star) 국가를 왕복하는 시대가 올 것이며, 이러한 [오지]는 지구상에 역사 책 속에만 존재하므로, 오늘은 이상한 세상이 되어 있으리라. 캄보디아, [Vot Beng Friend Primary School]은 전적으로 [미국, 또 감사 홈 선교 교회]의 재정 지원으로 설립 운영되었다. - 2005년~2008년 -

학교 설립에는 〈초등학교 건물〉기본 시설은 물론 〈책상, 의자, 교무실, 양호실〉이 필요하였으며, 특히 〈학교 운동장〉은 어린이 신체 발달에 필수적이며, 〈교구〉도 포함하여 기증하였다. 학교 운영비는 〈학교 교사 사례비는 80%〉〈학교 수리비〉〈의약품비〉〈청소용 기구비〉는 소액이지만 꼭 필요한 재정으로 교사 사례비만 있으면 학교는 개교할 수 있다.

Vot Beng 마을 전체 주민에게 [학교 설립]을 먼저 원하는가, 아니면 [교회 창립]을 원하는가를 묻기로 했다. Vot Beng 마을 전체 모임에서 [학교 설립]을 찬성하여, 학교를 설립하였으니 [교회 창립]은 현지인으로 주민이 창립하기로 했다. 〈학교〉와 〈교회〉 설립 순서를 정하였다.

[학교]는 먼저 설립되어야 하며, 〈학교 개교〉가 첫째이며, 둘째는 〈가정이 화목〉하기 때문에 대부분은 각 가정에 어른(할아버지, 할머니)이 있어서 [불교]를 전통 신앙으로 〈학교 입학〉은 가정에 화목을 가져 온다.

자라나는 어린이에게는 나이(적령기)가 있으므로, 우선 초등학교 입학해야 한다. 어린이는 당연히 먼저 입학하지만, [교회]는 주민이 회중이 되어 설립하면 평화롭고 안정적이다. 그 다음에 학부모가 〈교회는 창립〉하므로 [학교]와 [교회]가 함께 발전하며 성장하게 된다.

Vot Beng 주민과 협의, 설득하면 특히 [불교] 신도는 이해심이 좋아서 양보하며, 협력한다. 인도차이나 반도 국가로 〈캄보디아〉〈라오스〉〈미얀마〉〈태국〉〈베트남〉은 외유내강 성격이므로 나타나는 성품만으로는 판단키 어렵다.
- 2006년 국교가 [불교]이다 -

캄보디아, [Vot Beng 마을] 입구이며 마을의 유일한 〈잡화 점포〉가 있으니 바로 〈이곳〉이다.

이 섬(?)에 유일한 상설 점포이며, 이 곳에서 모임할 수 있는 〈이곳〉을 장소로 제공했으며, 유일한 공공 장소이다.

[캄보디아]는 불교가 국교이므로, 〈교회 설립〉과 〈학교 설립〉에 논쟁이 많으나, 구견회 선교사는 [교회 설립]을 원하며, [학교 설립] 경우는 이 지역 발전을 바라는 주민은 없는 셈이다. 〈Vot Beng 마을〉 중심지이지만, 어린이들의 놀이터일 뿐이다.

1. 다리-교량 설치할 계획이 없으며, 교량을 설치할 경제적 가치가 없다.

2. [불교]와 [기독교]의 공통점과 진리를 주장하며, 두 신앙이 다른 것은 [불교]는 불공을 드리기 원하며, [기독교]는 행동, 즉 진리의 실천을 원한다.

3. 이방 신앙(기독교)이 전파되는 경우, 불교(신앙)은 완강한 저항이 있으니, 특히 어른(조부모)의 [불교] 신앙으로 가정 불화가 생겨서 이 갈등을 어떻게 해결하는가.

4. 따라서 〈학교〉보다는 〈교회〉를 먼저 설립해야 주민은 주장한다.

5. [학교]는 동네 사람의 사랑을 받아야 하며, [교회]도 사랑 받아야 하므로 [학교]와 [교회]의 공통점은 〈서로 사랑〉하라는 진리이다.

〈불교〉와 〈기독교〉는 공통점은 서로 존중하며, 서로 사랑하며, 서로 양보하며, 두 신앙 모두는 진리 탐구가 필요하여 〈신학교〉가 더 매진하며, 〈불공〉이 더욱 필요하다.

◇◇◇◇◇◇◇◇◇◇◇◇◇◇◇◇◇◇◇◇◇◇◇◇◇

2003년~2005년에 이러한 헐벗은 인간이 지구에 함께 살아가는 것은 심히 부끄러운 일이다. 어떻게 이러한 가난에서 벗어날 수 있는가. 그래도 어린이들은 〈고무줄 넘기〉에 여념이 없으니, 박수치는 관객도 없으며, 칭찬하는 어른도 없다.

캄보디아, 남쪽 항구 도시 [Shianook Vill 성경 학교]가 있으니, 구견회 선교사가 교장 선생으로 있다. 첫 번째 목적은 [교사] 선발이었으나, 너무도 가난하여 [직장]을 먼저 구하는 편이 합당하다.

사진에서 보듯이 어린이들이 입고 있는 옷은 전부가 〈버린 옷을 주워 온 것〉이며, 신발은 없는 어린이가 거의 전부이며, 그래도 어린이들은 웃으며 행복하게 지낸다.

뒤에 서 있는 분은 [Sihanoukville 성경학교] 졸업생으로, 〈Vot Beng Friend primary School〉 설립 때 부임하였으니, 얼마나 [Vot Beng 마을]에 재직할 지 알 수는 없다.

학교 건축용 대지 3,000평을 현금으로 US$580로 구입하였으니, 잡목이 우거진 대지는 학교용으로는 좋은 상태로 마을 한 가운데 위치해 있다.

[학교]용 대지 위치는

1. 침수(물로 범람)되지 않는 지대여야 하며
2. 이웃이 없어서 학교 확장에 지장 없는 동네이며
3. 학생들이 떠들어도 무관한 동네이며
4. 초등학교를 위하여 마을 중심지역일 것

학교가 마을에 중심지 역할하며, 어린이는 도보로 왕복 2km 이내면 양호하다.

봉사자로 GO(Global Operation/ 경남, 부산지부에 간사)가 협력해 주었다. GO 한국 대표로는 주누가, 국제 대표는 김마가, 본인(오성연)이 GO 단체의 이사로 재직 중이었다. - 2005년 -

그리고 [Sihanoukville 성경 학교 졸업생   한 명]이 GO 부산 지부 간사에 협력하였으니, 현장에 실측하는데 도움을 주었다.

어느 분이 〈잡목이 우거진 땅에 [학교]를 설립〉하니, 〈학교용 대지는 크기도 알맞으며, 대지 값도 합당하였다〉

〈Vot Beng 마을〉에 [학교]가 설립하게 되었으니, 마을 주민과 협력하는 길 밖에 없으며, 오직 주민과 대화 통로는 ↗[Vot Beng Friend Primary School]이다.

[학교]는

    1. 너무나 〈베풀기〉만 해도 안되며

    2. 너무나 〈인색〉해도 안되며

    3. 너무나 〈엄격〉해도 안된다.

따라서 〈배우고〉〈교육하는 곳〉이란 특성을 충분히 나타내며, 특히 점차 늘어나는 학교 시설은 〈마을 주민의 소유〉란 점을 기억할 때, Vot Beng 마을 주민도 〈우리의 것이란〉 점을 기억할 것이다.

◇◇◇◇◇◇◇◇◇◇◇◇◇◇◇◇◇◇

2차 방문 때, 2005년 7월 13일에 배를 타고 20분 정도 가면 [Vot Beng 마을] 포구에 도착하며, 여기가 〈육지의 섬〉이다

사진은 왼쪽부터 구견회 선교사, 옥우원 장로, 장도원 장로, 최찬영 목사, 오성연 장로, 브라질 선교사가 [Vot Beng 마을] 학교 기공식 참석을 위하여 배를 타기 전에 촬영했다.

삽을 든 사람 뒤로 보이는 건축 [Vot Beng Friend Primary School 학교 건축 조감도]가 보인다. 마을 주민도 이러한 오지에 초등학교가 설립되리라고 미처 알지 못했다.

문맹자가 많은 다른 지방 도시를 구견회 선교사님은 추천하였으나 사양했으며, 초등학교는 [교육의 근본]을 이루며 매우 중요한 과정이므로, 학교 설립 조건에 합당하였다.

2차 캄보디아 [Vot Beng 마을] 방문으로 [초등 학교 기공식]은 마을에 처음 있는 공공 단체 기공식이다. Vot Beng 마을 지도자들과 함께 기념 촬영했다. 사진은 오성연 장로 옆에 옥창호 장로이다.

〈캄보디아〉는 매년 강 바닥이 높아졌는데 준설 공사를 아니하므로 여름 장마 기간에 국토의 60%가 강물이 범람한다.

전 국토의 강이 범람하는 것을 제외하고는 국민도 양순하며, 국교는 〈불교〉이며, 아름다운 국가로 매력이 넘치는 나라이다. - 2005년 -

국가 역사는 오래 되었으나 캄보디아 내전으로 100만 명 이상이 사망했으니, 전쟁의 참혹함을 그대로 보여 주는 현장이며, 〈캄보디아 내전〉을 참고 자료로 제시한다.

2007년, 3년을 지나서 방문한 초등학교 모습이 많이 발전해 있었으며, 2006년에 중학교가 개교하였다.

다음은 〈직업 고등학교〉가 개교할 수 있기를 희망한다.

허허 벌판에 [학교를 설립함]으로 〈소피아〉 교사는 초등학교를 담당하였다.

Vot Beng 마을에 〈Vot Beng Friend Primary School〉 초등 학교가 시작되었다. 초등학교를 설립하면 [중학교]는 쉽게 설립할 수 있다.

다음은 진학하는 고등학교를 설립하여, 〈직업 농업 기술 고등학교〉즉 지역 〈농업/축산〉으로 특성화하면 희망이 있으며, 모든 학교가 진학만을 중심으로 운영하기 보다는 〈학생 개인적 성향 분석과 학생이 진로를 결정〉하면, 바로 특성화 출발이 된다.

지역 특징은 농업과 축산으로 [농업] [양계] [양돈]이 있으며, 두 종류 사업 (농업과 축산)은 서로 보완적인 관계가 있으니 〈농업〉〈양계〉〈양돈〉은 〈냄새 기피 산업〉으로 도시는 불가능하지만, 〈농업〉〈양계〉〈양돈〉의 소비는 도시이다.

따라서 두 종류 사업을 집중적으로 〈개발 검토〉하면 희망이 있어 보인다. 앞으로 이러한 〈사업 모형 개발〉하면서, 실제에 적용하는 작업은 성공할 가능성이 많다.

이유는 1. 〈양계〉〈양돈〉의 단지 입지 조건으로 합당하며
     2. 〈농업〉〈양계〉〈양돈〉 단지는 주민이 적어서 민원이 적으며
     3. 〈양계〉〈양돈〉 단지는 강으로 구분되어서, 외부와 차단된다.

농업에서〈양계〉는 사료로 곡물이 공급되며, 〈양돈〉의 사료는 〈감자〉〈호박〉〈고구마〉〈카사바〉는 훌륭한 사료로 공급된다.

학생으로 〈교과서〉〈노트〉〈연필〉은 있어야 하는데, 가난한 어린이는 책과 필기 도구가 여러 어린이들 중에 한 명도 없으며, 오직 [학교]에 출석하는 것만으로도 다행이며 행운이다.
- 2007 -

열심히 선생님 말씀에 귀 기울이며 〈음악〉〈미술〉〈체육〉은 어린이들이 좋아하는 과목으로 [음악]은 악기로 〈신

시사이저〉 준비할 것이며, [미술]은 〈종이〉와 〈크레용〉을 준비하며, [체육] 은 〈줄넘기〉를 위하여 단체로 〈줄〉을 준비하면 된다.

왜 이러한 〈신시사이저〉 〈크레용〉 〈줄넘기용 줄〉을 준비가 필요하는가?! 그 런데 〈신시사이저〉만, 값이 비싸지만(?) 나머지 〈크레용〉이나 〈줄〉은 물건 값이 저렴하므로 손상이 있더라도 별로 상관 없다.

오직 〈신시사이저〉만을 안전하게 약 25대를 보관하도록 주의를 당부하고 싶다.

◇◇◇◇◇◇◇◇◇◇◇◇◇◇◇◇◇◇◇◇◇◇◇

이 [학교] 공동 설립자인 구견회 선교사와 〈소피 아〉 교사는 3년 만에 만 나는 반가운 얼굴이다. - 2007년 5월 -

처음 부임하는 교사는 모 든 학사 업무가 〈시작〉이 므로 어려움이 많다. 그 러나 이 어려움을 헤치고 〈소피아〉 교사는 지난 3

년을 설립에서 2007년까지를 무난히 이겨 나아갔으니, 훌륭한 [교사]이다. 앞으로 중학교-고등학교 [교장]도 가능한 인품이며, 능력이다. 이러한 경우 는 〈교사는 실력보다 존경 받는 인품이 더 필요〉하다.

[학교]를 개척하여 설립한 [학교장]은 이 [학교]의 모든 분야에서 〈아름다운 전통〉을 수립했으며, 〈Vot Beng 마을〉과 무난한 관계도 수립하였다.

모든 [학교 개척자]는 설립하는 마을과 지역에서 〈모든 사람의 교사〉이며 〈꿈 을 주는 선각자〉이며 〈지역 개발자〉로 자부심을 가져야 한다.

이러한 함께 실천하는 지역개발에 〈더 힘이 나고〉
〈더 넓은 안목이 생기며〉
〈더 많은 전문성을 갖는다〉

〈교육의 힘이 얼마나 힘있고, 아름다운지 변화하는 모습을 보면 안다〉 〈고무줄 놀이〉하던 어린이가 이러한 모습으로 변화될 수 있는가! 초등학교 1개 반으로 개교했으나, 4년 만에 〈중학교 1개반〉을 추가하여 남녀 공학으로 즐거움이 교실에 넘친다. 이 [Vot Beng 마을]에는 처음으로 개교하는 학교이므로, 대부분 어린이에게는 〈학교〉를 처음으로 체험하며, 학부모의 학교 생활 기대가 있다.

마을에 학교가 개교하면
    1. 어린이에게 [질서]가 나타나며
    2. 어린이가 [인사]를 잘하며
    3. 각 [가정]에서 부모님 말씀에 순종-복종하며
    4. [사회-세상]을 배우는 자세가 나타나며
    5. [학교]에 순종하며, 복종할 줄 알게 된다

위와 같이 어린이가 [학교]에 출석하므로 학부형은 만족하며, 교육 성과를 먼저 맛보며, 학교 성적은 보다 먼저 좋아한다. 부모는 자녀가 학교에서 일상생활 태도가 변화하므로 〈우리 어린이가 바뀌었다고〉 좋아하며, 초등자녀 교육은 〈가정〉〈사회〉〈학교〉 3곳의 힘을 합하여 이루어 진다. - 2005년 -

2007년, 3년 만에 방문한 [Vot Beng Friend Primary School] 전 교생이 열렬히 환영하였으며, 그 동안에 〈중학교〉까지 개교했으니, 그간에 수고와 헌신은 말로 표현할 수 없을 것이다.

이 척박한 들판에 중학교까지 개교하였으니, 이제는 〈농업 고등학교〉〈축산 고등학교〉를 세워 내일을 준비하는 것이 마땅하다.

이 섬(?)은 〈농업 고등학교〉와 〈축산 고등학교〉로 적당한 곳이며, 숯(땔감)은 생계비가 됨으로 고향을 지키며 살 수 있으니 〈직업 학교 설립이 적당한 지역〉이다. 가난한 지역에 학교 설립은 〈직업 학교〉이며, 생계를 위한 교육 단체가 합당하다.

이 지역 청소년도 꿈/vision을 가지고 세상으로 나아가도록 하여 더욱 분발하여, 고향 Vot Beng 마을이 빛나는 [농업] [축산] 특성화 지역이 되며, 캄보

디아 Vot Beng Friend Primary School이 세상의 빛이 되기를 매진해야 한다.

처음으로 교육 단체가 설립되고 운영되면 〈우리 동네에 학교가 있다〉고 자랑하지만, 중학교-고등학교가 설립되어 얼마 되지 않으면 곧 〈ㅇㅇㅇ을 잘하는 [학교]이며〉, 〈@@@으로 유명한 [학교]로 자랑할 수 있어야〉 한다.

◇◇◇◇◇◇◇◇◇◇◇◇◇◇◇◇◇◇◇◇◇◇◇

Vot Beng 마을은 운동으로 〈줄넘기〉를 특성화하여 개발하면 유명한 [학교]로 발전할 수 있을 것이다. 그리고 [학교]는 지역이 특화하므로 [농업 고등학교] [축산 고등학교]로 설계하면 희망이 있으니, [농업]과 [축산] 분야를 연구해야 한다.

[농업 학교] [축산 학교] 특성화 지역으로 최소한 자격을 갖추려면

1. 〈농토는 5만 평/실습 농장〉은 확보되어야 하며
2. 〈축산은 [양돈]이며, 〈악취〉로 민원이 없어야 하며
3. 학교 발전을 〈Vot Beng 마을 전체〉는 축하해야 한다.

이제는 [학교]를 설립 운영하므로 〈Vot Beng 교회〉를 설립할 차례로서,

1. [초등학생 그리스도인]
2. [중학생 그리스도인] 탄생을 기대하며,

Vot Beng 마을이 〈기도와 찬송〉으로 울려 퍼져가는 날을 기대한다. 또한 할아버지와 할머니도 전도하여 함께 [교회]에 오셨다.

운동 기구가 없는 운동장에 시급히 필요한 것은 무엇인가?!

[체육 교사] 1명~2명이 전교생을 대상으로 [국민 보건 체조] 지도부터 바란다. 우선 [농구] [축구] [배구] [철봉] [넓이뛰기] [평행봉]은 돈/투자 없는 시설이므로 설치가 쉬운 것부터 할 수 있다. -2007년-

운동장에는 〈농구대〉 〈축구 골대〉 〈철봉대〉 〈평행봉〉 등은 어린이의 신체 발달과 설정한 규칙에 따르는 습관에 익숙한 기구가 단 하나도 없으니, [체육 교사] 한 분이라도 봉사하면 좋겠다. [체육 교사]가 봉사자로 [Vot Beng Friend Primary School]부터 1주일에 1회~2회 방문하면 만족한다.

[학교]는 일정한 시간에 모여서, 〈국어〉 〈산수〉 〈사회〉 〈과학〉 〈음악〉 〈미술〉 〈체육〉을 학습하며, 우리가 살고 있는 각 [가정]에서 연습하며, [사회]에 나아가서 적용해 보며, 이러한 분야를 [학교]에서 날마다 새롭게 배우는 6년을 초등학교라고 한다.

이러한 초등학교 과정의 대부분은 [의무 교육]이다. 중학교가 의무교육인 경우도 있으니, [고등학교]가 의무 교육인 국가는 선진국이며, 경제적으로 풍요하게 생활하는 국가이다.

물론 〈선진국〉의 분류 기준은 교육에만 있지 않으며, 기준은 〈경제〉〈정치〉〈삶의 질〉〈위생〉〈복지〉〈의료〉〈교육〉〈군사〉〈치안〉 등으로 한국은 50년 만에 [선진국 대열]에 진입했다.

캄보디아(Cambodia)는 [토목 공학]의 선진화로 국토의 60%가 물에 잠기는 (침수) 상황을 막으려 한다. 종교적으로는 국교가 [불교 국가]에서 탈피하는 〈국민적 생활 도덕의 관점〉을 바꿔야 하며 즉 〈정적인 불교 문화〉에서 〈동적인 기독교 문화〉로 변화가 필요하다.

Vot Beng Friend Primary School은 [또 감사 홈 선교 교회]와 [구견회 선교사님]이 함께 설립했으니, 학교 없는 지역을 선택하여 [각종 기능 교육]을 연구, 개발 공급하므로 본거지 역할을 담당한다.

인구가 도시에 집중하므로 [도시 중심 교육의 효율성]을 기대 할 수 있으나, 부모의 사정으로 어쩔 수 없는 농촌 정착 인구는 〈농업-축산 고등학교 설립으로 특성〉을 살릴 수 있다.

중학교 학생이면 앞으로 〈희망하는 직업〉은 무엇인가를 조사할 필요가 있으며, 〈Vot Beng Friend School〉은 어떠한 학교로 변화를 희망하는가?도 조사할 필요도 있으며, [지역 개발]에 참고할 사항이다.

〈지역적으로 가능한 업종은 무엇인가〉는 기피하는 업종으로는 〈냄새/악취로 불가능한 업종〉〈미관으로 허락 안되는 업종〉이다.

추천하는 업종으로는 혼자서 하는 〈정구〉〈골프〉〈농구/팀으로〉가 있으며, 〈철봉〉〈넓이뛰기〉〈평행봉〉〈달리기 100m〉는 개인 능력을 고취시키는 종목으로 특성을 삼을 만하다. 물론 남자와 여자 특기생으로 있기를 바라지만, 널리 인재를 구하는 일(사업)은 중단해서는 안 된다.

특히 〈철봉〉〈평행봉〉〈넓이뛰기〉〈100m 달리기〉는 개인 기술로 성패를 가늠하므로 훌륭한 코치만 있으면 우수한 선수로 성장시킬 수 있으리라 본다. 또한 환영하는 어린이들의 춤 솜씨로 보아서 [발레]를 가르쳐도 잠재력이 있음을 본다.

운동장에는 운동 기구가 없으니 줄 넘기가 전부이다. 어린이와 청소년에게

는 〈축구 골대〉〈농구대〉〈농구공〉이 필요하다.

줄넘기는 여자 학생들(?)의 놀이인데 남자 학생의 놀이가 되었으니, 묘기화로 할 수 있는 방법을 찾아 보아야 한다. - 2007년 -

청소년들의 발육을 위하여 〈농구대〉와 〈축구 골대〉가 필요하며, 〈축구공〉과 〈농구공〉이 필요하다. 또한 연관 사업을 생각 해보면 〈축구공 제조〉〈농구공 제조〉〈축구화-신발 제작〉은 기업화에 가능성이 있으니, 기업화하면 누군가는 성공할 것이다.

〈구기(공) 체육 직업 학교〉는 [축구] [농구] [배구] [정구] [골프] [100m 달리기] 각종 스포츠는 현대는 사업화 성공으로 국민적 산업으로 발전하느냐, 아니면 골목 놀이로 마치느냐로 이제는 〈스포츠도 사업화 시대〉로 진입했다.

〈줄넘기 대회〉도 국제적으로 발전 가능하므로 눈 여겨 볼 것이며, 〈줄넘기〉는 〈개인전〉〈2인 1조 전〉〈3인 1조 전〉〈5인 1조 전〉〈묘기〉 등을 둘 수 있으니, 다양한 스포츠 행사는 가능하다.

즉 〈사업〉과 〈경기〉는

    1. [축구 공]
      [농구 공]
      [배구 공] } 각 경기에 사용하는 〈공 생산 제조업〉
      [정구 공]
      [골프 공]

    2. [줄 넘기/개인]
      [100m 달리기] } 각 경기 마다 우승자 〈선발 선발 경기 대회〉
      [200m 달리기]
      [500m 달리기]

미국 [또 감사 홈 선교 교회]와 [구견회 선교사]는 Vot Beng Friend Primary School 설립자로서 보람이 크며, 〈남녀공학〉으로 함께 공부한다. 〈초등학교 1개 반〉으로 개교했으나, 4년 만에 〈중학교 – 고등학교 1개 반〉을 추가하여 남녀공학으로 즐거움이 교실에 넘친다.

다음은 〈직업 고등학교 설립〉이다. -2007년-

Cambodia는 10년 동안 내전으로 국가를 다시 재건하는 경우와 동일하여, 미래형 국가로 교육 설계 가능하며 Cambodia 장래는 밝다. 국민의 특성은 다양하므로 〈음악〉은 건반 악기를 생산하며, 〈체육〉은 농구공, 축구공 생산을 하며, 〈학습〉은 컴퓨터, 영어를 교육-훈련하면 개인적으로, [집단 특성화]는 가능하다.

캄보디아는 내전/內戰 (1969년~1979년)으로 성인 중에 약 200만 명이 사망했으며, 현재 인구는 약 1,700만 명으로 90%가 불교 신도이며, 인구는 계속 증가하고 있다. 따라서 [교육]에 대한 열성도 많으며, 대대로 [불교] 신앙으로 갖추어진 온순하며 착하다.

내전/전쟁 후는 민심이 어느 곳(분야)에 정착하지 못하며, 지도층의 지도하는 대로 따른다. 따라서 새로운 [국민 교육 기획]의 중요한 점은 전 국민은 〈컴퓨터〉와 〈영어〉를 교육하며, 기술은 〈건반 악기 제작〉〈축구공 제작〉〈농구공 제작〉을 국민의 특기/기술로 삼으면 좋을 듯 하다.

이와 같이 새로운 기술은 〈전 국민으로〉〈전체 민족이〉 특성화에 집중하므로 [집단 능력]의 우수성을 나타낼 수 있으니 세상은 전체로 가는데 〈개인〉으로 무장하며, 세상은 국가로 무장하는데 〈개인〉교육 훈련하면 발전을 기대 할 수 있다. - 2007년 -

즉 〈음악〉은 건반 악기를 생산하며, 〈체육〉은 축구공, 농구공을 생산하며, 〈일기/날씨〉에 의존하는 직업은 다른 업종으로는 따라 올 수 없는 직종이다.

〈미국, 또 감사 홈 선교 교회〉가 여름 방학 수련회로 왔으니 교회 수련회 목적은 무엇인가?

1. 〈기도인가, 성경 공부인가, 친교인가〉
2. 〈근로 봉사인가〉

일반적으로 교회 수련회 목적을 결정하지 못한 채, 수련회 장소에 도착했으니, 현지인 생활 탐방을 중심으로 정할 수밖에 없었다.

선교지 [학교]는

3. [학교]는 어떠한 지역에 개교하며
4. 현지 주민의 생활은 어느 정도인지를

파악하는 데 그쳤으며, 즉 현지 방문에 의미를 둘 수밖에 없었다.

단체 방문 전에 [기획]이 얼마나 중요한지를 실감하는 기회였다. [기획]의 중요성을 실감했으며 단체 활동의 절차와 순서도 확인하는 기회였다.   - 2007년 -

초등학생과 중학교 재학생으로 - 언니들, 형님들은 - 춤으로 〈환영 인사〉를 대신한다. 〈물질이 없으니 그냥 보내기 아쉬운 나머지 춤으로 드리고 싶은 마음이니 받아 주십시오〉 - 2007년 -

〈Vot Beng 마을〉은 외부로부터 방문객이 오면 〈춤으로 환영 인사〉를 대신했는데, 선물할 물건은 없으니, 춤으로라도 환영하였다. 이러한 따뜻한 마음을 전통으로 [Vot Beng Friend Primary School]를 특별히 기억하게 하고 싶은 마음은 아름답다.

재학생들의 애틋한 〈우리 학교의 사랑 표시〉는 이 학교에서만 볼 수 있을 것이며, 〈아름다운 춤〉으로 보여 드리고픈 마음은 Vot Beng Friend Primary School의 자랑이며 수준 높은 작품으로 보여드리고 싶으며, 〈체육 교사〉와 더불어 〈무용 교사〉도 초청 대상이다.

〈Vot Beng 학교의 체조〉는 학교의 자랑으로 삼을 수 있으므로 〈체육 교사〉 〈무용 교사〉 〈발레 교사〉를 특별히 채용하므로 〈특별한 체육/무용/발레 학교〉로 성장을 꿈꾸어 왔으니, [학교]는 가난하여도 허락되는 꿈(vision)이 있으니 특기를 개발하여 현실화 하는 작업이다.

〈소피아〉는 Vot Beng Friend Primary School 첫 번째 교사 겸 교장으로 학교에 부임했다. - 학교장실에서 2007년 -

어느 곳이든지 첫 번째 [교사]가 헌신적이면, 두 번째 교사 역시 〈헌신적 교사〉가 올 수밖에 없으니, 여간해서 전통을 무시하고 새로운 전통과 역사를 수립하기는 어렵기 때문이다.

〈소피아〉 선생님은 아무도 원치 아니하는 지역을 자원하였으니

1. 그의 용감한 성격에 감사하며, 도전 정신과 독신으로 혼자 살아가며
2. Vot Beng 마을은 극도로 가난한 지역임에도 지원하였으며
3. [학교]가 처음 개교하는 곳인데도 선택하였으며
4. 아무런 연고가 없는데 지원하였으니

〈소피아〉가 용감하게 부임하여 준 마음과 정신에 놀라움이 많았으며, 오지를 선택하여 감사했다.

〈소피아〉 교사는 가난한 동네에서 어린이-학생이

5. 〈어떻게 성장하는가〉
6. 〈가난을 극복하는 무기는 무엇인가〉
7. 〈꿈이 자라는 곳은 어디에 있는가를 기록하여 시나리오 작가의 작품 활동에 활용할 수 있을 것이다〉

Afghanistan 교사들 연수 참여자들
(필리핀에서)

1, 2, 3, 4, 5, 6, 7
  = Afghanistan 교사는 〈7명〉이며,
A, B, C, D
  = Cambodia 교사는 〈5명〉이며,
가, 나, 다
  = 한국인은 〈3명〉이었다

겨울 방학 기간이 같은 Afghanistan의 Alaudol 교사, Sabes Bulo 교사와 Cambodia, Vot Beng 마을과 Sihanoukville에서 겨울 방학 기간이 동일한 필리핀 [교사 수련회]에 함께 참여했다. 모두는 〈초등학교 교사〉들이며, 필리핀 쇼핑 센터에서 기념 촬영하였다.

〈제1회 교사 수련회〉는 2007년 필리핀에 있는 Faith Academy와 Sister Mary Town의 견학과 수업 참관을 위하여 Afghanistan과 Cambodia에서 왔다. [교사 수련회] 참관을 위하여 〈크리스 문 사장〉은 미국에서 방문했으며, 〈김경언 선교사〉는 Pakistan에서, 오성연 장로는 한국에서 왔다. 4개 국가에서 동행하여 참관하였다.

현장에서 얻은 교훈

1 현지인 [생활 개선]은 〈학교/교육〉부터 시작한다

   a. 현지인은 자발적으로 지역 발전에 참여하므로 역동적인 힘이 생기며, 만약 합당한 인사가 없을 경우는 인근 마을에서 사람을 충원한다.

   b. 지역 주민과 인접 주민이 연합하여 참여 가능한 사업은 [교육]이다. 〈은퇴 교육 경험자〉는 신앙인을 중심으로 청탁한다.

2 [학교 개교]와 [교회 개척]에는 순서가 있다

   a. 주민의 신앙 생활은 〈학교 교육〉부터 출발하며, 〈문맹자 교육〉은 필요하면 작은 수 일지라도 [교육]해야 한다.

   b. 교회 개척은 〈현지 그리스도인의 책무〉이다.

3 [지역 개발]은 지역 지도자 준비가 필요하다

   a. 지역 개발 지도자는 〈자립 정신〉이 철저해야 한다.

   b. 지역 개발에 개인의 역량이 뛰어나야 [지역개발 사업]에 개인실력이 나타난다.

MEMO

Afghanistan, Jouguri
[하자라 족을 위한 학교] 설립

1. Alaudol Friend School 설립-운영 -2006년~2009년-
2. Sabes Bulou Friend School 설립-운영 -2006년~2009년-
3. Zola Friend School 설립-운영(현장 미착수) -2006년~2009년-

a. 소외 종족으로 [이슬람 특성]
   1) 〈종족 분쟁〉은 〈지역 분쟁〉으로 확대되므로, 종족 분쟁은 안 된다.
   2) 경로 사상은 〈마을 지도력〉과 상통한다.

b. 마을 학교는 [학교 건물과 학사 운영한다]
   1) 교사 해외 연수를 의무로 제시하다 – 미국, [교회]가 재정 부담한다.
   2) 현금 지불은 안된다 – 미국, 교회가 재정 부담한다.
   3) 지역 모범은 – 〈학교를 설립 운영하는 지역 운영 위원회〉로 한다.

c. 재정 기부
   1) 학교 건축비는 미국, [또 감사 홈 선교 교회]가 담당하고, 제공한다.
   2) 교사의 해외 여비, 항공료는 미국, [또 감사 홈 선교 교회〉가 헌금
      한다.

〈Afghanistan 측 요구 항목은 마을 지도자에게 낱낱이 문제없는가〉를 문의하라 하였으며, 즉

1. 〈학교 건축 노동과 기술은 학부모가 담당하며〉 〈단순 노동도 학부모가 담당하다〉
2. 〈교사의 해외 연수 참여는 의무로 한다〉
3. 〈작업자에게 현금 지불은 없다〉

마을 지도자들의 확약을 받은 후, [학교 건축을 후원] 하였다.

Afghanistan의 학교 설립과 운영은 김경언 선교사의 헌신으로 시작되었으며, 학교 건축비와 필리핀의 해외 연수 재정 후원은 전적으로 [미국, 또 감사 홈 선교 교회]가 담당하였다.

2004년 당시, Afghanistan-Kabul에 있었던 〈한국인 선교사〉 여러분

2004년 당시에 Afghanistan, Kabul에 체류하였던 한국인 선교사와 그들 가족들이다.

필자(오성연 장로) 는 2004년에 중앙 아시아 Kyrgyzstan(키르기스스탄)의 수도인 Bishkek(비슈케크)을 출발 Afghanistan 수도 Kabul까지 육로로 왔으니, 그때 Kabul에서 만났던 2003. 11. 10 한국의 선교사님 부부와 자녀들 전체이다.

이때는 Afghanistan, 〈조구리〉에 학교 설립할 줄은 미쳐 몰랐던 사실이였으니, 인간의 일은 내일을 모르며 지낸다.

당시에 kabul에 있는 한국 선교사 가족들로 어린이가 2004년 겨울에는 7명이나 되었다. 그리고 김경언 선교사, 홍허버트 선교사, 〈캐나다〉에 구 목사님과는 나와는 개인적이 친분으로 교제가 있었다.

〈손정래 선교사〉〈구자연 선교사〉〈김영희 선교사〉〈최소연 선교사〉〈이상백 선교사〉는 서울, 온누리 교회가 파송한 단체였다. 그리고 모두가 부부였으나, 부인 이름은 모른다. 2004년 당시는 Afghanistan 전쟁이 끝난지 얼마 되지 아니하므로 혼란한 시기였다.

서울 [온누리교회]에서 Afghanistan 파송한 〈평신도 선교사들〉

2005년

온누리교회(담임 하용조 목사)는 2000년, 7명의 봉사자를 Afghanistan, Kabul에 파견했으니 당시에 파견된 선교사는 다음과 같다.

구자현 선교사, 김영희 선교사, 최소연 선교사, 이상백 선교사, 손정래 선교사(장로)와 이휘숙 권사(부부)가 선교 사역을 담당했으며, 본인은 이들 숙소와 사역지를 2005년에 방문했으니, 어떠한 경우라도 미리 생각하고 행동하면 〈선각자〉라고 할 수 있다.

〈우리는 이 세대를 본 받지 말고...〉를 생각하며 살아가기 바라며, 본인은 위의 우리나라 선교사를 만나기 위하여, 육로를 이용해서 〈Kyrgyzstan(키르기스스탄- Bishkek)을 출발하여, Uzbekistan을 지나서, Afghanistan, Mazari Sharif에 도착했으며, 다시 수도인 Afghanistan, Kabul 도착하여 이들 사역을 목격했다.

김경언 선교사는 [호마윤] 교수 댁에서 〈우루두 어〉언어 공부하다

2005년 한국, 온누리교회에서 파견한 선교사(손정래, 구자현, 이상백)이며, Afghanistan 청소년들로서 무엇이든 공부하려는 [학생] 지망생들이다.

그리고 전쟁이 끝나고 Afghanistan, Kabul 시청에서는 2003년~2004년 교육 기회를 마련하였으니, Afghanistan 청소년 8명은 배움에 목마른 자들로서, 이들에게 〈무슨 재능이 있는지〉는 알 수 없다.

그러나 배움에 열심은 외면할 수 없어서 〈공부반〉을 편성했으며, Kabul 시청에서 교육할 수 있는 [교실]을 마련해 주었다.

이들은 아프가니스탄 종족은 주로 〈파슈튼 족〉이며, 우리나라의 초등학교에 해당하는 [그림 공부] [사회생활] [산수] [다리어] 등을 공부했으니, 아주 기초적인 교육을 했다.

〈배움에 목마른 자〉는 어느 곳에 있든지 [지식]을 찾으며, [재물]을 탐하는 자는 필요한 곳을 [재물] 찾으면서 시간을 보내며 그러나 필요한 것 즉 [교육]은 주변에 흔하지 않으니, 어디에 무엇을 위해서 사용할 것인가를 정하면 [그 세상이 보인다]

- 2005년 Kabul 시청 교실에서 -

김경언 선교사는 2002년 Kabul 도착하여, 2003.11.10부터 Afghanistan-Kabul에서 3년 목표로 kabul 대학교 역사학 교수 [호마윤] 박사 주택에 체류하면서 〈우루두 어〉를 개인 교수 받는 기간이었다. 사진은 〈호마윤〉 교수의 주택 앞이다.

TIM(두란노 해외 선교회)은 〈약사〉〈간호사〉〈미술 전공대학생〉〈대학의 컴퓨터 전공한 S/W 전문가〉 젊은 헌신자를 교사로 자원하였다. [Kabul 시청]은 교육 공간을 제공하여, 아침부터 온 종일 교육 과정으로 미술 실기반(그림 그리기)와 기초 컴퓨터반을 운영하였다.

간호사와 약사는 2인 1조로 Kabul 시 외곽을 방문하여 간이 치료와 응급환자에게 간단한 처치로 봉사하였다.

이 때도 여성 교육은 대상이 아니었으며, 남성 중심 교육으로 남자만으로 [교육]하였으니, 종주국으로 Pakistan도 여성 교육은 이제 막 시작 단계였다. Afghanistan은 약 100년, 1세기는 뒤떨어진 [사회 교육]을 시행하고 있었다.

〈파슈튼 족〉은 Afghanistan 국민의 45%를 점유하고 있으며, 학교장은 〈파슈튼 족〉이다.

〈파슈튼 족〉은 Afghanistan 민족 중에 절대 다수(45%) 종족이며, 교육의 내용은 초등학교에서 〈이슬람 경전을 외우고 쓰기가 전부〉이다. 이 학교 교장 선생님으로 〈파슈튼 족〉으로 학생은 〈하자라 족〉이 식당에 있으면, 들어가지 않고 그대로 나간다.

그만큼 아직도 종족 차별이 심하여 이 나라는 미개한 국가로, 즉 〈종으로(노예)사는 종족과는 자리를 같이 할 수 없다〉는 표시이다. 아직도 이 지구상에 이러한 종족이 함께 살고 있음은 부끄러운 일이다.

〈하자라 족〉은 몽골계 소수 민족으로 이 나라에서 종으로 살아온 지 약 1206년(약 11세기 전, 〈칭기즈〉 왕이 침공하여)되었으나 지금까지도 혼혈되지 않고 살아온 혈통은 귀하며, 장하기까지 하다. 아래 사진은 〈파슈튼 족〉 어린이다.

- 2005년. 아프가니스탄, 마자리 샤리프 시에서 -

마자리 샤리프에 있는 [교장 선생]이다

〈여성은 나이 13세 이상이면 모두가 이렇게 〈부르카〉를 입어야 한다〉

〈여성의 복장 자유를 〈부르카〉로 대신하는 제도는 무엇에 근거하는가?!〉

치마 길이를
  〈발목을 안보이게 할 것인가〉
  〈발목까지로 할 것인가〉

남편 의견에 따른다

모든 문화-문명은 〈인간 본성을 말살하기 보다는 인간의 본래 취향대로 살아 간다〉는 사실을 역사는 보여 주고 있다. 그런데 〈인간의 본성을 말살하는 여성 복장(부르카/Burqu)을 그대로 유지하는 이유는 무엇인가〉 그 이유를 명확히 알려주는 책이 없으니 이유를 모른 채 〈부르카〉를 입고 살아 간다.
- 2006년 -

이유를 모르고 입고 있는 〈부르카/Burqu/Burka〉는 〈아프카니스탄〉과 [인도] [파키스탄]이 다르므로 통일된 규범이 없으며, 〈부르카〉를 입는 것에 항의하는 보수파 사람도 있으니 〈부르카〉로 어느 파에 속하는 지를 판단하기 어렵다.

Afghanistan, [마자리 샤리프] 남자 교장과 여자 교사들

이들은 [교사]들이다. 모자 쓴 신사는 남자 교장이며, 나머지는 [여성 교사]이다.

학교 안에서는 부르카를 벗은 표정이 하나 같이 매우 밝으며, 교장 선생님과 같이 세상을 긍정적인 생각인지, 이슬람 세상에 대한 일반적 상식을 무시하면서

- 〈신앙은 인간의 내면 세계를 밝히 보여주며〉
- 〈남녀 차별은 아내와 남편으로만 있을 뿐이며〉
- 〈남자, 여자의 차이를 무엇에 두었을까요〉
- 〈이슬람 세상의 남녀 차이를 어디에 두는지〉
- 〈이슬람 세상에서 [여성의 책무]는 무엇인지〉

이와 같은 질문을 함으로써 신앙도 〈발전〉〈성장〉하며 누구든지 의심이 있으면 해답을 주어야 한다. - 2006년, 마자리 샤리프에서

〈여성 교사〉가 많은 이유는 여성 교사가 학생들 집으로 방문하여 [공부와 학습]을 돕는 제도 때문이다.

〈여성〉은 지극히 제한된 [학습-공부]를 한다.

1. 자기 집 밖에 나가는 것을 남편이 원치 않는다.

2. 본인의 자녀를 돌아보는 것을 원한다.

3. 학교에 출석하는 것을 원치 않는다.

4. 학생 몇몇이 모여서(교사가 집으로 방문해서) 수업을 받는다.

5. 하루에 몇몇 과목을 학습-공부하며, 〈월/화/수/목/금〉요일을 공부한다.

6. 여성 교사는 금요일에 [학교]로 출근해서, 지난 일주일 간에 있었던 〈현상 일〉을 보고한다.

7. 금요일은 학생에게 알려줄 [공지 사항]과 [시달 사항]을 낱낱이 준비한다.

이렇게 여성을 사회와 분리하는 정책은 아니 되며, 오히려 세상과 친밀한 관계를 유지하도록 하는 작업이 필요하며, 오히려 세상을 이기는 [인간의 성도]가 필요하다.

따라서 적극적으로 세상 싸움에서 승리하는 과목을 더 보강할 것을 제안하며, [남성학] [용감한 남성] [남자의 사회 책무] 등을 개발할 것을 요청한다.

〈하나님 만세!〉 〈우리나라 만세!〉 〈우리 학교 만세!〉

이렇게 외쳤더니 우리 반에 와서도 해달라는 요청으로 여러 반을 방문하면서 함께 〈만세 합창〉을 학생들과 더불어 외쳤다.

사진의 어린이는 〈파슈튼 족〉이다.

어린이도 〈만세〉를 외치는 함성을 좋아해서 [천막 교실]에서 초청이 줄을 섰으니, 이 교실, 저 교실을 돌아 다니느라 오랜 만에 의외의 초청(?)에 분주하였다.   -〈Afghanistan, Mazari sharif〉에서 2006년-

남자 학생 반으로
[만세]가 우렁차다

초등학교 공부는 모두가 종교 교육으로 〈이슬람 경전을 외우고 쓰기가 전부〉이며, 그 외는 없는 것 같으니 신앙 교육은 어린이부터 철저히 한다.
- 2006년 -

이러한 신앙 기초 교육이야말로 어린이에게 진정한 [기본 교육]이라 할 수 있으며 〈우리는 어릴 때부터 하나님을 경외하며...〉라는 교육을 실천하는 지를 반성해 본다. 초등 교육을 철저히 실천하는 〈부모의 신앙이 배울 점〉이다.

[칠판]에 써 있는 것은 모두를 [이슬람 경전]을 외워서 쓰도록 하니, 어릴 때부터 신앙교육을 철저히 하며, [실천]과 [행동]에 옮기는 것으로 완성된다고 한다. 이 얼마나 현실적인 성도의 윤리 강령인가!!

[학교] 시설은 보이는 것은 없으나, 이슬람 신앙의 경우는 어린이 때 부터 신앙을 기본을 튼튼히 하며, 일생에 잊지 않는 암기를 글을 배울 때부터 한다.

Afghanistan, Kabul 시내 마을
– 2007년 현장 –

Afghanistan에서 친한파(?) 소년을 만났으니, [태극기]를 새겨진 옷을 입고 있었다. – 2006년에 담임 교사와 함께

Afghanistan[하자라 족]이 거주하는 〈상계모사 군〉지역으로, 해발 3000m 고산 지대이며, 1개 군에 1개 초등학교, 중학교가 설립(?) 되었다.

1. 〈Alaudol Friend School〉 -2006년- 개교했음
2. 〈Sabes Bulo Friend School〉 -2006년- 개교했음
3. 〈Zola Friend School〉* -2008년- 오 장로, 현장 답사로 준비 중이다
4. 〈Daste Balchi Friend School〉** -2009년- 김경언 선교사 단독으로 설립작업

〈초등학교〉와 〈중학교〉를 설립한 지역이며, Afghanistan 산간 지역으로는 처음 설립하여 개교하였다.

◇◇◇◇◇◇◇◇◇◇◇◇◇◇◇◇◇◇◇◇◇◇

Afghanistan의 [하자라 족]은 해발 3,000m에 살면서 배움의 열정은 다른 세상 종족과 다를바 없으니, 〈하자라 족〉은 약 63개 종족 중에서 가장 배움의 열정이 높은 편이다. -2006년-

〈천막 교실-학교〉 초등-중등학교는 1년(12개월)에 6개월만 운영되며, 나머지 10월 초부터 이듬해 4월까지는 〈겨울 방학〉으로 [학교]는 문을 닫는다. 이 기간은 너무도 추워서 영하 〈-6도〉~〈-20도〉 쯤 된다.

그러나 과학 발달로 〈태양광 전기 발전〉과 〈지열/地熱〉을 이용하면, 겨울 방학이 6개월이란 기간은 없어질 것이며, 장래는 희망적이다. 원래 11세기 ~12세기 〈징기스 왕〉 시대에는 〈하자라 족〉은 3,000m 고지대에 거주하지 않았을 것으로 추정된다.

Afghanistan 역사는 알 수 없으며, 침략 초기에는 지금과 같이 〈하자라 족〉이 산 속에서 거주하지 아니했을 것이며, 평지에서 살았으리라 예상된다.

여기는 해발 3,000m 고산 지대로 [하자라 족] 거주 지역으로 (11세기/1206년 전에 칭기즈 왕 때에 거주 하던 종족) [천막 교실]에는 책상도 없으며, 의자도 없으며, 교과서도 없으니 [학교]라고 할 수 없다. 어린이들은 오직 배움의 기회가 없으며 세상으로 나아갈 기초 지식이 없을 뿐이다.

Afghanistan 국제 공항이 있는 Kabul에서 자동차로 8시간을 달리면 〈조구리〉군이 나온다. 여기가 〈하자라 족〉집단 거주지이며, 〈Alaudol 마을〉과 〈Sabes Bulo 마을〉 2개가 있다.

〈천막 교실/학교〉는 당장에 [교사]가 필요하며, 이러한 [교사]는 〈오직 복음으로 무장하라〉는 말씀을 실행할 것인가는 심사숙고할 문제이다. 우선은 문맹 퇴치로 복음에 앞서서 해야 할 일이다.

책상, 걸상, 교재와 교사(校舍)가 필요하며, 교구(校具)와 학교 용품이며 모든 것이 필요하였으니, 차차 준비하면 되는 것이지만, 노력 없이 얻는 문제는 어떻게 할 것인가는 답이 없으니 말이다.

칠판(?)이 교실의 전부이
며 책상과 [교재]는 없으
며, 교재는 교사들의 재
량에 맡긴다. 교과 대부
분이 이슬람 교리이며,
그것도 6개월만 [천막
교실-학교]에서 공부하
며 나머지 6개월은 추위
로 [학교]는 문을 닫으니
안타까울 뿐이다.

- 2007년 -

〈초등학교〉는 남자/여자 함께 공부하여 부족마다 다르다. 〈하자라 족〉은 개
방되었으며, 천막 안쪽에는 여자 학생이 있으니 남녀가 함께 공부한다.

이러한 학교(?)에는 − 1945년 창설된 UNESCO(United Nation Educational,
Scientific and Cultural Organization −국제 연합 교육 과학 문화 사회 정보
기구)는 국가 교육, 과학, 문화의 교류를 촉진하며, 세계 평화와 안전에 공헌
을 목적으로 한다.

초등학교만이 남녀
공학이며, 중학교
이상은 여성과 남
성은 따로따로 별
도로 나누어 각각
공부한다. -2007년-

여자 학생은 천막 안쪽
에 있다.

2006년 7월 현재 사진으로 〈하자라 족〉은 해발 3,000m 산 속에서, 세상과 격리되어서 살고 있었다. 겨울 방학이 6개월인 국가도 있는가?!

초등학생 5학년, 6학년으로 [천막 교실]은 저학년/동생들에게 양보했다.

10월~4월 초까지 6개월 동안은 천막 교실은 추워서 교육활동이 불가능하다. 10월부터 다음해 봄 3월까지는 〈6개월 겨울 동안에 내린 눈이 녹지 않아서 집에서 공부한다.〉

〈하자라 족〉은 해발 3,000m 고산 지역에 거주하며, 겨울에는 눈 때문에 외부와 교통이 두절되며, 추위도 빠르며 초등학교-중학교는 그래도 집에서라도 공부하였다. (뒤편에 5명은 남자 학생이 동석하였다)

오직 교육 기회 제공이 없어서 〈우리가 종으로 살아온 날이 얼마인가〉
〈배우지 못하여 종살이로 살아온 세월이며〉

2006년 10월 첫 주간에 필자는 방문하였으니, 금년 10월 초면, 눈 때문에 내년까지 교통이 두절된다.

이러한 해발 3,000m에 세상과 멀리하며 살고 있는 〈하자라 족〉까지도, [교육]은 음식과 같이 이 세상의 생존 조건으로 여긴다. 〈인간은 배우고 가르치기 위해서 태어난다〉고 해도 과언이 아니다.

〈하자라 족〉에게 교육이란 무엇인가를 묻는다면, 〈생존에 가장 첫째가는 가치 있는 것〉이라고 답변할 것이다.

〈곡식을 밟아 떠는 소에게 망을 씌우지 말라고〉 고린도 전서 9:9

〈일꾼이 자기의 품삯을 받는 것은 마땅하다〉 디모데 전서 5:18

여기는 해발 3,000m 높은 지역으로 [하자라 족]이 거주하는 북쪽 고산 지역이다. 노새의 발굽으로 밟아서 곡식 알을 까는 방식은 한국이 약 70년 전에 있었으니, 탈곡기를 사용하면 2시간이면 [벼]에서 [쌀]을 추수하는 [일]을 1주일 걸려서 노새 발굽으로 곡식을 탈곡한다.

2006년 전에 예수님 탄생 당시에 사용하던 탈곡을 지금도 이 방법으로 사용 (2000년)하고 있으니, 옛날을 생각하며 한국의 농업 발전에 감사할 따름이다. - 2006년, Afghanistan 산골 현장이다 -

손에 든 것은 책 가방
(?)으로 땀으로 젖을
까 보아서 책은 비닐
로 쌌다. - 2006년 -

2시간을 걸어서 등교하며, 3시간 동안 학교 공부하고, 다시 2시간을 산 넘어
서 집에 간다. 즉 왕복 4시간 걸어서 3시간 공부한다.

도시 생활과 [하자라 족]의 산속(?) 생활은 비교가 안될 만큼 고생스럽다. 그
러나 이들이 얻는 것은 다른 종족에 없는 튼튼한 하체로 1달에 800km를 걸
으며 신체상의 이로움을 얻는다.

그리고 산을 넘어서 갈 때에 안전을 위하여 집단으로 다닌다. 자기 마을에
중학교 - 고등학교가 없으니, 4시간을 산 넘어 학교에 등교한다.

Afghanistan, [조구리 마을]과 [사베즈 불로 마을]에 초등
학교와 중학교를 설립하였으며, 건축 공사와 진행 하면서
있었던 일화를 소개한다.

2006년

교실에는 칠판 하
나가 [교구]의 전
부이며, 여기서 초
등학교 6년을 수업
(체육, 음악, 사회/
견학은 없으며)하
며, 이 모습 만이라
도 1년 내내 계속
되기를 원한다.

●는 〈하자라 족〉 Zola 마을 지도자로 마을에 초등학교가 설립되기를 간절
히 희망했으며, 준비로 돌(석재), 대지를 Zola 마을을 방문해서 확인하기를
간절히 원하였다. 미국 [또 감사 홈 선교 교회] 〈문현덕 사장〉-1이며, 옆에
서있는 분은 같은 교회의 〈서정은 사장〉-2이다.

Afghanistan 문맹률이 남자는 80%이며, 여자는 95%이며 아직도 대부분이 문맹자로 살고 있다는 것은 놀라운 [사건]이다. 이 지구에 문맹자는 8억 명(UN 발표) 있는데, 통계 가운데 있다면 그래도 조금은 위로가 된다.

사진에서 듣는 ─ 노인들은 젊은이가 읽는 제안서를 듣는데 ─ 네 사람은 듣고 있으니, 글을 모르는 노인들 같다. 여러 가지 정황으로 보아서 학교를 설립 운영한다니, 〈협력하는 부분이 무엇이 있는가〉를 듣기 원하는 모습이다.

김경언 선교사 역할과 학교설립에 공로가 크며, 따라서 특히 [경로 사상]이 살아 있는 지역은 문화가 있어서, 앞으로 〈문맹자는 희망〉이 있다. 이 지역에 〈성인 문맹자 퇴치 교실 운영〉에 희망을 갖는다. -2005년-

〈A 마을인가〉 〈B 마을인가〉로 선택이 중요한 문제점으로 산을 하나 가운데 두고 이쪽이던 저쪽이던 선택해야 할 결정 사항이다.

Afghanistan 〈하자라 족〉 사람은 〈회의〉방식도 많이 배워야 하며, 산속에서만 살아서 나이 든 〈어른 중심으로 회의할 수밖에 없다〉

〈교육은 선택하는 순간에 모든 것은 자기가 이해하므로 자기 것이 된다〉

[사회 교육(신문-방송-잡지와 이웃에서 얻는 교육)이 없으므로 성인이 되어서도 현지인의 〈사회 교육 정도〉는 아주 낮으며, 제한적일 수밖에 없다. 따라서 [교육]은 사례를 중심으로 하나 하나를 설명하며 이해하도록 한다.

- 2005년 12월 겨울 -

Afghanistan, Zouguri 마을 지도자의 만남과 모임이다

〈어떠한 현금 지급도 안되며, 학부형이 학교 공사를 담당한다〉〈1년에 한번
은 교사 연수를 받는다〉 제안했더니, 허락하였으며, 다른 제안은 없었다.

- 동네에는 없는 음료수를 구입하려고 먼 곳까지 다녀왔으니, 그들의 정
  성은 하나님도 감동하였다.

- 젊은이가 글을 읽으며, 학교 설립자의 요구 사항을 설명한다.

- 옥우원 사장, 최경욱 목사, 문현덕 사장, 윤 선교사가 보인다.

- 땅(대지)가 좁다고 했더니, 바로 〈학교 건축할 대지를 학부모는 힘을
  모아 넓게 확장 공사〉하였다.

농한기(겨울 10월~3월)에 〈학교용 건축 대지가 협소하니 좀 더 넓혔으면 좋겠다〉고 했더니, 이 동네 어른들 모두가 〈학교 건축 대지〉를 넓히는 봉사 작업에 참여하였다.

본인들의 손자 손녀가 다닐 것인데, 땅(대지)을 넓히는 작업에 열심히 돌산을 폭파하여 〈학교 대지〉를 넓혔다. 초등학교는 집에서 근거리에 있으므로 더 편리하며 [학교 사랑]이 더욱 간절할 것이다. 정부의 보호 단체는 오직 [학교] 뿐이다.

비록 초등학교라고 해도 자기와 연관이 있어야 열심으로 봉사한다. 따라서 오랜 전쟁으로 상처 입은 그들(노인)은 자기만을 믿는다. [학교]가 완공되면 1년 내내 공부할 수 있어서 성적은 올라갈 것이며, 할아버지와 아버지께 감사할 것이다.

이러한 과정을 거쳐서 〈천막 학교〉에서 〈석조 건물 학교〉로 변환되었으며, 겨울 6개월 방학을 〈1년 내내 학교〉로 변신하였다.

악수하는 분은 [Zoguri Friend School] [무하마드] 교장(46세)이며, 그 앞에 안경 쓴 분은 김경언 선교사를 3년 동안 [다리어]를 가르쳤던 국립 Kabul 대학교 [호마윤] 교수이다.

어느 사람이든지 언어가 다르고, 풍습이 다른 나라에서 선교활동을 하려면 가장 먼저 그 나라 언어부터 습득하는 것이 가장 빠른 길이다. Afghanistan의 45%가 넘는 [파쉬튼 족]과 Afghanistan 15%인 [하자라 족]은 모습에서 분명하게 구별된다.

다른 종족은 외모로 구분이 어려우나 〈하자라 족〉은 외모로 구분이 뚜렷이 달라서, 오성연 장로와 악수하는 이는 Zoguri Friend School 학교장이며, 앞장 서서 솔선하며 봉사한다.

교육은 이러한 세상과 격리된 사람들까지도 필요성을 절감하며 〈세계의 음식물〉이며, 〈공기〉로 호흡하는 것이다. 이러한 산골에서도 [교육]의 필요를 절감하여, 1,000년 동안 종으로 살아온 동네 노인들까지도 [교육]은 매일의 〈음식물〉이며 호흡하는 〈공기〉로 인식한다.

학교 건축 현장이며, 〈Zoguri Friend School〉오른쪽이며, 〈Sabes Bulo Friend School〉왼쪽과 위에 사진은 Sabes Bulo 마을 주민이 공사 현장에 마을 어른 들이 앞장 섰다.

특징은 공사 현장에 전동 공구가 하나도 없으니, 공사 현장은 전부가 손으로 작업한다. 멀리 보이는 산 정상에는 지난 겨울에 10월~4월에 계속해서 내린 눈이 4월인데 아직도 눈이 남아있다.

Afghanistan, 〈Zoguri Friend School, Sabes Bulo Friend School/사진 좌측과 우측〉 공사 현장으로 모두가 학생의 할아버지가 공사에 참여하였으니, 이 [학교]는 동네 노인들이 참여하므로 건축되었다.　　 – 해발 3,000m, 4월에 -

Afghanistan, [Zoguri Friend School] 초등학교와 중학교를 기초 공사 작업으로, 그 지역 [군수]와 [미국, 또 감사 홈 선교 교회]의 옥우원 사장이다.

그 지역 전통과 풍습 행사에 따르는 것이 친교와 교류에도 좋다. 그곳의 행사에 의미와 평가는 필요가 없으니, 현지인이 원하는 대로 따르는 행동이 필요하다.

이 행사는 학교 건물 기초에 외부인(손님이) 건물 기초 공사에 기초석을 손수 넣는 작업이며, 뒤에 함께 서 있는 분은 이곳의 [군수]로서 유명한 분이다. - 2006년 -

사진으로 보는 공사 현장으로 〈조구리, Sabes Bulo Friend School〉으로서 그 기초는 땅 속에 들어가서 눈으로 안 보이는 작업이다.

전동 공구는 하나도 눈에 띄지 않으며, 모든 작업이 〈정〉과 〈망치〉로만 작업하였다. 모두가 수(손)작업으로 공사를 진행하였다. 멀리 보이는 [천막 학교]는 〈조구리〉 Sabes Bulo Friend School가 이곳으로 옮겨 오려 한다.

학교 건축에 양철 지붕은 구입했으며, 창문은 목제로 제작하였으며, 〈천정 목재〉는 각 학생의 이름으로 학생 부모님이 기증하였으며, 양철 지붕과 창 문틀만을 구입하였다.

학교 건축을 모두가 현재 재학생들의 학부모의 협력으로 이루어졌다. 러시 아와 10년 전쟁도(2001년~2021년) 할 때 만이 〈힘을 하나로 모아서 싸웠다〉 는 것 보다 더욱 부족들과 협력할 때이다.

〈협동〉과 〈협력〉은 무엇이 다른가.
〈교육〉은 지식으로 이해하기 보다는, 〈교육〉은 생활에 적용하는 편이 맞으 니, 모두가 〈협동〉과 〈협력〉해야 한다.

Sabes Bulo Friend School 공사 현장, −2006년−

공사 현장에는 망치와 정, 바위를 깨는 〈다이너마이트〉 뿐이며, 전동 공구가 없으니 모두가 수작업으로 수행하니, Afghanistan 사람의 손재주가 뛰어나므로, 중동 지역에서 석공 작업은 〈하자라 족〉이다.

김경언 선교사　가 현장에 1주일에 한 번 방문하며 Sabes Bulo Friend School 건축 현장으로 채석(돌 깨는 작업 현장부터 돌 쌓는 작업까지) 현장이다. 한 번 방문에 〈양〉을 한 마리씩 식용으로 잡아서 작업자들에게 대접할 것을 당부했다. 또한 이때 이웃 마을 주민도 초청하여 함께하면 좋다고 제안했더니, 그렇게 함께하였다.

공사 현장에는 작업자로 노인들만 있으니, 오랜 만에 손자, 손녀들이 공부할 [학교] 공사장이다. - 2006년~2007년

[천막 학교-교실] 졸업생은 석재(돌) 집으로 운영은 〈우리 책임으로 운영한다〉

Afghanistan, 조구리 Alaudol 마을 출신 〈천막교실/학교〉졸업생들이 〈우리가 이 학교는 책임지고 운영한다〉는 결의문을 낭독하며 책임 운영을 다짐했다. - 2006년 -

〈Alaudol Friend School〉이 개교했다. 책임지고 운영할 담당자가 없으면 개교한 [학교]도 문제인데, 담당 할 자가 있어서 안심이며 다행이었다. 또한 이 지역에 청년들이 [학교]를 책임지고 운영하면 발전하리라 믿는다. [지역 애국자]가 필요하며, 노인들은 지역 애국자를 찾고 있다.

[태극기]가 있어서 〈한국에 반대하는 개인이나 집단이 있다면 훼손 할 수 있을 수 있지 않을까〉 염려된다고 했더니, 그 점은 염려 없으니, 이 〈돌판을 제작해서 일주일 동안을 동네 어귀에 놓아 두었으나, 누구도 아무런 훼손이 없었다〉고 했다.

이러한 〈증거로 [학교 설립]은 후대에 연관된 사실로 아무런 문제될 것이 없다〉 따라서 이 [학교]에 도움되는 것은 [음악] [미술][체육] 분야를 발전할 수 있는 [교사]를 찾아서 파견하는 것이다.

[Alaudol Friend School] 신축한 개교 현장

Afghanistan, [Alaudol Friend School] 〈초등학교〉와 〈중학교〉가 건축되었으
니, 학교 공사 중에 우물 파는 작업으로 폭파(발파)작업 실수로 〈작업자의
양쪽 눈이 안 보이게 되었다〉는 소식을 현지에서 보고했다.

즉시 우물(샘물) 공사와 건축을 중단할 것과 병원에 입원할 것을 제안하였
다. 그런데 본인(오디 씨)는 미국 군인 병원 입원을 싫어하여, 8시간 거리 집
으로 되돌아갔으니, Zoguri 마을까지 김경언 선교사는 8시간을 거리의 집을
방문하여 재입원시켰다.

그렇게 수 차례 반복하므로, 결국 이웃 나라이며, 의료 기술이 미군병원 보
다 뛰어난 Pakistan 안과 전문 병원에서 3차 수술을 받고서 천만다행으로〈한
쪽 눈이 보여서〉 퇴원했다. 이러한 사고는 전쟁 중에서 허다 하였으니 〈학교
공사를 진행하자〉고 주장했었다.

학교 설립 조건은 〈우물-샘물〉이 필수 조건이므로 마침 마을에 우물 공사
작업자가 있어서 하청 공사를 주었는데 사고가 났으니, 〈하청 업자의 실수
는 허락할 수 없다〉는 마을의 뜻으로, 그대로 진행을 마을은 주장이었다.

그러니 〈이러한 실수를 당연하다〉고 인정하면, 학교 공사는 끝이 없으니, 공사를 재개하자고 했다. 혹시나 이러한 계기로 해서 [학교] 건축공사가 중단되지 않을까 하는 의심도 있었다.

또한 공공 단체-학교를 설립할 때는 내가 속한 국가를 표시하기 마련으로, 〈하나님의 명령과 사명〉으로 할지라도 〈자본주의 우수성〉을 나타내어야 하며, 〈공산주의보다 더 훌륭한 점〉을 표시해야 한다.

이러한 공사 지연으로 약 40일을 허비하였으니, 동네에서는 공사 중단을 염려하였으며, 혹시 공사가 중단되지는 않는지, 동네에서는 〈치료〉보다 더 중요하므로 [학교 공사] 시작을 원하였다. 그러나 환자를 중요시하므로 〈즉시 건축 공사를 중지한 점〉, 〈수 차례 병원에 입원시킨 점〉, 〈Pakistan에 전문 의사를 찾아서 입원한 점〉으로 마을 주민은 〈사랑〉의 참 뜻을 이해하였다.

이러한 사고로 인하여 동네 사람들과 〈학교 설립자-제공자〉는 더욱 가까워지고, 참뜻을 이해하게 되었으니, 이러한 사고로 학교 건축 공사는 약 40일은 늦게야 재개되었으니, 이 정도 사고는 다행으로 알고 하나님께 감사했다.

뜻하지 않은 〈우물 공사〉로 인하여 [Alaudol Friend School 학교 건축공사]는 순풍에 돛단배 처럼 순조로웠다.

Afghanistan, [Alaudol Friend School] 준공하는 날은 아침부터 [태극기]를 게양했으니, 학교 설립은 한국인들이란 사실을 이해하였고, 한국인에 의하여 [초등학교]와 [중학교]는 설립되었다.

〈Sabes Bulo Friend School〉 신축 개교 현장

Afghanistan, 〈Sabes Bulo Friend School〉에 초등학교와 중등학교는 〈또 감사 홈 선교 교회〉기부로 건축하며 개교하였다.

[천막 교실/학교]에 출석하는 학생들은 모두가 [학교]는 개교했으니, 학교를 구경하러 모였다. 그리고 이렇게 많은 학생이 공부하고 있는 줄은 미처 몰랐다. 이러한 [학생-어린이]들은 동네에 등교가 어렵기 때문이다.

이러한 이유로 교류가 어렵고, 이웃 동네 간에 소통이 없어서 마을은 이웃이지만 먼 곳이나 마찬가지이므로 여러 곳에 [학교]가 있게 된 것이다. 처음에는 Alaudol Friend School이 협력이 잘 된 듯하였으나, 우물 파는 작업 사고로 Sabes Bulo Friend School 보다 완공이 약 40일을 늦어지게 되었다.

이 [천막 교실/학교]는 이러한 경우로 없어지게 되었으며, 1년에 6개월 동안의 겨울 방학은 없어지게 되었다. 이러한 [사례]를 보아 아직도 [천막 교실/학교]은 수없이 많이 있으니, 〈중앙 아메리카〉 〈남 아메리카〉 〈인도 차이나 반도 5개 국가〉 〈아프리카국〉 등지만 보아도 약 10억은 넘을 것이다.

Afghanistan은 〈흙과 파란 하늘, 그리고 돌과 흙뿐이다〉란 표현이 옳은 설명이며, 여기에 거주하는 사람 전부가 〈하자라 족〉으로 약 1206년 경에 〈몽골족, 칭기즈〉왕이 침공하였던, 종족 후손들이다.

한글로 이름표를 달았으니 〈한국 동네에 온 것〉으로 착각할 뻔하였다.

Afghanistan 〈조구리 마을〉 여자 학생의 〈한글로 쓴 것은 방문자가 이름을 알기 쉽게 쓴 명찰〉이다.

초등학생(남자)들은, 평균 신장(키가 크다)이 크며 이 어린이 역시 〈하자라 족〉으로 우리 나라 초등학교를 방문하였다.

Afghanistan 초등학교 5학년~6학년이면 한국의 중학교 학생과 같으니, 평균 신장이 훨씬 크다.

오성연 장로 뒤에 있는 남자는 〈홍 허버트〉 선교사로 미국 침례 교단 파송 선교사로 홍 허버트 선교사는 중앙 아시아(Uzbekistan)에서 10년 간을 근무했으며, Afghanistan에서 8년 근무했으며, 홍콩에서 약 5년(2004년)을 봉사했다.

〈홍 허버트〉 선교사는 중앙 아시아 Uzbekistan 체류할 때부터 나에게(1974년) 많은 침례 교단 선교 활동 자료를 제공하였으며, 특히 Afghanistan에서는 집단 개종 자료를 제공하였다.

2008년

〈Afghanistan 하자라 족〉 얼마나 손 재주가 좋으면 이렇게 전동 공구 없이 돌 집을 건축했으니 놀랍다.

[학교 건축] 완공 기념으로 어린 아이는 풍선을 선물로 받았다. 그런데 이러한 훌륭한 돌(석재) 기술을 세상 누구에게서 이용하는 방법은 어디에서 만날 수 있을까. 더욱이 이러한 기술을 [봉사]로 드릴 수 있다면 얼마나 좋은 기회겠는가.

미국의 [평화 봉사단]과 같은 단체에서 제공하는 [기술]을 이러한 [교육 현장]에 제공한다면 얼마나 보람되는 〈기술〉인가.

귀중한 기술은 사람들의 눈에 보이는 장소에는 없으며, 감춰진 곳에서 빛나는 것이다. 전동공구 하나도 없었으며, 오직 손으로 이룩한 작업으로 인간 승리의 증거를 보는 듯하였다. - 2006년~2007년 -

이 Afghanistan 〈하자라 종족〉 학교는 모두가 이러한 천막 학교(교실)이며, 이러한 환경에서도 배움은 있어야 한다고 믿는 이들에게 하나님의 돌보심을 간구한다. - 2007년 -

산 넘어서 계곡에 마을이 있으며, 고산지대마다 해발 3천 미터(3000m)에서 〈하자라 족〉은 살고 있으니 이러한 종족을 도움으로 [보람]을 찾아야 한다.

Afghanistan 교사들은 필리핀에 있는 미국 학교로 [Faith Academy]를 〈1차 교사 연수 방문〉하였다. - 2006년 -

견학 전에 사진은 8명에게는 요망 사항으로 〈수염을 면도할 것〉 〈매일 샤워를 할 것〉을 요청했으나, 샤워는 동의했으나 〈수염 면도〉는 거절하였다. 왜냐하면 수염을 기르는 것은 성인(결혼 표시)인 것을 나타내기 때문이다.

Pakistan, Hong Kong, Philippine 여러 공항에서 〈Afghanistan인 입국은 여권으로는 아무런 이상 없었으나〉 입국을 거절했다. 〈입국은 필리핀에 있는 Faith Academy에 조회한 후에 허락한다〉로 공항에서 약 3시간~4시간 대기하며 조사하였다.

위에 3개 국가에서 3시간~4시간을 공항에서 대기하였으니, 세계 테러 국가로 낙인 찍히면 어쩔 도리가 없으니, 이제 세계는 하나가 되어서 피할 방법이 없다. 그런데도 아직도 〈공산권〉과 〈자유 진영〉이 적대적이면서 서로 교통하며, 이러한 〈교류마저도 없었으면 [전쟁] 위험 가운데 있단 말인가!?〉

비행기로 왕래하면서도 아직도 이러한 국가가 이 지구 위에 있음은 부끄러운 일이 아닌가. 어떻게 하면 이 지구 위에서 [싸움]없는 세상을 살 수 있을까. 이러한 [싸움]은 교육으로도, 선한 마음으로도, 훈련으로도 안 되는 인류의 큰 병이 아닌가.

〈이웃을 사랑하라〉는 말 밖에는 없으니, [이웃 사랑 학교]를 개교하면 어떨까 생각해 본다.

〈제2차 교사 연수 방문〉 Afghanistan 교사들이 필리핀 [미국, Faith Academy] - 2009년 -

〈제2차 교사 연수 방문〉부터는 공항 심사가 일반인과 같이 하여도 대기 시간은 없었다.

● 표시된 사람은 Afghanistan 연수생이며, 〈앞서가는 지도자가 올바르면 뒤따르는 사람은 훨씬 쉽다〉 Afghanistan 국민은 해외 여러 국가와 교류가 있어야 하며, 국민 모두가 국제화에 힘써야 한다. 이유는 [2차 교사 연수 방문] 부터는 모든 수염을 기르지 아니했으며, Afghanistan 교사 한 분은 〈2차 교사 연수 방문〉에도 2번 해외 연수에 참가하였다. - 2009년 -

▲는 [미국, 또 감사 홈 선교 교회] 옥우원 장로, 김경언 선교사, 크리스 문 장로, 그리고 오성연 장로이다.

마을 지도자들에게 확약을 받은 제안에 [교사의 해외 연수는 의무로 한다]의 목적은 복음 전도와 고착된 생각을 바꾸고 교육적인 안목을 넓히려는데 있었다. 떠나지 않고 살던 고향에서 복음 전도는 불가능하다. 해외 연수 기간에 질문지를 중심으로 저녁이면 자기가 보고 듣고 느낀점을 토론하게 함으로 많은 것은 깊게 보고 느끼도록 했다.

질문지 내용은
1. 오늘 수업 참관 내용을 기술해 주세요.
2. 오늘 수업 참관을 통해 배운 점은 무엇입니까?
3. 오늘 수업에서 귀하의 학교에 적용할 수 있는 점 1~2가지를 구체적으로 적어보세요.
4. 오늘 만난 교사와 학생들에게 인상적이거나 기억나는 모습은 무엇입니까?

남자 교사 : Afghanistan 교사 = 8명.
여자 교사 : 중국, 도문시 인터 직업 양성 학교 = 5명.
〈Afgh.와 중국 교사가 겨울방학이 동일하여 함께 연수〉

남자 교사 : Afghanistan 교사 = 8명, 현관에서 환영식 행사.
〈2009년 1차 교사 해외 연수〉는 Sister Mary Town 현관에서
〈맨 앞줄에 서 있는 남자들이 Afgh.사람들이며, 수녀님만 제외〉

필리핀 한인 교회에서 함께 예배 참석하였다

춤추며, 노래하는 〈하자라 족〉 2차 연수 교사들은
〈필리핀 Girl' Town〉에서 학생들과 함께. -2009년-

필리핀 소재 미국, Faith Academy 학교 수영장에서 Afghanistan 연수생〈교사〉들이 세례를 받는다.

옥창호 장로, 장도원 장로, 이현수 목사(카나다, 큰 빛 한인 교회), 최경욱 목사(미국, 또 감사 홈 선교 교회) 무학키 주치 의사는(세례 받는 자)이며, 김경언 선교사 모두는 [증인/참석자]이다.

무슬림이 세례를 받으면 어떻게 된다는 것은 알 수 있으나, 이들의 [믿음과 용기]에 놀라울 뿐이다.

세례 받는 자는 2명이 받았으나, Afghanistan 사람 서로가 모르도록 해 달라는 부탁으로 안전하게 하게 하고 싶다고 말한다. – 필리핀에 있는 미국, Faith Academy 학교 수영장에서 –

Afghanistan – [하자라 족]
초등학교와 중학교 설립하다

Alaudol Friend School-2006~2007
Sabes Bulo Friend School-2006~2007

**Zola Friend School-2008
**Daste Balchi Friend School-2009

위에 4개 중에 2개 학교(Alaudol, Sabes)는 학교 설립 완성했으며, 1개는 Zola Friend School 학교 설립은 검토 단계에 본인은 다른 업무를 담당했다. 그리고 1개 Daste Balchi Friend School은 관여하여 설립 단계에 있었다.

김마가 대표(GO 국제환경 연대)와
Afghanistan, Kabul 공항에 도착했다.

현직 [카이자르] 대통령을 만나기 위해서 Afghanistan, Kabul 공항 도착하다.

주영덕 사장, 옥우원 사장, 장도원 회장, 옥창호 사장, 문현덕 사장, 최경욱 목사는 Afghanistan, Kabul 공항에 도착했다. 〈카이자르〉 현직 대통령은 면 담할 기회만 준다면 언제, 어디서든지 이렇게 모두가 찾아오니, 〈대통령 자격〉은 충분한(?) 것인가.

뒤에 보이는 사진은 미국, World Trade Center 건물 공격으로 약 3,000명 목숨을 잃었을 때 반대했던, 국민적 영웅으로 Mr. Massud 영웅이다. - Afghanistan Kabul 공항에서 2007년 -

Afghanistan, 카이자르 대통령을 면담키 위해 대기하라는 연락 받고 기다리는 모습으로 모두가 밝은 표정이다.

최경욱 목사, 장도원 회장, 옥창호 사장, 주영덕 사장, 서정은 사장, 김마가 GO 대표, 홍 허버트 선교사, 의자에 앉은 두 사람은 옥우원 사장과 오성연 장로이다.

모두가 즐거운 표정으로 〈카이자르〉 대통령 만날 것을 기대하며 호텔에서.
- 2007년 -

Afghanistan [무학키] 국회 의장(야당 당수, 하자라 족 지도자)이며 그의 참모들과 2개 [학교]를 건축하고 방문을 기념하여 촬영하였다.

1. 김마가 선교사	5. 옥창호 사장	9. 무하키 의장
2. 옥우원 사장	6. 홍 허버트 선교사	10. 주영덕 사장
3. 최경욱 목사	7. 김경언 선교사	11. 오성연 장로
4. 크리스 문 사장	8. 장도원 회장	

무학키 비서실장, 여성 국회의원은 모두가 참모들이며, 오성연 장로는 김경언 선교사를 소개하는 역할을 담당하였다. - 2007년 -

Alaudol Friend School 교가 번역

우리 서로 믿음직한 친구되어
지식의 빛 아래 모이자

우리 서로 화원의 꽃이 되어
우리나라에 아름다운 향기 나는 꽃을 심자

우리 서로 믿고 사랑하자
무지의 나무를 잘라 내고 지식의 나무를 심자
서로 사랑하는 친구 되어 이 나라의 귀한 충성스런 동지가 되자

우리 코다 산처럼 우뚝 서자
같은 목표아래 변함 없는 우정을 간직하자

Alaudol Friend School에서 지식과 우정을 배우고 서로 사랑하자
조국의 기초를 건설하고 서로를 향한 빛이 되자
정직하고 착한 어린이가 되자

아프간어 음역

비여 토요레 함 보쉠	/ 비여 델도레 함 보쉠
비여 다르 파르타웨 에르폰	/ 굴에 굴조레 함 보쉠
비여 호쇼크 바르치넴	/ 굴에 다르인 와탄 코렘
비여 굴봉게 함 보쉠	/ 비여 감호레 함 보쉠
다락흐테 자할르 바르치넴	/ 나홀레 엘름 베느쇼넴
아지제 함 와탄 보쉠	/ 파이에 파이몬에 함 보쉠
바 메슬레 쿠헤코다	/ 모캄우바르조 보쉠
하메샤 함카담 보쉠	/ 하메샤 요레함 보쉠
다르막타베두스티에알라우돌	/ 비여 델쑤제 함 보쉠
케 함 부니요데 함 쏘젬	/ 함 에원에함 보쉠
비여 츈카데라아노치노라쉬 우수트워르	/ 츄 베데 라르조나쉬 쏘에본에함 보쉠
베부쉠 카데샤흘로야쉬	/ 츄바르가쉬 보레 함 보쉠
베부쉠 카데샤흘로야쉬	/ 츄바르가쉬 보레 함 보쉠

현지 여자 사립 고등학교를 방문하여 〈학생들에게 질문사항 있다〉고 했더니, 무엇이냐고 해서 졸업 후, 〈무슨 직업을 원하는가〉를 질문하려 한다. 학교장 답변은 100%가 가정 주부를 원할 것이므로 〈질문하여 보아도 마찬가지일 것이라〉고 확신있게 답변했다.

23명이 한 개 반이었으니 손을 들어 답해 주시며, 다음은 응답한 숫자이며, 23명 중에 중복 응답자 있다.

1. 졸업 후 취업 희망자 = 〈21명〉　　2. 가정주부 희망자 = 〈2명〉
3. 교사 희망 = 〈9명〉　　　　　　4. 과학 교사 = 〈2명〉
5. 세계 지리 교사 = 〈7명〉　　　　6. 변호사 = 〈5명〉
7. TV 탤런트 = 〈5명〉

2명만이 가정 주부를 희망하는 학생이며, 90%가 사회 진출(직장)을 꿈꾸고 있는 여학생들의 장래 희망을 모르는 교사의 [교육]이 올바르지 않다. 〈교육은 꿈을 현실로 실현하는 작업이며 과정이다〉

[Zola 마을]에
[Zola Friend School]을
설립 준비하다

〈Zola 마을〉에서 지도자가 산 넘어서 왔으니 〈우리 마을에 학교 건축할 준비가 되었다〉 이 산 넘어서 있으니 〈한 번 와서 현장을 확인해주기 바란다〉는 요청이었다.

이들은 〈Zola 마을〉 지도자로 이웃 마을에 Alaudol Friend School과 Sabes Bulo Friend School에 학교가 학교가 설립되어 개교식에 구경 왔다가 석조 건물로 이루어진 것을 보고 놀라워 했다. 두 분은 [학교]라면 건물이 있어야 한다.

또한 〈국어〉〈산수〉〈사회〉 교과서와 〈음악〉〈미술〉〈체육〉 시간의 교과서는 누가 제공할 것인가는 모른다.

이들은 [학교 건물]이 필요하였으며, Zola 마을에도 겨울 방학이 6개월로 〈천막 교실/학교〉이다. 따라서 돌(석재)와 대지가 준비되었으니 현장을 한번 확인하기 바라며, 수 차례 방문을 당부하였다. - 2006년 -

홍 허버트 선교사, 김경언 선교사, 문 크리스 사장님이 참석해서 [앞으로 Zola 마을]에 학교 운영에 관하여 논의하였다. 다음에 〈학교 건축은 Zola 마을〉에서 하기로 결의했다.

〈하자라 족〉은 어떠한 경우에도 〈교육을 받아야 한다〉는 신념에는 변함이 없다. 따라서 이 마을에도 글(문자)을 깨닫는 날이 기대하며, 선교사의 역할과 사명은 복음의 이해에 앞서서 〈문자의 이해〉가 앞서야 하므로, 즉 〈문맹 퇴치 운동〉이 먼저 있어야 한다.

한국도 한때 선교사가 설립한 [학교]가 〈1945년~1955년 야학이 약 2,300개 달했으니 배움의 열정은 대단히 높았으며〉 복음 전파에 순서가 있어야 한다. 무턱대고 성경만을 이해하는 방식은 〈선교사의 현장 존재만을 원해야 한다〉

◇◇◇◇◇◇◇◇◇◇◇◇◇◇◇◇◇◇◇

복장만 같으면 한국의 시골에 온 느낌이며, 이들은 Afghanistan에 거주하는 〈하자라 족〉으로 Zola 마을에 흩어져 살고 있다. - 2006년 -

색안경 쓰고 앉아있는 사람이 [군수]이며, 뒤쪽에 서있는 색안경 쓴 사람이 경호원이다

얼굴은 모두가 동양인이며, 흔히 한국 사람이 모인 것으로 착각하며, 그러나 이 집단은 Afghanistan 조구리 군에 거주하는 해발 3000m에서 살고 있는 산동네 사람들이다.

Afghanistan의 고산 지대에 사는 마을마다에 〈천막 학교〉가 있다. 씨족문화는 당연히 [학교]가 존재하며, 이와 같이 Afghanistan 고산지역 사람들은 씨족에 애착이 절대 필요한 생활문화이며, 자연스럽게 〈씨족 문화〉가 형성되었다. 이와 같이 교통의 어려움으로, 또는 지리적으로 어려운 시대에 생겨날 수 있다.

사진은 〈Zola 마을〉은 초등학교가 하나씩 있으니, 이러한 씨족 문화 모습은 그대로가 [천막 학교의 탄생]이다.

사실은 〈씨족 문화〉 → 〈부족 문화〉 → 〈국가(?) 문화〉 → 〈다문화 사회(?) 형성〉로 진입하는 초기 단계에 머물러있으니, 아직 Afghanistan 고산지대 사람들은 해발 3000m에 거주하는 현대에 살고 있지만 인류의 초기 단계에 살고 있다고 볼 수 있다. - 2006년 -

마을 초기 단계는 [교육]이 중요한 역할 하므로, 학교 위치를 선택할 때부터 씨족이 2개~3개가 한 학교 장소를 각 씨족은 〈서로가 [학교]가 마을에서 가까운 장소 있어서, 통학하기에 가까운 곳에 있기를 바란다〉

이러한 〈씨족 사회〉를 오랜 기간 동안 존재하여 왔으며, 특히 〈러시아와 전쟁〉때문에 생긴 부산물이라 할 수 있으니, 우리나라의 [서당] 해당에 모습과는 전혀 다른 점으로 보인다.

따라서 이러한 [천막 학교]는 Afghanistan 고산 지대에 많으며, 석재(돌)을 중심으로 〈직업〉을 만들 수밖에 없으니, 부산물로 자연스럽게 돌-석재 전문 직업이 형성되었으니 바로 석재 산업이다.

[교육]으로 전공에는 3가지 길이 있으니, 〈뜻으로 마음의 길〉, 〈재주의 재능 길〉, 〈생계의 길〉있으니, 이것 외는 선택할 수 없는 〈직업 기술로 선택〉이라 할 수 있다. 즉 이 직업 아니고는 생계를 유지할 수 없는 경우를 말한다.

Zola 마을에 [학교] 건축용으로 준비된 석재(돌)이다.

물론 여기도 [하자라 족]이 살고 있으며 돌산을 중심으로 계곡을 따라서 살고 있는 [씨족]이 거주하여, 같은 〈하자라 족〉이라 한다.

이 돌(석재)를 옮기는 데는 많은 인력이 필요하였으며, 바로 이 장소가 [Zola Friend School]이 설립되는 〈학교 대지〉였다.

Zola 마을에서 〈우리도 돌(석재)도 준비되었으니 [학교]를 설립해 달라〉 요청하며, 현장을 안내하면서 학교 후보지도 안내하였다.

학교 건축 후보 지역은 3개 마을 중심에 있으며, 비교적 평지에 위치하여 접근성도 양호한 편이다.

무엇보다도 3개 [마을] 중심에 위치하며, 동서남북 어디를 보아도 산과 그리고 산 뿐인데 〈동네〉가 있다니, 놀라운 일이다.

모든 〈동네〉를 방문해 볼 수 없으나, [믿음]으로는 오직 〈하자라 족〉 해발 3,000m에 거주한다는 사실은 믿음이다. - 2006년 -

- [Zola 마을]은 학교 설립 가능한 준비는 모두 되었다.
- 따라서 여기 모인 학생들의 학부모님의 봉사만으로 학교는 설립됩니다.
- [Zola Friend School]은 Alaudol Friend School 과 Sabes Bulo Friend School에 이어 〈하자라 마을〉에 3번째로 설립-건축됩니다.

Zola Friend School은 산 넘어서 Alaudol 마을과 Sabes Bulo마을에 초등학교와 중학교가 설립하는 과정을 보면서 학교 위치와 석재를 준비하여 손 쉽게 진행할 수 있었다.

Zola 마을에 학교 설립은 비교적 쉽게 작업할 수 있었다. [모형]이 있었으니, 바로 이러한 〈운영위원 모임 구성 절차〉〈학교 설립에 필요한 조직〉〈입학, 수업, 학부형 회의〉〈교무, 학생, 관리〉를 역할 분담하는 조직을 말한다.

[Zola 마을]을 방문해서 마을 초등학교 설립 준비를 2006년에 확인하였다. 한국의 〈1 김경언 선교사〉가 안내하여 〈2 미국, 문현덕 사장〉〈3 오성연 장로〉〈5 서정은 사장(?)〉〈4 홍 허버트 선교사〉이 견학 방문하였다.

이러한 허허 벌판에, 그것도 사막 한가운데 해발 3,000m 높은 지대에서 인간이 무엇을 기대하며 [학교]를 설립한다는 말인가!? 오직 하나님만 의지하며 믿음으로 [학교]를 설립하려는 것이다.

이들 〈하자라 족〉은 그간에 얼마나 박해를 받으며, 지난 1세기(1,000년)를 종으로 살면서 얼마나 슬픈 역사를 경험했을까!? 생각만해도 슬프고 억울하기 한이 없으니, 누구를 지배하지 않고, 지배할 생각도 않으면, 〈평화〉가 오기까지는 얼마나 많은 [연습]이 필요한가.

일본은 38년간 한국을 지배하였으니, 일본 선조들은 〈지배의 꿈〉이라는 유아적 생각에 사로 잡혀 〈1592년~1599년 임진왜란〉〈1910년~1945년 한일합방〉으로 지배했으니

이웃을 탐내는 국가는 아무리 선을 베풀어도 구라파 여러 나라보다는 훨씬 늦게야 깨달음이 왔으니 어찌할 도리가 없다. 동양의 국가는 왜 침략의 야욕을 늦게 깨닫는지!

〈천막 교실/초등 학교〉은 어느 골짝에서나 〈하자라 족〉 어린이로 넘쳐 났으니, 산 넘어 골짝마다 [천막 학교]가 있다. 즉 [씨족 - 초등학교]는 산 넘어서 학교가 존재하므로 〈마을마다 학교가 있는 셈〉으로 이는 얼마나 배움을 열망하는가.

이들을 한 개 [학교]로 통합 못 하였으니, 이는 국가가 행정적으로 처리할 문제이다. 그러나 희망하면서도 마을에서 방법을 제시할 수 있는 [그 방법]은 찾지 못하였으니, 있다면 각 마을의 지도자들이 모여서 함께 논의하는 방법이 있을 뿐이다.

[Zola 마을] 뿐만 아니라 〈하자라 족〉이 살고 있는 모든 마을에는 남자학생과 여자학생이 골고루 있으니, 하나님의 섭리는 〈놀라운 사실〉을 인간에게 보여주는 것이다. 즉 〈하자라 족〉은 다른 종족과 혼인이 없으며, 거의 99%가 동족 간에 혼인이 이루어진다.

따라서 〈하자라 족〉의 독특한 민족성을 혼혈 없이 유지했으며, 〈아시아 문화를 계승하며 유지 발전〉하였다. 또한 침략자로 하자라 족의 높은 기개와 자존심이 보인다.

〈하자라 족〉 가운데서 학교 교사를 희망하는 자는 〈나와 보라〉는 요청에 청
년은 모두 일어섰다. 얼마나 믿음직한 청년인가. - 2006년 -

젊은 청년은 많이 있으며, 세상에 언제나 어디서나 열심히 일할 수 있는 일
터가 없으니 아쉬운 점이다. 이제 여기 산골에도 일할 수 있는 일이 없을까.
이러한 꿈이 현실로 나타나는 [현장]이 어디인가.

[학교 위치]가 마을 가운데 있으면서 〈편의 시설도 공유할 수 있으며〉 어린
이 등교에도 지장이 없는 곳은 〈Zola 마을〉 외는 없다. 이 〈마을〉 옆으로 작
은 시냇물이 1년 내내 흐르는데, 어디서 나오는지 알 수 없다.

세상(지구)를 점유하는 지역을 어느 종족이 얼마나 발전시켰는지를 평가하
는 것이 선진국이냐, 중진국, 후진국이냐를 구분하는 척도이다. 유럽 지역은
1차 산업혁명으로 1830년부터 유럽에서 〈증기기관〉이 시작되었으며, 2차 산
업혁명은 〈전기 혁명〉 1967년이며, 자동화라 할 수 있다.

이와 같이 〈어느 종족이〉 〈어느 지역에서〉 〈어떠한 목적으로 살아가면서〉
인류의 발전에 이바지하였는가는 의미가 있다. 인류는 계속해서 더 발전하
며, 더 나은 삶으로, 더 구석까지, 남자뿐만 아니라 여자까지도 함께 더 행복
한 인생으로 살기를 희망한다.

1 현지인의 학교 설립-운영 조건은

  a. 〈교사의 해외 연수로 세상의 안목을 세계로 넓힌다〉

  b. 〈학생 학부형들이 동네에서 솔선수범 하라〉

2 이 마을에서 환영하면, 또 이웃 마을에서 환영하므로 〈쉽게 학교 설립〉 할 수 있다

  a. 마을이 단합하여 설립 운영하면 〈학교 설립-탄생〉을 지원-협력으로 연결된다.

  b. 학교 교사 해외 연수는 〈이슬람 성도〉와 〈기독교 성도〉의 만남을 기대해 본다.

  c. 〈이슬람교〉와 〈기독교〉가 서로 우수한 점은 무엇인가?

3 지역 공동체가 〈협력 사업〉 〈경로 사상〉 〈평화 교육〉은 가능한가

  a. 지역 및 종족 조사 연구는 반드시 필요하다.

  b. 서로 다른 종족과 교류는 가능한 교류토록 한다.

  c. 〈기독교〉와 〈이슬람교〉의 교류는 가능한가?

조사 항목은 다음과 같다.

A. 응답자 신분 및 생활환경 조사

1. **선생님의 나이는 몇 살이십니까?**

   [남 / 여]　　　　[　]살

2. **현재 살고 계시는 지역의 이름은 무엇입니까?**

   1) 카를다　　2) 버미얀　　3) 조구리
   4) 마자리샤리 5) 베수드　6) 다이쿤디
   7) 역가울랑　8) 가즈니　9) 몰리스톤
   19) 판자우　11) 기타

3. **선생님의 최종 학력은 어떻게 되십니까?**

   1) 초등학교 중퇴　2) 초등학교 졸업
   3) 중학교 중퇴　　4) 중학교 졸업
   5) 고등학교 중퇴　6) 고등학교 졸업
   7) 대학교 중퇴　　8) 대학교 졸업
   9) 한 번도 학교에 다닌 적이 없다.

   3_1. **(교육을 받았던 사람만)**
   　교육받으신 최종 학교는 어디에 위치합니까?
   　1) 아프간　　2) 외국

   3_가. **(아프간에서 교육을 받는 사람)**
   　최종 교육을 받으신 도시는 어디입니까?
   　1) 카불　　　　2) 버미얀
   　3) 마자리샤리프　4) 헤랏
   　5) 잘랄라바드　6) 칸다하르
   　7) 쿤드즈　　8) 지금 사는 곳
   　9) 기타_____

   3_나. **(외국에서 교육을 받은 사람)**
   　최종 교육을 받으신 나라는 어디입니까?

   1) 파키스탄　　2) 이란
   3) 카자흐스탄　4) 사우디아라비야
   5) 중국　　　6) 우즈베키스탄
   7) 러시아　　8) 아랍에미레이트
   9) 미국/유럽　10) 기타_____

4. **당신과 같이 사는 가족은 총 몇 명입니까?**

   (응답자 포함)　(　　)명

5. **선생님의 자녀분은 몇 명입니까?**

	남자(명)	여자(명)
8세 미만		
8세-13세		
14세-16세		
17-19세		
20세 이상		

6. **당신을 글을 읽고 쓸 수 있습니까?**

   1) 글을 읽고 쓸 수 있다.
   2) 글을 읽을 수는 있으나 쓸 수는 없다.
   3) 글을 쓸 수는 있으나 읽을 수는 없다.
   4) 전혀 글을 읽고 쓸 수 없다.

7. **집에서 글을 읽고 쓸 수 있는 사람은 몇 명입니까?**　(　　)명

8. **뉴스와 같은 정보는 어떻게 듣습니까?**

   1) 라디오 뉴스　　2) TV 뉴스
   3) 신문　　　　4) 인터넷
   5) 다른 사람을 통해　6) 기타_____

9. **뉴스와 같은 정보를 접하는 장소는 어디입니까?**

   1) 시장　　　　2) 학교
   3) 이슬람 사원　4) 이웃집

5) 차 마시는 곳   6) 기타＿＿＿

10. 선생님께서는 어떤 이동수단을 이용하십니까?
1) 자동차   2) 마을버스
3) 자전거   4) 오토바이
5) 우마차   6) 걸어서
7) 기타＿＿＿

11. 당신은 직업은?
1) 농부   2) 기술자(건축, 전기 등)
3) 운전사   4) 교사, 교수
5) 상인   6) 일일노동자
7) 경비원   8) 회사원
9) 주부   10) 전문직(약사, 의사 등)
11) 무직   12) 기타

12. 가족 월 평균 소득은 얼마인가요?
1) 50$ 미만   2) 51$ - 150$
3) 151$ - 250$ 4) 251$ - 350$
5) 351$ - 450$ 6) 415$ 이상

13. 가족 월 평균 생활비는 얼마인가요?
1) 50$ 미만   2) 51$ - 150$
3) 151$ - 250$ 4) 251$ - 350$
5) 351$ - 450$ 6) 415$ 이상

14. 선생님께서는 현재 살고 계신 지역에서 얼마나 거주하셨습니까?
약 (년)

15. 선생님께서는 다른 나라에 거주 하신 적이 있으십니까?
1) 있다   2) 없다

   15_1. (다른 나라에 거주한 적이 있는 사람) 다른 나라에 거주하신 이유는 무엇입니까?
   1) 무자헤딘의 전쟁을 피해서
   2) 탈레반을 피해서
   3) 직업을 찾아서
   4) 러시아의 침공을 피해서
   5) 기타＿＿＿＿

B. 이슬람에 대한 조사

16. 선생님의 마을에는 사원이 있습니까?
1) 있다   2) 없다

17. 선생님께서는 사원에 얼마나 자주 가십니까?
1) 매일 간다
2) 1주일에 1~3회 정도 간다
3) 1달에 1~3회 정도 간다
4) 필요한 때만 간다
5) 1년 내내 가지 않는다

18. 선생님의 마을에 이슬람 선생이 있습니까?
1) 있다   2) 없다

19. 사원에서 자녀들에게 이슬람교육을 실시합니까?
1) 그렇다   2) 그렇지 않다

   19_1. (이슬람교육을 실시하는 사람만) 자녀들에게 실시되는 이슬람교육은 언제 실시되나요?
   1) 매일 오후   2) 1주일에 1회
   3) 2주일에 1회   4) 1달에 1회
   5) 겨울 방학 기간 동안
   6) 수시로 필요할 때
   7) 잘 모르겠다

   19.2 (이슬람교육을 실시하는 사람만) 자녀들에게 실시되는 이슬람교육이 유익하다고 생각하십니까?
   1) 유익하다   2) 유익하지 않다

20. 가정에서 식사 후에 기도는 어떻게 하십니까?
1) 반드시 기도한다   2) 가끔 기도한다
3) 기도하지 않는다

21. 선생님께서는 1주일에 코란을 몇 번이나 읽으십니까?   (번)

22. 선생님께서는 코란의 의미를 알고 계십니까?
    1) 의미를 알고 있다
    2) 의미를 알지 못한다.

23. 선생님께서는 자녀와 신앙에 대해 얼마나 이야기를 하십니까?
    1) 자주 이야기 한다
    2) 가끔 이야기한다
    3) 사원에 가는 것만 이야기 한다.
    4) 전혀 이야기 하지 않는다

24. 선생님께서는 자녀에게 이슬람 신앙을 지킬 것을 요구하십니까?
    1) 요구한다   2) 요구하지 않는다

25. 선생님께서는 성지순례를 다녀오신 적이 있으십니까?
    1) 있다   2) 없다

C. 학교생활 및 교육 환경에 대해여

26. 선생님의 지역에는 어떤 교육기관이 있습니까?

	있다	없다
유치원 과정		
초등학교 과정		
중등학교 과정		
고등학교 과정		
대학교 과정		

27. 선생님의 자녀분 중에 학교에 다니고 있는 자녀와 다니지 않는 자녀는 몇 명입니까?

	학교를 다니는 사람		다니지 않는 사람	
	남자(명)	여자(명)	남자(명)	여자(명)
유치원				
초등학교				
중학교				
고등학교				
대학교				

28_1. (초등학교를 다니는 자녀가 있는 경우만)

위치	1) 마을내 2)마을 밖	
교통수단	1) 자동차 2) 마을버스 3) 자전거 4) 오토바이 5) 우마차 6) 걸어서 7) 기타____	
남녀공학	1) 남녀공학 2) 남학교 3) 여학교	
방문여부	1) 방문한적 있다 2) 방문한 적 없다	

28_2. (중학교를 다니는 자녀가 있는 경우만)

위치	1) 마을내 2)마을 밖	
교통수단	1) 자동차 2) 마을버스 3) 자전거 4) 오토바이 5) 우마차 6) 걸어서 7) 기타____	
남녀공학	1) 남녀공학 2) 남학교 3) 여학교	
방문여부	1) 방문한적 있다 2) 방문한 적 없다	

28_3. (고등학교를 다니는 자녀가 있는 경우만)

위치	1) 마을내 2)마을 밖	
교통수단	1) 자동차 2) 마을버스 3) 자전거 4) 오토바이 5) 우마차 6) 걸어서 7) 기타____	
남녀공학	1) 남녀공학 2) 남학교 3) 여학교	
방문여부	1) 방문한적 있다 2) 방문한 적 없다	

29. 선생님께서는 남, 녀가 같은 교실에서 공부하는 남녀공학에 대해 어떻게 생각하십니까?
    1) 찬성한다   2) 반대한다
    3) 상관없다

29_1. (남녀공학에 대해 반대하는 사람) 남녀공학을 반대하시는 이유는 무엇입니까?
1) 이슬람에서 금하기 때문
2) 남녀가 같은 공간에 있는 것은 옳지 않다
3) 관습적으로 그렇게 배워왔다
4) 따로 공부하는 것이 더 좋을 것 같아서
5) 특별한 이유는 없다
6) 기타＿＿＿＿

30. 선생님의 자녀가 다른 종족과 같은 교실에서 공부하는 것에 대해 어떻게 생각하십니까?
1) 찬성한다   2) 반대한다
3) 상관없다

31. 선생님께서는 자녀의 담임선생님과 자녀 교육에 대해 만나서 상담하신 적이 있으십니까?
1) 있다   2) 없다

32. 자녀가 취학하고 있는 학교에는 학부모 회의가 있습니까?
1) 있다   2) 없다

32_1. (학부모 회의가 있다고 응답한 사람) 학부모 회의가 얼마나 자주 있습니까?
1년에 약 (   )번

33. 선생님께서는 인적, 교육 등에서 헌신적이고 감동을 준 교사를 만난 적이 있습니까?
1) 있다   2) 없다
3) 들어본 적 있다

34. 자녀가 다니는 학교의 건물 형태는 어떠한가요?
1) 흙, 벽돌, 석재로 지은 건물
2) 천막

3) 이슬람 사원
4) 특별한 건물 없음
5) 빈집을 빌려서 사용

35. 선생님께서는 자녀가 다니는 학교에서 가장 개선해야 할 점이 무엇이라고 생각하십니까?
1) 좋은 교사의 확보
2) 좋은 건물
3) 책 걸상, 칠판 등 양질의 교육 기자재
4) 책, 연필 등의 제공
5) 기타＿＿＿＿

36. 자녀교육에서 중요한 순서를 정해보십시오.
1) 종교교육   [   ]순위
2) 직업전문교육   [   ]순위
3) 언어교육   [   ]순위
4) 컴퓨터교육   [   ]순위
5) 인문교육   [   ]순위
6) 예절교육   [   ]순위

37. 선생님께서는 자녀 1인당 교육비로 연간 얼마나 지출하고 계습니까?
(   )$
(등록금, 생활비, 기숙사비, 용돈 등 포함)

38. 자녀 교육비로 힘드신 적이 있으셨습니까?
1) 있다   2) 없다

39. 자녀교육에 있어 가장 어려운 것은 무엇입니까?
1) 교육비 문제
2) 주위의 교육에 대한 반대
3) 공부를 하지 않는 자녀
4) 학교 시설 미비
5) 기타

40. 선생님의 자녀가 다니는 학교의 교사 급여는 어떻게 지급되고 있습니까?
1) 정부에서 모두 지급한다

2) 정부지급금과 주민들의 모금을 합해
   지급한다
3) 모르겠다

41. 자녀의 교육을 위해 교사 급여를 모금
    하는 일이 선생님의 마을에서도 실시되
    고 있나요?
    1) 있다   2) 없다
    3) 과거에는 있었다

   41_1. (교사 급여를 모금하는 일이 있는
          사람만)
          선생님께서도 교사 급여 모금에 동참
          하십니까?
          1) 동참하고 있다
          2) 하지 않고 있다

   41_2. (교사급여 모금에 동참하는 사람
          만) 매월 자녀 1인당 얼마를 부담하시
          나요?
          약 (   )$

42. 자녀가 다니는 학교에서 "영화상영"
    "의료교육 및 진료" "이미용 교실" 등 다
    양한 과외활동 프로그램이 있다면 참여
    하실 의향이 있으십니까?
    1) 참여할 의향이 있다
    2) 참여할 의향이 없다
    3) 그때 가서 생각해보겠다

   42_1. (과외활동에 참여할 의사가 있는
          사람만) 과외활동을 언제 하는 것이
          좋으십니까?
          1) 봄   2) 여름
          3) 가을   4) 겨울
          5) 아무때나

   42_2. (과외활동에 참여할 의사가 있는
          사람만) 주중 언제 과외활동을 운영
          하는 것이 좋으십니까?
          1) 월 2) 화 3) 수 4) 목 5) 금
          6) 토 7) 일 8) 아무 날이든 괜찮다

42_3. (과외활동에 참여할 의사가 있는
       사람만) 오전, 오후, 밤 중 어떤 시간에
       실시하는 것이 좋다고 생각하십니까?
       1) 오전   2) 오후   3) 밤

42_4. (과외활동에 참여할 의사가 있는
       사람만) 어떤 과외활동을 실시하기를
       원하십니까?
       1) 문맹퇴치 교실   2) 영어 교실
       3) 컴퓨터 교실   4) 요리 강좌
       5) 육아 교실   6) 이미용 교실
       7) 영화상영   8) 보건 위생교육
       9) 의료 진료   10) 기술교육

43. 자녀가 다니는 학교에 마을 주민이 모
    여서 행사를 한 적이 있으십니까?
    1) 있다   2) 없다

43_1. (행사를 한 적이 있는 사람만) 언
       제 어떠한 이유로 모이셨습니까?
       1) 언제 : _____
       2) 모인 이유 : _____

44. 선생님의 자녀가 겨울 방학동안 하는
    일은 무엇입니까?
    1) 집안일을 돕는다
    2) 사원에 가서 종교 교육을 받는다
    3) 영어 및 컴퓨터 코스에 다닌다.
    4) 도시로 가서 영어 및 컴퓨터를 배운다
    5) 도시로 나가서 일한다
    6) 특별히 하는 일은 업사
    7) 기타

45. 겨울방학 동안 학교가 자녀를 위해 해
    주길 원하는 것은 무엇입니까?
    1) 영어 및 컴퓨터 코스 운영
    2) 독서훈련
    3) 부족한 과목 보충 수업
    4) 기술교육
    5) 이슬람 종교교육
    6) 예절교육
    7) 기타

D. 상급 학교 진학에 대하여

46. 선생님의 자녀분은 상급학교 진학으로 도시에 떨어져 살고 있습니까?

1) 그렇다   2) 그렇지 않다

47. 중고등학교 연려의 아들, 딸이 부모와 떨어져서 학교에 다니는 것에 대해서 어떻게 생각하십니까?

1) 필요하다면 아들 딸 구분없이 떨어져 다닐 수 있다
2) 아들어 떨어져도 괜찮으나 딸은 좋자 않다
3) 딸은 떨어져 있어도 괜찮으나 아들은 좋지 않다
4) 아들, 딸 구분없이 떨어져 다니는 것은 좋지 않다

48. 선생님께서는 자녀가 어디까지 진학하기를 희망하십니까?

1) 초등학교   2) 중등학교
3) 고등학교   4) 대학교
5) 대학원   6) 박사과정

49. 선생님께서는 대학 진학이 가능한 인문계 고등학교와 취업을 목표를 하는 상업기술 학교 중 자녀를 어디에 보내길 원하십니까?

1) 인문계 고등학교   2) 상업기술학교

49_1. (인문계 고등학교를 보내겠다는 사람만) 자녀를 인문계 고등학교에 보내시겠다고 생각한 가장 큰 이유는 무엇입니까?

1) 대학 진학이 가능하므로
2) 장래 전망이 밝아서
3) 자녀가 원해서
4) 부모가 원해서
5) 상업기술학교 등 다른 학교를 몰라서
6) 기타_____

49_2. (상업기술 고등학교를 보내겠다는 사람만) 자녀를 상업기술 고등학교에 보내시겠다고 생각한 가장 큰 이유는?

1) 기술을 습득할 수 있어서
2) 취업 전망이 밝아서
3) 자녀가 공부에 취미가 없어서
4) 자녀가 원해서
5) 부모가 원해서
6) 기타_____

50. 선생님의 자녀분은 대학졸업을 희망하십니까?

1) 그렇다   2) 그렇지 않다

50_1. (자녀가 대학졸업을 희망하는 사람만) 선생님의 자녀분은 어떤 학과를 희망하십니까?

1) 법학   2) 경영, 경제
3) 인문 사회   4) 의학
5) 공업 기술   6) 농업 기술
7) 예술   8) 이슬람학
9) 기타_____

51. 자녀가 교육받기를 희망하는 도시가 있다면 어디입니까?

1) 카불   2) 버미얀
3) 마자리샤리프   4) 헤랏
5) 잘랄랄바드   6) 칸다하르
7) 쿤드즈   8) 사는 곳
9) 기타_____   10) 없다

52. 자녀가 교육받기를 희망하는 나라가 있다면 어디입니까?

1) 아프가니스탄   2) 파키스탄
3) 이란   4) 카자흐스탄
5) 미국 및 유업   6) 한국
7) 중국   8) 일본
9) 러시아   10) 아랍에미레이트
11) 우즈베키스탄   12) 없다
13) 기타_____

53. 선생님께서는 자녀가 아프가니스탄에

서 교육 받는 것이 자녀의 장래에 유익하다고 생각하십니까?

1) 유익하다   2) 유익하지 않다
3) 잘 모르겠다

54. 선생님께서는 현재 지출되는 학비를 더 지출하더라도 자녀에게 더 좋은 교육을 받게 하실 의향이 있으십니까?

1) 학비를 더 지출하더라도 더 좋은 교육을 원한다
2) 지금에 교육에 만족한다

55. 선생님께서는 자녀가 미국, 유럽 등 서구 선진국식 교육을 받는 것에 대해 어떻게 생각하십니까?

1) 원한다   2) 원치 않는다

55_1. (서구식 교육을 원하지 않는 사람만) 서구식 교육을 원치 않는 이유는 무엇입니까?

1) 이슬람 전통을 손상하기 때문이다
2) 이슬람 전통이 더 좋기 때문이다
3) 민족의 고유 전통을 손상하기 때문이다
4) 민족의 고유 전통이 더 좋기 때문
5) 별로 도움이 될 수 없다

56. 선생님께서는 자녀와 얼마나 자주 교육에 대해 이야기하십니까?

1) 자주한다   2) 가끔한다
3) 대화없다

57. 선생님께서는 자녀 교육에 대해 누구와 상의하십니까?

1) 부부가 상의한다
2) 남편 혼자 결정한다
3) 이슬람지도자와 상의한다
4) 마을지도자와 상의한다
5) 누구와도 상의하지 않는다
6) 기타_____

58. 선생님께서는 아들과 딸의 교육에 대한 견해는 어떠하십니까?

1) 아들과 딸을 모두 교육시킨다
2) 딸의 교육은 불필요하고 아들만 교육시킨다
3) 아들 딸 모두에게 교육이 불필요하다

59. 선생님이 자녀에게 바라는 사회인의 모습은 어떠한 것입니까?

1) 권력을 가져야 한다(군인, 경찰, 공무원, 기타)
2) 돈이 많아야 한다(상인, 회사원)
3) 명예가 있어야 한다(명예직: 교수, 과학자)
4) 이슬람 신앙인이여야 한다

60. 선생님께서는 자녀들이 장래에 어떤 직업에 종사하시기를 원하십니까?

1) 농부   2) 기술자(건축, 전기 등)
3) 운전사   4) 교사, 교수
5) 상인   6) 일일노동자
7) 경비원   8) 회사원
9) 주부   10) 전문직(약사, 의사 등)
11) 정치인   12) 공무원
13) 법률가   14) 연예인
15) 기타_____

E. 정치 및 사회의식 조사

61. 선생님께서는 다음번 대통령 선거에서 누구를 뽑으실 예정이십니까?

1) 카라자이   2) 무하키크
3) 할릴리   4) 도스톰
5) 유니스코누니   6) 씨모싸마르
7) 굴부딘   8) 기타_____

62. 선생님이 가장 존경하는 지도자는 누구입니까?

1) 카라자이   2) 무하키크
3) 할릴리   4) 도스톰
5) 유니스코누니   6) 씨모싸마르
7) 굴부딘   8) 기타_____

63. 아프가니스탄에서 가장 유망한 직업 3개를 적어 주십시오.
1)   2)   3)

64. 선생님께서는 하자라 족의 뿌리가 어디라고 생각하십니까?
1) 소그드인   2) 몽골인
3) 페르시아인   4) 아리안
5) 알타이   6) 기타

65. 선생님의 민족과 가장 가까운 아프간 민족 3개를 선택해주십시오.
1) 타직   2) 우즈벡
3) 파쉬툰   4) 아이막
5) 툴크만   6) 판쉬리
7) Parsi   8) 파키스탄 파쉬툰
9) 쿠치   10) 아프간 힌두인
11) 누리스탄   12) 말투치
13) 과사이

66. 선생님의 민족과 가장 가까운 외국 나라 4개를 선택해 주십시오.
1) 이란   2) 파키스탄
3) 인도   4) 몽골
5) 한국   6) 일본
7) 중국   8) 타직키스탄
9) 미국   10) 영국
11) 러시아   12) 우즈벡키스탄
13) 둘크멘니스탄   14) 터키
15) 카작키스탄   16) 독일
17) 캐나다   18) 기타_____

67. 선생님이 좋아하시는 외국나라 4개를 선택해 주십시오.
1) 이란   2) 파키스탄
3) 인도   4) 몽골
5) 한국   6) 일본
7) 중국   8) 타직키스탄
9) 미국   10) 영국
11) 러시아   12) 우즈벡키스탄
13) 둘크멘니스탄   14) 터키
15) 카작키스탄   16) 독일
17) 캐나다   18) 기타_____

68. 선생님께서는 아프가니스탄이 어떤 나라처럼 되기를 소망하십니까?
1) 파키스탄, 이란과 같은 강력한 이슬람 국가
2) 미국, 영국과 같은 민주국가
3) 중국과 같은 공산주의 국가
4) 종교와 상관없이 잘 먹고, 잘 사는 나라면 된다
5) 기타_____

69. 아프가니스탄에 거주하는 외국인에 대한 선생님의 견해는 어떠하십니까?
1) 아프간 발전에 꼭 필요한 존재이다
2) 아프간 발전에 전혀 도움이 되지 않는 존재이다
3) 아프간 발전에 도움이 되지 않는다
4) 있어도 되고, 없어도 된다
5) 잘 모르겠다

70. 선생님의 마을에서 외국 NGO가 일하는 것에 대해 어떻게 생각하십니까?
1) 꼭 필요하다
2) 전혀 도움이 되지 않는다
3) 상관없다
4) 잘 모르겠다

71. 선생님께서 즐겨보는 TV 방송국은?
1) 아프간 국영방송
2) 툴로 TV(아프간 민영방송)
3) 이란방송
4) 외국위성방송(BBC, CNN)
5) 인도방송
6) 파키스탄방송
7) TV를 보지 않는다
8) 기타_____

72. 선생님께서 즐겨듣는 라디오 방송국/채널은 무엇입니까?
1) 아프간 라디오   2) 지역자체 라디오
3) 미군방송   4) 라디오를 듣지 않는다

5) 기타_____

73. 선생님이 즐겨듣는 음악은 어느 나라 음악입니까?
   1) 하자라 전통음악 2) 인도음악
   3) 파키스탄 음악 4) 서구유럽 음악
   5) 이란 음악   6) 기타_____

74. 선생님이 즐겨보는 영화는 어느 나라 것입니까?
   1) 아프간 영화   2) 인도 영화
   3) 파키스탄 영화 4) 서구유럽 영화
   5) 중국 영화   6) 이란 영화
   7) 기타_____

75. 선생님께서는 휴태폰 혹은 위성전화를 가지고 계습니까?
   1) 있다   2) 없다

76. 선생님의 집에는 컴퓨터가 있습니까?
   1) 있다   2) 없다

77. 선생님께서는 인터넷을 하실 수 있으십니까?
   1) 있다   2) 없다

78. 선생님의 마을에는 컴퓨터 훈련과정이 있습니까?
   1) 있다   2) 없다   3) 잘 모르겠다

79. 선생님의 마을에는 영어 훈련과정이 있습니까?
   1) 있다   2) 없다   3) 잘 모르겠다

80. 선생님의 마을에 분쟁이 생겼을 때 어떻게 해결하십니까?
   1) 종족의 관습법   2) 아프간 국가법
   3) 이슬람법   4) 기타_____

81. 선생님의 마을에서 가장 영향력 있는 사람은 누구입니까?
   1) 마을의 연장자   2) 이슬람 선생
   3) 군수, 주지사 등 공무원

4) 교사   5) 군인
6) 기타_____

82. 선생님께서 중요한 일을 결정할 때 가장 많이 영향을 주는 사람은 누구입니까?
   1) 마을 어른들   2) 이슬람 선생
   3) 부부   4) 가족들
   5) 이웃   6) 친구
   7) 기타_____

83. 선생님께서는 어떻게 결혼하셨습니까?
   1) 언약 결혼   2) 연애 결혼
   3) 기타_____

84. 선생님께서는 선생님의 자녀가 어떻게 결혼하기를 원하십니까?
   1) 부모님들의 언약에 따른 결혼
   2) 연애결혼
   3) 무엇이든 상관없다
   4) 기타_____

85. 선생님께서는 자녀가 언제 결혼하는 것이 적당하다고 생각하십니까?
   남자 (   )살   여자 (   )살

86. 선생님께서는 자녀에게 아프가니스탄 전통과 문화(결혼, 가정생활, 사회생활)를 지킬 것을 요구하십니까?
   1) 전통과 문화를 따라야 한다
   2) 본인 의사에 따른다
   3) 서구 생활방식을 수용해야 한다
   4) 잘 모르겠다

87. 선생님께서는 현재 민족에게 가장 절실하게 필요한 시설이 무엇이라 생각하십니까?
   1) 이슬람 사원   2) 병원
   3) 초, 중, 고등학교 4) 대학교
   5) 라디오 방송국   6) TV 방송국
   7) 공장   8) 포장된 도로
   9) 발전소   10) 전화국
   11) 기타_____

TIM은 약사, 간호사, 미술 전공 대학생, 대학에서 컴퓨터 전공 S/W 전문가 등 젊은 헌신자가 교사로 자원하였으며, Kabul 시청은 교육 공간을 제공하여 아침부터 온 종일 교육 과정으로 미술 실시반(그림 그리기), 기초 컴퓨터반 을 운영하였으며, 간호사와 약사는 2인 1조로 kabul시 외곽 마을을 방문하여 간이 치료와 응급환자에게 간단한 처치로 봉사하였다.

TIM 운영, 시민 교실(시청교육실) 수강생

25년 내전으로 황폐된 주거 환경 2003년

전쟁은 멈추었지만 공항 광장에는 연합군(캐나다, 이탈리아, 독일 등) 장갑 차가 전투 태세로 경비하고 있으며, kabul 시내 도로변 곳곳에 파괴된 전차 와 군용차가 즐비하였다.

카불 시청 제공 교실과 현지 학생과 교사

[미술 실습] 실기 작품. 무슬림 친구와 교사

그리고 시내 건물 외벽에 온통 총탄 구멍이 아무런 손질없이 그대로 방치된 모습을 보면서 〈전쟁은 인간에게 필요한 사건인가, 미숙한 인간이 저지른 실수인가, 누구를 위한 값 비싼 희생인가〉 〈전쟁 방지전문 학문 과정은 어느 대학교에서 연구하여 교육하는가〉

전쟁에 재난 구호와 교육 활동은 천사의 손길

2003년 전쟁 중에서도 Afghanistan에서 만난 청소년들이 공부하려는 열심은 생존하려는 절실한 마음만큼이나 절절한 태도를 본다. 봉사-교사들은 이들의 열심에 감동을 받고 이들과 친구가 되었다.

Mr & Mrs. Shon 부부는 〈진심으로 헌신하는 봉사 교사 5명에게 평안한 쉼터와 식사 준비와 제공하는 모습을 보면서 신앙 공동체가 아니면 불가능한 천국을 보았다.〉

전쟁 중이거나 재난 지역의 경우는 긴급한 구제활동으로 식량, 의료, 주거 등 의식주가 다급하게 필요한 반면에 청소년에게는 교육 기회 제공은 〈국제 협력을 통하여 희망, 안정, 꿈을 주는 작업이다〉

2001년 10월 미국 군사 작전으로 발발한 전쟁은 아프간 전 국토의 70%가 안전하지 않은 상태에서 가족과 함께 이곳에 거주하면서 국제협력 활동은 이보다 더 적극적인 봉사와 현신은 없을 것이다. 놀랍고 감동 있는 모습이다. 이러한 활동에 참여하는 TIM은 Kabul에 협력 공동체로 의료와 교육 기회 제공을 통한 구제는 국제협력 모범 사례로 보인다.

전쟁 중에 만난 청소년은 〈그림을 처음 그려본 아이들이며(미술시간), 컴퓨터를 처음 만져 본 학생이며 외국인과 처음 대화해 본 청소년이 대부분이다. 미술, 컴퓨터, 헌신 봉사와 이야기만으로 마음이 통하며 서로 눈빛만 보아도 사랑을 나누는 관계가 이루어진다〉 전쟁, 재난에서 국제협력 사업이 신앙활동의 현장이며 출발이다. 특히 청소년을 위한 교육 기회 제공은 가장 사랑받는 활동이다.

Hazara 집단 거주지, Zoguri 마을 학교 설립

다음해 2004년 8월 (사)국제환경개발 연대 Afgh. 담당자 Mr. G. E. Kim으로 부터 아래 내용의 편지를 받았다.

1. Afgh. 하자라족 집단 거주지 조구리 지역에
2. 마을 지도자는 초등-중등학교 설립을 요청한다.
3. 10월 첫 주간에 Afgh. Zoguri 방문 요청(10월 중순부터는 눈이 내려 교통 두절)
4. Zoguri는 Kabul 공항에서 자동차로 약 8시간 거리
5. Zoguri는 해발 3,000m에 있는 동네이며 약 3만명 하자라 족 집단 거주 지역이다.

국제환경연대 Mr. M. Kim을 통해 하자라 족 거주지역 Zoguri 방문이 가능하다는 답장을 보내고 2004년 8월 M. Kim과 함께 Afghanistan, Kabul에 도착하다-(a) G.E Kim 담당자와 함께 M kim,

G.E. Kim, Oh 3인은 Zoguri, Sangemosa로 공항에서 바로 향하였다.

2개 마을 지도자 8명과 방문 목적으로 요약한 계획서로 이틀 동안 만났다. 요약 제시한 [학교 설립과 운영에 필요한 요구 사항]을 동네 청년이 동네 어른들(지도자)께 읽으며 설명한다.-(아래-b)

동네 지도자(어른들)과 G.E. Kim −2005년

1. 아프가니스탄 카불 공항에서 자동차 8시간 거리, 해발 3,000미터 지대에 몽골계 하자라족 집단 거주지, 조구리 군에 속한 [상계모사] 마을. 도착한 마을은 주민 10,000명 오지 마을이다.

2. 이 마을을 중심으로 약 30만 명의 하자라 족 초등학교는 모두 천막이며, 10월 말이면 눈이 내리고 기온은 영하가 되고 이듬해 3월이 되어야 개학한다. 즉 5개월이 겨울 방학이다.

3. 이곳에 학교 건물 건축을 희망하여 접촉이 시작되었다. NGO 활동 봉사자로부터 학교 설립에 관한 관심 있는 이슬람 마을이 있으니 방문 요청한다는 뜻이다.

4. 이튿날 이 지역 촌장을 중심으로 8명의 지도자가 모여 Mr. Kim, G. E. Kim, 본인을 소개하면서 [학교 설립과 운영에 관한 토의-모임]을 시작하였다.

5. 나의 설명과 사업 소개를 김경인 소장 통역으로 모임이 시작됐다.

6. [나는 그리스도인이며, 개신교 장로입니다. 학교 설립과 운영에 대하여 여러분 마음을 전해 듣고 이곳을 방문했습니다. 먼저 여러분의 분명한 생각을 듣고 싶습니다.-oh

7. [나는 그리스도인이며, 이 지역 학교 설립을 위한 재정적인 후원자들 역시 모두 그리스도인이다. 이러한 사람들과 협력하여도 무슬림인 여러분이 상관 없는지요]-oh

8. [문제가 없다고 생각하십니까]-oh

9. 〈문제 없습니다〉-haz

10. 〈학교가 설립(건축), 운영된다면(학교 체계로) 그리스도인과 협력해도 무방합니다〉-haz

11. 〈외부인이 특히 개신교 그리스도인이 마을에 학교 설립과 운영 참여에 문제가 없다면

필요성을 절감하여 주 1회 정도 모여서 식사하고, 공동 관심 제목인 학교 설립에 관한 의견으로 대화하니 자연스럽게 협력-연합이 조성되었다. 이러한 관계 모임이 약 6개월 지나면서 2개 마을에 각각 하자라족 청소년을 위한 학교 건물 건축이 시작되었으니 학교 건축물 재정 지원으로 상계모사 마을 지도자와 협력하게 되었다.

국제환경 연대 해외 대표자(화살표) M Kim과 마을 지도자가 함께 마을 천막학교(10월–3월까지 추위로 6개월 동안 방학) 방문하였으며 천막 4개 초등학교에 약 350명이 오전 오후로 나누어 공부한다.–2005년

하자라 족 거주지 대부분에 돌(바위)와 흙과 하늘만이 보인다. 더위에 그늘이 없으며 영상 50도 더위에도 텐트속이 덜 덥다 사진 -B-C

천막 교실에는 의자 책상은 물론 교구는 하나도 없으며 개인용 책가방이나 노트와 교과서 역시 없다. 사진-A

그러나 학생(어린이들은) 매일 학교에 와서 교사가 산수, 역사, 쓰기(우루두어)를 칠판에 쓴다.

Afghanistan, Zoguri에 Alaudol, Sabes Bulo Friend School 설립과정

21 2003년 11월 [국제협력 담당자 자녀 교육 의견 청취] 업무로 Kabul 방문-S. Y Oh

22 2005년 8월 Zoguri, Sangemosa 처음 방문, 마을 지도자와 만남-S. Y Oh

제2 설립 확정지 : 알라우돌[Alaudol]

- 위치와 규모 : 제1 설립 예정지인 사브즈 추베 볼로 마을에서 산을 넘어서 1시간 정도 떨어진 곳에 위치하고 있으며, 500여 가구가 산을 끼고 흐르는 강을 따라 흩어져 살고 있다.
- 현재 학교의 형태 : 5개의 텐트와 1개의 나무를 엮어서 만든 교실과 흙 벽돌로 지은 교무실로 구성되어 있고, 초등학교 6년 과정을 2부제로 운영 중이다.
- 교장 선생님: 무하마드[46세]
- 교장/교사수 : 무하마드 교장 외 7명
- 학생수 : 250명

위의 2곳을 동시 설립을 추진한다.

규모

아프간 교육부의 정식적인 인가를 통한 학력 인정 학교

영역	내용
학교명	– 사브즈 추베 볼로 Friend School 　[Sabz chobe–bala Friend School] – 알라우돌 Friend School[Alaudol Friend School]
학생수	2개 학교 각 400명 내외
교실	2개 학교 각 9개
교무실	2개 학교 각 1개
교육용 기자재	칠판/책상/의자/각종 교육용 부교재
부대시설	운동장, 화장실, 급수시설[지하수 개발]
교사 재교육	1년 1회 교사 교육/훈련에 참가토록 한다
지역민 참여 유도	학교 운영 위원회/학부모회

미국, thmc 공동체가 사업계획서/제안서를 수용하고 현지 답사하다

Mr. Muhaggi 부통령 초청 가정방문. 2005년 kabul에서

1차 - 2003. 11 - [MK 학부모 교육 의견 조사] 방문 - 오성연 장로

2차 - 2004. 8 - [마을 학교 설립 요청, 마을 지도자 면담 방문] - Mr. M
                Kim, 4-thmc, OH

3차 - 2005. 10 - 〈마을 학교 설립 제안〉현장 방문- thmc-4명 동행(사진 L-C)

4차 - 2006. 3 - 조구리 〈Alaudol, Sabes Bulo 2개 마을 초등-중등학교 기공
                식 방문 - thmc 8명

5차 - 2007. 10 - 카이자르 대통령 면담 방문-무하킥 전 부통령 주선과 안내
                로 thmc 6명 방문

하자라족 최고 지도자, 전 아프칸 부통령, 현 야당 당수 무하킥과 만남(L-a). 2007년 카이자르
대통령 면담 방문으로 Afghanistan Kabul 방문, 뒷줄 오른편부터 홍허버트, 김마가, 서정은, 주
영덕, 옥창호, 장도원, 최경욱, 앞줄 오른편부터 오성연, 옥우원(R-b)

조구리 상계 모사 마을, Alaudol(L-B) Friend School, Sabes Bulo(R-A) Friend School 천막
학교

전남 구례군 산동면 이평리 452–1. 이평초교(폐교)

한반도 사이버 평생 교육원

2022. 12

설립 운영 기획

- 지혜와 지식을 나누자 -

전남, 구례군 → 전주행 도로

교실, 식당, 화장실

운동장

한반도 사이버 평생 교육원

외국인 교육 강좌   이평 대안 학교(특성화)   강좌 + 강좌
매주 토요일 –25회. 6개월–   –3년 과정–

외국인 교육 강좌

1. 한국 체류 외국 근로자 대상 = [취업 근로자] [외국 유학생]

　　교육 훈련 목표 : 〈해외 교회 개척〉
　　　　　　　　　　〈해외 현지 학교 설립 교육〉

2. 한국인– 국적 취득자 대상 = [다문화 가정 자녀] [중도 입국 자녀]

　　교육 훈련 목표 : 〈한국 사회 현장 견학과 탐방〉

3. 재외 동포/재외 국민 대상 = [입양아] [해외 거주자]

　　교육 훈련 목표 : 〈한국인 정체성 교육〉
　　　　　　　　　　〈역사, 경제, 문화, 산업체 현장 탐방〉

이평 대안 학교(특성화)

1. 입학 대상 = [위기 청소년] [제도권 부적응] 청소년

2. 학교 형태 = 고등학교 3년 과정

3. 모집 인원 = 각 학년 20명(남학생), 전체 재학생 60명

4. 학사 운영 = 학생이 운영-관리 형, [교사]는 협력-지원형 〈학교 공동체〉

5. 필수 과목 = [지역개발] [보건/위생] [상담] [1:1제자양육] [컴퓨터]
　　　　　　　 [과학의 역사] [태권도] [지리산 4계절 산행] - 8과목 필수

6. 학습 기간 = 〈3년〉 + 〈기숙사 생활하며, 매일 오후는 봉사 활동한다〉

7. 학비와 생활비 = 본인 10% + 재정 후원 단체는 〈기업〉〈교회〉〈사회 단체〉는 후원자 90%

8. 학사 규정 = 학생회 + 교무과 + 학생과 동의로 입학 결정

9. 학업 내용 = 〈교무 위원회-A〉〈운영위원회-B〉 결정

10. 학생 징계 = 〈A〉 + 〈B〉 전원 동의로 징계 처리

11. 입학 지원 = 수시 입학

12. 근로 의무 = 3년 재학 중, 매일 오후에 봉사 참여한다.

* **위기 청소년(youth at risk)**
  (a) 학교 생활에 적응 못하는 청소년
  (b) 직업인, 성인, 사회인으로 생활하기 어려운 청소년
  (c) 학교 부적응, 학업 중단, 폭력, 성, 약물 중독으로 가출한 청소년

경찰청 미신고 추산 : 22만 명 (2015년 ?)

한국에 체류하는 취업 근로자 170만 명, 외국인 한국 유학생 10만 명은 대부분은 외국인 신분으로 체류하여 약 5년 한국 체류 후 본국으로 귀국하게 된다.

[외국인 교육 강좌] –3주 과정– [매주/토요일/6개월]

특히 국교가 이슬람, 불교, 힌두교일 경우, 해외 현지에서 신앙 공동체로 교회 설립은 매우 어렵다. 대부분 해외 국가는 외국인에게 포교 활동을 법적으로 용납되지 않으며 현지 주민은 신앙 공동체 즉 교회 설립과 운영에 참여와 주체는 가능하다.

1. 목적 = 〈교회 개척〉〈주일 학교〉〈유치원〉〈초등학교〉
        ---[문맹자 교육] 실무 개설

2. 교육 과목 = 〈지역 개발〉〈1:1 제자 양육 B/S〉〈상담〉〈태권도〉
        〈음악=합창/난타〉〈보건/위생〉〈학교 설립〉〈자국어/국어〉

3. 기간 = 매주 토요일, 10시간 × 25회 = 250시간(6개월)
        토요일 8:00am ~ 오후 7:00pm 집중 수업, 주일 지역 교회 참석 후

4. 협력 = [일대일 제자 양육 성경 공부] 교육 훈련은 교회 또는 선교 단체가 주관하여 대표자 명의로 이수증을 수여한다.

5. 비용 = 본인 후원금으로 10%, 공동 후원금 90%는 지원으로 한다.

귀국하여 본국에서 직장에 취업하든지, 자영업을 시작하든지 또는 비영리 법인 설립으로 〈교회 개척〉과 〈학교 설립 운영〉을 목표로 출발할 수 있으니 외국인은 [외국인 교육 강좌]를 소개한다.

[이평 대안 학교] 특성화 –3년 과정–

한국에서 유학 생활을 마친 후, 본국(해외)에서 학교 설립/운영을 희망하면, 한국에서 교육 단체 설립-운영 참여를 소개한다. 또한 〈지식 공동체 학교 설립과 운영〉은 곧 〈이웃 사랑, 하나님 사랑〉에 참여한다.

1. 학교 목표 = 〈교회 개척〉 〈유치원〉 〈문맹자 학교〉
    ---[학교 설립 운영을 시험한다]

2. 교육 내용 = 〈지역 개발〉 〈보건/위생〉 〈컴퓨터〉 〈상담〉 〈1:1 제자 B/S〉
    〈음악=난타, 합창〉 〈과학의 역사〉 〈학교 설립〉--- 8과목은 3
    년간, 학업 시간.

3. 학교 기간 = 월요일~금요일 8:00am~5:00pm 교육 시간은 학교 시간.

4. 이평리 와 이웃 마을 봉사 = 매주 토요일은 [이평리 마을] 봉사 활동 시간

5. 학생 [이평 대안 학교] 숙식 비용 = 10% 본인/학생 부담하며, 90% 후원 단
    체가(학교) 지원한다.

6. 자재비 = 협의한다.

7. 강사비 = 없으나, 왕복 기차비, 숙식비는 학교에서 부담한다.

[외국인 교육 강좌-탐방 1]

1. 대상 = 〈취업 외국인 근로자〉〈외국 유학생〉〈다문화 가정 청소년〉〈중
   도 입국 청소년〉〈재외 동포 청소년〉〈재외 국민 청소년〉

2. 탐방 주제 = [문화, 산업 체험] 탐방
   a. 외국인 교육 강좌
   - 인도차이나 반도 5개 국가 = [Viet Nam/Hanoi] [Thai] [Cambodia]
     [Myanmar] [Laos]
   - 중앙 아시아 5개 국가 = [Uzbekistan/Tashkent] [Kazakhstan/]
     [Turkmenistan] [Tajikistan] [Kyrgyzstan]
   - 중남미 5개 국가 = [Mexico] [Brazil] [Argentina] [Nicaragua] [Peru]
   - 아프리카 5개 국가 = [South Africa/Cape Town] [Namibia/Windhoek]
     [Botswana/Gaborone] [Madagascar/Antananarivo]
   b. 〈2일〉 탐방 프로그램 : 취업 외국인, 다문화 가정 청소년, 재외 국민, 재
   외 동포, 입양아

3. 인원 = 20명 ~ 40명 = 1팀

4. 내용 = 견학 학습 대상
   우리 나라 〈국회〉 + 〈국립 도서관〉 - A반
   우리 나라 〈독립 기념관〉 + 〈중앙 박물관〉 - B반
   우리 나라 〈한글 박물관〉 + 〈초-중-고-대학〉 - C반

5. 지도 = [난타] - A반
         [예절] - B반
         [태권도] - C반

6. 접수 = a. 서울 경기 본부 : [안산 M 센터]
         b. 전남 전북 본부 : [이평 학교] [전주 비전대학교]
         c. 경북 경남 본부 : [한동대학교] [경주고등학교]

우리나라 [교육 · 학교 · 청소년] 현실

교육의 시대적 현실

현재 우리 사회의 청소년 학교 교육은 어떤 상황인가? 역사적으로 두 가지 학교 방식이 있었다. [스파르타 교육 훈련 방식]은 엄격한 규율과 통제 속에서 행해지는 교육 훈련형식이다.

소크라테스 방식은 문답식 교육 방식으로 스승과 제자가 자유롭게 묻고 답하는 대화 또는 문답 형식 교육이다. 소크라테스 방식은 공자, 맹자, 예수, 부처가 사용했던 방식이다. 그러나 어느 방식이 더 효율적이냐는 학교 성격과 종류에 따라 다르다. 〈학교는 왜 불행한가〉 전성은 저. -2011년

[이평 학교]는 소크라테스 방식을 선택하여, 우리나라 청소년에게 합당한 교육형식으로 수정-보완한다. 자유롭게 묻고 답하는 대화형 교육은 현재 우리의 교육 현장에 필요한 방식으로써 시대적으로 민주화된 현대사회에서 필요하며 유익하다.

여기에 컴퓨터가 교육과 학습으로 지식 전달하는 우수한 도구로 발전했으니 컴퓨터를 이용하여 청소년 교육에 [자기 주도적 학습 방식]을 추가한다. 즉 [소크라테스 교육 방식]에 [청소년 자율적이면서 주도적 학습 방식]을 추가하여, 이평 학교 학사 기본 방침으로 삼아 학사 방침으로 학교 현장에 적용코자 한다.

교육의 목적, 학교의 목적

[학교]는 교육에서 절대적 위치를 차지하고 있으나 학교가 교육의 전부는 아니다. 즉 필요 조건은 될 수 있으나 충분 조건은 아니란 뜻이다.

초기 사립학교가 공자, 부처, 예수, 맹자 모두를 스승, 교사, 선생으로 불렀던 사실을 통해 알 수 있는 것은 **[교육의 목적은 평화]**라는 것이다. 공자는 [인]으로, 예수는 [사랑]으로, 부처는 [자비]로서 평화를 만들자고 했다. 그들은 전쟁과 굶주림이 없으며, 억압 없는 세상을 만들고자 했다. 그래서 〈**평화로운 세상을 만들고자, 교육의 목적이다**〉

그러므로 학교는 철저한 [평화 교육 공동체]로 운영되어야 한다. 〈**교육의 목적을 이루기 위한 무대가 [학교]이다**〉

- 평화 = 전쟁을 일으키면 안 된다.
- 평화 = 남의 것을 빼앗으면 안 된다.
- 평화 = 더 많이 가져도 안 된다.
- 평화 = 굶주리는 원수에게라도 먹을 것을 주어야 한다.
- 평화 = 원수를 갚지 않아야 한다.
- 평화 = 왼쪽 뺨을 맞으면 오른쪽 뺨을 대야 한다.
- 평화 = 원수를 위해 기도하는 사람이다.
  -학교는 왜 불행한가- 전성은 2011

[평화]는 〈평등〉 〈자유〉 〈공존〉의 세상이다. 이 셋을 중심으로 교육 내용을 구성하고 [학교 교육 활동이 이루어져야 한다].

[평등]이란 각기 다른 것들이 그 다름에 따른 적절한 대우를 받는 것을 말한다. 모두가 똑 같으면 [평등]이란 말이 필요 없다. 다름은 다름일 뿐이다. 다름은 선이나 악이 아니다. 더더구나 무슨 정의나 죄도 아니다. 선은 악과 다르고 악은 선과 다르다. -중략- 다름이 권리의 차이로 이어지지 않고 그저 다

름으로만 인정되고 법 앞에서 평등 하게 적용 받고 법에 명시된 권리를 아무런 방해 없이 누릴 수 있는 평등이다. 피부색이 다르다고 민족이 다르다고 빈부의 차이가 난다고 종교가 다르다고 사는 지역이 다르다고 몸에 장애가 있느냐 없느냐에 따라 온갖 다름을 이유로 사람을 차별하는 것은 제국에서는 당연한 일이겠지만 사랑과 자비의 신에게 용납될 수 없는 일이다.

인간은 어떤 다름에도 상관 없이 존재할 수 있는 권리가 최소한 법적으로라도 보장 되어야 한다. -학교는 왜 불행한가- 〈전성은 저, -2011년-

[외국인 교육강좌]와 [이평 대안학교-특성화]에 해답이 있다

급격한 시대의 변화 속에서 우리나라 경제, 사회, 교육, 문화 역시 변화에 대처가 절실하게 필요하다. 대학교에서 전문인 양성을 위해 일정 학업 성적에 따른 〈인재 선발과 양성〉은 필요하다.

이때에　1. 〈상급 학교〉 진학을 경쟁 교육이 아니며
　　　　2. 〈교사〉 중심 학교 생활에서 부적응 청소년을 대상이며
　　　　3. 〈학업 유지에 불가능한 가정의 청소년〉에게 합당하다

특히 학교에 부적응하거나, 개인 생활 환경을 이유로 학업을 중단한 청소년에게 〈학교 운영 관리 참여〉와 〈학생 중심 학교 학습 생활〉통해 〈청소년 주도적인 학교 생활〉에 참여 기회를 제공한다. 평가 중심이 아닌 〈실기 현장 교육으로〉 생활 분야 자격 취득 학교 생활을 시도한다.

입학에서 졸업까지 재학생 본인 뜻을 존중하며, 이러한 과정에서 나타날 수 많은 어려움과 장애를 예상하면서, [교사] [재학생] [학부모] [후원자]는 이해하며, 중단 없는 상의로 노력할 것이다.

위와 같은 〈학교 밖 청소년〉과 〈사회 환경을 향한 도전과 개척〉은 [교사]와 [학생]의 신앙을 바탕으로 열매 맺으리라 본다.

재능 기부 협력 자원 교사

〈협동 조합 회원 가입/동의서, 사업 설명서/개인, 단체〉

교사 재능기부 대안학교

1. 권광식 – 협동조합 30년/실습*
2. 이인자 – 공중 보건 위생 8년*
3. 최정윤 – 영상제작 12년/실습*
4. 노용환 – 영상촬영 15년*
5. 양연수 – 응급구조 및 처치 10년/실습*
6. 최월숙 – 일상 생활과 보건위생 30년/실습*
7. 박승재 – 윤리,도덕 12년*
8. 정재순 – 통신,위성 20년/실습*
9. 배상도 – 기계, 자동차 10년/실습*
10. 박태원 – 기계, 자동차 30년*
11. 문양진 – 윤리,도덕 30년/실습*
12. 이승관 – 상담과 코칭 8년*
13. 한예현 – 컴퓨터 프로그램 10년*
14. 정동춘 – 체육 교육 교사 15년*
15. 장대직 – 〈청소년 교육 30년〉
16. 예민수 – 〈한국어와 발표기술 10년/실습
17. 송대량 – 〈보성고 교장〉우주 생성 30년*
18. 김종수 – 〈지역 개발〉협동조합. 지역 개발 5년
19. 유명해 – 〈음악 난타〉난타 20년/실습*
18. 박상규 – 〈비전대 태권도〉태권도 20년/실습*
19. 단체-1* 이랑학교 – 전북/진안군 부귀면
20. 단체-2* 한예종 교육원 – 전남/광주(서동균 학장)
21. 단체-3* 재한몽골학교 – 서울/광진구(유해근 이사장)
22. 단체-4* 비전원격평생교육원 – 전북/김제(한예헌 대표)
23. 단체-5* 한국관광고등학교 – 경기/평택(김기홍 교목)
24. 박찬빈 – 〈대학교, 자동화〉로켓과 자동화 30년*
26. 김선미 – 〈기획과 해설사〉관광 및 역사 해설사 15년*

27. 이정연 – 〈출판과 회계〉재정관리 30년*

28. 박미옥 – 〈심리 상담〉예절 교육(일반)

30. 김혜미 – 〈비전대 교수,전산〉컴퓨터와 미래 사회생활*

31. 정대용 – 〈숭실대학 교수〉기업 경영이란 무엇인가*

31. 오홍섭 – 〈풀무학교 전 교장〉전 세계는 농업기술자를 찾는다*

32. 오성연 – 〈HIS 이사장〉인생 설계와 위대한 인물 소개*

33. 최순호 – 〈조선일보 사진부장〉사진 촬영 기초와 실습

재능기부 협력 자원하는 교사

〈사업 설명서/개인, 단체〉

재능기부 교사 대안학교

35. 문양진 – 도덕과 생활 010-8860-7602

36. 고광희 – 한국어　문양진 선생님 소개 교사

37. 강순규 – 수학　문양진 선생님 소개 교사

38. 노윤선 – 영어　문양진 선생님 소개 교사

39. 최인호 – 국어　문양진 선생님 소개 교사

40. 전점봉 – 과학　문양진 선생님 소개 교사

41. 추명숙 – 영어　문양진 선생님 소개 교사

42. 김지우 – 사회　문양진 선생님 소개 교사

43. 김명환 – 역사　문양진 선생님 소개 교사

44. 전상봉 – 전남, 산동면 이평리, 이평교회 장로-〈양봉〉교사

45. 김사장 – 전남, 구례읍　제일목공소 대표

46. 손봉오 – 구례 제일 목공소- 목공작업 30년

47. 단체-6 〈빌리온 선교회〉- 송전섭 본부장

48. 단체-7 〈COME〉- 조요섭 선교사

49. 단체-9 〈TIM〉 도육환 대표

50. 단체-10 〈이천만 위원회〉 김홍주 목사/대표

51. 최덕현- 교수 – 학교 협동조합, 권광식 교수 추천, 상지대 교수 〈유기농 협회〉

52. 장강직- 전도사 – 사회 교육원 + [외국인 교회 개척]

53. 왕진무- 원장 – 〈인생 설계와 노후 재정〉

54. 노용환- 영상학교 교장 (기획, 촬영, 음향, 조명, 편집)

55. 단체-11 〈전남, 화순군, 평생 교육원- 김지유- OCOS연수〉

56. 단체-12 〈경북,경주 고등학교〉- 이태형 이사장

57. 단체-13 〈경북, 포항시, 한동국제학교〉

58. 단체-14 〈전남 광주시, 서석 고등학교〉

59. 최정식 – 〈전북, 농진청 30년 근무. 농학 박사〉

[한반도 이평학교] 학교 협동 조합 가입 예상 단체와 학교

* 1. 이랑학교 – 정용갑 교장(이랑학교) – 전북 진안군 부귀면 잠동길 82
* 2. 재한 몽골 학교 – 유해근 교장(나섬 공동체) – 서울시 광진구 광장로 1
* 3. 한국 관광 고등학교 – 김기홍 교목 실장 – 경기도 평택시 고덕면 고덕
     북로 185
* 4. 한국 조리사관 학교 – 윤경숙 이사장 – 서울시 영등포구 버드나무로 5.
     로이빌딩
* 5. 비전원격 평생교육원 – 한예헌 원장 – 전북 완주군 이서면 원은교 길 7
  6. 한국예술종합 평생교육원 – 서동균 학장 – 전남 광주시 동구 서석로 89
  7. Church Home School – 이송용 교장 – 전남 광주시 북구 동문대로85번
     길 85
* 8. 우리들 학교 – 윤동주 교장 – 서울시 관악구 남부 순환로 1495
  9. 영근 커뮤니티 – 윤정순 소장 – 서울시 성북구 종암로 22길 33
 10. 한반도 이평 사이버 평생 교육원 – 박태원 교장 – 전남 구례군 산동면
     이평리 452-1

인구 감소 추세 – 2017년 = 현재 인구 5,100만 명이며

  2020년 = 2년 후 – 852만 명 감소하며

  2030년 = 30년 후 – 700만 명 감소하며

  2060년 = 50년 후 – 2,500만 명 감소한다

앞으로 12년,

- 2030년 안에 〈청소년 인구 226만 명 감소하며, 초등 학생이 [64,500개 학급 이 없어지며 – 35명이 1학급 일 때]
- 2040년 안에 〈청소년 인구 649만 명 감소하며, 초등 학생이 [275만 명 감소 하며]
- 2050년 안에 〈청소년 인구 501만 명 감소〉한다.

한편 지난 30년 동안 450개 대안학교가 설립되었으며, 이중 약 150개 학교가 [기독 정신]으로 운영하는 대안학교로서 기독 신앙을 토대로 교육과 학교의 기초로 개교하였다.

현재, 기존 학교 교육의 〈암기, 경쟁, 대학 입학〉만이 최선의 대책인가?

현대는 이미 〈**전문화 시대**〉〈**효율성 시대**〉〈**IT 시대**〉〈**국제화 시대**〉〈**기계화 시대**〉 〈**생활 중심 시대**〉라는 4차 산업혁명 시대에 살고 있다.

이러한 새 시대에 합당한 [청소년 교육 방침과 학사-학교 생활 변화]는 극히 미미하다. 아직도 학교 교육에는 전문화 시대에 필요한 창조, 협력, 융합, 자기 개발이 미흡하다. 비유하면 이미 봄이 지나고 여름으로 계절이 바뀌었음에도 아직도 겨울 옷 그대로인 형국이다.

특히 30~40년 전과 비교하여 사회 제도와 정치, 경제, 사회, 문화, 생활환경 및 국가제도는 크게 변화되었지만, 대학 진학 열기와 공교육(고등학교) 및 사교육 현장에는 변화가 거의 없다. 이렇게 변화가 없는 현실에 개선과 의견을 제안한다.

더욱이 〈지난 5년간 학업 포기하는 고교생 14만명 육박〉 [2017.10.10 매일경제 정슬기]. 신문은 무엇을 뜻하는가! 정규 교육에 적응할 수 없는 제도와 현실을 볼 수 있으며, 부적응 청소년 대책이 없는 실정을 극명하게 보여준 사례이다.

우리 사회의 [학교 밖 청소년] 현황

1. [자기 주도적 특성 개발 희망 청소년] = 한국인

2. [학교 밖 청소년] = 한국인

3. [빈곤 가정 청소년] [다문화 가정 자녀] [중도입국 청소년] [다문화 가정 청소년] = 한국 거주자

4. [위기 청소년]은 〈핸드폰 중독 45만 명〉
   〈미혼모〉
   〈사회 부적응〉
   〈중도 입국〉
   청소년은 [학교 밖 생활 부적응 청소년]은 약 100만 명이다

5. 우리나라는 〈암기 능력 중심으로 지적 능력을 평가하며〉
   〈성적 중심으로 학생 우열을 가리며〉 이러한 교육-학교 제도와 환경에 속한 청소년에 대안은 있는가?!

이유는 세 가지이다.

첫째 [위기 청소년] 숫자가 100만 명(전체 청소년 923만 명)으로, 현재는 소수이다.

둘째 우리 사회 새로운 현상으로 경험자(교사, 연구자)가 없으며, [교사] 중심 교육에서 [학생] 중심 교육으로 전환이 어렵다. 제도권(학교와 교육 환경)에서 전환이 어렵다.

셋째 [위기 청소년]들의 교육 환경적 요인이 일반적이지 않기 때문에 〈학생〉의 개인적인 특성 및 가정 환경 분석을 통한 〈학생 중심 교육〉이 부족하다. 즉 청소년의 잠재력과 학업 수행에 〈참여자/연구자〉가 부족하다. [대안학교의 역할이며, 책무이다]

[학교 밖 청소년] [위기 청소년]의 현황과 대안을 보며, 새로운 제안한다

■ 기존 교육-교사의 판단 착오 - 사례

월트 디즈니-(미)	새로운 아이디어가 부족하다고 해서 신문사 편집국장에게 해고 당한 적이 있다. 또한 [디즈니 랜드]를 세우기 전에 몇 번씩이나 파산했다.
토머스 에디슨-(미)	교사들은 "이 아이는 아무것도 배울 수 없는 바보"라고 말했다.
알버트 아인슈타인(독)	4살까지 말을 못했고, 7살까지 글을 못 읽었다. 그의 선생은 그에 대하여 이렇게 평가했다. "머리가 느리고, 사회성이 없고, 바보 같은 꿈에 도취되어 항상 딴 생각을 한다" 그는 쮜리히 종합 공대에서 쫓겨나고, 재 입학도 허락되지 못했다.
루이스 파스퇴르(불)	대학시절 극히 평범한 학생으로, 화학과의 22명 중에 15등으로 졸업했다.
엔리코 카루소-(이)	부모는 그가 공학도가 되길 원했다. 그를 가르친 선생은 그의 목소리는 전혀 훌륭한 소리가 안나니, 노래를 못 부를 것이라 했다.
로디니(불)	예술학교 입학 시험에 3번이나 낙제했고, 동급생들 중에 최하위로 평가 받았다. 그의 삼촌은 그가 교육 받기에 불가능한 인물이라 했다.
톨스토이(러)	대학에서 낙제를 했다. 그는 "배울 수도 없고, 배우려 하지 않는 인물"로 평가 받았다.
윈스턴 처칠(영)	6학년 때 낙제를 했고, 62살 되어서야 영국수상이 되었다. 그것도 수많은 실패를 겪고 나서야 말이다

이평 대안 학교(특성화) 설립 운영 제안 – 요약

2023. 3

[이평 대안 학교-특성화] 이상 선언문

하나님은 이 세상을 만드시고 보시기에 심히 좋았더라 하시었으니 남악(지리산)은 하나님 주신 선물이며 우리 조상은 수 만년을 보존하여 우리에게 유산으로 주시었다.

이제 우리나라 21개 국립공원 중 첫 번째 산으로 지리산을 1957년에 지정하였으니 이 명산을 한민족은 전 세계 만민에게 유익하도록 세상과 나누는 일을 시작한다. 지리산 권 역사, 문화, 전통을 연구하고 자료 수집하며 국립공원 관리공단은 지리산 권 산림 생태계로 협곡과 계곡에 동물-식물을 나누어 보전하고 수많은 자료집을 출간하였으니 귀중한 보화이며 [지리산의 역사]이다.

다음 세대를 위한 지리산 권 지역개발에 인간개발이 근본이라 믿으며 지리산 전문가들의 작업 성과를 사용하여 차세대를 향한 연구 개발 교육 훈련에 임할 것을 다짐한다. 특히 전북, 전남, 경남 지역 지리산 자락에 남원, 곡성, 구례, 함양, 산청, 하동 지역 120개 마을을 지나는 둘레길 70리(280km)를 만들었으니 군민은 숙박으로, 음식으로, 지리산 역사와 동물 식물 해설 자료 개발에 부단히 힘쓸 것도 다짐한다.

120여 개 마을에 거주하는 다문화 가정 청소년, 중도 입국 청소년, 학교 밖 청소년, 위기 청소년들이 지역 개발 참여 희망할 경우 기회제공을 우선할 것도 다짐한다.

모든 사람은 영육 간에 건강하도록 [순례자의 길]로 지리산은 준비되었다. 세상 만 백성과 나누려는 작정만 남았다. 이제 민관이 손 잡고 지리산 전문가를 양성하는 일을 담당하여 지리산을 만대에 보전토록 한다.

■ 지역현황

▌지역별 인구 수(1개 읍 7개면)

순위	지역	인구수	교회 수
1	구례군 구례읍	11,587	
2	구례군 산동면	3,078	
3	구례군 마산면	2,851	
4	구례군 토지면	2,650	
5	구례군 광의면	2,425	
6	구례군 간전면	1,652	
7	구례군 용방면	1,596	
8	구례군 문척면	1,278	
	총 인구 수	27,117	

▌지역 내 학교 수

구분	현황
초등학교	10개
중학교	4개
고등학교	2개
교육청	1개

▌연령대별 인구 수

연령대	0-9세	10-19세	20-29세	총 인구 수
인구 수	1,612	2,302	2,373	6,287

■ 학사 기본 사항(이평 학교 3년 과정)

교육 과정

기초 과정 2년 중 – 지역개발, 보건-위생, 상담, 1:1 제자양육B/S, 컴퓨터, 과학
역사, 태권도, 지리산 280km 4계절 산행 - 8과목

현장 실습 중심 선택 1년
〈고등학교 과정 – 검정고시〉과 〈대안학교 인가 신청 중〉 – 2개 중, 1개 선택
한다.

생활 면허/자격 취득
〈고등학교-검정고시〉〈태권도〉〈자동차 면허〉
〈숲길 관리 체험 지도 사〉 20종 자격 교육 훈련 중에서 5개~6개를 선택한다.

학생 입학 추천

〈남원, 곡성, 구례, 하동, 광양, 남해〉 지역 교회 추천은 [읍] [면] 사무소 추
천 기타 지역 단체, 신앙 공동체 추천(추천자 + 학부모 + 본인)

입학 정원

〈1학년 : 20명〉 남자 학생

입학생 선발

〈위기 청소년〉
〈잠재력 개발 희망 청소년〉
〈다문화 가정〉〈중도 입국〉
〈학교 밖 청소년〉 – 〈중학교 과정 이수자〉 - 10대 청소년,
〈검정고시 이수자〉 – 중학교 과정 이수자/학생.
〈공동체 생활, 건강한 희망 청소년〉 – 청소년 + 희망 학부모

학습 과목

* 학력 수준은 [현장 중심] [생활 중심]으로 교제를 선택한다

	과 목	세부내용
1	지역개발	〈태어난 곳〉 〈고향〉 〈연고 지역〉을 우선 선택한다
2	보건위생	
3	컴퓨터	생활인 수준으로
4	상담	
5	한국어	〈편지 쓰기〉 〈보고서〉 〈말하기〉 〈소감문 작성〉
6	예절 (인사/식사)	인사 예절, 식사 예절
7	과학의 역사	시계, 활자, 콘크리트, 비행기, 컴퓨터
8	태권도	〈초단〉 〈1단〉
9	지리산 탐방	둘레길 280km : 〈봄/여름 /가을/ 겨울〉 = 4회 완주 지리산 둘레길/순례자 길
10	음악	난타, 합창, 풍물패
11		
12		

■ 〈교사〉는 실기 교사, 현장 중심 = 역량 발휘 경험자

가. [현장과 사례 중심] = 〈교재〉+〈현장〉+〈적용〉을 우선으로 하는 [교사] 채용한다.

나. [원리 이해] = 학습 요점을 설명하는 [교사]를 채용한다.

다. 학습자(수강자) 의견 발표와 토론을 중요하게 보는 안목 = 생활을 통한 〈실제 사실〉을 설명하는 [교사]를 우선 채용한다.

라. [학생 주도형]+[학교 생활 주도형]을 우선하는 = 〈학교 공동체〉〈학생 공동체〉를 통한 이해하며 〈적용〉, 〈참여〉를 우선하는 [교사]를 채용

마. [교사]를 교육 훈련하는 [교사] → 공동체 생활을 통한 [교사] = 실기 전문인 [교사]로 인정하는 자

■ 〈학생〉은 능력 개발 과정 = 실습-실천을 희망하는 학생

가. 교육 학습 과목 = 〈1학년, 2학년에 선택하며 60%〉〈3학년에 40% 선택한다〉

나. 실습 학생 = 3년 학교 생활에서 [자기 주도형 학교 생활]을〈지혜와 경험에 자신감 넘치는 학생〉

다. 졸업 학생 = 3학년은 〈준비된 지식+경험〉+〈이수 증〉+〈국가 자격증〉+〈관련 기업체 [직원]으로〉 = 자영업(?)으로 출발한다

라. 학교 자립 = 〈기숙 형 학교〉+〈자립 운영 현장 운영〉 = 학생 참여한다

마. 민주 사회의 성숙한 시민 정신 함양 = 〈정직한 생활 실천 자〉〈실기에 자신감 넘치는 생활인〉〈교육은 곧 경험이다 =100% 실현하는 자〉

* 자격증 · 이수 증 = 실습 훈련 과정을 증명한다
* 필수 조건 A = [예절]은 〈회의〉〈식탁〉〈인사〉〈복장〉으로 A를 받는다.
  필수 조건 B = [음악-미술-체육]은 〈난타〉〈합창〉〈풍물패〉로 A를 받는다.

■ 학습 교재와 자격 실습

3학년 때, [5종류~6종류 이상 자격 취득]을 목표로 학습한다.

1. [태권도] = 박상규 교수---〈초급〉〈1단〉
2. [운전 면허] = 면허 시험장---2종 자동차
3. [원동기 면허] = 면허 시험장=
4. [나무 의사] =
5. [숲길 지도사] =
6. [응급 구조사] = 양연수 교수
7. [조경 기능사] = 최정식 박사(농업 진흥청)
8. [유기농 기능사] =
9. [종자 기능사] =
10. [식물 보호 기능사] =
11. [한식/중식/일식 조리사] =
12. [지리산 생태 농사 해설사] =
13. [지리산 권 문화 해설사] =
14. [숲길 관리 체험 지도사] =
15. [지리산 생태 환경 해설사] =

장래에 진로와 직업 선택에 즉 〈자기 주도적 학습 계획〉을 고등학교 때, 3년 과정에서 첫 직업을 선택한다.

그는 위에 수많은 여러 가지 자격증에 생활에 필요한 자격을 갖추어 〈높은 지적 수준으로 공부 잘하는 학생 보다도, 실기로 잘하는 청소년이 모범생으로 높이 평가한다〉

[이평 대안 특성화 학교] 졸업자는 **[생활 현장에서 뛰어나고, 인품에서도 흠이 없으며, 생활 자격증으로도 높은 수준으로 평가되어야 한다]** 즉 [생활인]이 되어서, 그 사회에 잘 적응하는 인물이 우수한 사람으로 평가한다.

그를 [생활인]으로 실무에 강하며, 실제에 뛰어나는 [인물]을 선호하며, 이론 보다 [실제 능력]을 갖춘 자를 더 선호한다. 따라서 〈생활의 달인〉을 선호하는 그를 [직업 전문인]라 하며 그 지역에 특징을 나타내며, 21개 국립 공원은 이야기가 있다. [전남, 구례군]에 존재하며, 21개의 한국의 국립공원을 설명할 수 있다.

■ [팀-조별 · 실습] [생활 중심] 학교는 [이평 대안 특성화 학교]의 주제이다.

대부분 청소년은 진로 선택 스트레스가 가장 크다. 즉 자기 주도적 학습 계획을 세우지 못하여 나타나는 현상이다. 따라서 고등학교 3년 학교 생활로 〈장래 직업〉과 〈생활 선택〉은

<blockquote>

〈교사〉는 지식 중심에서 ➡ 생활 중심 학사 운영 지도를

〈교사〉는 교육 중심에서 ➡ 학생 중심 교육으로 수업을 운영한다.

</blockquote>

즉 다시 설명하자면

1. 교사는 성적보다 〈실력으로 학생을 평가〉하며

2. 교사는 실제 생활에 적용 가능한 과목과 학습을 [사례 중심]으로 지도하며

3. 도서(책) 중심 교육보다 [현장과 실제 사례 중심 공부]로 교육 훈련한다.

4. 교사는 주간 단위로 [교육] [훈련] 시간을 배정한다.

5. 입학부터 졸업 때 까지 3인 1조, 4인 1조 등으로 〈학교 생활 편성하며, 학습하며, 평가〉한다. (협동학습 방침을 원칙으로 한다)

6. 교사, 강사의 출발지에서 전남 구례 산동면 [이평 대안 특성화 학교] 도착 교통비와 숙식은 학교가 부담한다.

■ 입학생

   A. 지역, 학교 부적응 청소년(전국)

   B. 지역 다문화 가정 청소년(남원, 곡성, 구례, 하동, 광양) = 지리산 권/
      섬진강 권

   C. 재외 동포, 재외 국민

   D. 중도 입국 청소년

   E. [위기 청소년]

[이평 대안 학교] 청소년 = 특수 교육 단체

전통 학교 부적응 청소년 = 〈지식 중심 학교, 교육-학교 부적응, 학업 중도
포기/자퇴〉〈위기 청소년〉이다.

〈현재 공립, 사립 학교〉 = 〈개인 특성을 이유로 현재 교육 제도는 수용 불가
능한 청소년〉〈제도권 교육/학교를 거부한 청소
년〉이다.

구제형 학교

특히 〈농촌 소외층 청소년〉과 〈위기 청소년〉에게 필요한 교육과 교육기회
제공하는 특수 학교이다. 이러한 특수한 생활 환경 청소년에게 진로 상담을
도우며, 자기 특성을 발견하고 잠재력 개발 기회를 제공하는 **〈구제형 학교〉**
이다.

■ [이평 대안 특성화 학교] 부서별 직무와 구성

운영 이사회

1. 운영이사회 최초 구성은 학교 설립자가 위임함으로 선임한다.
2. 교장을 선임하며 면한다.
3. 모든 강사와 교사를 임명한다.
4. 교무위원회 학사 운영과 방침을 수정하고 지시한다.
5. 학생 자치회 운영 관리를 매월 보고 받는다.

교무위원회

1. 학교장은 교무위원회를 대표하며 학사업무와 교사, 강사의 학사 활동을 총괄한다.
2. 운영 이사회와 협의하며 교사, 강사를 추천하며 임명에 참여한다.
3. 학생 자치회 업무를 자문하여 원활한 한반도 이평학교 운영관리를 돕는다.
4. 재학생 개개인이 주도적 학습-학교 생활하도록 적극 지원한다.
5. 학부형과 지속적인 상담하고 협의하여 청소년 자신의 정체성 확립에 참여한다.

학생 자치회

1. 회장 1명, 부회장 3명은 [구매 지원부] [생활 지원부] [운영관리 지원부]를 6개월~1년 동안 담당부서를 담당한다.
2. 한반도 이평 학교의 학사 이외의 〈학교 전체 운영관리를 전체 학생이 분담〉하여 책무를 수행한다.
3. 교사, 강사의 지원과 협의로 학생 자치회가 담당하는 운영관리에 필요한 지식, 기술, 경험, 지혜를 교육-훈련 받는 기회로 삼는다.
4. 재학생은 학교 운영 관리 업무에 참여 함으로, 졸업 후 사회 생활에서 맡게 될 책무를 준비하는 기회로 삼는다.
5. 학교 공동체에서 〈재학생이 담당하는 운영관리 업무는 학습과 실습 참여〉로 지식 중심과 교사 중심 학교에서는 불가능하다.

■ 학생회 운영 관리 업무

〈생활 지원부〉

1. 학생 기숙사 생활 전반(취침과 기상, 실내 온도 조절, 세탁, 청소)
2. 건물 내 청소와 관리
3. 식당 운영관리(식단, 조리, 배식, 청결)

〈운영관리 지원부〉

1. 교내 수목관리, 건물 내/외 청소
2. 수도, 전기, 통신, 가스 관리, 전문 관리 단체 위탁
3. 학교 컴퓨터실 관리
4. 학교 건물 외부 전체 담당

〈구매 지원부〉

1. 학교 생활 물자 전체 생활 필수품 구입 담당
2. 매월 수입, 지출 결산 보고서 작선 제출
3. 생활식료품 일체 구입

A. 1년 기간 담당 임기

B. 회장 1인-1년 임기/총괄 업무, 부회장 3명 선임하여 아래 3개 부서를 6개월~1년간 담당한다.
〈생활 지원부〉〈운영 관리 지원부〉〈구매 지원부〉업무 분담 실시한다.

C. 담당 교사에게 매일 보고, 승인 받는다.

D. 외부 기업과 학교를 대표하여 협의, 약정 업무는 교사 참여로 동행 수행한다.

E. 학생증 발급, 협동조합 설립 작업을 담당한다.

■ 지리산 권 문화 특성화 교육 벨트

(남원시, 광양시, 순천시, 곡성군, 구례군, 하동군, 산청군)

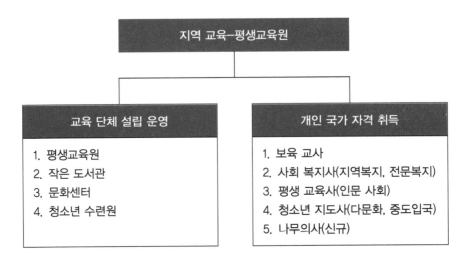

지역 교육-평생교육원

교육 단체 설립 운영	개인 국가 자격 취득
1. 평생교육원 2. 작은 도서관 3. 문화센터 4. 청소년 수련원	1. 보육 교사 2. 사회 복지사(지역복지, 전문복지) 3. 평생 교육사(인문 사회) 4. 청소년 지도사(다문화, 중도입국) 5. 나무의사(신규)

■ 학사 교재 이용 방침

지리산 [시작과 교재]입니다

지리산을 시작으로

전국 21개 국립공원에 확대-제공한다.

〈생태 대안학교 설립 운영 지침〉 제공

〈지리산 생태 해설사/ 전문가〉 양성

지리산 둘레길 280km

■ 지리산 둘레길 280km

교육 학습 프로그램 배경

1. [지리산]을 홍보하고 지리산 생태 보호하며
2. 국민 건강 증진 〈걷는 문화〉 소개와 확산하며
3. 〈청소년 문화, 청소년 활동 진흥〉
4. 〈청소년 프로그램 개발〉
5. 〈협동, 연합, 정체성 확립, 체력 증진〉
6. 세대간 연합 - 문화 상품 개발, 외국인(동남 아시아) 청소년 활동 프로그램

연합과 협동

1. [지리산 둘레길] 3개도에 [전라북도] [전라남도] [경상남도]에 위치하며
2. 5개 시, 군으로 [남원시] [구례군] [하동군] [함양군] [산청군]
3. 둘레길 280km, 120여 개 마을 통과하며
4. 200개 교회 연합(섬진강 권)한다

■ 지리산 둘레길 280km = 순례길(pilgrim)

내용 & 목적

- [봄/여름/가을/겨울 지리산 생태] – 해설사 양성 과정으로 전문성 개발
- 기독교 유적지 역사 탐방 – 1920년 선교사 치유와 휴식 소개

- 순례자 삶과 정신 – 〈협력과 섬김〉〈협동과 십자가〉〈생태신학 학습〉
  – 교회 청소년 수련 프로그램, 기업/학교 이용
- [20개 국립공원 청소년 수련 프로그램] [20개 국립공원 귀농인 프로그램]

유적지

- 노고단 – 전라남도 구례군 산동면 좌사리 110-2
- 왕시리봉(왕시루봉) – 입산금지구역

지리산 국립공원 탐방 연수 과정 개설

- [이평 대안 특성화 학교] + [평생 교육원-순천시] [광양시] [남원시]
- (사)숲길/지리산 둘레길 280km 안내 센터(5곳) = 남원, 하동, 산청, 구례-2(전남, 구례읍 화엄사)

■ 지리산 둘레길 현황

다양한 프로그램과 이용

- 국가 예산 200억 투입하여, 〈지리산 둘레길〉 조성했다.
- 숲길, 마을길, 제방 길 다양한 둘레길 활용과 교육 훈련 가능하다.
- KTX – 전라남도 〈구례군〉여행으로 〈10시간〉〈1박 2일〉〈2박 3일〉〈3박 4일〉으로 직장인 프로그램 개발 가능하다.

길이

- 280km은 한국/국내 최장 산행 거리 길이다.

- 둘레길 통과 지역(2개 시, 7개 군) 로 프로그램 개발 이용·안내 가능하다.
- ⟨봄·여름·가을·겨울 장기간⟩ + ⟨280km 둘레길⟩ 단체 탐방 기획 가능하다.

산행의 유익

산행을 즐기면 만병이 치유된다. 인간은 산을 걷는 것만으로 만병이 치유된다.
인간은 태초에 산을 걸으며 진화해 왔다. 걷지 않으면 병이 생긴다.
나이가 들수록 산에 가야만 한다.
인간도 자연인 관계로 자연과 조화를 이뤄야 하기 때문이다.

산 속에서 품어내는 음이온 등 여러 물질이 인간의 모든 질병에 자연치유 능력을 주기 때문이다.
인간들이 자연과의 인연이 태초부터 그러하다.
산행은 인간의 숙명이다.

현대인은 산을 떠나서 별로 걷지 않고 편한 생활을 하다 보니 병이 생겨났다.
병이란 기(氣)가 정체되고 순환이 안되어 생긴다.
氣가 쌓이는 간이 약화되면 피로가 쌓인다.
피로를 막아주는 것은 곧 산이다.

현대인들은 간을 혹사하고 있다.
간의 균형을 바로 잡아주는 것도 산이다.
정체된 기를 잡는 첫 번째가 바로 산이다.
산행보다 좋은 건강법을 조물주도 몰랐다.

욕심을 버리고 산행을 하라. 참선을 하듯 천천히 걷는 것이 중요하다.
산행을 하다 보면 마음이 맑아지고 무념상태가 된다.
곧 산행은 참선이고 무아의 경지에 진입하는 가장 좋은 지름길이다.
산행을 시간으로 묶지 마라.
조물주가 만든 죽을 때까지 해야 할 숙명의 건강법이다.

[순례자의 사례] – 〈최광선 목사 제공〉

순례, 여행자, 오체투지, 가리비껍데기, 산티아고, 둘레길. 이런 말들을 들으면 가슴이 뛰는가? 그대 가슴이 뛴다면, 신발 끈을 조여 매고, 가볍디 가벼운 배낭 하나 걸쳐 메고, 길을 나설 때이다. 어디로 가려는가? 산티아고도 좋다. 아니 지리산 둘레길도 좋다. 순례의 궁극적 목표는 길이며, 영혼의 중심이기 때문이다. 기도하는 이들은 순례자였고, 순례자들은 영성가들이었다. 오늘 그대는 동네 뒷길이라도 걸어보지 않으려는가?!

종교인이 아닌 경우에도 종종 순례 길을 나선다. 또한 종교를 가진 이들은 순례자들이었다. 무슬림 신자는 일생에 적어도 한번은 메카로 순례를 떠난다. 메카 순례를 다녀온 이들은 자기 집을 히얀색 페인트로 칠해 순례자였음을 알리고, 마을 사람들은 자신의 삶에 문제들이 생기면 하얀색 집에 들러 순례자들에게 조언을 듣는다. 유대인들에게도 순례는 매우 중요하다. 이스라엘에 사는 유대인이건 디아스포라 유대인이건 예루살렘 순례를 하는 것이 종교적 의무이며 소원이다. 어린 시절 나사렛 예수 또한 성전을 찾아 갔다. 또한 십자가를 지기 전에 예루살렘 성전으로 올라갔다.

기독교인들에게 세 가지의 순례길이 있다

첫 번째 길은 [로마에 있는 성 베드로의 무덤으로 가는 길이다. 그 상징은 십자가이고 그 길을 따라 걷는 사람들은 '로마의 방랑자'라고 불렀다]

두 번째 길은 [예루살렘의 예수의 성묘를 향하는 길이었다. 그 길을 따라 걷는 사람들은 '수상가'라고 불렸다. 예수가 예루살렘에 입성했을 때 그를 맞아준 이들이 흔들었던 종려나무 가지가 그 길의 상징이기 때문이다]

세 번째 길은 [산티아고 순례길이다. 이 길은 이베리아 반도에 묻힌 사도 야고보의 성 유골에 이르는 길이다. 전설에 의하면 예수가 죽은 후 야고보와 마리아가 복음을 전파하기 위해 복음서를 가지고 그곳을 지나갔다고 한다. 그곳에는 콤포스텔라, 이 별들의 들판이라 불리었고 이 길을 걷는 이들에게 '순례자'라고 이름 붙여졌고 가리비껍데기가 상징이다] --- (참고; 코엘료 순례자)

[순례 의미] – 〈최광선 목사 제공〉

기독교인들에게 순례는 영혼의 여정이었다. 존 번연의 『천로역정』은 그리스도인이 멸망을 앞둔 장망성을 떠나 하늘나라로 향하는 순례 길의 여정으로 구성되었다.

동방교회 영성 고전인 『이름 없는 순례자』에는 예수 기도를 쉼 없이 실천하는 한 이름 없는 순례자의 영적 여정이 담겨 있다.

늘 쉬지 않고 기도하는 순례자의 모습과 순례 길에서 체험하는 영적 경험들은 기도의 삶을 갈망하는 이들에게 좋은 길잡이가 된다. 파올로 코엘료의 『순례자』를 읽은 이들이라면 한번쯤 산티아고 길을 걷고 있는 자신을 꿈꿀 것이다.

순례는 온 몸으로 걷는 영혼의 기도이다.

순례는 온 몸으로 참여하는 우주적 찬가이다. 그러니 오늘도 이 길 걷는 순례자에게 하늘과 땅의 모든 것들이 축복할 것이다.

순례를 위해 묵상하면 좋은 성경구절

출애굽기, 시편, 누가 복음 = 〈순례자들의 시편으로 일컬어짐〉

순례자를 위한 추천도서

- 작자 미상 『이름 없는 순례자 영적 깨달음을 구하는 순례자의 이야기』 최익철 강태용 옮김 / 카톨릭 출판사
- 파올로 코엘료 『순례자』 박영숙 옮김 / 문학동네
- 존 번연 『천로역정』 유성덕 옮김 / 크리스챤 다이제스트

지리산 권 인문학

[순천대학교] [경상대학교] 협력 연구 자료에서

■ [한반도 이평 사이버 평생 교육원]
– [전남 구례군] 설립 기획 참고 자료

▌20권 10,600 페이지 = 국립공원 관리 공단 자료 + 순천대학교 자료

번호	저자 / 편자	자료(도서)
1	기초자료 1	[한국관광고등학교 2017학년도 학교 교육과정 운영 계획서]
2	기초자료 2	[지리산 권 문화 대전 20권] – 순천대, 경상대 10년 작업
3	기초자료 a	[기초 자료] 전 10권, 저자와 편자 19명, 총 3,632p 출간
4	기초자료 b	[토대 연구] 전 10권, 저자와 편자 108명, 총 6,950p 출간
5	기초자료 c	[구례 소식] 홍보지 : 구례군민 대상 홍보자료
6	기초자료 3	– 비매품

** 지리산, 국립공원 1호 지정(1967년) 후, 50년 자료 – 〈방대한 수량-종류 분류-파악 불가능〉

[지리산 권 문화 대전] – 20권

*[기초 자료] 전 10권, 저자와 편자 19명, 총 3,632페이지로 출간
*[토대 연구] 전 10권, 저자와 편자 108명, 총 6,950페이지로 출간

순천대학교(전남 순천/지리산 권 문화연구원), 경상대학교(경남 진주/문화연구원) 두 대학이 [지리산 권 문화 연구단]으로 컨소시엄을 구성-출범하여 10년 작업으로 [지리산 권 문화 대전]을 위 10,582페이지로 전 20권을 집대성했으니 지리산 문화 유산을 집대성한 업적이다.

책 소개 – 凡例를 인용하여 책 내용을 간략하게 소개한다.

[기초 자료]

01 [지리산 권의 금석문] 자자 - 홍영기, 김아네스, 김용철 - 전 359p

이 책은 지리산 권의 주요 금석문(金石文)을 시대 순으로 엮어 만든 자료집이다. 이 자료집을 펴낸 목적은 〈지리산 권 문화 연구를 수행하고〉나아가 지리산 인문학을 정립하는 데 있다. 금석문은 쇠로 만든 종(鍾)이나 돌로 만든 비(碑) 따위에 새겨진 글을 뜻한다. [서문 7p]

02 [지리산 권 고지도 선집] 편자 - 최원석 - 전 279p

고지도는 옛 사람들이 공간을 축소하여 문자와 부호, 색채로서 평면도 상에 재현한 그림이다. 이것은 당시의 공간적 지리정보뿐만 아니라 사람들의 지리 인식과 세계관 그리고 지도가 표현된 당시의 사회 경제적 배경 등을 알 수 있는 중요한 기록유산이자 문화 유산이다. [범례 4p]

03 [지리산권 지명의 역사지리] 저자 - 최원석 - 전 211p

지명은 땅과 지역의 특성을 가장 일차적으로 드러내고 있는 얼굴이다. 거기에는 땅의 모양과 장소적 성경이 반영되어 있고 이름을 붙이고 불렀던 당시 사람들의 지리적인 사고가 담겨있다. 지명은 자연적 특성뿐만 아니라 사회적 정치적 속성도 반영되고 있으며 역사와 시대에 따라 변천하는 역사 지리적 성격을 지니고 있다. [서문 7p]

04 [지리산 권 유산기 선집] 저자 - 강정화, 황의열 - 전 578p

유산기는 작자의 산행 체험을 '동기 → 일정별 기록 → 총평(후기)'의 형식에 따라 유람과정을 시간적으로 기록한 산문형식이다. 유람록(遊覽錄), 유산록(遊山錄), 유기(遊記)라고도 한다. -중략- 유산기는 조선시대 지식인의 산에 대한 역사적, 문화적, 종교적 의미가 함축된 총체적 자료이다. [서문 7p]

05 [지리산 권 서원자료 선집] 저자 - 문동규, 김기주 -전 312p

지리산 권 유학사상 연구를 위한 토대로서 지리산 권 서원과 사우에 대한 자료를 모은 것이다. 알려져 있듯이 서원은 조선 중기 이후 교육과 학술 활동의 중심이자 정치와 향촌활동의 무대가 된 곳이다 - 중략 - 이 책에서 다루고 있는 서원과 사우는 지리산 권 즉 남원, 곡성, 구례, 함양, 산청, 진주, 하동 지역에 한정하였다. [서문 7p]

06 [지리산 권 지식인의 잠(箴) 작품 집성] 저자 - 전병철 - 전 166p

잠(箴)은 고대 중국의사가 병을 치료할 적에 사용한 침이다 그 침을 찔러 몸의 아픈 부위를 낫게 하듯이 마음의 병든 부분을 찔러 새롭게 살아나도록 하는 것이 잠 작품이다 -중략- 자료집은 지리산 권을 동부와 서부로 나누어 양 지역의 유학자들이 창작한 잠 작품을 수록하였다. [서문 7p]

07 [지리산 권 불서] 저자 - 이종수 - 전 295p

-전략- 본서에 나타낸 지리산 권 불서는 신라, 고려시대 불서로 8종, 조선시대 불서로 110종 304권 162책, 그리고 불서로 분류하기 애매하거나 간행되지 않는 기타 불서로 7종을 수록하였습니다. [서문 8p]

08 [지리산 권 불교 설화] 저자 - 이상구, 김진욱, 박찬모, 박길희 - 전 323p

설화는 우리 이야기다. 그래서 우리가 걸어온 천 년의 길이자 우리가 걸어갈 천 년의 길이다. 설화는 개인의 이야기가 아니다. 우리 경험의 뼈저린 반성이 만들어낸 이야기이자 그 반성 속에 인식한 '있어야 할 세계'의 이야기 인 것이다 -중략- 지리산과 맞닿아 있는 5개 시·군을 중심으로 각 지역의 사찰에 얽힌 설화를 정리하였다. 그러므로 지역별, 사찰별, 설화를 이해하는데 편리할 것이라 판단한다 -중략- 지리산 권에 많은 사찰이 있다. 그리고 수천 년을 이어 온 우리들의 이야기가 있다. 불교 설화는 부처님의 이야기가 아니다. 더구나 스님들의 이야기는 더더욱 아니다. 우리의 이야기이다. [서문 8p-9p]

09 [지리산 권 민속 풍수 자료집] 편자 - 최원석 - 전 605p

한국의 공간적인 전통문화 중에서 가장 역사적으로 뿌리깊고 문화 경관의 입지나 조영에 전반적인 영향력을 미쳤으며 사회 여러 계층의 공간 담론과 이데올로기를 지배한 것에 풍수가 있다 -중략- 이 책에 수록된 공간적 범위는 현재 지리산 권의 남원, 구례, 하동, 산청, 함양에 해당하는 행정구역이다. 시간적 범위는 대체로 조선시대에서 현대까지이다. [서문 및 범례 7p]

10 [지리산 권 저항자료 선집] 저자 -임송자 - 전 508p

이 책은 여순 사건 관련 신문 자료를 망라하여 엮은 것이다. 경향신문, 서울신문, 세계일보, 평화 일보, 한성신문 등 중앙일간지와 강원일보, 남조선 신보, 부산신문, 호남신문 등 지방일간지를 대상으로 여순 사건을 보도한 1948년 6월까지의 기사를 수집하고 선별하여 주제별로 분류하였다. [서문 7p]

[토대 연구]

01 [지리산과 이상향] 저자 - 강성호, 김아네스, 김기주, 강정화, 전병철, 문동규, 최원석, 소병철, 박용국 - 전 288p

예로부터 지리산은 청학동으로 대표되는 이상향의 공간으로 인식되어 왔다. 우리의 믿음 속에는 지리산 어딘가에 아직도 수백 년을 살면서도 늙지도 않은 '도인(道人)'이 있을 것만 같고, 전쟁을 피해 세상을 등진 채 조선시대 생활방식으로 살아가는 집단촌이 있을 것만 같다 -중략- 지리산 깊은 산중을 이상향으로 인식하게 된 것은 현실 세계를 벗어나고픈 대중의 이중적 소망이 투영되어 있기 때문이다. -중략- 이 책은 그러한 지리산의 이상향에 대한 동경을 인문학자들이 풀어낸 글을 모은 것이다. 청학동을 이야기 글도 있고 유토피아의 이론으로 지리산을 바라보는 글도 있다. [서문 7]

02 [지리산 권 유학의 학맥과 사상] 저자 - 전병철, 김봉곤, 김기주 - 전 361p

산악이 많은 지리적 조건으로 한국인의 생활과 사고에 있어 산은 떼어 낼 수 없는 친숙한 대상이라고 할 수 있다 '명산이 인물을 낳는다'는 옛 말이 있다. 이것은 조선 시대 사상에서 중요한 업적을 이룩한 학자들이 예외 없이 성학(成學)과정에서 명산과 밀접한 관계를 맺고 있다는 사실에서도 확인할 수 있다. -중략- 이 책에 실려있는 11편의 논문은 문제의식을 기저에 담고 있다. 제1부에 수록된 논문들은 지리산 권의 유학자 및 학파가 전개한 역사적 실상을 고찰한 성과이다. 제2부는 지리산 권 유학자가 구축한 사상체계와 수양론에 관한 연구이다. [서문 7p]

03 [지리산 권 불교의 사상과 문화] 저자 - 곽승훈, 조범환, 김아네스, 정희경, 김용태, 이종수, 송일기, 김기주, 문동규 - 전 342p

우리 민족은 어려서부터 앞산과 뒷산을 오르내리며 수천 년을 이어왔다. 그산은 우리 삶의 터전이었고 마지막에 흙이 되어 돌아간 곳이기도 하다. -중략- 이 책은 지금까지 논의된 지리산 권의 불교 연구를 한 자리에 올려놓고 읽어보기 위해 기획되었다. 신라시대 구산 선문을 비롯하여 정혜결사의 사상 그리고 조선시대 불서 간행 및 유불교섭에 관한 논문을 실었다. [서문 7p]

04 [지리산 권 인물의 삶과 정신] 저자 - 강정화, 최영성, 정우락, 최석기, 윤인현, 이상필, 김진욱, 최원석, 이종수, 김방룡 - 전 370p

성호 이익(李瀷)은 우리나라 산맥의 조종인 백두정간(白頭正幹)을 설명하면서 "퇴계(退鷄) 이황(李滉)은 태백산과 소백산 밑에서 출생하여 우리나라 유학의 으뜸이 되었다 -중략- 남명(南冥)조식(曺植)은 지리산 밑에서 출생하여 우리나라에서 기절(氣節)이 가장 뛰어났다. 이 책은 그간 연구단에서 진행한 지리산 권의 인물에 대한 연구 결과물을 모은 것이다 -중략- 이 책에 수록된 지리산 권의 인물은 고운 최치원, 일두 정여창, 남명 조식, 매천 황현, 도선, 보조지눌, 부휴 선수 등이다. 유학관련 인물이 4명이며 불교 부분에서 3명이다. [서문 7p]

05 **[지리산 권의 생태적 가치] 저자 - 소병철, 서정호, 이기웅, 유기쁨, 유재심, 박종화, 우동걸, 백경진, 박 경, 강혜순 - 전 275p

이 책에 수록된 글들은 철학, 종교, 산림생태, 환경생태, 식물생태, 자연지리, 농업정책 등의 상이한 전공 학문 속에서 배태되었지만 지리산 권의 환경 및 생태를 연구의 소재로 삼고 있다는 공통점을 갖는다. 지리산 권의 환경 및 생태는 어느 누구의 독점적 전공 영역도 아니라는 점에서 학제적, 응용적 수렴이 자유롭게 이루어질 수 있는 학문적 처녀지의 성격을 갖는다. 이 처녀지는 인문학에 속하는 문학, 철학, 역사 간의 소통은 물론이고 인문학과 사회과학 및 자연과학 간의 자유로운 지적 유영과 횡단이 활성화 창조의 모태가 될 것이다.

-중략- 따라서 이 책에 수록된 글들은 지리산 권의 환경 및 생태에 관한 주제들은 지리산 권 환경 및 생태에 관한 주제들을 남김 없이 또는 완벽하게 해명하지 못하더라도 최소한 지리산 권 생태적 가치에 관한 다방면의 사유를 일깨우는 촉매제 역할은 할 수 있기를 편집자는 소망해본다 [서문 7p-9p]

06 [지리산의 세계 유산적 가치와 한중일 명산 문화] 저자 - 최원석, 문동규, 김진욱, 서정호, 우정미, 김지영 - 전 281p

지리산은 한국의 명산이자 동아시아의 명산이었다. 이미 전통시대부터 삼신산의 하나로서 널리 알려졌다. 이제 지리산은 세계의 명산으로 발돋움하고

있다. 그 인증은 유네스코 세계유산과 생물권 보전지역의 지정에서 본격화
될 것이다.

-중략- 이 책에서 지리산이 지닌 문화경관의 가치가 무엇인지를 제시할 것
이다. 그리고 지리산의 불교 유산이 어떤 세계문화유산적인 가치를 가지고
있고 그 가능성은 무엇인지 그 가능성은 무엇인지를 탐색할 것이다. -중략-
지리산의 인문 전통과 비교할 수 있는 중국 태산과 여산의 문화도 빠뜨리지
않았다. [서문 7p]

[국립공원 관리공단 자료집] −기초자료−4

한반도 명산은 백두산, 금강산, 설악산, 지리산, 한라산 5개 산이며, 대한민국 국립공원은 6가지 형태 21개 국립공원으로 분류-지정하고 있다.

산악 형 = 지리산, 설악산, 속리산, 내장산, 가야산, 덕유산, 오대산, 주왕산, 월악산, 소백산, 월출산, 무등산

도시 형 = 북한산, 계룡산, 치악산

해안 형 = 태안해안, 변산반도

해상 형 = 한려 해상, 다도해 해상

사적 형 = 경주

도서 형 = 한라산

지리산의 동물, 식물, 유지관리

국립공원 관리공단 연구 보고 자료

1 [한국의 국립공원] - 국립공원관리 공단 홍보실, 2012. 5. 전 111p. 비매품.
한국의 국립공원, 아름다운 국립공원

[국립공원 일반현황] [국립 공원 도입] [백두 대
간과 국립공원] [국립 공원의 관리 주체] [청정해
역과 국립공원] [국립 공원의 지정] [일상생활의
도심과 국립공원] [국립 공원의 관리 체계] [아름
다운 국립공원] [국립 공원의 관리] [국립공원 관
리공단 기구 표]

2 [국립공원 자연생태계 보전 종합계획], 2010.11 전 359p 비매품
국립공원관리 공단 위탁으로 [사단법인 한국환경생태학회장 안영희]

연구진과 연구 내용
이경재(연구책임자), 한봉호(총괄책임연구원) 외
16명은 〈8장, 28개 분야, 52개 항목〉을 연구 내용
으로 그림, 도표를 수록했다.
제1장 개요 계획
제2장 국립공원 자연생태계 관리현황
제3장 해외 국립공원 관리청, 자연생태계 관리청
제4장 국립공원 자연생태계 보존 종합계획 방향
제5장 국립공원 자연생태계 보존 종합계획
제6장 국립공원 그린 거버넌스 모델
제7장 역량강화 계획
제8장 예산 및 집행계획

3 [국립공원 핵심 생태축 복원 매뉴얼] 전 281p. 2014. 5.

01-매뉴얼의 개요
02-국립공원 핵심 생태축의 복원 및 관리
03-비정규탐방로(샛길) 및 독립 훼손지의 복원
04-단절생태축의 복원(생태통로 조성)
05-계곡생태의 복원
06-해안시구 및 침식지의 복원
07-폐도의 정의
08-모니터링 및 사후 관리

부록
　1[지리산 국립공원 노고단(군부대 철거지) 훼손 복원]
　2[북한산 국립공원 샛길 및 훼손지 식생복원]
　3[지리산 국립공원 생태통로 조성]
　4[북한산 국립공원 울대습지 복원계획]
　5[태안해안 국립공원 해안시구 훼손지구 복원]
　6[한려해상 국립공원 도서 숲 복원]
　7[월악산 국립공원 지릅재 폐도 복원]
　8[국립공원 핵심 생태축 복원사진 및 참고 문헌]

4 [1차 지리산 국립공원 보전–관리 계획] (2013-2022) 전 320p.
국립공원 관리 공단 2012.12

본 계획은 다음과 같은 연구진에 의하여 수행되었다.특히 지리산 국립공원을 포함한 백두대간 권역의 7개 국립공원은 우리나라 20개 국립공원 중에서도 보전에 대한 강도가 높게 반영되어야 하는 지역이며 각 국립공원 중에서도 보전 뿐만 아니라 남북으로 연결되는 백두대간 권역의 생태계 보전에 공동대응 필요하다. [p 3]
　지리산 국립공원의 자연 생태계 보호 가치는

국제적으로도 인증되어 2007년 IUCN 카데고리 2로 변경되어 우수한 자연 생태계의 강도 높은 보전 관리와 지속 가능한 이용 강화 요구하다. [p 3]

[계획 범위]

1. 동식물, 경관, 문화재 등 공원 자원의 조사 및 자연환경 보전에 관한 사항
2. 토지매수, 훼손지 복원, 자연환경의 관리
3. 탐방자의 안전관리, 탐방자에 대한 편의제공 등 탐방문화의 개선, 출입금지, 공원시설의 유지 관리 등 공원의 지속 가능한 이용에 관한 사항
4. 주민 지원사업 지역사회의 협력에 관한 사항
5. 소요예산 및 재원확보에 관한 사항
6. 기타 [공원의 보전, 관리를 위하여 필요하다]인정하는 사항 [p 7]

백두대간 권역 국립공원 보전-관리계획 [총괄]

총괄 책임자 : 유기준(공원 휴양학 박사-상지대 교수)

책임 연구원 : 홍석환(공학 박사. 부산대 교수)

기경석(조경학 박사. 도시 생태학 연구 센터)

연구원 : 김홍순, 노태환, 배정희, 이지윤, 장재훈, 조근식, 최영식

보조연구원 : 김우영, 박석찬, 엄경호, 이민영, 전재경, 정진미

〈분야별 책임 연구원〉

지속 가능 이용 - 조우(상지대 교수)

지역사회 협력 - 김정민(상지대 교수)

공원자료 구축 - 박경훈(창원대 교수)

지리산 책임 연구원 - 이동수(경남과학기술 교수)

지리산 국립공원 사무소 - 김태경 소장, 이승찬 과장, 허태훈 담당

지리산 남부 사무소 - 박기연 소장, 이규성 과장, 곽명훈 담당

지리산 국립공원 북부 사무소 - 김상식 소장, 김재갑 과장, 이충신 담당

5 [국립공원 기본 통계 2012] 전 203p. 국립공원 관리 공단. 2012.2 비매품

국립공원 탐방 서비스 헌장
국립공원 민원 서비스 헌장

년도 별, 월별 자료
- 일반현황 – 설립근거, 연혁, 기능, 조직 및 정원, 예산현황
- 기본현황 – 지정현황, 용도지구별 현황, 토지 소유 현황, 시도별 면적 현황, 시-군-구별 면적현황
- 자원조사 – 동-식물 자원, 국립공원 특별보호구역, 외래식물, 내륙식물, 경관자원, 문화자원
- 보전관리 – 청소장비, 쓰레기 처리, 2011월별 쓰레기 처리, 헬기사용 쓰레기, 청소 작업인원, 취사 및 야영행위 지정장소, 불법 시설물 정비
- 탐방관리 – 탐방객 수, 탐방로, 자연관찰로, 프로그램 실적, 낙뇌 위험 지역, 재해발생 보고, 자동 우량 경보시설, 구조대 편성인원, 구조장비
- 시설관리 – 공원 사무소, 탐방 안내소, 탐방지원 센타, 대피소, 야영장, 주차장, 공중화장실, 다목적 위치 표시판
- 사무소 별 수입 – 문화재 관람료

6 [국립 공원 기타 자료]

(1) [지리산 세계유산 등재 연구 용역]-전387p. [지리산 권 문화 연구단]/순천대, 경상대 2011.2
(2) [국립공원 둘레길 조류 및 새소리 QR코드 -북한산, 지리산-]전73p. 국립공원 연구원 2011.2
(3) [국립공원의 포유류 분포와 흔적 발견 가이드/덕유산, 계룡산] 전203p. 국립공원 연구원 2013.1

(4) [2009년 해외 벤치마킹 보고서] 전273p. 국립공원관리 공단 2009.12

(5) [지리산 국립공원 노고단 생태복원 20주년 기념 심포지엄] 전136p 지리산 국립공원 남부사무소, (사)한국환경 생태학회

(6) [지리산 국립공원 생태 탐방시설 신축공사 보고서] 전60p. 국립공원 관리공단 2012. 12

(7) [제 56회 구례 통계연보] 전287p. 구례군 2016. 12

(8) [국립공원 기본 통계] 전207p. 국립공원 관리공단 2008. 3

(9) [국립공원을 지키는 사람들] 전332p. 국립공원 관리공단 2013.6

(10) [국립공원을 지키는 파크레인저 1] 전260p. 국립공원 관리공단 2017.1. 31

(11) [국립공원을 지키는 파크레인저 2] 전261p. 국립공원 관리공단 2017.1. 31

(12) [순천만 생태 이야기] 전195p. 순천시 2013.9

(13) [생명 농사가 도시를 구한다] 전163p 하남시 도시 협동조합 2014. 10

■ 목표 설정 제안

성공은 한 분야에서 얻어야 하며,
　　우리 직업은 오직 하나의 인생 목표로 삼아야 하며
　　다른 모든 것은 이것에 종속되어야 한다.

일을 어중간하게 하는 것은 잘못이다.
　　그것이 옳으면 대담하게 하여라.
　　그것이 그르면 하지 말고 버려라.

이상-꿈-사명을 가지고 산다는 것은 **성공적인 삶이다.**
　　사람을 강하게 만드는 것은 사람이 하는 일이 아니라,
　　하고자 **[노력]**하는 것이다.

■ 청소년 · 성인 · 가족 프로그램 개발

둘레길 280km 이용 프로그램

1. 청소년 〈자아 정체성 육성〉, 〈체력 단련〉 체험 프로그램 – **[10대 청소년 연수 필수 과정]**

2 연합, 협동, 협력, 단합, 팀웍은 〈교육훈련 프로그램 도구〉

3 어른, 청소년, 가족 건강, 체질 강화 프로그램

4 순례자, 순례길 프로그램 개발 → **[대도시 교회 청소년] [도시 기업] [초, 중, 고, 대학교]**

5 이슬람 권 청소년, 부녀자 체력 증진 〈신체+정신 치유 프로그램〉

지리산 [노고단] 기독교 유적

■ 노고단 기독교 선교 유적지 소개

1920년 – 1936년

- 각종 풍토병과 수인성 질병으로 34명의 선교사 사망 / 본국 소환 명령

- 유진 벨(인휴) 선교사는 〈선교사가 선교지를 비우는 것이 바람직하지 않다〉며 여름에 서늘하며 모기와 풍토병 세균이 없는 고지대(해발 800m 이상)인 노고단을 선택하여 선교관 건립 계획

- 1923년, 조선 총독부의 허락을 받아 건축 선교사인 마틴 스와인하트(서로득)의 감독, 그리고 앨런 그레이엄과 또 다른 그레이엄 부인의 후원으로 건축을 시작하여 1926년 7월에 14동의 건물 완공

- 1928년, 강당을 포함한 18채의 석조건물 건립 이후 58동으로 증가

- 1936년까지 레이놀즈 선교사를 중심으로 구약 개혁위원회가 예레미야서를 제외한 구약 38권을 한글로 번역함

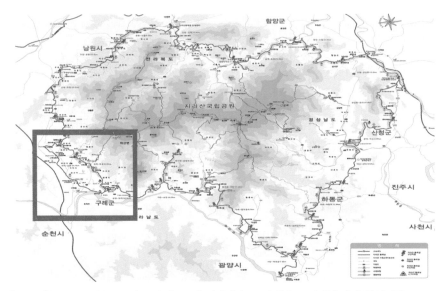

[지리산]은 전남 순천시 구례군 경계는 3개도(경상남노, 전라북도, 선라남도)에 걸쳐있다

■ 지리산 기독교 유적지

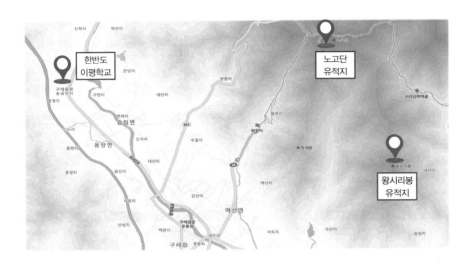

■ 노고단 유적지

■ 노고단 유적지(벽난로)

■ 노고단 기독교 선교 유적지

1948년

- 10월 여순반란사건 때 반란군의 거점으로 활용 됨

1950년 대

- 6.25 전쟁시 일부 훼손
- 전쟁 이후 국군의 패잔병 토벌작전시 폭격으로 크게 훼손됨
- 1959년, 사라호 태풍으로 인해 조금 남은 수양관들도 모두 훼손되고 현재 예배당 건물만 남음

■ 왕시루 봉, 기독교 유적지

1960년 대

- 1962년, 왕시루봉에 산림보호를 위한 관리인을 둔다는 조건 하에 당시 국유재산관리를 하던 서울대학교와 계약을 맺고, 미국 남장로회 선교부가 관리인 사택 겸 교회를 비롯한 12채의 건물 건축

현재

- 자연 생태보호 및 반달곰 서식지 등으로 인해 입산통제구역으로 지정
- 기독교적 역사 뿐 아니라 노르웨이, 영국, 호주 등 세계 각국의 건축 양식 등 문화인류학적 중요성으로 문화재 등재 요청 및 진행중
- 2012년 한국내셔널트러스트 주최 '소중한 문화유산상' 수상

■ 왕시루봉 기독교 유적지

예배당 현판(Chapel 1962)

예배당 뒤편

예배당 주변 방갈로

노르웨이식 방갈로

■ 노고단 유적지 순례의 길

거리 소요시간

(1) 한반도 이평학교 ~ 성삼재 주차장 : 17.85km / 자동차 약 25분

(2) 성삼재 주차장 ~ 노고단 : 3km / 도보 약 1시간

프로그램 예상 시간

(1) A 프로그램 (총 4시간)
  - 차량 + 도보 : 3시간
  - 노고단 유적지 관람 및 설명 : 1시간

(2) B 프로그램 (총 13시간)
  - 도보 : 12시간 (걸음속도 시속 4km 가정시)
  - 노고단 유적지 관람 및 설명 : 1시간

A 프로그램 진행 안

구 분	내 용	비 고
시 간	8:00 - 12:00(4시간)	
내 용	*학교 ~ 성삼재 주차장(17.85km) : 차량 이동/25분 소요 *성삼재 주차장 ~ 노고단(3km) : 도보 이동/1시간 소요 *노고단 유적지 관람 및 설명 : 1시간	
준비사항	차량, 물, 팜플렛(유적지 소개), 운동화, 무선마이크	
유의사항	지리산 둘레길에 대한 선교육 필요	

B 프로그램 진행 안

구 분	내 용	비 고
시 간	8:00 – 21:00(13시간)	
내 용	*학교 ～ 성삼재 주차장(17.85km) : 6 km 단위로 구역 설정 + 10분 휴식(100분 소요) 총 3번 진행 (5시간) *성삼재 주차장 ～ 노고단(3km) : 1시간 소요 *노고단 유적지 관람 및 설명 : 1시간	
준비사항	차량, 물, 팜플렛(유적지 소개), 운동화, 무선마이크	
유의사항	지리산 둘레길에 대한 선교육 필요	

■ 우리나라 관광 고등학교 현황(2022년)

서울 특별시 – 4개, 관광 학교

경기도　　　– 3개, 관광 학교가 있으며

경상남도　　– 3개, 관광 학교가 있으며

경북북도　　– 3개, 관광 학교가 있으며

충청남도　　– 1개, 관광 학교가 있으며

제주도　　　– 1개, 관광 학교가 있으며

전국 총 15개 [관광고등학교]에서, 2022년도까지는 15곳에 있으나, 유독 [전라남도] [전라북도]에는 〈관광고등학교〉가 없으니 무슨 연유인가?!

우리나라 직업 고등학교들의 발전을 역사적으로 보면 아래와 같은 과정을 거쳤다.

농업 학교(1930년) → 공업 학교(1990년) → 상업 학교(2000년)
**　　→ 전자–과학 학교(2020년) → 관광 학교 → ?**

우리나라 관광 고등학교 현황(2017)

지역	학교명	관련 학과	구분
서울	대일관광고등학교	관광비지니스과 2, 관광외국어과 2, 관광외식산업과 2, 관광레저과 2	사립
	서울관광고등학교	관광경영과, 관광조리코디과, 관광항공서비스과	사립
	선정관광고등학교	관광비지니스과 3, 관광중국어과 1, 관광일본어과 1	사립
	송곡관광고등학교	호텔비즈니스과 3, 관광외국어과 2, 조리과 2	사립
경기	경기관광고등학교	관광외국어과 1, 관광경영과 1, 관광외식조리 1, 관광골프운영과 1	사립
	경일관광경영고등학교	관광운항과 3, 관광레저과 2	사립
	한국관광고등학교	관광영어통역과 1, 관광일본어통역과 1, 관광중국어통역과 1	사립
부산, 울산	부산관광고등학교	관광컨벤션과 4, 한식조리과 4	사립
	부산정보관광고등학교	호텔경영과 4, 호텔조리과 4	사립
	해운대관광고등학교	관광경영과 3, 관광조리과 3, 관광외국어과 2, 레저스포츠과 2	사립
충청	한국호텔관광고등학교	관광과 1, 조리과 1	공립
경상	경북관광고등학교	관광과 2, 필드매니저과 1	공립
	대구관광고등학교	관광호텔과 3, 관광조리과 3, 관광외국어과 3, 관광정보과 3	사립
	경남관광고등학교	관광조리과 3, 호텔제과제빵 2, 관광호텔과 2, 관광경영과 3	사립
전라	여수정보과학고등학교	관광경영과 3, 관공조리과 3	사립
제주	제주고등학교	관광그린자원과 2, 관광호텔경영과 2, 관광외국어과(영일중) 3, 관광조리과 2, 관광시스템설비과 2	공립

■ 학사 운용-교재 이용 방침

**지리산
시작과 교재입니다**

지리산을 시작으로

전국 21개 국립공원에 확대-제공하므로 [세계 공원화 운동으로 !]

〈생태 대안학교 설립 운영 지침〉 제공으로 [생태 학교 운동] 시작하다.

〈지리산 생태 해설사-전문가〉 양성으로 [범 국민적 운동] 시작하다.

1. **교육부** : 특성화 학교 450개, 재외동포/재외국민=10대 청소년 105만 명 육성한다.
2. **환경부** : 〈21개 국립 공원 관리〉한다.
3. **여성 가족부** : 〈위기 청소년〉 100만 명, 청소년 교육 단체가 담당한다.
4. **문화 체육부** : [관광 산업] 주관 부서이다.

〈의료〉〈교육〉〈관광〉 – 한국의 국가 [미래 전략 산업] 분야로, 이 분야를 육성하고 발전하면 지역 특화 산업으로 [전라남도 구례군]의 미래가 보인다.

학교 설립 실패 및 오해 사례

1. [China], 중국, 산동성 청도시 – [협동 교실]을 설립하여 1년 6개월 만에 〈중국법 폐지로 [협동 교실] 문을 닫게 되었다〉

2. [Pakistan], Islamabad 시 – 종교의 〈차별화〉 〈이기주의〉 〈우월성〉으로 이미 실패한 사례

3. [India], Lucknow 시 – 〈집단 이기주의〉로 실패한 사례

4. [Mongolia], Dark Han 시 – 사업 규모 설정 잘못으로 실패한 사례

5. [China], 사천성, 성도 시 – 〈사회주의 국가의 발전〉으로 실패한 사례

6. [North Korea], 함경북도 회령 시 – 〈구제와 교육 방침의 미확정〉 사례

7. [Palestine], Hebron 시 – 미국의 재단과 협의할 사항으로 진행 중

8. [탄자니아] [타지기스탄] [인도] [시에라리온] [러시아–캄차카 반도] [베트남] [우즈베키스탄] [중남미–니카라과] – 여러 나라와 우즈베키스탄(중앙 아시아)은 중복 게재 되었습니다.

1. 도문시 인터 직업 양성 학교 [협동 교실]

세라핌 회사 [협동 교실]

2010년 8월, 개교
분교 교장 : 박범진 사장
담임 교사 : 곡혜영 선생

*   *   *

이 [학교]는 협동 교실로 개교하였으나, 본교의 중국 분교 폐지법으로 졸업
생 1회로 분교[협동 교실]는 문을 닫게 되었다.

중국, 산동성 청도시 세라핌 회사에
[협동 교실]을 개설하였다. -2010년-

담임 교사는 곡혜영 선생이며, 공장에서
작업을 마치면 교실에서 촬영했다.

1학년과 2학년 사진이며, 본교 [교훈]과 [우리
의 각오]가 붙어 있다

중국, 산동성 청도시 [세라핌 Co] [협동 교실] 선생님과 재학생들

박범진 사장 1이며, 박경애 교장 선생 2, 곡혜영 선생(중국) 3, 앞줄은 주로 회사 직원들이며, 뒷줄에는 주로 1학년, 2학년 학생들이다. - 2010년 -

먼저 부임한 곡혜영 선생과 ○○○ 선생이다.

이 장소는 원래 박범진 대표 이사(사장님 방)이였으나, 〈이 정도로 교실은 해야 한다〉는 제안에 흔쾌히 박범진 사장은 승낙 했다. 박 사장은 〈교실〉〈컴퓨터용 책상〉〈컴퓨터〉를 새롭게 구입하여 설치해 주었다. - 2010년 -

첫 수업 시간은 저녁식사 후이며, 1개 반은 20명이었다.

중국인 곡혜영 선생이며, 중국 길림성 [도문시 인터 직업 양성 학교] 본교 에서 파견되었으니 중국, 산동성 청도시 [세라핌 분교] 교실에 수업 중이다.

작업 현장으로 〈견본을 제작해서 선정된 [상품]은 바로 탁송하는〉현장이다.
- 2010년 -

작업 시간은 8시간을 열심히 일(근무)하며, 학생(직원)은 공부도 열심히 한다.

[**협동 교실**]-[한국어반] [영어반] [음악반] [부채춤반] [무언극반]은 동네에서 공립학교 교사가 봉사로 〈교사직을 무보수로 자청하였다〉

현장에서 얻은 교훈

1 비 그리스도인에게도 [성령]의 역사가 있다

〈연합〉〈충성〉〈서로 사랑〉〈협력〉하려는 심성과 성품이 있다.

2 교육 소외 계층에도 〈한 마리 양〉 배움의 욕망이 있다

1) 〈복음〉확산의 근거는 새로운 것에 있다

2) 유럽에서 뉴스 산업 발전이 – 새로운 것을 좋아하는 것- 증거이다

3 비 문해자의 현장은 [생활-생존]이며, 바로 다음이 배움의 [학교]이다

1) 도시생활에서

2) 농촌-어촌에서 　　〈농어촌 교실〉〈교회 교실〉〈기업 교실〉

3) 빈민촌에서 　　　에서 제공한다

4) 공장에서

2. 도문시 인터 직업 양성 학교 [협동 교실]

반포학교

2011년 9월, 개교
분교 교장 : 강연오 교장
담임 교사 : ○○○ 선생

*　　　*　　　*

이 [학교]는 협동 교실로 개교하였으나, 본교의 〈중국, 분교 설치 폐지〉로
[협동 교실]은 졸업생 없이 학교가 문을 닫게 되었다.

신입생(고등학생)으로 입학은 40명이 되었으며, 남학생도 5명이나 입학했다.
본교 박경애 교장 선생-1이며, 곡혜영 담임 교사-2이다.

[반포 산업] 기숙사이며, [반포 산업 교실]은 5층에 있다

중국, 길림성 [도문인터 직업양성 학교] 학생은 중국, 산동성 〈반포산업 직원이며, 기업의 생산 주역으로 반포 분교(학교) 학생〉이다.

직원 대부분은 이 고장 사람이지만, 약 30%는 인근 지역에서 취업하는 〈직원으로 학생들〉이다.

[반포 산업 분교]에 생활이 어려운 젊은이는 〈근로와 학업〉을 계속하려는 학생들이다. 이러한 〈취업자로 근로 학생〉은

　첫째 **생산성이 증가되며**
　둘째 **애사심이 높아지며**
　셋째 **직원 간에 소통이 원활하며**
　넷째 **불평 불만이 감소한다.**

이러한 현상은 월급의 인상만으로는 어려운 조건이다.

[협동 학교]의 강연오 분교장은 1이며, 박경애 교장 2이며, 한국의 대표는 3
이다.

중국, 길림성 [도문시 인터 직업 양성 학교]로 중국, 산동성 청도시 반포 산
업 [협동 학교]을 방문하였다.

반포 산업의 [협동 학교]은 〈세라핌 Co〉[협동 학교] 다음 해에(년도) 2011
년에 설립되었다. - 2011년 -

[반포 학교]도 교구(책상, 걸상, 컴퓨터)를 [세라핌 Co.]의 [협동 학교]와 동
일한 상품으로 준비했다.

[반포 학교]와 [세라핌 학교]는 교사, 회사 환경, 장소만이 다를 뿐이며, 수업
내용과 수업 수준은 거의 같다.

현장에서 얻은 교훈

1 지역 기업은 지역 발전을 담당한다

지역 기업은 지역 발전을 담당하며, 가정은 〈복음〉이 필요한 현장 또
한 지역 발전의 핵심이다

2 기업 발전은 〈지역 개발〉이며, 〈인간 개발〉을 담당한다

1) 미국, General Electric 발전의 엔진은 [교육]이다

2) [싱가폴] 윤리 도덕의 산실은 각 [가정]이다

3. Pakistan [협동 교실]

Pakistan은 김경언 선교사의 원래 사역지이며, Afghanistan에서 이웃 나라인 Pakistan으로 옮겼기 때문이다. Pakistan은 기독교 전체 인구의 2.5%로 총 인구 2억 2천 500만 명의 2.5%는 560만 명이며, 기독교인 집단 거주지이다. 이와 같이 기독교인은 집단 거주한다.

한국의 기독교 인구는 28%이며, 1,450만 명이다(개신교 970만 명+천주교 380만 명). 한국 기독교 인구에 비교하면 비율은 낮지만 박해가 심하며, Pakistan은 기독교인은 천민으로 취급한다.

이렇게 비 인간적인 취급하는 국가에서 박해를 받으며 살고 있는 기독교인이 있으면 어떻게 하겠는가?! 이러한 취급(박해)를 받으면서, 그리스도인이 되려는 것은 〈오직 영원한 삶을 위한 목적인가!?〉

도시 한 가운데 [기독인]은 살고 있다. 이곳에 [교회]가 있으며, 이러한 불결한 지역을 보면서 〈예수를 믿는가〉를 반문하면서, 본인이 신앙을 선택하도록 한다.

〈예수 믿는 자는 생활 부문에서 청결해 한다〉〈깨끗한 생활은 모든 사람이 좋아 한다〉〈기독교인은 마음과 청결한 생활이 목표이다〉[교회]의 청결한 모습은 보이지 않는다.

〈남자 고등학교 교장〉이며,
문현덕 장로, 김경언 선교사
와 함께 촬영했다.

사진 설명은 왼쪽부터
문현덕 장로(미국, 또 감사 홈 선교 교회)-1   샤바즈 바티(Pakistan 소수 민족부 장관)-5
김경언 선교사-2   오성연 장로(서울, 온누리 교회)-6
최경욱 담임 목사(미국, 또 감사 선교 교회)-3
장도원 장로(미국, 또 감사 홈 선교 교회)-4   - 2010년 2월 22일 -

Shahbaz Bhatti 장관 참석으로 〈컴퓨터 실험실 개소식〉을 갖게 되었으니, [여
자 고등학교]에 기념될 만하다. 이 컴퓨터는 문현덕 장로가 20대를 기증했다.

Pakistan 소수민족부 장관
〈샤바즈 바티〉-1, 여자고등
학교 교장-2, 장도원 장로
-3는 [협동 교실] 현판식을
〈바티〉 장관 참석으로 거행
되었다. -2010. 2. 22-

컴퓨터는 문현덕 장로(미국, 또 감사 홈 선교
교회)가 〈여자 학교〉에 신품 20대를 기증했다.

Pakistan [샤바즈 바티 장관]은 2010년 10월 7일 ~ 2010년 10월 9일까지 체류하면서, 아래 협약식를 가졌다

Pakistan, 소수 민족부 장관 – [샤바즈 바티] 방한

1. 일시 : 2010년 10월 8일(금)

2. 장소 : [국립 원예 특작 과학원]과 [전주비전대학] 업무 교류 협약식 체결

3. 참석자 : 바티 장관, 김경언 선교사, 오성연 장로, 김동희 GO 대표, 차준한 전주대학 상임이사, 엄기력 한동대학교 캠퍼스 본부장
   과학원 : 최동로 원장, 김영구 과장(기획조정과), 정승룡 과장, 허건양 과장(화훼과), 윤형권 박사

전북, [전주비전대학]과 [국립 원예 특작 과학원] 업무 협약식

2010년 10월 9일(토요일)

전북, 완주군 농업 기술 센터 063-263-2100~8

국병구 지도사 (010-4228-6726)

국립 원예 특작 과학원 윤형권 박사 소개

고양시 농업 기술 센터 031-8075-4271 : 이제강 작목 반장(019-270-0034)

국립 원예 특작 과학원 임진희 박사 소개 : 허건양 화훼 과장

4. Uzbekistan [협동 교실]

5개 공립학교

2007년 ~ 2009년

1. 알마릭, 제 16학교. Ms. Raisa Yoon 교장
   학생 1,500명 컴퓨터 20대 – 운영 중

2. 양기율, 제 10학교. Mr. Venera 교장
   학생 1,800명 컴퓨터 20대 – 운영 중

3. 베카받, 제 9학교. Ms. Muskova 교장
   학생 1,700명 컴퓨터 20대 – 운영 중

4. Syrdarya, 제 1학교. Mr. Axmed 교장
   학생 400명 컴퓨터 20대 – 운영 중

5. 칠칙, 제 1 학교. Ms. Venera Park 교장 - 실패했다
   학생 200명 컴퓨터 20대 – 설치 중

여기에 소개하는 5개 [학교]는 교육 용구로 컴퓨터 각각 20대를 기증했으며, 오직 컴퓨터 교육 교사만은 자기들이 채용하도록 했으며, 컴퓨터 교육 〈시간〉 〈내용〉은 각 학교가 자율적으로 갖도록 했다.

그리고 컴퓨터 기증 대상 학교 지정은 UZB. 수도 Tashkent에서 멀리 있는 지방 학교를 선정하여 배정할 것을 요청했다. 그리고 이 컴퓨터는 [학교장]의 재량으로 관리하도록 했으며, 이용은 학교의 〈정규 수업 시간〉은 안되며, 방과 후 시간에 이용하도록 한다.

이 컴퓨터 이용 목적은
- 학업에 취미가 없는 학생이 기기를 이용하여 〈학업 대신에 컴퓨터에 열심으로 동기 부여〉
- 컴퓨터에 특별한 특성(재능)으로 〈재능을 육성할 필요가 있는 학생을 찾는 기회〉

위와 같은 [학생]이 발견되면 한국 유학을 주선하며, [컴퓨터 전공]을 권유할 계획이다.

중국, 길림성 [도문시 인터 직업 양성 학교], Uzbekistan 유학생 학부형 -2009년-

Uzbekistan 농촌지역에 컴퓨터를 제공하므로 중국으로 유학 오는 길이 열렸으니, 2년간 중국에서 공부한 후에 [한국, 전주비전대학]으로 유학하는 길을 선택하였다. - 2009년 -

라이사윤 교장과 슬라바김 목사

Raisa Yoon 교장(한국인 3세)과 슬라바 김 목사(한국인 3세)는 어떤 방법으로 한국과 협력이 가능한가를 협의 중이다.

전자통신진흥원 기증, 설치

알마릭 시, 제 16학교 [협동 교실]

Ms. Raisa Yoon 교장 1, Russia어 컴퓨터 교사 2, Uzbekistan어 컴퓨터 교사 3 이며, 제 16학교 재학생은 1,500명이다.

알마릭 시, 제 16학교, 협동교실

Russia어 컴퓨터 교실이며, [교사]는 1이다

Uzbekistan어 컴퓨터 [교사]이며, 교사는 2이다

Uzbekistan 양기율 시, 제 10학교 [협동 교실]

Ms. Venera 교장 선생이며, 재학생은 1,800명이다

뒤에 서있는 분은 [컴퓨터 교사]이다

Uzbekistan, 양기율 시, 제 10학교 [협동교실]

Uzbekistan. 교육부에서 공급한 컴퓨터실보다 내가 준 [컴퓨터 교실]이 훨씬 아름답고 환경 정리가 잘 되었다.

이유는 〈고장이 나면 사유서〉를 써야 하며, 복잡한 과정이 있기 때문에 배정해 준 컴퓨터는 창고에 그대로 놔두었으며, Uzbekistan 교육부에서 배정해 준 컴퓨터는 전체 5대 뿐이었다.

사회주의 모든 교육 행정은 [교사]를 믿기 보다는, [제도]가 우선한다.

Uzbekistan, 베카받 시, 제 9학교 [협동 교실]

Ms. Muskova 교장 선생이며, 재학생은 1700명이다

Muskova 교장님 말씀은 〈학생을 먼저 가르치기보다는 교사가 먼저 컴퓨터를 배워야 하지만, 교사는 컴퓨터의 ON과 OFF만을 알 수 있으며 그 외는 모른다〉고 한다.

교장의 충고는 절대로 동의하며, 타당한 말씀이라고 동의하였으며, 다음 방문에 꼭 〈교사를 위한 프로그램을 가지고 오겠다〉 약속하였다.

Muskova 교장 선생과
컴퓨터(대학원 재학생)
시간 강사 선생

전송하는 교장과 교사들이다

교장/ Muskova, 교사들
학생 1,700명

〈베카받 시〉는 Uzbekistan의 공업
도시이다.

Uzbekistan, Syrdarya(스리다리야), 제 1학교 [협동 교실]

Axmed 교장 선생과 한국에서 방문한 문양진 선생이며, 재학생은 400명이다.

Syrdarya, 제1학교 [협동 교실]이
며, 이 컴퓨터는 한국에서 배정한
100대 중에 20대 이다.

이 컴퓨터는 공부-학업을 싫어하
는 학생을 위하여 공급하므로, 방
과 후 출입하는 따로 통로를 마련
하며, 그들을 위한 불편을 주어서
는 안 된다. 따라서 이 통로는 컴
퓨터 반 학생이 방과 후, 출입하는
전용 문이다.

칠칙, 제 1학교 [협동 교실]

Venera Park 교장 선생이며, 재학생은 200명이다.

현장에서 얻은 교훈

1 모든 국가는 국민에게 요구한다

1) 생활에 성실하고

2) 국가에 충성하며

3) 준법 정신이 투철한 국민/시민을 원한다

2 외국인에 허락한 범위는

1) 교육과 훈련

2) 기업 활동

3 사회주의 경험한 국가(사회)의 대부분은

1) 국민은 통제하는 가운데 생활하며

2) 개인 목표가 없기를 바란다

5. 북인도 지역 – Lucknow
– 2009년 –

1) 달릿 해방 운동(Free the Dalit)과 Operation Mobilization 방침의 오해한 점

OM 선교(부) 방침이 〈지역 자율성에 따른다〉고 되어있으나, 〈한 개 학교를 모델로도 안 된다〉는 단체의 방침을 이해할 수 없다.

2) 복음 활동과 우리 경험 부족한 점

이번 방문은 전적으로 〈방문자의 경험 부족〉이므로 누구를 탓할 것이 없다. 철저한 준비가 필요하다.

3) 북인도 지역 OM과 〈학교 운영 현장〉을 오해한 점

OM과 협의는 실패했으나, 불가능한 이유로 현장 접촉보다는 사전에 접촉할 필요를 실감했다.

북인도, Lucknow 방문
- 2009년 -

인류 역사는 3천년 동안을 힌두교의 불가촉천민으로 살아온 슬픈 역사의 [달릿] 사람들 이야기이다

달릿 종족은 일반인이 살지 않는 습지를 중심으로 초가집에 거주하며, 도시 부근에서 〈매일 아침에 신선한 우유를 배달하며 살아간다〉

1년 내내 습지에서 거주하면서도 〈교육〉을 받을 권리조차도 없으니, 사람-인간으로 대우는 없는 것이나 다름 없다.

우리의 현실과 비교하면, 사회 반란이 발생할 수 있는 수준이므로 잠잠하므로 돕는 것이다. 이러한 환경에서 살아가는 〈사람〉을 위하여, 사회 활동/신앙생활에 참여하므로 최소한의 활동에 간접 참여한다.

우리의 [교육 환경]과 비교하면 감사할 제목이며, 더욱더 국가(國家)에 충성해야 한다.

달릿 〈종족-사람〉은 북 인도 농촌과 습지에 거주하므로, 사람으로 거주하기 어려운 환경에서 살아간다.

달릿 종족(불가촉천민)은 농촌에 거주하며 이들은 대부분이 〈말〉〈소〉〈양〉을 기른다.

어린이들 몫은 가축 돌보며, 흙과 습지가 놀이터이다

불가촉천민 주거 지역은 모두가 초가집(움막)이다

[초등학교] 교실로 배우려는 열성은 100점이나, 어른들의 꿈이(?) 어린이에게 지적 받아야 할 점이다.

위와 같이 학교에 정부 교육 예산은 전혀 없으며, 물론 학습 교재와 교구 역시 아무것도 공급이 없다.

미국 Operation Mobilization은 1990년 쯤에 10년 안에 〈학교 건물 1,000개 건축〉을 약속했다. 그러나 약속한 동안에 8개 학교 밖에는 학교 건물 건축은 없었다.

그리하여 Mr. John는 OM 남-인도 선교사 안내로 Lucknow 지역을 방문했으니, 미국 [또 감사 홈 선교 교회] 최경욱 목사, 장도원 장로, 한국의 GO 김 마가 대표가 동행하였으나, 〈학교 설립과 건축〉은 없었다.

우리의 제안은

〈우리 함께 학교 건축하자〉 아니면
〈학교 건물 건축 경험 있으니, 단독으로 건축하고 싶다〉
〈견본으로 1개라도 좋으니 먼저 건축하자〉 제안하였으나,

인도 대표는
Mr. Joseph D'souza 선교사는 거절하였으며, 이유는 묻지 아니했다. - 2009년 -

[교실] 1개에서, 2개 반을 수업하니 훌륭하다.

피켓 하나가 〈달릿〉 종족으로, 우리의 마음은 한없이 무겁다.

눈으로 보이는 [집] 안에는 〈소 외양간〉과 사람이 함께 살고 있는 〈가옥〉이 있으니, 〈소〉와 〈사람〉이 동거한다.

이 곳에 선물은 [교육] 뿐이다 -2009년-

초등학교, 중학교 학생 모두가 [달릿 종족]으로, 국가는 학교에 도움을 받지 못하며 [자립]하고 있습니다.

하나님께 의지하며 [교육]을 받으며, 교사들의 후원하기 바란다.

〈교육은 삶이며, 삶은 교육이다〉는 표현은 생활 한 부분으로 이해한다는 뜻으로 표현하였다.

전 인류에게 하나님은 선물했으니 바로 〈교육〉이다. 특히 가난한 사람, 부자인 사람, 모든 사람은 [교육]을 받아서 격이 다른 사람으로 다시 태어난다는 것을 믿어야 한다.

그리하여 모든 사람은 글을 쓰고, 읽으며, 작문 실력을 갖추는데 힘쓴다.

달릿 종족은 [교육]으로 나아갈 길이 있음을 깨닫고 훌륭한 지도자가 배출되기 바란다.

〈길을 만드는 사람〉과 〈길을 이용하는 사람〉이 있는 데 이용하는 사람은 이웃과 함께 가야하며, 만드는 사람은 혼자서 길을 만든다.

혼자서 능력이 되면 〈길을 만들어야〉 하고, 능력 안되면 〈이용하는 사람〉이 되어야 하므로 역할이 다르다.

〈서로 연합〉하려면 성격이 평범하고, 〈서로 이용〉하려면 더욱더 평범해야 한다.

위와 같은 [배운 지도자]는 많으나 제도적으로 개선해야 할 점이 많다. 누군가 앞장서야 할 책무가 있으니 〈달릿〉 종족을 해방하는 사람은 누구인가. 신앙 있는 정치가는 어디에 있는가, 수많은 선교사는 어디에 있는가.

[인도]인가?, 아니면 외국인가? 이 문제는 [인도]의 문제만은 아니다. 아직도 사람의 신분으로 〈교육〉을 차별하는 문제가 있으니 부끄러운 점이라 본다. - 2009년 -

〈교육〉을 받고 싶은 태도를 보여주며, [달릿] 사람들은 오직 〈교육〉만이 동물 취급에서 벗어나는 길이라 믿는다.

초등학교 낮은 학년은 건물 밖에서 오전, 오후로 나누어 공부하며, 중학교/고등학생 형님과 언니들은 건물 안에서 수업하며, 학교 모두가 열성을 보여 준다.

달릿 청소년들에게 〈희망과 새로운 세상이 보인다〉

그리고 [복음]을 선물로 삶에 교육-훈련을 더하면, 3천년 힌두교 역사에서 경험하지 못한 세상을 만나는 역사와 기적을 기대한다. -2009년-

달릿 사람들은 특히 여학생 교육을 남학생과 평등하게 제공한다.

남녀 재학생이 이러한 열성을 다 하므로 학교의 이용을 더 충실하게 한다. 이러한 [학교]를 아니 돕는 일이라면 어떠한 [학교]에 도움을 주겠는가!

교실 1개에 책상을 양쪽으로 엇갈리게 배치하여 남학생 반, 여학생 반으로 2개 반으로 나누어 동시에 수업 사용한다.

이러한 [교실] 나눔으로 무슨 효과가 있는지 모르지만, 여하튼 이로운 점이 있으니 〈한 교실, 두 개 반〉은 필시 이로운 점이 있으리라. - 2009년 –

[달릿] 종족으로 초등학교 졸업과 정규 교육과정을 밟은 후, Good Shepherd school(달릿 종족 학교)에 부임하여서 훌륭한 여자 교사로 근무하고 있다.
– 2009년–

[달릿] 종족으로 생활 형편이 좋은 학생은 〈지역 초등학교〉에 입학이 가능하며, 복장부터 단정하다.
– 마을 학교 교사는 Good Shepherd School –

이 [학교]에도 빈부의 차이는 있으며, 학교(?) 정문과 남 인도에서 Operation Mobilization(OM) 선교사로 Mr. John이 파송 되었다.(가운데 흰옷) - 2009년 -

운동장이 없는 초등학교 학생들이지만, 어린이들은 만족하며 학교에 출석한다. 이것이 [인도]의 국민 교육 현장이며, 끝없는 과제이며, 교육 받은 자의 책무로, 이러한 인구(사람 숫자)가 2.4억 명이나 된다.

남인도 지역에서 북인도에 오신 Mr. John 선교사님과 김마가 선교사(한국 GP/Global Operation 국제 대표)는 북인도 지역에

〈왜 학교 교실을 하나도 개설을 못하게 하는가〉
〈OM 방침은 무엇인가?〉

를 묻고 있다.

초등학교에 미취학 아동(어린이) 대책은 무엇부터 손을 써야 할지를 모르는 망망한 상태이며, 〈그 계획을 알고 싶다〉말하며, 갑론을박(甲論乙駁)하였다.

운동장이 없어도 만족하며 감사한다.
[인도]에 이러한 학교가 몇 개 있는지도 알 수 없고 통계도 없다.

아마도 [달릿 종족]의 취학 어린이 숫자 만큼일 것이며 이것이 [인도]에 필요한 초등학교가 예상되는 것이다.

[달릿 종족]은 약 2.4억 명으로, 초등학교 한 개 반에 50명씩을 수용할 경우는 [약 4백 80만개 교실]이 필요하다.

이러한 〈달릿 인구 교육〉에 1,000개 학교를 약속했으니, 미미한 숫자여서 약속한 10년이 지났으나, 미쳐 착수하지 못하였으니, 누구를 원망할 수 있을까

6. 몽골-Dark Han의 DECC [협동 교실] 실패 요인
– Dark Han Education Complex Center –

1) 선교사의 〈개인적인 관계〉와 〈공공 사업〉을 혼돈한 점

〈김해영 선교사의 개인 견해를 몽골 국가 교육 정책에 합당하다〉고 오해하였다.

2) [학교의 공공 사업]을 대규모 국가 사업으로 오해한 점

[사립 학교]는 개인 능력으로 설계해야 함에도 〈공공 교육 정책 수립-적용〉으로 가능하다고 확신하였다.

3) 학교의 성장-발전을 자연스럽게 기다리지 못한 점

학교 Master Plane 김해영 선교사의 능력으로 이루려 하였으며, 기다리지 못했다.

4) 〈현지인/몽골인〉 특성을 파악하지 못한 점

몽골인은 [유목 생활]에서 [정착 생활]에 익숙해 하는 과정을 검토 없이 [본인 계획]을 받아들였다. 국가 공공 정책을 〈종교 단체의 교육 계획〉으로 가능하다고 판단했다.

5) 대지 85acre(104,000평/한국 평수)를 잘 못 이해한 점

대지는 개인 소유가 아니며, 사회 규범도 없이 〈막연한 욕심〉으로 이해한 점이며, 전문가/변호사 의견도 없이 막연한 욕심에 따른 기획이었다.

미국 옥우원 사장(미국 또 감사 홈 선교 교회), 엄기력 한동대 건설 본부장, 도지사, Dark Han 시장, 오성연 장로, 김해영 선교사, 몽골어 통역자. Dark Han 시장실에서

몽골, Dark Han 도지사와 시장에게 DECC 사업 설명회(시장실)가 있었다.
- 2008. 4 -

[몽골 국가]의 Dark Han 시내 전경으로, 이 곳에 대규모 〈교육 사업〉을 기획하였다

몽골, Dark Han 신 시가지 전경

왜 이러한 신시가지를 높은 곳에 위치를 정하 지 않고 낮은 지역을 택

한 이유를 이해하였으니, [먼지-모래]로 이루어진 〈산〉이기 때문으로 외지인 (외국인)으로는 이러한 〈산〉을 본적이 없을 뿐만 아니라, 상상도 못했다.

현지인과 교류만 있었어도 이러한 실수는 없었을 것이며, 특히 [학교] 위치 를 선택하는 데는 도움되었을 것이다. 이러한 신시가지가 이루어 지는데도, 어느 한 사람도 〈모래산〉이란 충고나, 정보를 제공하는 자는 없었다.

DECC 사업이 펼쳐질 대지였으며, 이곳 전체가 모래 언덕임을 파악하지 못했다. 이러한 [토질]인 것은 아무도 말하지 아니 했으니, 이러한 [현실]을 현지인은 이미 파악하였으나, [질문]을 안 했으니, [답]은 없을 뿐이다.

더욱이 공사를 수주한 업체는 한국계였으며, 현지인과는 전혀 교류가 없었으니, 종교인으로 믿는 사람끼리 (그리스도 인)만 교류하는 것으로 오해하고 있었다.

선교지에서는 비그리스도인과 교류가 더 많다는 사실을 이해하면 훨씬 쉽게 교류-교제할 수 있는데도 미처 그렇게 생각이 미치지 못하였다. 선교지에서는 가능한 다방면의 사람과 교류-교제하므로, 영역을 넓히는 방법으로 비 그리스도인과 교류를 이해하여야 한다.

몽골, Dark Han시, DECC 85acre 대지

Dark Han 시에 [Dark Han Education Complex Center/DECC] 울타리 공사를 했으니 〈몽골법으로 규정한 제도〉이다.

사업 전체의 이해가 없이 한 단계, 한 단계를 설계하면서 추진하여 어려움이 있었다. 몽골, 〈Dark Han Education Complex Center/DECC〉사업 주관자(김해영 선교사)는 1년 내내 안식년으로 미국에 체류 중이며, 소유를 표시하는 이유는 토지분쟁 없는 조치로 건축 전에 〈소유를 표시를 명확한 방법으로 법적 조치〉였다. 이 구릉(산)은 전체가 [먼지/모래]로 이루어 진 [산]으로 그 위에는 건축물의 기초는 안되며, 특수한 건축 공법을 적용하였다. 이러한 〈모래 언덕〉은 몽골 전역에 산재해 있으며, 외국인으로는 확인하는 어려운 작업이다.

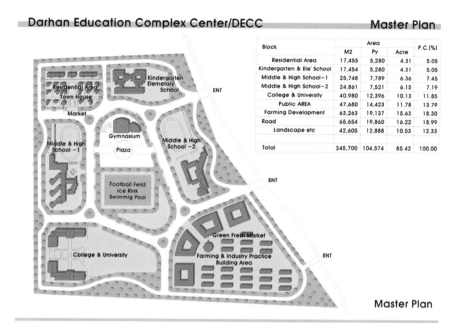

Block	Area			P.C.(%)
	M2	Py	Acre	
Residential Area	17,455	5,280	4.31	5.05
Kindergarten & Ele' School	17,454	5,280	4.31	5.05
Middle & High School—1	25,748	7,789	6.36	7.45
Middle & High School—2	24,861	7,521	6.15	7.19
College & University	40,980	12,396	10.13	11.85
Public AREA	47,680	14,423	11.78	13.79
Farming Development	63,263	19,137	15.63	18.30
Road	65,654	19,860	16.22	18.99
Landscape etc	42,605	12,888	10.53	12.33
Total	345,700	104,574	85.42	100.00

Master Plan

DECC 학교 단지 기본 설계는 오상헌 교수(한국, 고려대학교 건축과)가 설계하였다. DECC는 기본 설계(master plan)로 대신하였으니, [주거-주택 공간] [유치원] [체육시설] [교육-초급대학 학교 시설] [산업 시설]로 구성되어 있다. - 2009년 -

[산업 시설] 크기는 약 19,137평으로 가장 대규모 단지로 설계되었으니, 이를 보아도 부모의 직업이 중요한 위치를 점유하며 약 〈염소〉는 4,000만 마리, 〈말〉은 약 1,000만 마리, 〈양〉은 약 3,000만 마리를 키우고 있다.

몽골은 〈염소〉〈말〉〈양〉은 8천만 마리로 큰 산업에 해당하며, 〈교육〉도 사람을 양육하는 것으로 중요한 위치를 점유하며, 인구는 330만 명으로 〈국민 1인은 [염소-말-양] 24 마리를 키우는 책무〉가 있다.

몽골 -DECC 교육 단지- 허가 도면으로 되어 있으며, 현재로는 [염소] [말] [양] 사업은 국가 산업화로 인정하여 육성하며, 국가의 방침 즉 부모 직업에 〈적응〉이 합리적이며 하나님 말씀에 순종한다.

[교육]은 인간이 태어나서부터 [양육]이라는 과정을 통하여 [성장]에 이른다. 즉 〈양육 → 성장〉 = 〈교육〉과정을 통하여 이루어지며, [교육]은 또한 〈인성교육〉〈직업교육〉으로 나누어지며, 몽골의 경우는 부모를 통해서 [직업교육]은 완성된다.

위의 과정은 사업 허가에 당연히 포함되었으며, 학부모의 직업 교육은 〈교재도 없으며〉〈실습실도 없으며〉〈이론도 없지만〉 현실적으로는 정확하며, 실제가 있으며 이러한 경우가 몽골의 [도제 교육]을 가르친다.

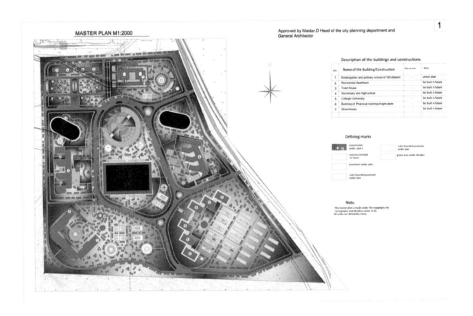

DECC는 1차, 2차, 3차, 4차 공사로 약 20년 기간 동안 완성되기를 예상하며, 1차로 유치원만을 처음으로 설계 되었으니 순차적으로 진행되기 바란다.

각 2차, 3차, 4차 공사는 건축 공사뿐만 아니며, 여기에 부수되는 〈관리 작업〉에는 많은 [역량과 기술]이 필요하다. 예를 들면 유치원(1차) 책임자는 경험자가 요구된다. 학교 설립(2차)에는 이사회를 중심으로, 학교 운영으로 [교무/학생/재정/인사] 등에 전문성이 요구되며, 체육관, 수영장(3차)도 역량 있는 관리자가 필요하다.

농업 축산 분야(4차)는 학부모가 Green Fresh Market, Farming and Industry Practice Building Area 모든 분야에 참여하게 된다. 따라서 유치원, 중-고등학교, 초급대학, 주거단지, 병원 등을 이루는 데는 약 20년이 예상 되리라 본다.

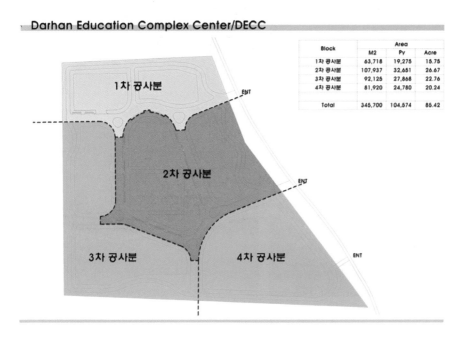

Darhan Education Complex Center/DECC

Block	Area		
	M2	Pv	Acre
1차 공사분	63,718	19,275	15.75
2차 공사분	107,937	32,651	26.67
3차 공사분	92,125	27,868	22.76
4차 공사분	81,920	24,780	20.24
Total	345,700	104,574	85.42

유치원/초등학교 투시도 −2009년 10월 완공−

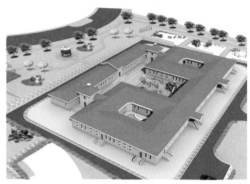

유치원/초등학교 투시도 −2009 년 10월 완공−
현재 공사 진행

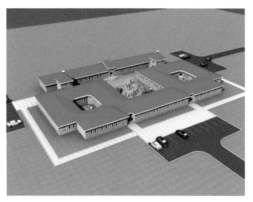

유치원/초등학교 투시도 −2009년 10월 완공−

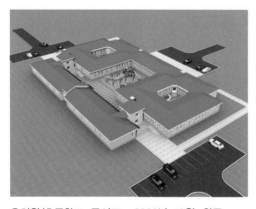

유치원/초등학교 투시도 −2009년 10월 완공−

기초(토목) 공사 중이며, 기초 공사는 계속해서 모래만 나오므로, 〈이곳은 모래 언덕으로 된 토양이란 사실〉을 늦게 파악했다 -2009년-

이와 같이 기초 공사부터 예상을 넘었으며, 전기공사 또한 변전소부터 배전 공사를 담당해야 하므로 난관에 봉착했다. 이때에도 이 [사업]을 제안했던 김해영 선교사는 안식년이 끝나지 아니해서 몽골에 없었으며 미국에 체류 했다.

외부와 연관되는 작업마다 이와 같은 [몽골] 국내 규정을 제시하므로, 사업 마다 난관이 많았다. 하물며 외국/해외에서 건축 공사에 관련해서는 변호사 나, 정부의 고위층을 접촉해서

　〈상식 밖에 주장을 호소하는 지〉
　〈법적으로 위반 여부를 판단하는 업무〉를

자문을 받는 업무가 필요했다. 이러한 복잡한 문제는 〈공사 진행 방해 요인 이었으니, 말로는 트집 잡는 일이다〉 이와 같은 사정으로 건축 공사는 늦어 져서 겨울이 왔다.

겨울은 매년 9월에 오며, 10월 초인데 벌써 첫눈이 왔다. 서둘러 외부공사를 마쳤다. 영하 −60C는 공사를 중단해야 한다. 따라서 외부공사는 2010년 4월 봄에 계속하더라도, 내부 공사는 계속 진행하도록 하였다.

전체 공사로 보면 약 80%를 완성하였으며, 외벽 두께가 60cm로 한국에 비교하면 3배는 되며, 이 건축 공사를 담당한 업체 역시 [몽골]에서 처음으로 해본 건축 공사였다.

[몽골] 현지에서 건축 자재 조달은 어려움이 많았으며, 심지어 [붉은 벽돌]까지도, 그리고 [전기 자재], [보온 자재]도 한국에서 수입에 의존하였으니, 공사 기간은 장기간으로 소요 되었다. 또한 건축비도 막대한 비용으로 지출되었으며 건축은 지지부진 했다. 이러한 〈자연 재해 영하 −60도〉를 극복하며, 건축 공사는 완성했으나 결국은 중단했다.

이유는 정확히 알 수 없으나 예상하건데

〈복잡한 건축 공사 조건〉
〈초등학교에 갈 수 없는 장애물〉
〈개인과 공공의 유익을 혼돈〉
〈기부/증여로 공공 사업을 개인사업으로 오해〉

등으로 인정하다.

DECC는 시청 뒤 중심에 있어서 앞으로 1차, 2차, 3차, 4차까지 완성되면 〈몽골인들의 유목인 생활〉은 개선되며 몽골 부모님의 유목생활(직업) 따라서 특히 [자녀의 교육]에 큰 변화가 예상된다. [학습]도 변화가 예상되어, 많은 부모의 유목민 생활에 변화가 예상된다.

DECC(Dark Han Education Complex Center)는 국민의 대부분이 유목민으로 자녀 초등 교육을 못 받는 국민이다. 이러한 국민을 위해 정착된 안정 교육을 위한 대책 중 하나이다. 이러한 몽골 DECC는 전국에 5개를 설립하므로 〈직업〉〈교육〉의 안정성을 이룬다.

부모의 직업이 〈자녀 교육에 도움되며, 개선하는 형식이 필요하다〉. DECC는 이러한 〈부모 직업〉과 〈자녀 교육〉이 서로 보완 대책 중에 하나이다. 몽골은 한국에 비유하면 선진국인가, 후진국인가. 한국은 원래는 농업 국가가 발전하여 지금의 국가 체질이 변화된 것은 아니며, 50년 세월의 〈산업국가로 기초〉가 필요했으니, 이에 [교육과 훈련]이란 중간 단계가 있었다.

공업학교, 농업학교, 상업학교, 수산학교, 토목/건축학교 설립 운영은 바로 국가가 변화의 준비 단계에 해당하며, DECC는 거점 단계로 여겨도 되리라 믿으며, 〈새마을 운동〉으로 실제화 하였으니 [새마을 운동]은 성공적이라고 보이며 〈산업화 단계〉까지 이루었다.

한국도 한 번에 이룩한 업적은 아니며, 이조 500년 동안의 나라의 체질을 바꾸는 작업은 기나긴 과정이었다. 그러므로 몽골은 이러한 국가적인 체질 개선은 나라 전체 작업이며, 어려움을 극복하는 작업이다. - 2008년~2009년 -

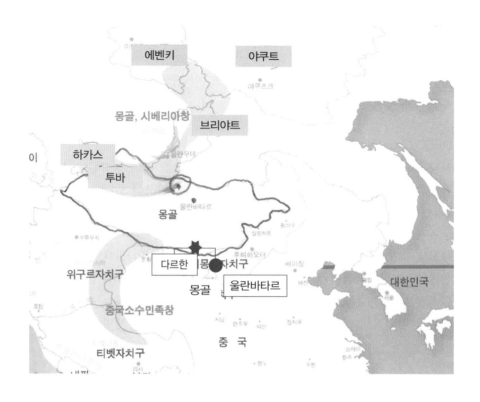

DECC와 시베리아(러시아) 5개 자치국은 〈야쿠트〉〈에벤키〉〈브리야트〉〈하
카스〉〈투바〉 5개 국가는 러시아의 보호 국가로 [외교] [국방] [경찰]은 러시
아에 속해있다. 교육은 독립국가로서 자치권을 가진다.

위에 열거하는 5개 국가는 들어 본 적이 없는 생소한 국가 이름으로, 민간
차원으로 교역 가능한 국가이다. 장래에는 〈희망적인 지역 국가〉에 속하며,
한국인은 장래에 기업으로나 민간 차원으로 여러 분야에 가능성이 예상되
며, 특히 러시아 권역에 시장의 거점으로 유망하다.

위 국민의 대부분은 〈몽골인〉이며, 몽골은 〈중국의 내 몽골〉〈위 5개 국가〉
는 영토 회복 대상으로 여긴다.

[분교] 설치 뜻을 밝히는 학교

1. 몽골국제대학교(MIU) – 영어교사, 심화과정(TESOL)
2. 한국, 전주비전대학 – 태권도학과, 컴퓨터학과
3. 필리핀, Faith Academy – 국제학교(중학교 과정)
4. 중국, 도문시 인터직업학교 – 피부미용, 사진영상
5. 크리스탈 치과의료센터 – 치기공, 치위생(초급대학과정)
6. 선한 사마리아 의료센터 – X-ray, 물리치료(초급대학과정)
7. YWAM 유치원/초등학교 – 몽골어(2009년 10월 개교)

위 교육 단체는 교육 훈련과 기능을 DECC에서 담당을 신청했다.
- 2008년 -

시설 운영 비용은 각 단체가 담당할 것이며, 장래는 〈야쿠트 국〉〈에벤키 국〉〈하카스 국〉〈투바 국〉〈브리야트 국〉 5개 국가는 교육 단체의 전초 기지로 삼는다. 각 단체의 교육 훈련은 [러시아] 국가로 허가 신청한다. 국가의 행정은 모두를 [러시아]에서 주관하며 관리한다.

전문인을 찾습니다!

1. [농업 협동 조합] 설립과 운영 경험자
2. 각종 기술고등 학교 과정 경험자
3. 〈조림–산림〉 경력자
4. 예술–체능 학교 교사
5. 온실재배 경험자

위에 열거한 각종 기능인이 필요하며, 1개월간 근무 조건으로 어려움이 있으면 미리 약속해서 어려운 점을 신청해야 합니다.

1, 2, 3, 4, 5 해당자는 계약 근무로 가능하며, 10년 직장을 근무한 경력자 도 1개월~3개월 간을 현지에서 계약 근무합니다.

7. 중국, 사천성 성도에서
[협동교실] 불가능한 이유

1) **중국, 사천성 성도(청두) 최삼열 선교사 안내로 방문하다.**

   소수 민족 복음 활동 → 교육시설 = [One Class One School]의 모형

2) **중국, 사천성 성도의 〈직업학교〉 희망하며, 〈영상 교육〉으로 교장 취업을 희망하다**

   〈미용 전업〉 = 자격증 발급하므로 취업을 희망함

   〈유아 교육〉 + 〈유치원 교사 양성〉 = [유치원 교사 자격증] 발급을 희망

3) **〈홍콩〉 그리스도인으로부터 교육용, 사무용 각종 장비를 기증했다.**

중국, 사천성 성도시/청두 −2011년−

세 모녀가 기쁨으로 운영하는 [사랑의 학교]
− 2011년 −

[사랑의 학교] 교실 내부이며, 먹을 것만을(식량) 가져오면 학교에서 숙소를 제공하며, 하루 아침 점심 저녁하며 기숙한다.

[사랑의 학교] 앞에 〈간판을 붙이지 않겠다〉는 약속(조건)으로 학교 운영을 허락했다

중국, 성도시 [삼자 교회]와 최삼열 선교사 부부

중국, 성도시 [삼자교회] 내부. 2011년

1. 신앙의 역사

이모는 누구로부터 복음을 들었는가?

어느 한족으로부터 들었음. 이모는 이곳으로부터 15km 떨어진 곳에 살고 있음.

91년 3월에 믿기 시작했음.

2. 험난한 과정이 있기까지

지방정부는 ① 성경을 가르치지 말라. ② 학교가 아니다. ③ 돈이 없으므로 학교운영 능력이 없다는 것.

이 학교에 대하여 많은 핍박을 하였음. 공안국 관련자 7-8명을 배치, 매년 사진촬영과 학생명단과 교사명단 제출, 벌금(해가 바뀌어도 계속 벌금이 나온다)부과. 아가교장의 경찰서 연행 조사 등등.

긴 탄압에도 불구하고 오래 참고 기다린 끝에 지금은 묵인 단계까지 왔음.

하나님께서 길을 열어 놓았다고 고백. 그들이 말을 하지는 않지만 얼굴에는 관심이 있다고 한다. 우리가 방문할 때에는 언제 이런 일이 있었는지 평화로워 보였지만 (방학 중이라서) 학교 곳곳에 남은 땀과 눈물로 세운 이들의 험난한 과정 가운데 함께 하셨던 주님의 눈물을 보는 듯 했음.

학부모는 학교에 와서 봉사 활동할 생각도 안하고, 학교에 요구도 하지 않는다. 왜냐하면 너무 어렵게 살기 때문에 학교가 미흡하고, 부족한 것이 많고, 깨끗하지 않아도 큰 문제가 되지 않는다고 함. 생각지도 못한 공부를 가르쳐 주고 먹여 주기만 하여도 만족해 한다.

3. 학교교육시간

아침 6:30 기상하여 QT와 개인 활동을 시작

7:30 아침을 먹고서

8:00 정식 수업이 시작됨

12:00~2:00 점심시간

2:00 오후 수업 시작

5:00 수업 끝

6:00 저녁식사

4. 교육과목

언어(한어), 수학, 영어, 음악, 미술, 체육, 예술, 품격(성경적 예절 교육인
지 불확실 함)

5. 교사급여

1,000원~1,500원(후원금에 의존함), 아이들 아르바이트 비용 수준임

6. 앞으로의 과제

학교 정문에 이름도 없음. 로고는 물론이고, 학교 校歌도 상징 새도 없음

학생 숙소도 매우 지저분하여 청소 꼭 필요. 졸업장도 필요함. 교장을 비
롯한 교사들을 영적으로 지도할 멘토가 필요

초등학교 과정을 마친 아이들에게 신앙 성장에 도움이 될 적당한 중고등
학교과정이 없음

너무 가난한 나머지 학교공부보다는 가까운 성도시에서 아르바이트로 돈
벌어 오는 것을 부모들은 더 좋아함

아침은 언제나 먹지 않음. 점심, 저녁 2끼 먹고 산다.

① 전체 무료 학비와 숙식 제공 전일제 수업이며, 초등학교 1학년부터 6
학년까지 있음.

② 부모들은 이 학교에 보내기 원함. 특별한 차별성은 학생들에게 매일
아침 QT와 말씀 가운데 복음으로 양육한다는 점. 이를 위해 헌신한
한족 선생이 함께 숙식하며 아이들을 지도하고 있음.

③ 선생님과 학생들이 같이 있어 교육에 있어서 충분히 학생들을 돌볼
수도 있고, 지도할 수 있어서 좋음. 집이 가까운 아이들은 주말(토, 일)
에 집에 돌아가 가족들과 함께 쉰다. 40여명은 집이 멀기 때문에 방학
을 해야만 집에 갈 수 있음. 즉 인근 지역의 120여명의 학생은 집으로
주말에 떠나고, 주일 저녁에 학교로 돌아옴.

7. 졸업장

정부 인가 학교가 아니므로 공식 졸업장 없음.

8. 왜 학교를 하게 되었는가?

이모로부터 복음을 들었던 아가와 언니 그리고 엄마는 자신의 집을 이용해 예배를 드리기 시작했고, 지방 정부가 이를 못하게 하자 학교사업을 하게 되었다는 것. 이때가 99년, 2000년이었고, 2001년 개교할 당시 학생수는 16명임.

9. 가족 중심 운영 체제

33세의 본인, 42세의 미혼 언니(초등학교 1학년 다녔음), 남동생(20대) 그리고 72세의 엄마 세 사람이 운영하며, 부동산 명의는 엄마의 이름으로 되었음.

10. [아이전 학교] 소개

- 장소 : 간루어(사천성) (이족 집단 거주 지역)
- 학교명 : 아이전 학교
- 학생수 : 초등학생 140여 명
- 교사 : 8명
- 교장명 : 아가(33세, 여, 미혼, 이족, 사천교육대학 아동교육 3년 과정 전공)
- 역사 : 12년(2001년 시작)
- 지역특성 : 매우 가난한 시골 산골 마을의 소수민족 집단 거주 지역임.
- 학교에 올려는 이유 : (차별성)

11. 두란노서원 팀 봉사활동 가능성

① 지방정부의 외국인 방문에 대한 콤플렉스가 있음. 광산사고로 많은 도움이 필요로 했을 무렵 러시아의 돈 있는 사람이 방문하여 이를 돕자 지방정부 관계자는 자존심이 상해 그를 추방하고 지방정부 자체로 해결했던 불편한 역사가 있었음. 이로 인해 외국인 방문에 민감해 있

음. 더구나 정부가 세우지 않은 사립미션학교라는 점에서 많은 신경을 씀. 감사하게도 최근 한국인에 대해서는 비교적 호의적임. 그러나 조심스런 부분이 있음을 우리는 언제나 잊지 말아야 함.

② 어떤 것을 가지고 봉사 가능한가?
가난한 학생들을 돕기 위해 영어, 음악 등을 가르치려 왔다고 하면 이해가 될 것이다. 부차적(청소, 환경미화)인 일을 돕는 것도 가능할 것이라며 교장은 조심스럽게 대답

③ 시기는 언제가 가장 좋을까?
9월 1일부터 10일 사이가 좋겠다. 개학 시기라서.

④ 참가인원은? 기관에 주목 받지 않는 정도의 많지 않은 인원 약 5-6명.

⑤ 교통편: 렌트카, 기차편 이용의 두 가지 방법 렌트카 이용시 비용이 하루에 약 1,500 정도 예상되며, 기차 이용 시 1인당 침대 101원. 숙박: 간루어 기차역 근처에 호텔이 다양한 가격으로 있음. 대중교통 6인 승차 60원

12. 맺는 말

며칠 동안 장로님과 같이 동행하면서 귀한 시간이 되었습니다. 통역을 맡은 저로서는 불과 2년 배운 실력으로 사실 부담스럽기도 했지만 막상 부딪쳐 해보니 실전 교육을 배울 수 있는 좋은 훈련의 장이 되었습니다. 불과 며칠 전에 여름봉사활동을 마친 직후여서 몸과 마음의 준비가 여의치 못한 상황이어서 여러 가지 부족한 것이 많아 매우 죄송하였습니다.

그럼에도 불구하고 품어주시고, 기다려주심에 감사드립니다. 여러모로 아버지께서 준비하신 것을 보게 하시고, 듣게 하시니 감사합니다.

8. 북 조선 – 함경북도, 회령시

1) 궁핍한 생활, 독재 권력–정부, 인종 차별은 [진리–복음]으로 극복 가능하다

〈가난〉은 아래 3가지로 원인을 찾을 수 있다.

a. [재난]으로 → 전쟁이나, 불이 나거나, 병이 나거나 할 경우를 말한다.
b. [성격]으로 → 성격적, 천성적으로 게으른 사람인 경우에 가난하다.
c. [제도]로 → 북조선의 경우는 사회 제도 자체가 부자가 될 수 없다.

답 = "예수 제자"

2) 〈지식 사회〉와 〈산업 사회〉 공통점은 [교육]으로 이루어진다

a. 현대 모든 국가의 비전(vision) → 〈지식 사회〉〈산업화〉
b. 사회 발전의 기초는 인성과 양심 → 〈지식과 산업화〉
c. 성경으로 모범 사회 기초 → 〈신앙으로 생활화 한다〉

답 = "공정한 사회"

하나님 도우심이 여기 있고, 허락하신 [함경북도 회령시 사업]이라 믿게 되었다. 박경애 교장 선생님이 조심을 여러번 경고하고, 아내는 수술한 의사가 "권장할 수 없다" 한 말을 잘 이해하고 회령시 학교 설립을 과정을 이해하여 쉽게 통과되었다.

2007년 4월 13일 서울대 병원에서 수술 담당한 김기봉 교수에게 〈잠시 2시간 비행기 여행은 어떠한가요 나는 아무런 고통이 없습니다〉〈3개월 전 까지는 권장할 수 없습니다〉

박 교장 선생은 〈아마도 회령 방문은 불가능 할 것이다〉〈외부인에게는 공개 되지 않은 **〈회령시〉**이다.

서계옥 권사, 노대영 의사 부부, 신의사, 홍 장로 등은 비자가 없어 오성연 장로와 디모데 박 목사만 2007년 5월 8일 아침 10시에 중국 출입국 검역소에서 북한 함경북도 회령시 방문 수속을 시작하였다.

[삼합] 쪽에서 회령시로 건너는 다리로 건너기 위하여 대형 트럭이 10대쯤 늘어서 있고 수속이 한참 동안 진행되고 있었다. 중국 측 [삼합 검역소]의 서류 진행 절차는 어려움 없이 10여 분 만에 끝내고 박 디모데 목사와 나, 두 사람은 가방을 들고 먼저 걸어서 중국 국경을 넘어 북조선 땅으로 갔다.

비행기 타고 국경을 넘는 기회는 익숙하고 다반사이지만, 걸어서 국경 넘는 그것도 북한에 입국은 내 인생에 흥분된 일이다. 입구에 서있는 북한 군인에게 여권과 발급 받은 visa를 제시하니 익숙하게 대조한다. 입국 검사 사무실 앞에 이미 김일성 뱃지를 가슴에 단 직원이 인사한다. **"어서 오십시오 조국에 오신 것을 환영합니다"**라고 악수를 청한다.

신청서를 작성하고 가방 검사 특히 가지고 간 책 목록을 작성하고 내용을 자세히 본다. 〈생명의 삶〉〈이슬람 문화〉〈학교 공동체〉 3권 제목을 쓰고 검사자가 싸인 한 종이 쪽지를 내게 주며 보관하란다. 비교적 친절하지만 가방 검사는 철저히 한다. 무엇을 중점 검사하는 지는 알 수 없다. 30분 걸려서 통과되었다. 우리 두 사람 외에 가방 검사 받는 입국자가 한 사람이 더 있었다. 30분 정도 소요되었다

함경북도, 회령시 방문 사진 중에서 -2007년-

중국, 삼합시 입국 세관에서 -2007년-

노대영(의사), 신호철(의사)과 함께

중국, 삼합 입국 수속, 서계옥 회장
(밀알회 회장) -2007년-

김정숙(김일성 부인) 동상 앞. Los Angeles의
박 디모데 목사(가운데는 안내원)

김정일 수령의 어머니인 김정숙
(김일성의 부인) 생가 앞에서.

〈회령 제일 중학교〉 컴퓨터 교실(준비 중)

1. [회령시 학교 협력 사업] 내용과 배경

현재 운영 중인 중국 길림성 도문시 [도문 인터 직업 양성 학교]는 함경
북도 회령시와 시 주변에 위치한 50여 개 학교와 교류 협력한다.

[영어], [컴퓨터], [양재/복장], [치과 기공] 4개 분야 기술 교육 훈련을 위
한 교류를 중심으로 실습 장비를 제공하며, 교사 방문을 통하여 [교육 훈
련 교류]를 이루고자 한다.

제안하는 도문시 학교(이하 도문시 학교)는 길림성 도문시에 2004년 치
과 기공, 피부미용, 자동차 정비, 태권도, 임상병리 5개 전업 과목을 개설
하여 운영하고 있으며, 현재 학생 160명, 교직원 30명이 협력하여 2007년
6월 현재 중국 정규 고등학교로 운영되고 있어 이미 3년 학사 운영 경험
을 가지고 있으며, 2006년 북한 당국자가 중국, 도문시 학교를 직접 방문,
견학하였다.

우선 회령 시내 학교 3개 〈회령 제1중학교〉〈회령 남문 중학학교〉〈회령
경공업 전문학교〉에 적용 실행 후, 보완한 후, 나머지 50여 개 학교에 확
대 적용을 제안한다.

2. 지원 교육 시설과 재료

아래 시설과 재료를 3개 학교에 배정하고 기술 교육에 이용토록 지원하
며, 회령 지역 담당 지도 교사를 교육 훈련한다.

〈컴퓨터와 주변기기〉
60대 (펜티움 3)/중고, 컴퓨터 책상 60개, 의자 60개, 프린터 3대. 발전기.
(3개 학교에 각각 20대 컴퓨터, 책상, 의자, 발전기 각 1대)

〈영어 교재〉
컴퓨터용 교재

〈양재/복장〉
가정용 재봉틀 25대(회령 경공업 전문 학교)와 재단 기구 일체, 실습용
원단

〈치과 기공〉
의치(틀이) 제작 기구와 인공 치아(틀니) 200개/1년, 실습용 재료 일체.
(회령 경공업 전문학교)

3. 협력 사업 진행 순서

해외 거주 조선 동포 교사(미국, 캐나다, 중국)는 1년 중 4회(1월, 4월, 7월, 10월) 회령시를 방문/체류하면서 2주간(15일) 담당 현지 교사에게 기술 전수한다.

〈기본 실행 계획 작성〉
[기본 실행 계획서 작성]을 위하여 컴퓨터, 영어, 양재/복장, 치과 기공 분야 [해외 동포 교사]가 회시를 2007년 9월 방문하고 [현지 교사들과 교육 훈련 일정], [실습장 설치를 위한 현장 답사], [구체적 교육 훈련 내용]을 협의한 후 [회령 학교 협력 사업]제안서를 작성하여 2007년 10월 [조선 해외 동포 원호 위원회]에 제출한다.

〈장비 회령시 도착〉
[회령 학교 협력 사업]에 따라서 언급한 시설과 재료를 [나진, 선봉] 항구를 통하여 12월까지 함경북도 회령시에 도착, 설치하고 2008년 2월부터 [해외 동포 교사]는 해당 분야 각각 2명이 회령시를 방문하여 교류 전수한다.

4. 요구 사항

■ 회령 제1중학교, 회령 남문 중학교, 회령 경공업 학교는 각각 3개~4개 교실을 제공한다(컴퓨터, 양재/복장, 영어, 치과 기공 전문 교실).
■ [해외 동포 교사] 회령시 체류(숙식), 교통 편의, VISA발급, 중국(삼합)을 통한 입국 편의를 제공한다.
■ 기증하는 물품에 기부자 단체(교회) 또는 개인 성명을 표시토록 한다.
■ [나진, 선봉]항구로 도착하는 시설, 재료는 조선 해외 동포 위원회가 회령시까지 운송을 담당한다.

북한, 함경북도 회령시 방문

2007. 5.7 ~ 2007. 5. 8 / 1박 2일

가. 방문 배경과 경과

미주(LA) 밀알 협회(북한 돕기 사역 17년, 〈조선 해외동포 위원회〉를 통한 서계옥 여사 회장) 단체를 통하여 〈함경북도 회령 시내에 [도문시 인터 직업 양성학교 분교 설립 제안서]를 2006년 6월 제시했다.

2006년 10월 30일 회령시 방문 VISA를 발급 받았으나, 내 사정으로 방문이 지연되던 중, 2007년 5월 8일 회령시 입국 VISA를 다시 받게 되었다.

작년에 제시한 [회령시 도문시 학교 분교 설치 계획서]를 〈조선 해외 동포 위원회〉에서 검토한 후, 평양에 설립할 것을 제안 받았으나 도문 학교와 가까운 회령시 지역이 아니면 의미/뜻이 없음을 통지하여 결국 회령시로 허락하여 주었다.

서계옥 여사는 〈함경북도 회령시의 대외 개방을 계획〉을 알려 주었으며, 2006년 여름에 〈조선 해외 동포 위원회〉 관계자가 중국, 도문시 인터 직업 양성 학교를 방문하고 학교 현황을 확인하고 돌아 갔다.

나. 동행자와 방문 경로

동행자로 미주 밀알 협회 회원 Mary 노(소아과 여의사), 노대영(신장 내과 의사, 장로), 신호철(외과 의사, 장로), 홍 장로(밀알 협회 총무), 박 원철 목사, 서계옥 여사 6명이었으며, 이들은 회령시 병원 설립과 의료 현황 파악을 위하여 방문하였다.

이들 5명은 2007년 4월 28일~5월 5일 9일 동안 평양에서 다른 의사 11명과 함께 외과 수술을 통하여 북한 의사들에게 [외과 수술/시술을 통한 기법 전수 활동]을 하였으며, 〈활동을 통하여 평양에서 대단한 평가/호

평을 받았다〉고 한다.

3명 의사들은 2006년 10월 30일 회령시 병원 설립과 의료 협력 사업을 위하여 방문할 계획이었으나, 이번 회령시를 방문하여 확인 결과 〈현재 회령시 의료 환경/제도 아래서는 불가능〉으로 판단하고 아무런 협의 진행이 없이 돌아왔다.

회령시 방문 경로는 도문시 서쪽으로 자동차 약 1시간 반 가면 〈삼합〉이란 중국 국경 도시를 통과하여(중국 세관을 거쳐) 교량을 통과하여 북한 검문소를 거쳐, 자동차로 5분 정도 가면 회령 시내 도착한다.

다. 〈조선 해외 동포 원호 위원회〉 소속 협의/안내자

- 김경호(조선 해외 동포 원호 위원회/ 부위원장) 김 부위원장은 〈해외 동포 위원회〉를 통한 북한 입국, 일정, 체류 기간, 지원사업 등 전체를 결정하는 실무 최고 책임자이다. 회령시 방문은 학교 사업을 협의코자 평양~회령시 간 2일 걸려 자동차로 방문하였다, 특히 서계옥 여사와 의사들 평양 의료 봉사 활동에 감사 표시하며, 8일 점심 접대 받았으며, 국경 검문소에 나와서 환영하여 주었다.
- 조영남(회령시 해외 동포 영접 책임 지도원) 회령시 인민 위원회 소속 대외 영접 지도원

라. 방문 학교와 현황

- 학교 이름: [김기송 회령 제1중학교]
  김기송은 김정숙(김정일 국방위원장 어머니) 남동생, 김정일 외삼촌 이름을 기념하여 세운 학교이며 회령 시내 가장 우수한 수재 학생들이 공부하는 고등학교로서 국가에서 집중적으로 지원한다고 설명한다.

  교장: 박미옥(18년 근무 중)
  전체 교사: 50명
  학생: 900명(여학생 250명, 남학생 650명)

컴퓨터 교사: 2명(회령 사범대 졸업자 1명, 김책 종합대 졸업 1명)

컴퓨터 보유 대수: 10대(학교 전체 교사와 학생 교육용 전체)

컴퓨터와 영어 지도는 희망하지만 [양재반]실습과 설치는 희망하지 않고 있다. 이유는 이 학교 학생은 대부분 대학 진학을 위한 재학생이다.

■ 학교 이름: [회령 경공업 전문학교]

이 학교는 고등학교 졸업자, 군인 제대자가 입학하여 아래 5개 전문기능사 자격을 받는 학교로서 회령 시내 중심에 위치하며, 동일한 2개 학교가 회령에 있다.

교장: 전성희

전문과: 〈식품재료과〉〈요리과〉〈피복과〉〈경영 정보-컴퓨터과〉〈수예-자수과〉 5개과를 개설한다. 학생: 1,000명(남학생 500명, 여학생 500명) 피복과 학생 200명 등 각 전문과 학생 200명

■ 수익 사업 1

봉제품(앞치마)　　　 = 25,000점 × 2,000원 = 50,000,000원

봉제품(부엌 장갑) = 10,000점 × 3,000원 = 30,000,000원

봉제품(책 갈피)　　 = 40,000점 ×　 500원 = 20,000,000원

합 계 100,000,000원

1) 가정용품, 학용품으로 각 교회와 후원 기관을 중심으로 판매한다.
2) 원단(재료)는 후원 단체(봉제품 회사)에서 40 SQ 단위로 무상 제공키로 협의되었다.
3) 모든 제품에 〈함경북도 회령시〉란 표시로 판매한다.
4) 현지 생산자(주민)에게 생산 작업에 인건비(30%)현금 일부와 식용유, 소맥분을 대신하여 지급한다.
5) 사업 기간은 2008년 1월 – 2008년 12월까지

■ 수익 사업 2

1) 기와 수입 판매 (순이익) = 20,000,000원

   회령 지역이 옹기 생산지로 특색 있는 기와가 생산되어 한국에 한옥을 위한 건축자재로 수입 판매한다.

2) 주문 생산도 가능하다. (원자재 100%가 흙이다)

피복(양재)과 현황

20년 전 생산된 전기/동 재봉틀 40대 중 약 30%는 고장으로 사용 불가능하며, 38년 전 생산된 가정용 발틀 24대는 부속이 없어 50%는 사용 불가능하다. 특히 옷감이 없어 아무런 작업/수업이 불가능한 상태.

전동 재봉틀 30여대를 보유하고 있으나, 전기 사정으로 시험 운전도 불가능하였으며, 발틀 10대까지도 부속품이 없어 사용 불가능한 상태이다. 또한 피복과 학생들 실습/교육 활동은 [옷감/재료]가 없어 전혀 이루어지지 않고 있었다.

경영 정보과(컴퓨터과 현황)

(팬티움-2) 2대, 486 컴퓨터 6대, 총 8대 보유하고 있으나 5대는 고장으로 사용 불가능한 형편, 전문 학생 200명을 위한 컴퓨터가 3대가 전체로서 교과서를 통한 교육뿐이다. 물론 Internet은 전혀 불가능하며 프린터 등 아무런 시설이 없다.

- 학교 이름: [회령시 남문 중학교]

  부교장: 김재민(교장은 출장 중이며 한승일)

  전체 교사: 40명

  학생: 950명(남자 450명, 여자 500명)

  일반 고등학교이며, 제1중학과 동일하며, 우수반, 비 우수반으로 구분하여 교육하고 있다. 재봉틀과 옷감이 제공된다면 여학생을 위한 재

봉/양재반을 구성하여 운영을 희망하였다. 이 학교 컴퓨터 총 8대 중 4대는 고장으로 사용 불가능하여 컴퓨터 교육은 전무한 상태이다. 교육/실습 공간(교실)은 여유가 있으며, 정돈된 학교 상태이다.

마. 3개 학교 방문 소감

컴퓨터, 양재/피복 실습장을 중심으로 견학하고 질문하였으며, 영어 교육은 컴퓨터를 통한 교육 가능함으로 특별한 질문사항은 없었다.

학교의 빈약하고 노후한 실습 시설 임에도 관리 상태는 철저하였으며, 차후 제공하는 장비와 재산 관리는 하자가 없으리라 판단된다.

컴퓨터와 피복 담당 교사들은 한 세대가 지난 교육시설을 갖추고 있는 현실을 매우 부끄럽게 생각하고 있었다.

[조선 해외 동포 원호회] 관계자도 많은 해외 동포 방문자를 안내하였지만 평양 외 지역, 특히 교육 기관을 상세히 안내한 경우는 이번이 처음이라 한다. 학교의 빈약한 시설과 필요성을 절감하였다.

이번 방문으로 북한/회령 학교 사업 연결이 가능하다고 판단된다.

바. [해외 동포 원호 위원회]와 합의 사항(구두)

1) [회령 제1중학교], [회령 경공업 전문학교]. [회령 남문중학교] 중고 (사용하였던) 컴퓨터 60대를 각 학교에 20대씩 제공한다. 컴퓨터 교실 설치에 필요한 설비를 함께 제공한다.

2) [회령 경공업 전문학교]에 가정용 재봉틀 20대~25대를 제공한다. 양재를 위한 재단 기구(잣대, 가위, 기타 용품)를 제공한다.

3) 피복과/양재과 실습용 옷감을 소량씩 제공한다.

4) 영어과 교육은 컴퓨터로 진행하되 교재는 미국, 캐나다 등 영어 사용 국가에서 선택한다.

5) [미주 소재 교회 명의]로 제공가능하며, 한 교회와 한 학교가 따로 따로 연결되어도 무방하다. 즉 회령 시내 고등학교가 13개 있으므로 한 교회 이름으로 한 학교에 기증하여도 무방하다.

6) 금년 8월 물품 기증, 교실 설치, 교사 현지 도착 목표로 진행키로 한다.

7) 회령시 방문 교사는 미주 재미 교포 신분만(영주권, 시민권) 가능하다.

8) 미주 방문 교사는 학생을 직접 지도/강의는 불가능하며 회령시내 컴퓨터, 양재, 영어 담당 교사(3개 학교 교사 포함)를 위한 강좌를 개설하여 실습/강의/지도 한다.

9) 미주 교사는 영어 2명, 컴퓨터 2명, 양재 2명 총 6명은 1년 4회 회령 방문하며, 1회 방문 체류 기간은 2주간으로 한다.

10) 이상 3개 학교에 컴퓨터, 양재, 영어 교실 운영을 위한 [희망 교실 실험 대상 학교]로 삼아 경험하여 현지 학교와 제공자(교사 파견, 교육 시설 기증자) 간에 만족한 결과에 도달하면, 회령시 13개 학교에 확대하고, 북한 다른 지역에도 적용한다.

11) 북한 입국 visa, 방문자 체류 편의 제공 등은 당분간 [조선 해외 동포 원호 위원회]와 [미주 밀알회]가 주관, 진행키로하며 회령 호텔 체류비는 약 $50(1인, 아침 점심, 저녁 식사 포함)으로 예상한다.

12) 중국, 도문시 인터 직업양성 학교가 현장 업무 연락 담당하며, 2007년 6월 말경 회령 재방문을 검토한다. 중국인 신분(국적)은 쉽게 1일 방문이 가능하므로 북한 당국은 중국인 방문을 추천한다. 이상 내용을 김경호 [조선 해외 동포 원호 위원회 부위원장] 전체 동석한 가운데 합의하였으며 박수로 축하하며 회의를 2000년 5월 8일 회령시 [오산덕 려관]에서 마쳤다.

사. Thmc 결정하고 진행할 업무

1) 파견 예정 영어, 컴퓨터, 양재 교사 6명 중, 3명을 6월 말경에 회령시

를 방문하여 회령 3개 학교 학사 담당자가 업무 협의 할 3명 교사 선발해야 합니다. 교사 파견은 획기적인 결정으로 동행자들도 많이 반가워하였습니다.

2) 6월 방문 전에 [회령 방문 업무 계획] 간략하게 작성하여 [밀알회]를 통하여 북한에 제시해야 합니다.

3) 회령시 3개 학교에 컴퓨터 60대(서울에 보유하고 있음), 가정용 재봉틀 20대(중국에서 구입), 실습용 옷감(중국에서 준비), 교육/실습용 프로젝타 3대 등 기본 기증 교육 시설을 제공 여부를 결정해야 합니다.

4) 7월 초 도문시 인터 직업 양성 학교 졸업식으로 내가 도문 학교 방문으로 6월 말 2일 정도 도문시 인터 직업 양성 학교에서 회령 학교/방문/업무 협의 가능합니다.

5) 6월 회령시 방문을 위하여 교사 3명 이외 지도자 방문 가능하므로 2명 정도 추가하여 5명 명단을 가지고 수속/방문을 권유합니다.

[밀알회] 서계옥 회장님과 이번 방문 회원 여러분에게 3개 학교 회령시 학교 후원 사업은 미국 thmc가 담당/ 참여토록 요청하여, 동의하였으며, 만약 이상 설명한 사업에 참여/담당할 의사가 없으면 다른 후원자/교회를 물색키로 하였습니다.

이번 회령 시내 학교 희망 교실 설치 사업은 하나님께서 미리 준비하여 놓으시고 기다리신 모습이 역력하며, 해야 할 사업으로 판단 됩니다.

회령 시내 학교 방문과 교사 파견 사업을 허락하고 진행 함에 [밀알회] 17년 동안 북한을 향한 꾸준한 활동과 서계옥 여사의 인격을 북한 당국이 높이 평가하여 이루어졌다고 생각합니다.

따라서 신실한 자세로 회령시 3개 학교를 중심으로 3개 학교 후원사업을 시작한다면 아름답고 보람 있는 열매를 도문 학교와 함께 있다고 확신합니다.

2007년 5월 11일 오성연 장로

함경북도 회령시에 김정숙(김일성 수령
부인) 동지의 동상 앞에서

7년을 군인 제대하면 입학이 가능하며, 학교
교장과 함께 −2007년−

한국에서 초등학교를 졸업하면 입학하는 〈중학교〉는
니며, 한국의 고등학교에 해당한다 −2007년−

재봉틀과 컴퓨터는 모두가 고장으로 〈부속이 없어서〉, 전시용이다 −2007년−

[회령 제일중학교] 전경
학교 전체가 잘 정돈되어 있다

컴퓨터실 준비 중, [회령 제일중학교] 박미옥
여교장과 박 디모데 목사(미국거주), 오성연 장
로 −2007년−

회령 제일중학교(한국의 고등학교 해당) 한
국 초등학교 4학년생 모습이 고등학교 2학년
학생이다. 한 반 전체의 3/4 학생이 왜소하다
−2007년−

제일 중학교 여학생과 교장 선생

[회령 제일중학교] 준비 중인 컴퓨터 교실은
컴퓨터는 없으나 교실만 준비 중이었다

함경북도 [회령 경공업 전문학교] 컴퓨터실 보
다 책상이 더 많다

학교 입구에서 부교장과 함께

학교 입구에서 −2007년−

[회령 경공업 전문학교] 피복과 재봉실
〈전성희 교장〉과 피복 담당 남자 교사

[회령 경공업 전문 학교] 전동미싱반
−2007년−

재단 작업대 위에 아무런 실습 흔적이 없다

한복 몇 벌이 이 실습장의 상품/제품이다
−2007년−

제작 년도가 20년 전 모델, 전동 재봉기

제작된 년도가 1938년 전 발틀 재봉기

[회령 경공업 전문학교] 컴퓨터실 컴퓨터
보다는 책상이 더 많이 있다

함경북도 [회령 경공업 전문학교] 컴퓨터 지도
교사와 내일을 약속하며 기뻐했다

조 부국장(조선 해외 동포 위원회 미주담당 부
국장), 회령시 경공업 학교 교장
오성연 장로, 회령시 경공업 학교 교사, 박 디
모데 목사(미국 거주)

[회령시 남문중학교] 컴퓨터 교실도
컴퓨터 숫자보다 책상이 더 많다

회령시 인민위원장, 오장로,
김경호(조선 해외 동포 위원회)
부위원장, 박 디모데 목사
(미국, Los Angeles 거주)

학교 밖이나 건물 내부나 모두 구호는
〈선군 혁명〉외치고 있다 −2007년−

모든 구호는 김일성 주석과 김정일
장군이다 −2007년−

하룻밤 체류한 함경북도 [오산덕 려관] 입구에
서 −2007년−

[오산덕 려관] 식당에서 회령 인민 위원장이
베푼 점심을 하며, 모든 회의를 이곳에 마쳤다
−2007년−

본인이 1박한 회령시 숙소 〈오산덕 려관〉 내부　회령시 남문중학교 [김재민 교장 선생]

함경북도 회령시 제1인민 병원. 건물 외관에 비　함경북도 회령시 제1인민병원 기술부원장과 회
해 내부는 아무런 시설이 없다. 2007. 5. 9　의를 지키고 있는 안내원들(뒤편 검은색 옷)

함경북도　함경북도
[회령시 제1인민 병원] 기술부원장　[회령 남문중학교] 김재민 부교장과 함께
(흰 모자 쓴 의사)과 회의

북조선에서는 〈중학교〉란 학교 이름은 우리나라 〈고등학교〉에 해당한다

9. Palestine 입국, [협동 교실]
– Hebron Christian School –
2009년

〈팔레스타인〉입국을 위해서 〈요르단〉 공항에서 환승을 기다린다

팔레스타인 2009년 - Hebron Christian School -

학교는 1945년 학교 개교 때와 약 64년 지난 지금과 동일한 학교 모습이다 -2009년-

현재 2009년 100% 무슬림 거주 지역인데, 동네 한 가운데 〈기독교 학교가 있을 수 있는가?〉 그런데 Christian Book store(기독교 서점)도 있으며, 이 학교에 입학을 무슬림들끼리 경쟁이다.

이 학교 6학년 졸업 후에는 Christian 중학교가 없으므로 이 문제가 가장 큰 장애이다. 이 학교 재단이 [미국]에 있으므로 협의키로 했다.

이 〈학교 설립〉은 2차 세계 대전 종전 후(1945년), 미국의 간호사 한 분이 설립했으며, 재단 사무실이 미국에 있으니, 기부 협의는 그 쪽과 협의를 제의했다. 〈학교 설립과 운영〉은 특별한 사유가 없는 한 오래 유지되며, 계속 운영되는 것을 믿어야 한다.

건물 내부에는 〈예수님 성화〉가 있었다

이 Hebron Christian School 교장은 이 학교 졸업생

최경욱 목사, 장도원 장로, Hebron Christian School 교장, 오성연 장로, 옥우원 사장, 브라질 선교사

최경욱 목사 〈미국, 또 감사 홈 선교 교회〉　옥우원 장로

장도원 장로

[십계명]이 쓰여진 것과 동일한 돌판(모조/돌판)이다

10. Nicaragua [협동교실]

한국, 두란도 서원 해외 선교회 김수선 선교사(아내)와 영국인 선교사(밀러 재단 파송) Barry Davis(남편)의 인연으로 [해외 선교 사업 특히 교육]에 관계하였다.

본인 오성연 장로는 니카라과(Nicaragua)를 마지막으로 해외 선교사를 돕는 작업을 종료하였다. 나의 심장 수술로 더 이상 해외 체류가 불가능하였기 때문이다.

학교 설립 제안서
Nicaragua, Jinotepe Hope School

(Edmundo Roman School 건물 사용)

Nicaragua (Managua 시)
2006년 12월 18일 ~ 2007년 1월 4일 3회 방문

옥창호 집사 인솔로 thmc 성도 봉사 활동
오성연 장로 작성

Barry Davis 선교사

영국인/1965년 생(41세), 1남(6세), 1녀(4세)의 아버지. (본인은 2남 3녀 중 넷째)

영국, 요크셔 지역 하르게일[Evagelica Free Church]

100년 역사 교회 첫 파송 선교사. George Muller Mission 단체 소속

1994년 신학교 졸업

1998년 Costa Rica 첫 임지 도착

1999년 김수선 선교사와 결혼

2000년~2005년 Nicaragua 이주, 교도소 전도 활동

2006년 Dololes 지역에 [Carazo Christian Academy] 설립

김수선 선교사

1962년 생(44세), 2남 2녀 중 3째

1994년 총신대학 신학대학원 졸업

1994년 두란노서원 편집부 근무

1996년 온누리 교회 파송, TIM(두란노) 소속, Costa Rica도착

1999년 Costa Rica에서 Barry Davis와 결혼

2000년 Nicaragua 이주, 어린이 전도와 교사 훈련

Barry Davis 선교사 김수선 선교사

아들 〈조수아〉와
딸 〈에스터〉 함께

김수선 선교사/담당자는 두란노서원에서 [생명의 삶]을 5년 동안 편집하였으며, 국제협력 사업 담당자로 자원하여 중-남미 코스타리카에서 김수선 양과 베리 데비스 군이 결혼한 후에 니카라과로 이주하여 정착하였다.

■ 남녀 학생을 위한 건축과(25명), 가정과(25명)

(현장 실습 교육 파견 가능 업체와 분야)

4-1 남자 학생의 건축과 위탁 교육 기관

(1) I-CONSEON 건설회사 --- 철근, 배근, 페인트, 방수

(2) Sol Luna 직업학교 --- 전기, 목공, 용접

4-2 여자 학생의 가정과 위탁 교육 기관

(4) Choi Shin Trade Co., --- 양재, 재단, 재봉

(5) Managua 크라운 호텔 --- 요리, 예절

(6) 기관 선택 미정 --- 육아, 위생

■ Jinotepe Hope School 담당 역할은

4-3 기초 교육

성경, 영어, 컴퓨터, 스페인어, 음악, 체육, 협동 훈련, 각 분야 기초 기술 교육 학습 지역/마을 개발을 통한 기획 능력 배양 JHS은 기술 교육/훈련 실습장 설치는 불필요하며, 80% 실습을 통한 교육/훈련을 전문가/전문 시설에 의한 교육/훈련 가능함.

4-4 Edmundo Roman School 중심으로 2km 이내 이 초등학교 3개가 전부

기술 직업학교가 절실히 필요하며, 이 학교를 통하여 개신 성도가 복음을 통한 자립, 자력으로 학교 운영과 마을 지역 개발에 자신감을 얻으리라 확신한다.

■ 교육용 비품과 후원자 봉사

4-5 중고 컴퓨터 25대, 전주 비전대학 기증 받아 현재 보관 중이며, 니카라과(Managua)까지 운반비 무료(자동차 수입 업체 무료 운반 약속).

Mr. Barry Davis 설립한 Grace International Mission(NGO) 통하여 무관세 통관 약속. 기타 한국 운반 물품 무관세, 무료 운임 가능. 중고/가정용, 공업용 미싱 15대 정도 미국에서 기증 받기를 요망합니다. 약 $27,000 시설 비용과 $1,500/월 학교 운영비로 직업/기술학교 설립 가능한 학교가 Jinotepe Hope School이다.

Edmundo Roman School 주변 환경

설립 준비 중인 Jinotepe Hope School은 현재 Edmundo Roman School(초등학교 학생 150명)학교의 한 개 건물을 오후 1시부터 전체 사용을 조건으로 출발하고 있다.

이 ERS는 어떠한 지리적 위치에 있는가?
빈곤층 거주/농촌 지역으로 Diriamba시(55,000명), Jinotepe시(60,000명), Dolores시(15,000명) 총 약 13만 명. 도시에서 자동차 15분거리 외곽 지역에 Edmundo Roman School(JHS)이 자리잡고 있다.

위 13만 명 3개 도시에 직업 기술학교가 단 2개 있으나, 아주 빈약한 학교가 있을 뿐 이들 도시에 인문 계열 고등학교가 모두이다.

한국인 봉제 공장(1,800명) 플라스틱 공장(300명) 1개가 전부이며, 오직 대규모 농장뿐인 지대에 ERS가 위치해 있으며, 특히 개신교세 지역으로 분류되며, 천주교 성당이 하나도 없다. 선교 활동이 기대되는 지역이다.

직업 학교 필요성

Nicaragua 정부는 모든 마을에 교실 2개~4개 규모의 초등학교를 개설하고 있으나 운영 실태가 빈약하기 그지 없다. 정신도 목표도 없는 듯하다.

본인이 Diriamba, Jinotepe, Dolores 4개 초등학교를 방문, 수업 현황과 실태를 확인한 결과 초등학교 교사들을 위한 모형(모델) 학교가 필요하다는 판단 아래, Jinotepe Hope School 설립 운영이 적합한 모델이 될 수 있으며, 복음 사역에 합당한 지역으로 판단된다.

그 내용을 요약하면,

- 자립을 통한 학교 운영 모델 제시(대응 투자/maching fund 방법 소개)
- 교사, 학생, 학부형이 하나가 되는 학교 운영 모습 제시(학교 + 학부형회)
- 지역(마을) 개발을 위한 학교의 역할(thmc 여름 봉사 + 학교 + 지역주민)
- 복음 전도 활동으로 청소년 생활 변화, 마을 학부모 자립 정신으로 변화학교 비품 만, 위와 같은 복음 활동을 할 수 있는 준비한다.

이상은 2007년 1월 4일 옥창호 집사의 제안은 마지막으로 종결되었다. 그리고 오성연 장로는 심장 수술로 [학교 설립 사업]은 당분간 중단 되었다.

니카라과(Nicaragua)에서 어린이들은 성경 말씀을 이야기로 듣고자 모이기 시작하였으니(2014년) 자기 의자는 각자가 집에서 가져온다.

시작은 기도로 시작하며, 어린이들 모임으로 나무 아래서 출발했다.

유치원 하나로 시작해서(2017년) 현재(2022년)는 2개 도시에 학교를 운영 중이며, 이 건물은 유치원으로 건축하였다.

이 건물은 초등학교이며, 교실 내부는 책상과 의자뿐으로 청소는 안 했으니 1년은 안 했으리라

모든 일상 생활은 학교에서 배우며, 연습하며, 원리를 이해하도록 반복한다. 따라서 이와 같은 일을 매일 반복하므로 어릴 때부터 습관 되도록 하여 성인이 되어서도 잊지 않도록 함은 [교육]의 목적 중의 하나이다.

선생님과 교실에서 수업 하는 모습이다

어린이의 학교가 놀이 마당이 되어 주며, 학교는 [우리 학교]라고 자랑스러
워 할 만큼 되어야 한다.

어디를 보아도 [학교]가 자랑스럽지 않으니, 무엇이나 자랑스럽지 않은 곳이
없으니, 학교가 우리 집 다음으로 좋은 곳이 되어야 한다.

아버지 [바리 대빗 선교사]이며, 아들 [죠슈아 대빗]이며, 어머니 [김수선 선교사]이며, 딸은 애
기 때이며 [에스터 대빗]이다 - 2015년-

가는 방향 같아서, 길에서 만난 이웃 동네 주민이다.

이 [학교]도 역시 마찬가지로 아무도 〈내 학교〉라고 말하고 싶은 점이 없다 그대로 방치한 건축물이며, 텅 빈 공간이란 말 밖에는 없다.

집에 있는 말을 빌려 주며, 가는 길이 험난하므로 아들에게 마부역(?)로 다녀 오라고 아버지는 당부하였다

가장 먹고 싶은 음식은 무엇이냐? 답은
"아침 식사에 계란을 형님에게만 주며, 나는 안 준다" 뜻밖의 답이다.

나의 답은
"형님이 어디가 아프던지 하므로 속히 낫도록 형님을 먼저 주었을 것이다"
"너도 똑 같이 사랑하므로 너에게도 계란을 줄 것이니, 너의 차례를 기다려야 한다"

이 [학교]건물은 미국 대통령이 희사하였다

지역 교육위원회장이 오후에는 〈직업학교 사용 협약서〉에 서명할 것을 약속하였다. 가운데 서있는 분이 [김수선 선교사]이며, 붉은 색 옷을 입은 분은 현지 주민이다. - 2007년 -

여러 국가를 방문했으나 또는 오해함으로 이루어지지 못했으니〈학교 설립은 준비 부족 또는 현지 사정〉을 쉽게 오해하므로 단기간에 학교를 설립하거나 준비는 어려운 실정이었다. 따라서 학교 설립과 운영은 단기간에 어떠한 결론을 얻기보다는 국가 전체에 입각해서 규모를 정해야 할 사항으로 판단하다.

현대와 말 타는 두 시대가 공존하는 모습을 본다

한국, 경기도 인천광역시 연수구 송도문화로 119

한국뉴욕주립대학교

2014. 11. 6 ~ 2021. 10. 31

2014년 봄날 어느 때 김춘호 총장님(한국뉴욕주립대학교)과 만나는 일이 있었는데, 내가 하는 여러 가지 사역에 대한 현황을 듣고, [학교설립과 운영에 대한 강의] 제안과 더불어 석좌교수 임명장을 주었다.

나는 한동대학교 재직 시 [한동국제학교]를 설립했던 경험을 정년 퇴직 후 [중국] [필리핀] [캄보디아] [아프가니스탄] 여러 국가에 학교가 없거나 아주 열악한 지역에 거의 문맹자를 위한 수준의 여러 학교를 설립을 하게 됐는데, 그 경험을 듣기를 원하는 선교사님들이 많아져서 선교사들에게 나눔으로 도움이 되도록 〈교실 한 개는 하나의 학교〉가 된다는 취지의 [One class One school/OCOS]의 강좌를 [한국뉴욕주립대학교]에 개설하게 되는 계기가 되었다.

실제로 선교지에서 선교사님들의 사역에 신분보장과 공식적인 주민들과 만남의 사역에 도움이 되며, 안정적인 체류에 도움은 두말 할 필요가 없다. 선교사의 가장 중요한 점은 [체류]에 당위성이다. 따라서 선교사의 가장 우선은 [체류]이며, 이슬람 지역 일지라도 첫 번째가 [체류]이다.

따라서 [학교]는 누군가는 [설립자]가 있어야 하며, 대부분의 [학교]는 [불교] [이슬람] 지역으로 다른 종교는 발붙이는 것이 어려우며, 처음에는 가장 어려운 점이다.

따라서 [한국뉴욕주립대학교]는

1. 2014. 11~2021.10, 7년이란 기간에 [One Class One School를 10회]를 달성하였다.
2. [학교]에서는 강의와 모든 편의 제공 받았다.
3. 〈이사장〉 연수 사무 운영 비용에 매월 큰 보탬이 되었다.
4. [학교]에서 7년 동안 세상에 [문맹자]를 없애는 눈을 뜨게 되었다.
5. 〈학교 이사장 연수〉는 〈학교〉의 출발점이란 사실도 깨달았다.

[학교]의 굳건한 반석은 세상에서 이루어지며, 〈그에 따르는 행실에서 좌우 된다〉는 것으로, 세상의 모범이 되어야 한다. 따라서 모범이 되는 단체와 학교는 20여개 예와 15개 사례를 제시했다.

이제 [교육 단체 학교]는 〈언제나 올바르며〉 〈언제나 노력하며〉 〈언제나 깨 끗하는〉 태도를 갖추어야 한다.

재한 몽골학교는 몽골근로자들이 일터로 나간 후 하루 종일 방치 되다 시피
한 몽골 근로자의 자녀들에게 배움의 기회를 제공하고자 1999년 12월 '서울
외국인근로자선교회'의 도움으로 설립되었습니다.

초창기 서울외국인선교회의 지하 작은 공간에서 8명의 학생으로 시작한 몽
골학교는, 그 후 2005년 2월 서울특별시 교육청으로부터 외국인학교로, 몽골
교육부로부터 〈재외몽골 학교〉로는 최초로 정식 인가를 받았습니다.

이어 2005년 7월 제1회 졸업식을 시작으로 2016년 6월 제12회 졸업식을 하
였습니다. 1~12회까지 배출한 졸업생은 142명에 이르고 그 동안 몽골학교
를 거쳐 간 학생 수는 수백 명에 이릅니다.

이러한 정신을 이어서, 청소년들을 하나님 나라의 도래를 준비하는 그리스
도의 시민으로 양성 하고자 상시 〈이랑 학교〉가 세워지게 되었습니다.

2016년 현재 본교에서는 약 210명의 초 · 중 · 고교 학생들이 교육의 수혜를
누리고 있으며 한국어 와 몽골어 이외에 영어, 수학, 물리, 몽골역사, 몽골사
회, 한국 사회, 윤리 등 필수 교과목과 음악, 미술, 과학실험, 태권도, IT교육
등 한국과 몽골 교육과정상 꼭 필요하다고 생각되는 교과목을 선정하여 교
육하고 있습니다.

[이랑 학교]는 남한 유일의 청정고원 산속에 위치하며, 학년 당 정원 15명씩 90명과 교사 25명 규모로,맞춤형 작은 학교입니다.

12명의 몽골인 담임교사와 10여명의 한국인 교사가 학생들의 수학 능력과 한국어 수준을 감안 하여 맞춤식 교육을 제공합니다. 또한 무상급식과 원거리 통학생을 위한 남녀 기숙사도 운영하고 있습니다.

1982년부터 하나님과 이웃과 흙을 사랑하자는 목적을 지닌 이랑공동체에서 시작되었습니다. 이랑 공동체는 선교사역 및 선교후보생들의 훈련, 대학생들의 제자 훈련, 장애우 돌봄, 농어촌 지역의 청소년들에게 30여 년간 무료로 신앙과 학습을 가르친 계절학교를 시행해 왔습니다.

이러한 정신을 이어서, 청소년들을 하나님 나라의 도래를 준비하는 그리스도의 시민으로 양성하고자 〈이랑 학교〉가 설립되었으니, 청소년들이 하나님 나라의 도래를 준비하는 그리스도의 시민으로 양성 하고자 상시 〈이랑 학교〉가 세워지게 되었습니다.

전북 진안군 부귀면 잠동길 82
웹사이트: http://www.irangschool.net/

견학 – 한국교원대학교 박물관

2010년 11월 16일 개관한 한국교원대학교 교육박물관은 대학박물관이지만 2,270여 평의 규모에 3만점 이상의 유물을 보유하고 있어, 여느 지방 국립박물관에 뒤지지 않을 뿐 아니라 교육박물관으로서는 최대 규모를 자랑하고 있다.

그리고 선조들의 문화유산을 수집 · 발굴 · 보관하여 학술연구에 이바지하고, 전시회 개최(탑영전시회 등)를 비롯하여 학술조사 · 지표조사 · 발굴조사 등의 각종 조사사업, 학술강연회 개최, 학술조사보고서 발간, 박물관 유물 보관 및 관리 등의 업무를 수행한다.

* 교원대학교 교육 박물관의 다양한 활동 *

교원대학교 교육박물관은 학생과 교사, 지역주민 등을 대상으로 하는 다양한 사회교육 프로그램을 준비하고 있다. 또한 수준 높은 사회교육 프로그램을 운영하여 많은 방문객을 유치할 뿐 아니라 박물관 내부 및 외부의 야외 박물관도 조금씩 정비해 나갈 계획이다. 특히, 박물관 고유 기능인 유물 수집, 보존 뿐 아니라 다양한 교육 자료의 수집과 정리를 통해 명실공히 교육 자료센터로서의 역할을 수행하고자 노력하고 있다.

* 교육박물관으로 최대 규모를 자랑하는 한국교원대학교박물관 *

2010년 11월 16일 개관한 한국교원대학교 교육박물관은 대학박물관이지만 2,270여 평의 규모에 3만점 이상의 유물을 보유하고 있어, 여느 지방 국립박물관에 뒤지지 않을 뿐 아니라 교육 박물관으로서는 최대 규모를 자랑하고 있다. 교육박물관으로서는 국내 최대 규모를 자랑하고 있는 한국교원대학교 교육박물관은 1987년 설립되어 2010년에 재개관하였다.

7,500여m²(2,270여 평) 규모에 6개의 전시실이 있으며, 교육 자료, 역사 자료를 포함하여 3만점 이상의 유물을 보유하고 있어, 규모적으로 여느 지방 국립박물관에 뒤지지 않을 뿐 아니라, 교육자료를 수집, 보존, 전시하고 학교사

자료를 조사 연구함으로써 교육 자료 센터로서의 역할 수행 및 교육 연구에 기여하고 있다.

선조들의 문화유산을 수집 · 발굴 · 보관하여 학술연구에 이바지하고, 전시회 개최를 비롯하여 학술조사 · 지표조사 · 발굴조사 등의 각종 조사사업, 학술강연회 개최, 학술조사 보고서 발간, 박물관 유물 보관 및 관리 등의 업무를 수행하고 있고 다양한 활동을 자랑한다. 또한 현재 교육 문화와 한국 전통 문화에 대한 다양한 프로그램을 계발 운영하고 있으며, 한국 교육 역사의 한국 교육 역사의 장으로, 교육 연구의 중점으로, 체험과 참여의 공간으로 자리매김 하고 있다.

주소: 충청북도 청주시 흥덕구 강내면 태성탑연로 250
Tel. 043-230-3361~2 / Fax. 043.230.3370
E-mail:museum@knue.ac.kr
웹사이트: https://museum.knue.ac.kr

[One Class One School 연수]에서 만남에 의미가 크고 많으며, 〈박태원〉 〈마제이슨〉 〈정대용〉 〈장강직〉 네 분 교장님께 감사합니다

A. 정규 신학교 교육 활동에 초청으로 참여하므로 큰 보람입니다

2015. 8. 4~2015. 8. 14 기간에 [제1기 One Class One School 연수]를 시작하여 9기 OCOS 연수를 준비하면서 [교육 학교 개발원]이 자랑스러우며, 지난 8회까지 참여자 여러분에게 감사하면서 특히 강사 여러분의 헌신적인 강의 참여가 아니었으면 8회까지 계속될 수 없었습니다.

[한국뉴욕주립대학교]는 ESDI/교육 학교 개발원에 〈강의실 B317과 사무실 B318 제공〉뿐만 아니라 재정 지원으로 One Class One School 연수는 2019년 5월로 〈9회 연수〉를 맞이하게 되었습니다.

또한 지난 5년 동안 8기 [연수]를 수행하면서 135명 연수 참여자를 배출하게 되었으며, 학교 밖에서는 영남 신학교(오규훈 총장), 횃불 트리니티 신대원 (이경숙 총장, 박형진 교무처장), 경기도 광주, 서울 장로회 신학대학(장남혁

신학대학원 원장)은 [One Class One School 연수]를 신대원에 정규과목으로 2학점, 3학점으로 채택되도록 소개와 진행을 담당해 주시었습니다.

2015년부터 [OCOS 연수]에 참여하였던 강사 여러분은 2개 신학교에 정규 과목 강의로 참여하게 되었으니 개척분야 학습 과목으로 충분히 유의할 분 야 라고 판단됩니다. 개척할 영역이라 사료됩니다. 지난 5년 동안 〈1회~8회 학교 설립 운영 연수〉를 아래와 같이 요약으로 〈학교 설립에 필요한 극히 기초〉 를 주변 강사/인사들과 관심 항목으로 나누어 보는 계기가 되기도 했 으니 앞으로 [연수 10회]를 계기로 개발도상 국가에 한국인 엘리트 사회 진 출에 작은 보탬이 되리라 확신합니다.

학교 설립과 운영 〈이사장〉 연수

1회

〈2015. 5. 8~5.18〉〈10박 11일〉〈참여 이수자 26명〉〈연수 기획 진행 담당자 = 오성연, 남호범, 임브니엘〉 수강료 30만원

강사와 제목

1. 김경훈 – 〈환영사, SUNY Korea 교무처장〉
2. 오성연 – 〈학교 설립과 운영 개요〉
3. 허버트 홍 – [Storytelling 기법]
4. 최성규 – 〈효 & 하모니〉
5. 김종수 – 〈지역개발과 인간 개발〉
6. 김형욱 – 〈동반자 교육〉
7. 마 제이슨 – 〈업무 발전제도〉
8. 마사라 – 〈협동학습〉
9. 정재순 – 〈컴퓨터 개요〉
10. 김형식 – 〈국제협력의 도전〉
11. 임숙영 – 〈예절 교육〉

연수 이수자

1. Barry Davis (니카라과)
2. 강병옥 (말레이시아)
3. 고중복 (한국)
4. 권기현 (한국)
5. 김도예 (인도네시아)
6. 김수선 (니카라과)
7. 김정준 (한국)
8. 김혜란 (브라질)
9. 단영주 (방글라데시)
10. 류영민 (우즈베키스탄)
11. 박영숙 (튀르기예)
12. 박한성 (튀르기예)
13. 박희정 (튀르기예)
14. 서혜숙 (튀르기예)
15. 손미애 (인도)
16. 손미애 (남수단)
17. 신기황 (미국)
18. 안순자 (튀르기예)
19. 유경모 (한국)
20. 이경우 (라오스)
21. 이미라 (카자흐스탄)
22. 정붕진 (남수단)
23. 정해란 (미얀마)
24. 한상철 (한국)
25. 한성 (방글라데시)
26. 한영미 (한국)
– 25명

2회

〈2016. 1. 31~2. 5〉〈5박 6일〉〈참여 이수자 14명〉〈연수 기획 진행 담당자 = 오성연, 남호범, 임브니엘〉 수강료 30만원

강사와 제목

1. 양재택 – 〈종교와 법의 관계〉
2. 이은주 – 〈소통과 협력을 위한 비폭력 대화〉
3. 최종현 – 〈저개발 국가에서 디지털 잡〉
4. 왕진무 – 〈돈과 재물을 다루기〉
5. 오성연 – 〈학교 설립과 운영 사례〉
6. 이승관 – 〈상담과 코칭의 실제〉
7. 마제이슨 – 〈업무 발전제도〉
8. 김종수 – 〈지역개발과 인간개발〉
9. 정재순 – 〈컴퓨터 하드웨어 실습〉
10. 최정윤 – 〈영상제작 실습〉
11. 마사라 – 〈협동 학습〉
12. 남호범 – 〈합창 지도〉

연수 이수자

1. 권광식(한국)
2. 김경미(한국)
3. 김동명(캄보디아)
4. 김햇살(알바니아)
5. 송민하(한국)
6. 이성희(스리랑카)
7. 이충환(레바논)
8. 장성호(튀르기예)
9. 전영수(한국)
10. 전태순(한국)
11. 정시하(한국)
12. 김죠수아(한국)
13. 최종일(튀르기예)
14. 염한군(중국) – 14명

3회

2016. 5.16~5. 21- 〈5박 6일〉〈참여 이수자 17명〉 연수 기획 진행 담당자 = [박태원] [남호범] 수강료 30만원

강사와 제목

1. 오성연 〈학교 설립과 운영 계획서 작성〉
2. 이승관 〈상담과 코칭 설계〉
3. 최종헌 〈디지털 잡〉
4. 전영수 〈컴퓨터 보안〉
5. 마제이슨 〈업무 발전 제도〉
6. 권광식 〈협동 조합〉
7. 마사라 〈협동 학습〉
8. 유명해 〈난타〉
9. 최정윤 〈영상 제작 실습〉

연수 이수자

1. 곽명근(인도네시아)
2. 김시랑(한국)
3. 김영섭(중국)
4. 김영일(태국)
5. 김영현(한국)
6. 김은영(한국)
7. 김종영(한국/SWIM)
8. 단안드레(한국/서울 장신대)
9. 송대량(한국/나섬)
10. 송성수(한국)
11. 유태선(한국)
12. 윤상(한국/GO)
13. 이남수(한국/TIM)
14. 이춘녀(한국)
15. 장남혁(한국/서울 장신대)
16. 조용준(한국/온누리 교회)
17. Angeline Grace D. Roxas(필리핀)

-17명

4회

2016.10.16~10. 29 - 〈13박 14일〉〈참여 이수자 12명〉〈연수 기획 진행 담당자 = 박태원, 남호범〉 수강료 30만원

강사와 제목

1. 오성연 〈학교 설립과 운영 계획서 작성〉
2. 이승관 〈상담과 코칭 설계〉
3. 최종헌 〈Digital Job〉
4. 전영수 〈컴퓨터 보안〉
5. 마제이슨 〈업무 발전 제도〉
6. 권광식 〈협동 조합〉
7. 마사라 〈협동학습〉
8. 유명해 〈난타〉
9. 최정윤 〈영상 제작 실습〉

연수 이수자

1. 김대원(터키/GP)
2. 김숙자(한국/제자 감리교회)
3. 김순덕(한국/온누리 교회)
4. 김종규(한국/ESDI)
5. 김제헌(한국/대전 온누리)
6. 김지연(튀르기예/SEED)
7. 박지용(중국/중세한인학교)
8. 배상도(한국/PGI)
9. 윤재용(키르기스탄)
10. 이용일(튀르기예)
11. 이정대(튀르기예)
12. 정진선(한국)   -12명

5회

2016.10.16~10. 29 - 〈13박 14일〉〈참여 이수자 12명〉〈연수 기획 진행 담당
자〉 = 〈박태원, 남호범〉 수강료 30만원

강사와 제목

 1. 오성연 〈학교 설립과 운영 계획서 작성〉
 2. 이승관 〈상담과 코칭 설계〉
 3. 최종헌 〈디지털 잡〉
 4. 전영수 〈컴퓨터 보안〉
 5. 마제이슨 〈업무 발전 제도〉
 6. 권광식 〈협동 조합〉
 7. 마사라 〈협동학습〉
 8. 유명해 〈난타〉
 9. 최정윤 〈영상 제작 실습〉

연수 이수자

 1. 송현진
 2. 신은주
 3. 심길섭
 4. 박승재
 5. 이현숙
 6. 조요섭
 7. 강일순
 8. 민종국
 9. 염한국
10. 유동효
11. 장영관
12. 장영수
13. 유동효
14. 장영관
15. 장영수
16. 정동춘
17. 김선이
18. 양연수

6회

강사와 제목

1. 오성연 〈학교설립 운영사례와 교육기회 1, 2
2. 김종수 〈지역개발과 인간개발〉
3. 박규영 〈학교설립 지역조사 방법 및 사례〉
4. 양연수 〈지역조사 문제분석 및 제안서 작성법
5. 마제이슨 〈직무 승계 계승〉
6. 이승관 〈상담코칭의 실제〉
7. 정재순 〈OCOS 컴퓨터교실 구축사례〉
8. 김대균 〈영상제작실습〉
9. 최종헌 〈Digital Job〉
10. 마사라 〈협동학습 & 타문화이해〉
11. 이상호 〈미디어와 미래〉
12. 이송용 〈Church Home Schooling〉
13. 유명해 〈난타〉

연수 이수자

1. 곽신명 〈한국〉
2. 김기홍 〈한국〉
3. 김주영 〈한국〉
4. 문현중 〈튀르기예〉
5. 배정조 〈인도네시아〉
6. 서상명 〈한국〉
7. 유명해 〈한국〉
8. 윤태영 〈베트남〉
9. 이미정 〈베트남〉
10. 이인숙 〈한국〉
11. 이재혁 〈한국〉
12. 최재원 〈한국〉

7회

강사와 제목

1. 오성연 – 오리엔테이션
   – 〈학교설립 운영사례와 교육기회-1〉
   – 〈학교설립 운영사례와 교육기회-2〉
2. 김종수 – 〈지역개발과 인간개발〉
3. 박규영 – 〈학교설립 지역조사 방법 및 사례-1〉
4. 조요섭 – 〈학교설립과 운영기획서〉
5. 마사라 – 〈협동학습과 타문화 이해〉
6. 양연수 – 〈지역조사 문제해석 및 제안서 작성법〉
7. 정재순 – 〈OCOS 컴퓨터교실 구축사례〉
8. 이승관 – 〈상담코칭의 실제〉
9. 마서진 – 〈직무 승계 계획〉
10. 남호범 – 〈OCOS 교실운영과 인터넷 도구〉
11. 최종헌 – 〈Digital Job〉
12. 김대균 – 〈영상제작 실습〉
13. 김주영 – 〈북춤〉
14. 권광식 – 〈친 환경 공동체(견학)와 협동조합 강의〉
15. 한예현 – 〈평생 교육원 (견학) & 강의〉

연수 이수자

1. 정대용 〈한국〉
2. 이혜영 〈한국〉
3. 김지유 〈한국〉
4. 권용규 〈한국〉
5. 장재근 〈한국〉
6. 이용필 〈한국〉
7. 오영원 〈한국〉
8. 권용준 〈한국〉
9. 최병식 〈한국〉
10. 팽청자 〈한국〉
11. 윤경숙 〈한국〉
12. 김만기 〈한국〉
13. 유인우 〈한국〉
14. 김혜경 〈한국〉

8회

강사와 제목
1. 오성연 – 〈학교 설립과 운영 계획서 작성〉
2. 이승관 – 〈상담과 코칭 설계〉
3. 최종헌 – 〈Digital Job〉
4. 전영수 – 〈컴퓨터 보안〉
5. 마제이슨 – 〈업무 발전 제도〉
6. 권광식 – 〈협동 조합〉

연수 이수자
1. 강현찬 〈오만〉
2. 김교영 〈한국〉
3. 박봉주 〈한국〉
4. 이은준 〈한국〉
5. 최화평 〈한국〉
6. 김인건 〈한국〉
7. 현수돈 〈몽골〉
8. 이승현 〈한국〉
9. 이요셉 〈한국〉
10. 윤정순 〈한국〉

9회

강사와 제목
1. 오성연 – 〈학교설립 운영사례와 교육기회 1, 2
2. 김종수 – 〈지역개발과 인간개발〉
3. 박규영 – 〈학교설립 지역조사 방법 및 사례〉
4. 양연수 – 〈지역조사 문제분석 및 제안서 작성법
5. 마제이슨 – 〈직무 승계 계승〉
6. 이승관 – 〈상담코칭의 실제〉
7. 정재순 – 〈최종OCOS 컴퓨터교실 구축사례〉
8. 이수현 – 〈미디어 활용〉
9. 최종헌 – 〈Digital Job〉
10. 마사라 – 〈협동학습 & 타문화이해〉
11. 박경진 – 〈협동조합의 이해와 국내외 사례〉

12. 김주영 – 〈북 춤/난타〉

연수 이수자

1. 김경욱 〈해외〉
2. 김규헌 〈한국〉
3. 김성민 〈한국〉
4. 김성희 〈해외〉
5. 김영희 A 〈한국〉
6. 김영희 B 〈한국〉
7. 김　훈 〈한국〉
8. 박일구 〈한국〉
9. 원제연 〈한국〉
10. 이경숙 〈한국〉
11. 이교행 〈한국〉
12. 이창수 〈한국〉
13. 장강직 〈한국〉
14. 한권조 〈한국〉
15. 허순옥 〈해외〉
16. 홍순호 〈한국〉

10회

강사와 제목

1. 오성연 – 〈학교 설립과 운영 계획서 작성〉
2 이승관 – 〈상담과 코칭 설계〉
3 최종헌 – 〈Digital Job〉
4 전영수 – 〈컴퓨터 보안〉
5 마제이슨 – 〈업무 발전 제도〉
6 권광식 – 〈협동 조합〉
7 마사라 – 〈협동학습〉
8 유명해 – 〈난타〉
9 최정윤 – 〈영상 제작 실습〉

연수 이수자

1. 계현숙 〈해외〉
2. 김영미 〈한국〉
3. 김종은 〈한국〉
4. 류재선 〈한국〉
5. 민현식 〈한국〉
6. 박대호 〈한국〉
7. 박미선 〈해외〉
8. 이귀선 〈한국〉
9. 이명화 〈한국〉
10. 장일선 〈한국〉
11. 정선희 〈한국〉
12. 최명학 〈해외〉
13. 한관희 〈한국〉

"한 개의 교실만으로 한 개의 학교 역할을 수행한다"는 뜻으로, 저희는 'One Class One School'이라는 브랜드를 규정하였습니다. 넓은 운동장, 여러 개의 교실들, 수많은 학생들, 그리고 정해진 과목 선생님이 교실에서 규정에 따라 수업을 하는 모습 우리가 지금까지 경험해온 '전통적인 학교'에 대한 이해들 입니다. 이는 'One Class One School'과는 여러 측면에서 다른데 그 특징을 비교하면 아래와 같습니다.

	전통적 학교	One Class One School
개설 기준	국가법으로 규정	지역의 특성에 앞춰 운영위원회 규정
교사	국가 자격자	ESDI 자격자
시설	전용 시설	비전용 시설, 봉사기관 부설 (기업,학교, 종교단체),임차
설립비	대규모 재정	최소 비용
운영관리비	필수	없음
학생대상	학업에만 전념할 수 있는 해당 연령층 (약 7-8세)	연령 제한 없음
수강 인원	다수	소수(최소 1인)
수업료	있음	없음
교육 중점	지식 중심	생활 중심
운영시	유연성 부족(변형 어려움)	유연성 풍부(상황에 따른 변형 쉬움)
다양한 활동	제한적	제한 없음
안전성/지속성/ 공동체 정신	있음	없음
학력 인증	국가 졸업장(학력인증 가능)	사설 졸업장(학력인증 불가능)

제2회 One Class School 학교설립자 연수

SUNY Korea
The State University of New York

풀무농업고등기술학교 견학

세가지 사람

이 세상에는 48억의 인구가 살고 있으나,
나는 사람의 길을
세 가지로 나누어 생각해 봅니다.
첫째는 교육이나 믿음을
내것으로 갚지 못한 미개인들입니다.
둘째는 교육만으로 살고자 하는 지성인,
셋째는 교육의 바탕 위에 믿음을 뼈대 삼아 참되게
살고자 하는 신앙인입니다.
이제 이 세 가지 사람중에서
교육과 믿음을 갚추고,
서로 도와 남을 위해 봉사하는 빛과 소금처럼
없어서는 안 될 인간이 되자는 것이
나의 인생철학입니다.
우리나라에는 지식인, 기업인, 높은 관리 등은
얼마든지 있으나 밑뿌리가 될
기본층의 평민이 되고자 하는 사람은 적습니다.
가꾼 사과 알을 따려는 이는 많으나
사과나무를 복돋을 퇴비를 주어
사과 알을 열게 가꾸어 줄 일꾼,
민족의 주인공은 너무나 적습니다.
(풀무학원 개교를 맞이하면서 1958.4.23)

제2회 One Class School 학교설립자 연수

SUNY Korea
The State University of New York

밝맑도서관 견학

" 풀무는 성서에 바탕을 둔
깊이 있는 인생관과 학문과
실제능력에서 균형 잡힌 인격으로
이웃, 지역과 세계, 자연과
모든 생명과 함께
더불어 하는 평민을
기르고자 한다"

재한몽골학교는 세계에 하나밖에 없는 유일한 재외몽골학교이며
유일한 이주 노동자 자녀학교로 시작된 학교입니다.
1999년 단 8명의 몽골아이들로 시작한 이후,
현재 초등학교 1학년부터 고등학생들에 이르기까지
200명이 넘는 학생들이 재학중입니다.

재한 몽골 학교 설립목적

1. 각 분야의 몽골인 리더배출(최고의 정치지도자, 기업인, 의사, 법조인, 교수, 시민 운동가, 종교지도자 등 몽골 차세대 지도자 교육)
2. 몽골정부와 대한민국 교류확대를 위한 거점 학교로 육성(한국과 몽골을 이어주는 Human Network 및 Human Bridge 형성)

재한 몽골학교의 비전

1. 기독교 세계관을 가진 인재 양성
2. 각 분야에서 몽골의 리더들을 배출
3. 더 많은 학생들에게 교육의 기회 제공
4. 재능을 발굴하고 실생활에 유용한 교육
5. 명실상부한 국제학교의 골격

학교 특성화 방안

1. 몽골인으로서의 정체성 강화 : 몽골인으로서의 자긍심을 키워주기 위한 몽골어, 몽골 역사 교육
2. IT 교육 강화 : 전학생에게 컴퓨터 교육 의무화, 전문적이고 체계적인 컴퓨터교육
3. 집중적인 언어 교육 : 몽골의 차세대 리더십 계발을 위한 한국어, 영어 집중 교육
4. 특기 적성 교육 : 아동들의 개성을 살리는 다양한 특기적성 교육
5. 체험학습 : 공연관람, 박물관 견학, 농촌 체험, 한국문화 체험등 다양한 체험학습
6. 봉사활동 : 봉사활동을 통한 공동체 의식 고취 및 인성교육

제2회 One Class School 학교설립자 연수

SUNY Korea
The State University of New York

난타 - 유명해

제2회 One Class School 학교설립자 연수

SUNY Korea
The State University of New York

지난 10년 - 오성연

선교지학교 설립(운영사례)

한국(한동국제학교-국제학교-2001)
중국 I (도문인터직업학교-직업학교-2004)
필리핀(Potaon Academy/Cagayan
  Hope School-마을학교-2005)
캄보디아(Botveng Freindship School-마을학교-2006)
아프가니스탄(Alaudol-Sabesbulo Friend School-마을학교-2006)
우즈베키스탄(5개 공립학교-협동교실-2008)
파키스탄(2개 공립학교-협동교실-2009)
중국 II (세라핌 CO. 분표-기업분교-2010)
중국 III (반포 산업분교-기업분교-2011)

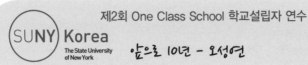

지난 10년 깨달은 요점

1. [교육과 학교]는 전 세계가 환영
2. 사회주의, 이슬람지역 - 외국인 복음 확산에 장애물 많고, 교회 개척 불가능
3. [전통적 학교] 설립장애물 (법규, 재정, 교사, 교재, 빈곤)

앞으로 10년 계획 요점

1. 개발도상국가와 빈곤지역 - [교실 하나는 학교 하나] "One Class, One
   School"
2. 〈지역개발 = 인간 개발〉 공동체에 [OCOS] 설치
   (1) 교회 - [교육센터]
   (2) 학교 - [협동교실]
   (3) 기업 - [기업분교]
3. 교육 = 교사 (현지인 교육 훈련) + 교재 (컴퓨터와 영상)
4. [기독인 재능 기부]

법과 의미

- 시시비비를 가리는 능력을 가진 신비한 해태를 가두어 두는 물
- 있는 기관에 의해 제정된 실제규범이나 명령

율법주의(Legalism)

- 법에 대하여 고차원적인 가치 또는 의미를 부여
- 현대의 법치주의(법의 지배)와 연결
- 개인과 국가가 유지, 발전하고 국제사회의 질서유지를 위해 필수불가결
- Goethe: 물의한 법질서도 법이 없는 것보다는 낫다.

무법주의(Anarchism)

- 법에 대하여 본질적인 가치가 없다고 평가
- 현대의 개인의 자유 중심, 국가 없는 사회운동과 연결
- 세상의 법적인 문제에 별 관심이 없고, 보다 본질적인 하나님 나라와 그 의를 중시
- 인간공동체는 본질상 법 공동체가 아니라 사랑공동제
- Tolstoy: 인간의 관계에서 사랑없이 법적인 관계가 존재한다고 믿는 것이 법률가의 죄이다.

- 법=정의

- 정치학을 많이 연구한다고 정치가 잘 되는 것이 아니다.
- 경제학이 발달한다고 경제가 부흥되는 것이 아니다.
- 많은 법이 만들어진다고 정의로운 사회가 되는 것이 아니다.
- 신학이 발달한다고 믿음이 증가되고 구원이 보장되는 것이 아니다.

(하나님) 지식, 지혜, 깨달음 = 종교
(세속적 이익, 사회적 통제) = 법 이성 vs 신비
질서 vs 초월 > 합과 조화 기대
노력 vs 은혜

제2회 One Class School 학교설립자 연수

돈과 재물을 제대로 다루기 - 왕진무

돈과 재물을 다루는 것이 왜 중요한가?

1. 사람은 삶의 자리에 물질을 주인으로 놓을지, 하나님을 모실지 늘 갈등하기 때문이다.
2. 돈을 다루는 자세 여하가 하나님과의 친밀한 관계를 결정하기 때문이다.
3. 우리가 돈과 재물을 지혜롭게 사용하기를 원하시는 하나님이 계시기 때문이다.

돈과 재물을 다루는 목적은 무엇인가?

1. 참된 재정적 자유와 자족을 통하여 지상명령을 수행하는 데에 있다.
2. 역할론 : 하나님은 모든 것의 주인이시며, 우리는 그의 청지기이다.
3. 부채란 한 사람이 다른 사람에게 지불할 의무가 있는 금전이다.
4. 조언구하기
   성경 > 배우자 > 부모 > 기독교 재무전문가 > 일반 전문가 > 주님의 조언
5. 하나님의 기준은 절대정직이다.
6. 주는 것이 복 받는 비결이다.
7. 일과 직장에서는 골로새서 3:23과 같이 무슨 일을 하든지 마음을 다하여 주께 하듯 한다.
8. 저축과 투자에서는 꾸준히 저축하고 투자하되 드림 및 나눔과의 균형을 이루어야 한다.
9. Crisis, Perspective, 그리고 Eternity에는 모든 일과 행동에 심판이 있을 깨닫고, 삶의 관점을 바꾸어 재정적 위기를 대비하고 영원을 사모하며 신실한 청지기로 살 것

NVC(NVC, Nonviolent Communication)의 목적

1. 질적인 인간관계형성
2. 서로의 욕구 동등하게 존중
3. 즐거운 에너지(해결방법)으로 살기

진정한 소통/대화를 방해하는 요소

1. 평가 : 비난, 분석, 꼬리표
2. 당연시 : '상'과 '벌'을 정당화
3. 자신의 책임 부인
4. 강요
5. 비교

비폭력 대화 4가지 요소

1. 관찰 : 각자의 판단, 추리, 의견, 생각, 추측, 선입관 등의 평가를 섞지 않고
   우리가 보고 들은 그대로의 사실을 진행형으로 표현하는 것
2. 느낌 : 욕구가 충족되었는지 그렇지 못한지의 상태를 알려주는 메신저
   역할
3. 욕구 : 욕구는 삶 자체에서 나오는 에너지로, 우리 내면의 긍정적인 힘
4. 부탁 : 자신의 욕구를 의식한 다음 자신이 원하는 삶을 구현하기 위해서
   구체적인 행동을 요청하는 것

Succession planning?

An organization developing potential future leaders
and to fill critical positions when people leave.
Programs include the preparation of active
and fitting work experience relevant for key roles.
· Organizations can recruit good and fitted employees
to further develop their knowledge, skills, and abilities.
· Their employers can prepare them
for promotion to the right roles .
· Organization is prepared to fill necessary positions
with competent people.
· Efficient and effective succession planning is able
to avoid the vacuum of key
leading positions and consequent uncertainties.

1. First "Who" then "What" (What kind of Personnel?)
Demonstrating Integrity, Leadership in relationship, Motivated
2. Elements of Succession Planning Process Steps
Step 1: Identify critical positions
Step 2: Identify competencies
Step 3: Identify succession management strategies
Step 4: Document and implement succession plans
Step 5: Evaluate effectiveness
3. Succession Planning Model:
Model One: Succession planning by position
Model Two: Creating succession planning 'pools'
Model Three: Top-down/bottom-up succession planning
4. Succession Planning Process:

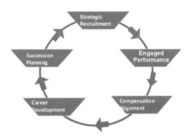

제2회 One Class School 학교설립자 연수

SUNY Korea
The State University
of New York

상담 코칭의 실제 - 이승관

코칭의 기본도구 5R

5R	내용	질문
Relation	관계설정	신뢰감, 친밀감 형성
Refocus	목표설정	진정으로 원하는 것? 그것은 당신에게 어떤 의미? 기적 질문
Reality	현실적 장애 인식	이러한 일이 왜 생겼는지? 지금 상황이 지속된다면 어떤 영향? 생각은 했지만 하지 않은 것? 진짜 방해물은 무엇?
Resources	문제를 해결할 수 있는 자원과 전략, 대안 탐색	가장 먼저 시도해 볼 수 있는 것은? 이미 갖고 있는 자원은? 탁월성 도출(4P활용)
Responsibility	실행 책임, 상호 책임	구체적인 실행계획 도출 실행했다는 것을 어떻게 알 수 있나?

나와 타인의 행동유형을 알고,
서로의 다름과 서로의 탁월성을 인정하여 관계의 풍성함을 누림

4P
(4가지 행동유형을 파악하여 코칭에 적용)

" Community의 구성원들이 함께 나서서 공동으로 연합하여 Community의 문제를 해결하는 과정이다 "
- U.N.D.P. (United Nations Development Program)

이 과정을 통해, community의 구성원들은 그들이 가지고 있는 기술을 더 효과적으로 활용할 수 있게 되며,
community가 가지고 있는 문제들을 새로운 시각과 방법으로 접근해서 해결의 방법을 찾을 수 있는 경험과 능력이 배양되며,
협동하여 일을 하는데 익숙해지면서,
지역사회가 가지고 있는 자산의 새로운 활용 방안도 모색할 수 있는 능력과 동기부여가 이루어지게 된다.

인간개발, Human development 는
사람의 개발이고, 사람을 위한 개발이며, 사람에 의한 개발이다.

Community Development의 목적

1. 구성원의 삶의 질을 향상한다.
소득, 주거환경, 음식, 의료환경, 교육환경과, 여건을 향상시킨다

2. 구성원이 인간의 존엄을 유지하며 살 수 있는
사회, 정치, 경제적 체제와 조직기반을 조성

3. 구성원이 개발활동에 참여하며,
공동체의 문제에 균형있는 판단과 해결 능력을 배양

자아실현욕구	자신의 꿈을 펼치고자 하는 욕구
존경욕구	자신의 이미지에 대한 욕구
소속감과 애정욕구	사회적인 교류를 하려는 욕구
안전욕구	위협적인 요소부터 보호받고자 하는 욕구
생리적욕구	살아가는데 반드시 필요한 욕구

제2회 One Class School 학교설립자 연수

합창 - 남호범

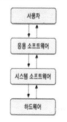

컴퓨터의 기능

- 입력기능 : 처리할 외부 데이터를 컴퓨터로 입력하는 기능
- 기억기능 : 데이터, 처리결과, 프로그램 등을 기억하는 기능
- 연산기능 : 사칙연산, 논리연산 등의 연산을 수행하는 기능
- 제어기능 : 명령을 해독하고 각 장치들을 통제하는 기능
- 출력기능 : 처리된 결과를 사람이 원하는 형태로 출력하는 기능
- 통신장치 : 컴퓨터간 데이터를 주고 받을 수 있도록 하는 장치

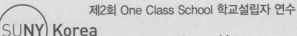

제2회 One Class School 학교설립자 연수

SUNY Korea The State University of New York

협동조합 설립과 실제 - 권광식

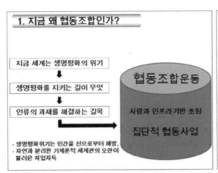
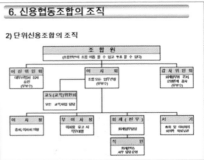

협동조합이 추구하는 가치

1. 자조, 자기책임, 민주, 평등, 형평성, 연대
2. 정직, 개방성, 사회적 책임, 타인에 대한 배려

협동조합의 목적

1. 도덕적 의미 : 소통과 관계의 건설 실현
2. 신앙적 의미
   가난한 자를 도와주는 방법 : 일반적인 베풂
   간접적으로 도와주는 방법 : 협동조합운동

협동조합운영의 원칙

1. 가입탈퇴 자유의 원칙
2. 민주적 관리의 원칙
3. 인종, 종교 및 정치적 평등의 원칙
4. 조합원에 대한 서비스 제공의 원칙
5. 조합원을 위한 잉여금 배분의 원칙
6. 재무구조 안정의 원칙
7. 계속 교육의 원칙
8. 협동조합간의 협동의 원칙
9. 사회적 책임의 원칙

제2회 One Class School 학교설립자 연수

Korea
The State University
of New York

영상 제작 실습 - 최정윤

기획과 구성

1. 영상제작의 목적 : 무엇을 기록하거나 전달하려고 하는가? 나 외에 다른 사람에게 커뮤니케이션하는 활동 중 하나
2. 영상 제작의 필요성 : 라이프스타일 및 소통 방식과 산업의 변화, 교육과 지역개발에 가장 효율적인 도구
3. 기획구성의 중요성 : 메시지가 정확하고 확실한 영상, 어떤 이야기를 어떻게 구성해서 어떤 방법으로 전달할 것인가?

촬영

1. 촬영이 어려운 이유 : 사람 눈과 카메라 렌즈의 차이, 사진은 순간을 포착하되 영상은 움직임을 담는다. 대상의 움직임, 카메라의 움직임, 그리고 소리 요소들로 주목하기
2. 촬영계획과 구성: 행사 스케치, 강연, 공연/인터뷰

편집

1. 편집이란 촬영한 사진, 영상을 기획했던 대로 순서에 맞게 배열하는 작업
2. 편집 프로세스 : 불러오기(Import) → 컷편집 → 화면 전환 및 화면 효과 → 자막 삽입 → 배경음악 및 효과음 → 출력(Export) → 파일형식 변환(Convert)

Work is defined as...?

Working Class	Following steps in a procedure with no creativity and discussion and no constructive communication between teacher and students
Middle Class	Getting the right answer. More emphasis on choice and making decisions.
Affluent Class	Creative activity carried out independently and learning concepts, not methods.
Elite Class	Developing analytical intellectual powers. Students prepare to follow their parents' footsteps.

Partnership for 21st Century: 4C

Collaboration : 협력, 협동
Communication : 효율적 의사소통
Critical Thinking : 높은 사고력
Creativity : 창의력

Basic Principles for Cooperative Learning

Positive interdependence 긍정적 상호의존
Individual accountability 개별 책임
Equal participation 균등한 성공 기회
Simultaneous interaction 동시다발적 상호작용

Why Cooperative Learning?

Communication skills
Teamwork
Interpersonal skills
IQ vs EQ

Stand up! Hand up!
Pair up! High Five!

제9회

One Class One School 학교설립자 연수
종료 보고서

기간: 2019년5월19일 ～ 31일(13일)

한국뉴욕주립대학교
교육·학교개발원
The State University of New York, Korea
Education & School Development Institute

1. 개요

- **연수 목적**
  - 비문해자를 위한 지도자 및 교육-학교설립자 역량강화
  - 저개발국가에 SUNY Korea ESDI 지도자 교육
  - 교육을 통한 지식, 경험, 기술, 지혜 제공으로 이웃을 도우려는 자 양성
  - One class One school 소개와 이해
  - 학교, 조합 설립운영(15개 단체, 현장견학방문)

- **참가자와 일시**
  - 해외 봉사자, 봉사 단체 지도자, 기타 – 16명
  - 2019년 5월 19일 ~ 5월 31일
  - 일정표 참조

- **장소**
  - 한국뉴욕주립대학교 (인천광역시 연수구 송도문화로 119)

- **시설 이용**
  - 강의실 외(B317, B324, C105, C505), 식당 2곳(학교 교내식당, 제너셈 5층)
  - IGC 3층 세미나실
  - 생활관 기숙사 (1인 1실)
  - 게스트하우스 (2인 1실)

- **주관**
  - SUNY Korea ESDI 〈www.sunyesdi.org 〉
    (Educaton & School Development Institute, 교육 · 학교 개발원)

- **기획, 행정, 실무 진행자**
  - 박태원 교장 (SUNY Korea ESDI 객원교수)
  - 마서진 교장 (SUNY Korea ESDI 객원교수)
  - 이정연 실장 (SUNY Korea ESDI 실장)
  - 김선미 실장 (SUNY Korea ESDI 실장)
  - 강지훈 실장 (SUNY Korea ESDI 실장)

주간 시간표 (첫 주차)

9th One Class One School 학교설립자 연수 — **OCOS Schedule (1주차)** — "지혜와 지식을 이웃과 함께"

시간	5/19 Sun	5/20 Mon	5/21 Tue	5/22 Wed	5/23 Thu	5/24 Fri	5/25 Sat
- 8:40		기상, 아침운동	< 06:30 출발 >	기상, 아침운동	기상, 아침운동	< 7:00 출발 >	기상, 아침운동
		조 식	조 식	조 식	조 식		조 식
9:00 - 10:00		학교설립운영사례와 교육기회1 (오성연)	하남평생교육원 (푸른고욤 공동체) 유니온 파크 (홍미라)	학교 설립 운영 계획서 작성 요령 (오성연)	OCOS컴퓨터 교실 구축사례와 활용 (정재순)	한국교원대학교 박물관 (충북 청주)	학교설립운영사례와 교육기회2 (오성연)
10:00 - 11:00			하남시 경기 꿈학교 (홍미라)				
11:00 - 12:00							
12:00 - 13:00		중 식	지역아동센터 (한 영)	중 식	중 식	중 식	중 식
13:00 - 14:00			중 식				
14:00 - 15:00		지역개발과 인간개발 (김종수)	유기농 하우스 농장 (권광식)	협동조합의 이해와 국내외 사례 (박경진)	활동학습1 (마사라)	재한몽골학교 나섬공동체	상담코칭의 실제 (이승관)
15:00 - 16:00			하남시청		휴 식		
16:00 - 17:00		학교설립 지역조사 이해 (박규영)	남한산성 성문밖학교	지역조사 문제분석 및 제안서 작성법 (최병식)	활동학습2 (마사라)	동대문 비전센터	
17:00 - 18:00	등록					석 식	
18:00 - 19:30	석 식	석 식	석 식	석 식	석 식 (김만기)		석 식
19:30 - 21:00	개회식, 오리엔테이션 (오성연, 박태원)	그룹 리뷰 (박태원)	전학지 Review	베트남 한국어교실 설립 사례 (윤태영)	난타 (김주영)	학교로 이동	
21:00 - 21:30						전학지 Review	

주간 시간표 (둘째 주차)

9th One Class One School 학교설립자 연수 — **OCOS Schedule (2주차)** — "지혜와 지식을 이웃과 함께"

시간	5/26 Sun	5/27 Mon	5/28 Tue	5/29 Wed	5/30 Thu	5/31 Fri
- 8:40	기상, 아침운동	< 06:00 출발 >	기상, 아침운동	< 6:00 출발 >	기상, 아침운동	기상, 아침운동
	조 식		조 식	조 식	조 식	조 식
9:00 - 10:00		보나콤 (충북 보은)	문화와 세계관 (마제이슨)	이랑학교 (전북 진안)	직무승계 계획 (마제이슨)	학교설립 및 운영계획서 발표2
10:00 - 11:00						총장님특강(김준호)
11:00 - 12:00						
12:00 - 13:00	중 식	중 식	중 식	이 동	개인사진촬영	사진촬영
13:00 - 14:00				중 식		중 식 (김준호)
14:00 - 15:00	미디어활용 (이수현)	풀무학교 & 홍동마을 (충남 홍성)	Digital Job1 (최종현)	전주비전대학교 국제협력기술과 (전북 전주시)	파키스탄 외 국외지역 학교설립사례 (김경연)	수료식 준비
15:00 - 16:00			휴 식		학교설립 및 운영계획서 작성 실습	수료식 (오성연)
16:00 - 17:00			Digital Job2 (최종현)	비전원격 평생교육원 (전북 전주시)		
17:00 - 18:00	휴 식			석 식	학교설립 및 운영계획서 발표1	
18:00 - 19:30	석 식	석 식	석 식 (윤영섭-연세대)		석 식 (김종수-연세대)	
19:30 - 20:30		학교로 이동	난타 (김주영)	학교로 이동	난타 (김주영)	
20:30 - 21:30		전학지 Review		전학지 Review		

One class One school

[One class One school] 시작 동기를 설명합니다.

한동국제학교(Handong International School-HIS)는 현동학원(한동대학교가 속한 학교 법인)의 MK학교 설립 계획에 미국 THMC란 단체 재정후원으로 2000년 10월부터 학교설립이 한동대학교 행정 부총장 책임으로 시작되었다.

본관 건물과 부속 건물(식당 채플 도서관), 남녀 학생 기숙사, 운동장 등 한동국제학교 전용 시설은 미국 THMC(기도회 대표 장도원 장로) 재정 기부로 건축하였으며, 이 시설은 학교 법인이 소유한 부지 위에 평생교육 학교로 허가를 받아 해외 6개 국가 한국인 선교사 자녀(MK) 35명 입학생으로 2001년 5월 28일 개교하였다.

특징을 보면 〈1개 학급으로 시작한 학교법인 현동학원에 속하여 한동대학교와 전혀 별개 독립된 중-고등 6년 통합 과정 형태〉로 출발하였다. 사용 언어는 영어와 한국어를 주축으로 초기에 미국 [school of tomorrow]교과 체계를 도입하였다.

개교 후 3년 동안 HIS를 운영하면서 [한국인 선교사-학부형의 자녀(MK)교육에 대한 의견 청취]를 해외 23국가에서 선교활동 중인 150여명 한국인 선교사 대상으로 85개 항목 청취로 MK학교 학사 운영 방침 설정에 참고하려 했다. 즉 학부형(한국인 선교사) 자녀 교육방침에 소홀한 가운데 MK 학교 설립-운영은 〈MK 학교 설립〉과 〈우리나라 선교사 학부형 자녀교육 의견 청취〉사업은 선교활동을 돕는 뜻에서 많은 비용을 들여서 3년에 걸쳐 행하였다.

현재도 비슷하지만 15년 전 2000년 당시 미션 단체에 MK교육에 어려운 현실을 설명하고 요구할 상황도 안되고, 선교지 열악한 교육환경을 수용할 수도 탓할 수 없는 현실을 미국 THMC 단체는 알게 되었습니다. (2000년)

그런데 〈의견 청취〉와 〈HIS운영〉을 통하여 MK학교 설립-운영은 선교지에서는 합당하지만 한국인 MK에는 유익하지 못하다. 한국인 MK에게는 우리나라 일반 초-중-고등학교 진학(취학)이 훨씬 유익하다는 결론에 이르게 되었습니다.

한 가지 더 깨달은 점은 한국인 선교사를 돕는 사업으로 MK학교 보다는 〈선교사에게 현지 학교 설립-운영 지원이 한인 선교사와 자녀(MK), 그리고 현지인에게 더 유익하다〉는 결론이 바로 One class One school 시작한 계기가 되었습니다.

선교지 교육-학교 현지 사역은 안정성, 사회성, 연속성을 가집니다.

[교육]은 광의적, 이론적이며, 지적이며, 비물질적이며, 범 세계적으로 논하며 [학교]는 협의적이며, 현장 중심이며, 눈에 보이는 물질 세계이며, 목적으로 아름다운 뜻으로 선교사를 돕는 선교지에 학교 설립-운영으로 10여년 자문과 인력으로 재정지원으로 선교활동에 크고 작은 17개 열매가 있었습니다. 그러나 학교-교육 확산이 매우 어려웠고 숫자는 미미했습니다.

교육과 학교 설립 확산이 부진한 이유는 교육기관 설립-운영에 현지 국가의 법규, 행정제도, 막대한 재정, 교사, 교재가 없거나 잘못 사용이 장애물이란 사실을 여러 국가에서 실천해 본 후에야 깨닫게 되었습니다. 즉 외국인이 현지 장애물을 피하면서 쉽고 간편한 교육기관은 One class One school 개설, 적용하면서 비 문해자와 교육 기회 제공에 적합한 교육-학교 형태로 확신하게 되어 [제1회 One class One school 연수]를 개최할 수 있었습니다.

선교 활동(사역) 가운데 [교육-학교]사업은 어느 국가와 지역에서든지 규모에 상관 없이 안정감으로 현지인 신뢰를 받으며, 특히 경제적으로 빈곤 지역에서는 환영 받습니다. (사회성)

한인 선교사 자녀를 위한 MK 교육-학교 설립 운영이 한동국제학교(MK) 학교로 탄생하였으며 급기야 One class One school로 발전하게 되었습니다.

[제 1회 OCOS 연수]는 새로운 연수 방침을 주었습니다

1. [연수] 기간을 6일로 단축한다.
2. 교재 전체 내용, 구성, 전달 방법을 원격 교육을 적용한다.
3. 교수자의 교육 부분, 연수자의 자기 주도 학습으로 구분하여 [연수] 전문성을 높인다.
4 전체 과목을 선택과 필수로 구분하여 수강자 개인과 공동체 사정을 배려한다.
5 생활분야 과목을 추가한다.
6 현장 학습에 목적, 내용, 요점 정리한다.

위와 같은 내용으로 바꾸고 추가하여 짧은 기간 연수 참여로 효율성을 높이도록 정성을 다할 것을 다짐합니다.

이번 [제1회 One class One school 연수]를 마치면서 〈전 세계 교육기회 없는 지역과 비 문해자에게 복음 확산을 목적으로 교육-학교 제공을 다짐합니다.

지난날 2001년 한동국제학교(MK)를 설립 때 미국 thmc와 2천개 학교 설립하려는 꿈의 실현은 이제 One class One school을 통하여 달성될 것을 확신하며, 세상에서 앞서가는 지도자(엘리트) 자세는 경쟁에 사용하는 지식-경험-기술-지혜를 이웃과 나눔으로 살만한 세상을 이룰 수 있을 것이다. [연수]에 참여한 여러분 기대에 부응할 것을 다짐합니다.
2015년 9월
SUNY Korea Education & school Development Institute

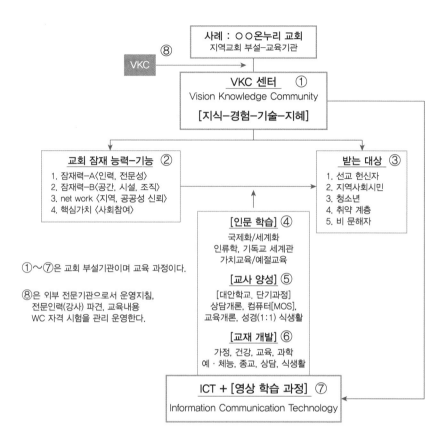

사례 : ○○온누리 교회
지역교회 부설-교육기관

⑧ VKC

VKC 센터 ①
Vision Knowledge Community
[지식-경험-기술-지혜]

교회 잠재 능력-기능 ②
1. 잠재력-A〈인력, 전문성〉
2. 잠재력-B〈공간, 시설, 조직〉
3. net work 〈지역, 공공성 신뢰〉
4. 핵심가치 〈사회참여〉

받는 대상 ③
1. 선교 헌신자
2. 지역사회시민
3. 청소년
4. 취약 계층
5. 비 문해자

[인문 학습] ④
국제화/세계화
인류학, 기독교 세계관
가치교육/예절교육

[교사 양성] ⑤
[대안학교, 단기과정]
상담개론, 컴퓨터[MOS],
교육개론, 성경(1:1) 식생활

[교재 개발] ⑥
가정, 건강, 교육, 과학
예 · 체능, 종교, 상담, 식생활

ICT + [영상 학습 과정] ⑦
Information Communication Technology

①~⑦은 교회 부설기관이며 교육 과정이다.

⑧은 외부 전문기관으로서 운영지침,
　전문인력(강사) 파견, 교육내용
　WC 자격 시험을 관리 운영한다.

② 교회 잠재 능력과 기능

지역교회는 다양한 [능력과 기능]을 보유하고 있으며 발휘할 수도 있다. 회중이 가진 지식, 경험, 기술, 지혜는 특히 각 방면 전문성은 양과 질에서 가늠하기 어렵다. 또한 교회는 회중이 교류하는 무대를 갖추고 있으며, 지역과 연령에 따라서 유연한 모임(구역)도 존재한다. 유-초등, 중-고등, 청년, 성인까지 비교적 알맞게 또는 철저히 [자원]하는 마음을 기초로(믿음으로) 구성되어 있다.

③ 받는 대상

지역교회에는 잠재력-능력과 기능을 가진 A 집단이 있는 반면에 다른 B 집단은 〈교회 능력과 기능을 받고 싶은 마음으로 생활 할 뿐〉 10년, 20년, 30년을 한 교회 출석하여도 [교회 잠재력과 능력]을 가진 A 집단과 연결이 없다. 즉 A, B 두 집단은 주려는 잠재력과 받으려는 집단은 교회에 존재할 뿐이지 교류가 필요한데 연결하는 다리가 허약하거나 교회당이 있는 지역에 비 그리스도인들은 교회를 사회단체로 인정하고 신뢰하는 반면에 교회는 개신교의 핵심 가치로 [사회 참여]에 미흡한 현실이다. 이웃에 참되고 강한 역량을 발휘할 수 있음에도 즉 생명력은 있으나 활동에서 미약한(허약한) 신앙 공동체로 보인다.

지역사회에 이웃으로 비 그리스도인은 탈선 청소년, 소득과 교육에서 취약계층, 비 문해자는 주변에 많다. 교회가 가진 잠재력으로 이들 이웃과 교류는 [교육]기능 제공으로 〈개인과 지역사회가 함께 발전〉하는 모형이다. 여기에 One class One school을 적용한다.

④⑤ 인문학습, 교사양성

인천온누리교회는 성경공부와 함께 국제화 세계화, 기독교 세계관, 가치교육, 예절교육, 상담기초, 컴퓨터, 교육학 기초, 1:1양육자 과정으로 [소양교육]은 지도자양육 과정에 필수 교육 항목하다. 이웃(비 그리스도 인)에게 삶에 모범이 되고 생각에 언제나 앞서 가야 한다. (행 16:4)

교회에서 성도와 성도 간에 생활은 그리스도인으로 서로 사랑하고 서로 복종하며 오래 참고 견디며 용서하며 가족으로 정을 나눌 수 있다. 그러나 교회 밖에서 생활은 〈수 많은 비 그리스도인 앞에 그리스도인이 무대에서 주님 자녀로 삶을 보여 주게 된다〉

이러한 경우는 자녀가 장성하여 새 가정을 이루는 것과 마찬가지로 〈아내는 아내 본분에 알맞은 처신이 필요하며 남편은 남편으로 갖추어야 할 도리를 부모로부터 배워서 행실로 옮겨야 한다〉. 따라서 OCOS 교사 선발과 양성에 [소양교육]을 설정하였다.

⑥ 교재 개발

국제화 세계화, 기독교 세계관 등 지도자/교사를 위한 8종류 교재, 8개 분야 36개 과목 교재, 직업기술을 위한 교재는 제작, 수집, 편집으로 완성할 계획이다. 교회는 〈교재 사용자〉이며 필요에 따라 제작, 편집 작업에 참여해야 한다.

1 3 4 5 6 모두 영상 교재로 제작, 편집, 수집하여 One class One school 교재로 다양한 주제와 과정을 거쳐서 완성된다. 따라서 인천온누리교회가 필요한 교재는 전문 단체에 위탁 작업 할 수밖에 없다. 1400여개에 달하는 각종 교재 작업은 앞으로 10년을 목표로 제작, 수집, 편집하게

⑦ ICT-영상학습 과정

[One class One school] 활동(사업)이 확장되고 넓은 세상에 보급되려면 [영상학습 과정]이 남녀노소 불문하고 교육 받을 수 있는 교육-학습 과정이 개설되어야 한다.

영상 교육-학습과정에 사용하는 기기는 값싸고, 촬영-녹화하기 쉬운 i-phone 또는 일반 핸드폰 사용으로 〈기획, 시나리오 작성, 촬영, 편집, 번역〉으로 영상 교재가 완성 할 수 있는 〈영상 교육학습 전문과정〉이 필요하다.

VKC 헌장
Vision Knowledge Community Statement
꿈의 지식 나눔 공동체

1. 그리스도인으로 세계 평화에 이바지 한다

태초에 말씀이 계시니라 이 말씀이 하나님과 함께 계셨으니 이 말씀이 곧 하나님 이시니라 문자로 진리를 만나고 깨닫게 되어 곧 하나님과 교제하게 되었으니 이웃과 평화롭게 살아가며 이 진리를 나눌 것을 다짐한다.

2. 지식 경험 기술 지혜를 가장 귀한 보화로 삼는다

VKC는 지식 경험 기술 지혜는 보이지 않지만 보이는 물질 보다 더 귀한 보화라 믿는다. 이 보화로 이웃을 배부르게 할 수 있으며 재물을 만들 수도 있으며 행복할 수도 있으며 글을 읽고 그 뜻을 깨닫게 할 수 있다.

3. 온 세상 사람이 이 보화를 쉽게 나누는 도구로 ICT를 이용한다

VKC는 ICT(Information Communication Technology)가 보화 나눔에 편리한 도구로 확신하여 ICT 발전에 협력한다.

4. 소외 층에 필요한 생활 보화를 수집 보관 제작 나눔에 힘쓴다

VKC는 세계 여러 나라에 평균 이하 시민 즉 소외 층에게 필요한 생활 도구로 보화를 수집하여 나누는 방도를 연구 개발한다.

5. 교사 양성과 교재 개발에 힘쓴다

VKC 센터 설치 운영을 교재로 교사 양성과 교재 개발에 힘쓰며 운영 지침서 제공으로 협력한다.

One class One school 〈개설 지침〉과 〈운영 관리 지침〉

OCOS 〈개설〉 지침

1. SUNY Korea OCOS [개설지침과 운영지침]은 〈인천온누리교회 OCOS 위원회(가칭)로 출발한다〉
2. 교장1인과 보조원 1인이 전체 업무를 담당하며, 수강생 봉사로 업무를 처리한다.
3. 교육-학습-훈련을 위한 공간은 교회 밖에 개설하여 비 그리스도인 참여를 환영하고 접촉을 쉽게 한다.
4. 교회 밖 학습, 교육 공간은 [인천온누리교회]가 임차인-사용자로 한다.
5. 교육-학습 시설로 교실에 〈책상/20, 의자/20, 국기, 냉난방 기기, beam projector, 전자 피아노, 칠판, 교탁〉은 필수 교구로 구비하되 단 최소비용으로 준비하며 기증품을 우선 수납하여 이용한다.
6. 전문 기술-기능을 위한 실습 시설은 〈현지 기업과 협약〉으로 실습 훈련에 이용한다. [사례 = 한국어반, 영어반, 미용반, 조리반, 미술반, 음악반]
7. 컴퓨터는〈교사〉와 〈교재〉역할이므로 컴퓨터 정리, 정돈과 청결 상태로 온전히 설치하고 유지 관리한다.
8. 교실-학습실 유지관리는 정리, 정돈, 청결 상태를 최상으로 유지토록 한다.

OCOS 운영 지침

1. 수강료는 어떠한 명목이건 받을 수 없다(수강료는 없다), 사용하는 교재는 본인이 구입하도록 한다
2. 교회 성도 중에서 교사, 봉사자를 다수 확보하여 [컴퓨터 조력자]로 등록 접수하여 [교장]은 적임자를 선발하여 [나눔 학교 = VKC센타] 교사와 컴퓨터 조력자로 연결한다.
3. [교사]와 [조력자]는 1년 임기로 연장 할 수 있다.

4. 최소 1명 수강자, 또는 1개 반 수강자는 20명 이내로 오전반, 오후반, 저녁반으로 편성 가능하다.

5. 컴퓨터를 이용한 On Line, Off Line 교육-학습으로 편성한다.

6. Off Line로 교사와 수강자가 면대면 교육-학습 경우, 교사와 학생은 시간, 교재, 수준, 진행을 서로 협의하여 결정한다.

7. [One class One school]에서는 종교활동(복음전도, 기도, 찬송, 성경공부)은 할 수 없으며 수강자가 희망할 경우는 인천온누리교회 새 가족 담당자를 소개한다. OCOS는 오직 지식, 경험, 기술, 지혜를 교육-학습 단체-부서임을 설명하여 이해토록 한다.

8. 1인 수강자와 1인 교사를 연결 할 경우 〈남자 수강자와 남자 교사〉, 또는 〈여자 수강자와 여자 교사〉로 연결 배정한다. 〈수강자와 교사 나이 차이가 20년 이상의 경우 남자, 여자로 〈수강자와 교사로 동성 연결도 무방하다〉

9. 교육-학습 이외 활동 – 금전 거래, 물품 판매와 사람 소개, 신원/재정 보증, 성경공부, 예배인도 – 금지한다. 즉 [One class One School]은 교육-학습 단체 활동을 본연의 임무로 삼으며, 신앙활동은 교회에 위임한다

OCOS 실행

한국어, 영어, 미술, 음악, 미용, 조리 교실 개설 목적과 교사 모집 광고

인천 지역 비 문해자, 청소년, 외국인 근로자, 다문화 가정에 봉사할 [VKC센타-나눔 학교]개설-운영을 담당 할 성도로 교사- 봉사자를 모집한다. (전은자 간사는 성도 개별신청 받는다)

   a. 인천지역 외국 근로자와 다문화 가정을 위한 OCOS 설치-운영 봉사 희망자
   b. 지역사회와 지역기업에 〈나눔 학교-VKC센타〉개설 희망자
   c. 교사, 교장, 보조 교사
   d. 기타 교사(아래 분야 외 One class One school 개설 교사 또는 교장)

[한국어] [영어] [미술] [음악] [미용]* [조리]* 기타 교사 각 1명과 각 보조 교사 1명

가. 지원자 필수 항목

    1) 인천온누리교회 등록 후, 1년 이상 출석 성도

    2) [일대일 제자 양육 성경공부] 이수자

    3) 〈인천온누리교회 순〉에 배정 받은 자로서 주일 예배 출석 성도

    4) 인-온 교회 장로, 권사, 성도(순원) 2명 이상이 서면 추천하는 성도

    5) 해당 노동부 인정하는 자격증 소지자

    6) 교사와 수강자 만남 가능한 신체 건강한 성도

나. 지원자 선택 항목

    1) 초-중-고등학교 교사 경력자

    2) 해당 과목 [자격증] 소지자

    3) 해당 과목 10년 이상 경력자로서 OCOS위원회 추천 성도

    4) *해당 교사는 실기경력자로서 근무(경력)직장을 제시 필수

    5) 실습시설 이용은 〈현재 운영 중인 기업과 협약 체결〉한 지원자

    6) 국내, 해외 경력자도 지원 가능함

* 남자-여자 성도는 연령 제한 없음
* 기타 항목으로〈생활교육 과목〉은 실습 시설이용과 교사 가능하면 수시로 개설 가능 함

One class One school 지역 교회 설치

인천온누리교회는 약 2년 동안 임시로 [나눔학교]를 설치-운영-평가하고, 필요한 경우 [사회 선교 위원회]에서 관리-운영을 고려한다

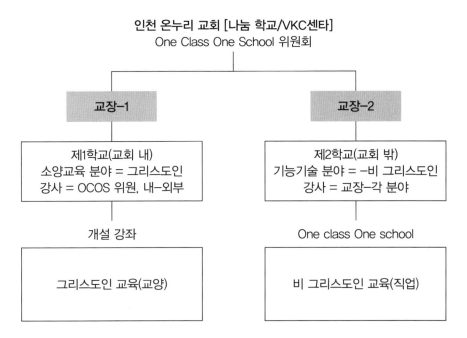

인천 온누리 교회 [나눔 학교/VKC센타]
One Class One School 위원회

| 교장-1 | 교장-2 |

제1학교(교회 내)
소양교육 분야 = 그리스도인
강사 = OCOS 위원, 내-외부

제2학교(교회 밖)
기능기술 분야 = -비 그리스도인
강사 = 교장-각 분야

개설 강좌

One class One school

그리스도인 교육(교양)

비 그리스도인 교육(직업)

1. 강사 전원 봉사자로 강사비 없음
2. 수강생(학생) 등록금 없음
3. 위원장이 강사 선발, 교장은 본인이 전문강사
4. [나눔 학교] 운영은 위원장, 교장 책임으로
5. 교장과 운영위원은 지역(주민 센터)방문으로 [나눔 학교] 설명-소개
6. 사례-기타 각종학교

A. 낚시 학교 B. 바둑 학교 C. 국수 학교 D. 바느질 학교 E. 목공 학교
F. 페인트 학교 G. 용접 학교 H. 편집 학교 I.   J.   K.

한국어 학교/교실, 영어 학교/교실, 바둑 학교, 미술 학교/교실 등은 〈교실에 컴퓨터〉만으로 개설로 운영 가능하다.

그러나 낚시학교, 국수학교, 목공학교, 용접학교는 교장이 실습장을 별도로 시설 할 필요 없다. 현지에 〈운영 중인 업체와 교육 공간과 시설 이용 협약〉 만으로 [나눔 학교]는 개설한다.

전통학교와 One class One school 비교

전통 학교(정규 사립학교)	OCOS학교(대안학교)
1. 개설-법적 기준	1. 개설-위원회 기준(사설 기준)
2. 교사 = 국가 자격자	2. 교사 = 국가 자격자+교회기준+기독인
3. 전용시설	3. 임차, 봉사시설, 비 전용시설
4. 학업 전업 학생	4. 직장인+성인+청소년+비 문해자+주민
5. 수업료 있음	5. 수업료 없음
6. 다수자 기준 학사	6. 개인 기준 학사
7. 대규모 시설	7. 소규모 시설
8. 다수 학생으로 구성	8. 소수 학생으로 구성(최소 1인)
9. 지식 중심 과정	9. 생활 중심 과정
10. 설립비 = 대규모 재정	10. 설립비 = 소액 재정
11. 자립형 교육기관	11. 구제형 교육단체
12. 운영-변형 = 유연성 어려움	12. 운영-변형 = 유연성 쉽다
13. 안정성, 계속성, 공동체정신	13. [안정성, 계속성, 공동체 정신] 없음
14. 교육활동에 다양성 없음	14. 교육활동에 다양성 많음
15. 국가 졸업장-학력 인증 가능	15. 사설 졸업장-학력 인증 불가능

[One class One school]은 전통적인 학교와 다른 점은 많고 특히 교육대상자에게 유익한 점도 많은 것은 사실이다. 이 유익한 분야와 요점을 최대한 육성-보완해야 한다.

〈교육기회 없는 소외층〉
〈평균 이하 소득층 지역민〉
〈교육-훈련으로 새 생활 희망자〉
〈남녀 노소 참여하는 교육 단체/학교〉
〈소 규모, 새로운 형태, 영상 시대 교육 방법〉

위 항목에 유익하도록 끊임 없는 수정-보완은 [One class One school] 발전을 가져올 것이다. 특히 통신-영상 발전으로 소통 기능, 지식전달 기능이 활자에서 영상으로 이전은 필연적으로 공 교육 분야에 변혁을 가져올 것이다.

이러한 시대적 변혁기에 [교회]는 진리 전달에서 교회(성도) 역할에 연구와 대안이 필요하다. 교회는 영적 공동체 이지만 하나님 말씀-지식을 기초로 출발한다. 따라서 교회 본질에 교육기능을 간과 할 수 없다. 지식전달 기능 발전과 이해도 평가기능 융합은 교육 공동체 발전에 핵심이 될 것이다.

[One class One school] 요약

1. 인간 = 학습 욕구, 힘, 영향력, 지역사회
2. 의미 = 삶에 행복을 추구하는 남녀 노소는 배움의 가치 확인,
   수평 통합 교육, 전 생애 배움 욕구 표현
3. 대상 = 비 문해자 36억명 - 비 그리스도인 포함한다
4. 방법 = 도전과 개척으로, ESDI, VKC센터(기업, 학교, 교회)
5. 목적 = [평등] [자유] [공존]
6. 역사 = 농경 사회 - 〈가족〉〈부족 시대〉〈왕국〉〈민주국가〉
   산업 사회 - 지역사회 참여
   정보화 사회 – 지식사회, Computer 시대

   스웨덴 70%, 미국 43%, 영국 49%, 한국 35%
7. 소유, 지배 없는 외국인 협력자

VKC (Vision Knowledge Community)
〈꿈의 지식 나눔 공동체〉로서

ESDI (Education & School Development Institute)
[교육 학교 개발원]은 임무를 수행한다

"믿는 무리가 한 마음과 한 뜻이 되어 모든 물건을 서로 통용하고 자기 재물을 조금이라도 자기 것이라 하는 이가 없더라"(사도행전 4:32)

"너희가 은을 받지 말고 나의 훈계를 받으며 정금보다 지식을 얻으라" (잠언 8:10)

◆ 선교지 현실과 후원 전략

1. 교회 사명과 전문기관 역할
2. 시대 변화와 교회 공동체 의식

◆ 지난 10년 깨달은 요점

1. [교육과 학교]는 전 세계가 환영
2. 사회주의, 이슬람지역-외국인 복음 확산에 장애물 많고,
   교회개척 불가능
   [전통적 학교] 설립 장애물
   (1) 법규–외국인 신분 설립 허가
   (2) 재정–과다한 운영, 설립 비용 지출
   (3) 교사–소외 층에 교육 헌신자 극소수, 교사 교육-훈련 부재
   (4) 교재–생활 중심 내용 필수
   (5) 빈곤–해결 방안인가?

◆ 앞으로 10년 계획 요점

1. 개발 도상 국가와 빈곤지역 - [교실 하나는 학교 하나]
                    "One class, One school"
2. 〈지역 개발 = 인간 개발〉 공동체에 [VKC 센터]설치
   (1) 교회 - [교육 센터]
   (2) 학교 - [협동 교실]*
   (3) 기업 - [기업 분교]*
3. 교육 = 교사(현지인 교육 훈련) + 교재(컴퓨터와 영상) ← S/W 제공
4. [기독인 재능 기부] = [지식-경험-기술-지혜] → [컴퓨터] → [교사, 교
   재] 작업

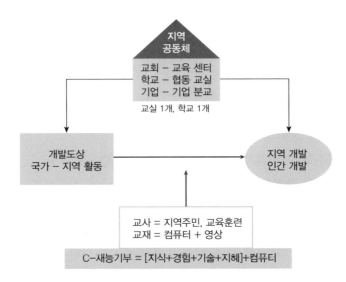

앞으로 10년 계획 요점

지역
공동체

교회 – 교육 센터
학교 – 협동 교실
기업 – 기업 분교

교실 1개, 학교 1개

개발도상
국가 – 지역 활동

지역 개발
인간 개발

교사 = 지역주민, 교육훈련
교재 = 컴퓨터 + 영상

C–새능기부 = [지식+경험+기술+지혜]+컴퓨디

◆ VKC 기준

1. 외국인 구령활동 금지 국가, 지역 대상
2. 소득, 교육 기회 평균 이하 〈지역 주민, 청소년 대상〉
3. [1개 교실, 1개 학교] 개설로 〈지역 개발 참여〉
4. 컴퓨터 = [교사], 컴퓨터 = [교재] → 〈핵심 가치〉
5. 협동 학습(Cooperative Learning System) → 〈단점 보완〉
6. 20명 1개 반, 〈아침반- 오후반-저녁반〉 전체 60명 이내
7. 최소 단위 설립 = 〈규모, 인력, 비용〉
8. 운영자 · 관리자 = 〈교회, 학교, 기업〉 대표자

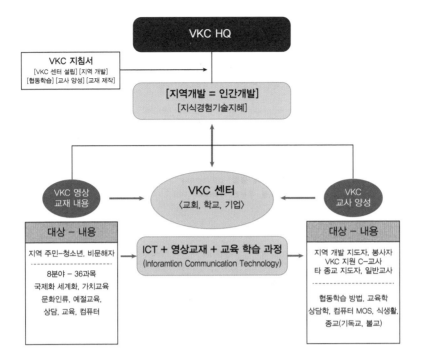

◆ [VKC 센터] 개설, 선교사 유익한 점

1. [존재 = 체류], 법적 여건 제공
2. 현지인 공동체 운영에 참여 가능
3. 사회성, 안정성, 연속성, 친화적 관계 형성
4. 지역 개발(인간 개발) 사업 참여*
   개인의 희망, 개인의 행복, 개인의 참여기회

- 초기 목표 : [교사 양성], [영상 교재 수집-제작]
- 검토 : [역사적 고찰, 현지 상황]

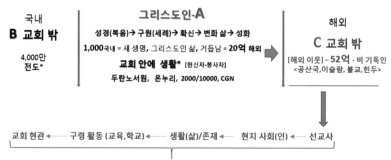

전 세계 72억 인구에 비 문해자 - 36억

36억 남성의 1/3---- **12억** = 비 문해자

36억 여성의 2/3-----**24억** = 비 문해자

<선진국1.4%, 중진국9.9%, 개도국 39.2% : UNDP>

국내

B 교회 밖

4,000만
전도*

그리스도인-A

성경(복음)→ 구원(세례)→ 확신→ 변화 삶→ 성화

1,000국내 = 새 생명, 그리스도인 삶, 거듭남 = **20억** 해외

교회 안에 생활* [헌신자·봉사자]

두란노서원, 온누리, 2000/10000, CGN

해외

C 교회 밖

[해외 이웃] - **52억** - 비 기독인
<공산국,이슬람, 불교,힌두>

교회 현관 ◄─ 구령 활동 (교육,학교) ◄─ 생활(삶)/존재 ◄─ 현지 사회(인) ◄─ 선교사

VKC의 활동 대상과 영역

◆ **목차**

1. **VKC 소개**
   1) 비전
   2) 현장
   3) 사업 목표
   4) 주요 사업
   5) 기대효과

2. **학교 설립과 운영 지침서**
   1) 필요성
   2) 작성 요령

3. **VKC School**
   1) 사업배경
   2) 사업의 3대 핵심 키워드
   3) 정의
   4) Platform
   5) 구성과 기능
   6) 개요
   7) 운영에 관한 VKC HQ의 역할
   8) 운영 지침
   9) 표준 시설 및 설비
   10) 설립비 및 운영비
   11) 기대효과
   12) 사업 진행 사례

4. **VKC School 교사 양성**
   1) 양성 목적
   2) 역할
   3) 양성 과정 개요
   4) 커리큘럼
   5) 평가 이수 - 졸업 사정
   6) 활동
   7) 양성 과정 운영비

5. **VKC School 교재 제작**
   1) 제작 방향
   2) 제작 방안
   3) 제작 프로세스
   4) 제작 형식
   5) 제작팀 구성
   6) 제작 예산 항목

6. **다빛나무 칼리지(2017년)**
   1) 핵심 가치
   2) 다빛나무 칼리지란?

7. **해바라기 학교(2016년)**
   1) 해바라기 학교란?
   2) 조사 통계 자료
   3) 수업 내용

8. **VKC 온라인**
   1) 제작 목적
   2) 제작 방향

9. **VKC 사업 추진 계획**
   1) 사업 추진 단계
   2) 조직도

◆ 배경

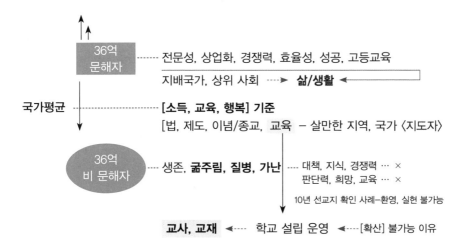

유형재물 : [물건, 부동산, 현금, 주식, 보화] … 은행, 증권회사, 투자회사, 전당포, 임차 = 사회제도 정착
무형재물 : [지식, 경험, 기술, 지혜] … 거래, 보관, 판매, 유통, 제작 = 사회제도 전무 – 현재

〈빈곤 - 가난 – 궁핍〉 이해
  1. [재난]으로 – 질병, 자연재해, 사고
  2. [성격]으로 – 게으름, 산만한, 의타심
  3. [제도]에서 – 왕국, 독재 국가, 사회주의 국가

해답 = [예수 제자]
  1. 삶에 목표가 생긴다
  2. 성격이 바뀐다
  3. 고난을 이기는 힘이 생긴다
  4. 사랑하는 의지가 생긴다

◆ 복음 소통 도구의 역사

BC–AD   = 예수 – 복음 탄생
BC–AD–1517년 = 로마 카톨릭 [1517]년 – [신부 보유, 구전]
1524년–2010년 = 활자문화 [486년] 〈지식, 경험, 기술, 지혜〉 – [보유, 유통, 복음 전파]

         개신교 성경 교육, 활자– 출판 문화 = 유럽 → 영국 → 미국 → 아시아(한국)

1960년–2010년 = 영상–통신 문화 [50년] 〈지식, 경험, 기술, 지혜〉 – [보관, 보급] + [교류]

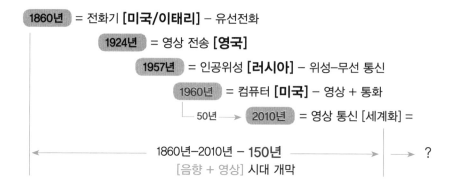

1860년 = 전화기 **[미국/이태리]** – 유선전화
         1924년 = 영상 전송 **[영국]**
             1957년 = 인공위성 **[러시아]** – 위성–무선 통신
                 1960년 = 컴퓨터 **[미국]** – 영상 + 통화
                 └─ 50년 ──▶ 2010년 = 영상 통신 [세계화] =

         ◀──────── 1860년–2010년 – 150년 ────────▶│ ──▶ ?
             [음향 + 영상] 시대 개막

◆ 축적, 이용, 수집–나눔

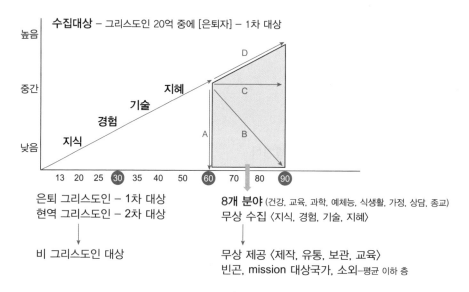

수집대상 – 그리스도인 20억 중에 [은퇴자] – 1차 대상

은퇴 그리스도인 – 1차 대상
현역 그리스도인 – 2차 대상

비 그리스도인 대상

8개 분야 〈건강, 교육, 과학, 예체능, 식생활, 가정, 상담, 종교〉
무상 수집 〈지식, 경험, 기술, 지혜〉

무상 제공 〈제작, 유통, 보관, 교육〉
빈곤, mission 대상국가, 소외–평균 이하 층

◆ VKC 헌장

1. 인류 [평화]에 이바지한다.

   '태초에 말씀이 계시니라 이 말씀이 하나님과 함께 계셨으니 이 말씀이 곧 하나님이시니라.'

   문자로 진리를 만나고 깨닫게 되어 곧 하나님과 교제하게 되었으니, 이웃과 평화롭게 살아가며 이 진리를 나눌 것을 다짐한다.

2. 지식, 경험, 기술, 지혜를 가장 귀한 [보화]로 삼는다.

   지식, 경험, 기술, 지혜는 보이지 않지만 보이는 물질보다 더 귀한 보화라 믿는다. 이 보화로 이웃을 배부르게 할 수 있으며, 건강하게 할 수 있으며, 재물을 만들 수도 있으며, 행복할 수도 있으며, 글을 읽고 그 뜻을 깨닫게 할 수 있음을 믿는다.

3. 온 세상 사람이 이 [보화]를 쉽게 나누는 ICT를 이용한다.

   VKC는 ICT(Information Communication Technology)가 [보화] 나눔에 편리한 도구로 확신하여 ICT 발전에 협력한다.

4. 소외층에 필요한 [생활 보화]를 수집, 보관, 제작, 나눔에 힘쓴다.

   VKC는 세계 여러 나라에 평균 이하 시민 즉 소외층에 필요한 생활 도구로 [보화] 나눔 방안을 연구 개발한다.

5. 교사 양성과 교재 개발에 힘쓴다.

   VKC [교사 양성]과 [학습 교재 개발]을 위한 교육과 학습 지침서 제공에 힘쓴다.

6. 학교, 기업, 사회 단체를 통한 활동을 장려한다.

   VKC 헌장에 동의하고 활동하려는 모든 공동체와 연합하여 VKC 학습 교재를 이용한다. 그리고 필요한 모든 업무를 적극적으로 서로 교류한다.

◆ VKC 사업 목표

〈개발 도상 국가 빈곤층, 교육–문화 소외층, 의식 전환과 생활 개선을〉 위한
기초 교육 제공

〈단기 구호 대상에서 벗어나 주민이 주체가 되어 지역 개발 참여하는〉
실제적 지역개발 사업 모델 확립

〈ICT 기수 활용을 통한〉
지식 나눔 지역 개발 사업

**교육 기회 없는 가난한 자에게
유익을 주는 ESDI**

**지식, 경험, 기술, 지혜로
지역 개발을 돕는 ESDI**

◆ VKC 주요 사업

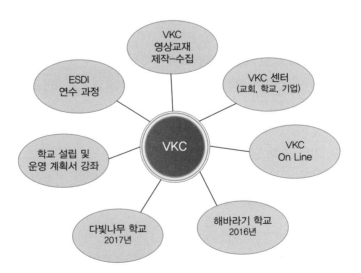

◆ 학교 설립과 운영 지침서의 필요성

국내외에 학교 설립-운영 희망자 많으나, 실제적-구체적인 실행 지침 전무하다. VKC는 학교 설립-운영 세부 지침서 제공 및 강좌로 학교 설립에 관한 정보 제공한다. 이를 통해 세계 여러 곳에 학교가 설립되어 교육 기회 확대를 기대한다.

학교 설립과 운영 지침서 작성 요령
이사장 : 공동체 설립자/소유자/법인 대표자/고용주(영적 지도자)
학교장 : 학사 책임자/학교 실무 책임자/학교 운영 관리(행정 관리자)
학교 설립 계획서(Paper school)-----------------------------설립자 작성

1. 학교 성격(이사장/이사회)
　미션학교
　기독학교
　사립 학교(일반 인문)
　공립 학교(분교)
　특수 학교(목적)
　구제형 학교(재정), 재정 자립형 학교, 학사 자립 학교(교사 지원자, 학사 계획 운영)
　엘리트, 비 엘리트 학교(한 마리 양), 교육 기회 제공형 학교(야간)

2. 학교 종류(이사장)
　[보조 학교] – 문맹퇴치, 야간 성인 학습학교, 성경학교
　[기술 학교] – 공업계열(토목, 건축, 전기, 기계, 화공, 방적)---국가담당 분야
　　　　　　　– 비공업계열(디자인, 미용, 위생, 컴퓨터, 조리)---개인, 사립학교
　[직업 학교]– 조리학교, 안경학교, 경찰학교, 열쇠학교, 선원학교, 디자인학교, 체육학교, 예술학교, 농업학교, 보건-위생-의료학교, 음향학교, 항공학교, 세무학교, 철도학교, 우편학교
　[재활 학교] – 농아학교, 맹아학교, 발달 장애/다우니 학교

3. 설립 정신(이사장)

   화랑정신

   그리스도 정신

   대한민국 교육 이념 ----〈홍익인간, 이화 사상〉

   미국 교육 이념 --------〈자유, 평등, 독립〉

   돌봄과 배움의 사랑 공동체

   건강한 시민 정신

   진리 탐구

4. 설립 목적(이사장) ----- 왜 학교설립-개교하는가

   [복음]

   [그리스도인]

   [지도자 양성]

   [국가 지도자]

   [기술자]

   [국토 방위]

   [건강한 시민 정신 함양]

5. 학교 위치(이사장 + 학교장)

   대도시, 중/소도시, 농촌마을, 어촌 마을, 빈민 지역, 부자지역

   [학교 성격]에 따라서 지역 선정한다

6. 입학 대상자---학교장

   Elite(우수 학생 선발)

   평균 이하/한 마리 양,

   혼합형(장애자 학교/재활 복지 대학(평택)

7. 학교 지도자(교사) 선임/채용 조건(이사장+학교장)

   〈교과편성과 내용〉

   〈학생 숫자〉

   〈학교 설립 목적〉

〈학사 지침〉

〈학교 형태〉

8. 재정 규모– 설립 예산과 운영 예산 (이사장+학교장)

　설립비

　운영비

　건축규모

　전임 재직교사와 강사숫자

　학비 책정, 등록금 수납 방법

9. 소유와 운영 책임자 결정(이사장)

　1) 가족 중심 설립

　2) 현지인 중심 설립

　3) 동역자 중심 설립

　4) 기관 - 단체중심

　5) 재정 후원자 중심

　6) 기타 방법

10. 학교 이상 선언문(vision statement) (이사장+교장)

　Vision state, Mission statement ----학교 공식 문서

　공동체 존재 이유, 이상, 목표, 사명

　독립 선언문

　공동체 구성원에게 정체성 제공

11. 설립위원회–운영위원회 구성

　현지인과 협력관계

　지역 사회(도시, 마을)지도자

　교육 경력지도자

　당연직〈운영 위원〉으로 전시장, 전/현직 국회의원

　선임직 이사장/이사회에서, 학교장은 위촉

　현지인과 교류, 친교, 접촉은 mission

12. 재정 후원 조건(이사장)

    1) 본인 재정조달----가족중심 가능, 본인재정 + 기부금(다수/1인)

    2) 교회 재정후원----기부인가, 동역인가 관계 구분 필요

    3) 개인후원---------설립주체와 관계, 기부인가 동업인가, 지분요구

    4) 단체/NGO 후원----설립주체와 협의사항/권장, 설립자=대행자/청지기 발표 필요함

    5) 기타 (현지 교단+한국 후원자+한국교회+개인) 후원 문서화 필요

13. 설립예산 과 운영 예산계획 수립(이사장+교장)

    a. [설립 예산]

      학교대지매입비용------등기 명의(개인 경우)

      건물구입, 신축비용----전문가(설계회사와 건축회사)참여가 필요

      학교시설, 교구----------수준, 재성 규보 기준으로 예산 책정

    b. [운영 예산] (학교장)

      교사인건비, 학교/학사운영-관리비, 일반관리비, 행사비(입학, 졸업, 발표회)

      비영리기관은 이상(vision)실현 공동체로 기부금 관리—기부자/봉사자 소통 필요함

      [운영 예산과 집행을 공개하면 기부자와 관계 개선된다.]

14. 학교 이사회 정관(이사장)

    법정 이사 숫자, 이사장 선임, 감사 선임, 당연직 이사, 선임직 이사

15. 학교 이름(이사장+교장)

    공모, 이사장 결정, 기타 방법

16. 학교조직. 업무분장(교장)

    보직 결정 –전임직, 비전임직, 임기 필수

17. 학교 상징(학교장 + 이사장)

    교조, 교화, 교패, 교가, 교복, 교칙 (교장)

18. 학사 규정(학교장)

상벌, 입학, 교무, PTS, 장학금, 교사 임용(교장)

19. 학사 일정(학교장)

개교, 개학, 시험, 방학, 졸업

각종 행사, 학교 회의 일정, 학교 공개, 대외 활동 일정을 결정, 공개

◆ VKC School 사업의 3대 핵심 키워드

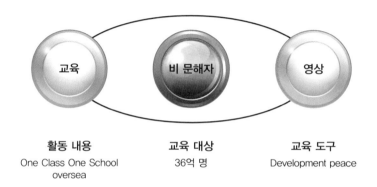

활동 내용	교육 대상	교육 도구
One Class One School oversea	36억 명	Development peace

키워드 1. 교육

〈왜 교육을 해야 하는가?〉

교육의 격차는 곧 빈부, 가난과 굶주림의 격차

교육-문화적으로 소외된 국가 사회, 소외층에게 국가 제공하는 교육조차
미치지 못하는 현실

기존 사회사업 단체는 주로 단순 구호와 재정 지원, 어린이-청소년 대상
기초 교육 제공

비 문해자 성인(학부모, 지도자) 참여 없는 개인, 가정, 지역 개발과 발전
은 불가능

지역 개발과 주민 교육으로 생각에 변화

생활 개선, 생활 문화 향상

키워드 2. 비문해자

〈"문해"의 개념〉

| 문맹 | 단순히 문자를 읽고 쓰지 못하는 문자해독 능력 불가능한 상태를 말한다. |

| 문해 | 분맹에 반대되는 발전된 상태로 문자해독 능력과 자기 표현을 문장으로 가능하며 읽기, 쓰기, 셈하기 능력의 보유 수준 계층이다. 일상 사회생활에 필수적인 문자-문장해석 가능하며 사회적 의식 수준까지 포함하는 문화인의 개념이다. |

| 비 문해란? | 문자 해독은 가능하지만 문자를 읽고 그 의미(뜻)을 모르며, 자기 생각을 문장으로 표현할 수 없는 상태를 말한다. |

전 세계 72억 인구 중 36억 남성의 1/3인 12억, 36억 여성의 2/3인 24억, 총 36억이 비 문해자로서 세계 인구의 절반에 해당한다.

〈왜 비 문해자인가?〉

지구인의 절반에 해당하는 인구에 과반수
외부의 도움을 가장 필요로 하는 사회 약자
가난이 대물림되는 사회계층 구조 속에 있는자
자립 생활을 위하여 기초 교육 소외 계층

더 나은 생활을 희망하는 가족, 동네, 나라에
새 생활과 새 생명은 필수 영양소

◆ VKC 센터 Platform

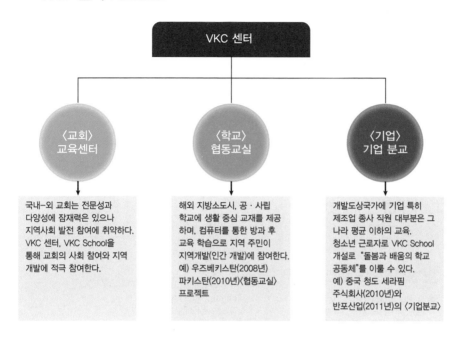

VKC 센터

〈교회〉 교육센터

국내-외 교회는 전문성과 다양성에 잠재력은 있으나 지역사회 발전 참여에 취약하다. VKC 센터, VKC School을 통해 교회의 사회 참여와 지역 개발에 적극 참여한다.

〈학교〉 협동교실

해외 지방소도시, 공·사립 학교에 생활 중심 교재를 제공하며, 컴퓨터를 통한 방과 후 교육 학습으로 지역 주민이 지역개발(인간 개발)에 참여한다. 예) 우즈베키스탄(2008년) 파키스탄(2010년)〈협동교실〉 프로젝트

〈기업〉 기업 분교

개발도상국가에 기업 특히 제조업 종사 직원 대부분은 그 나라 평균 이하의 교육. 청소년 근로자로 VKC School 개설로 "돌봄과 배움의 학교 공동체"를 이룰 수 있다. 예) 중국 청도 세라핌 주식회사(2010년)와 반포산업(2011년)의 〈기업분교〉

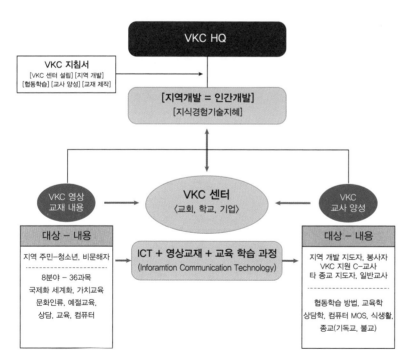

VKC HQ

VKC 지침서
[VKC 센터 설립] [지역 개발]
[협동학습] [교사 양성] [교재 제작]

[지역개발 = 인간개발]
[지식경험기술지혜]

VKC 영상 교재 내용

VKC 센터
〈교회, 학교, 기업〉

VKC 교사 양성

대상 – 내용

지역 주민-청소년, 비문해자
- -
8분야 – 36과목
국제화 세계화, 가치교육
문화인류, 예절교육,
상담, 교육, 컴퓨터

ICT + 영상교재 + 교육 학습 과정
(Inforamtion Communication Technology)

대상 – 내용

지역 개발 지도자, 봉사자
VKC 지원 C-교사
타 종교 지도자, 일반교사
- -
협동학습 방법, 교육학
상담학, 컴퓨터 MOS, 식생활,
종교(기독교, 불교)

◆ VKC School의 구성과 기능

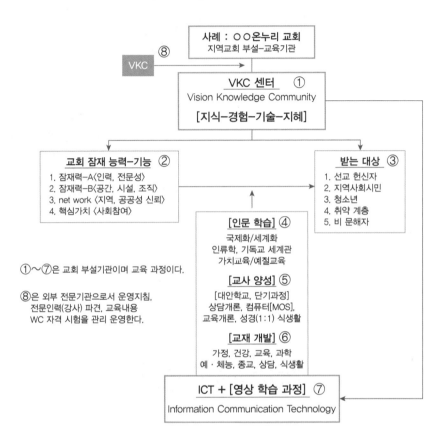

① ~ ⑦은 교회 부설기관이며 교육 과정이다.

⑧은 외부 전문기관으로서 운영지침,
전문인력(강사) 파견, 교육내용
WC 자격 시험을 관리 운영한다.

교회 현황 (예배 공동체)

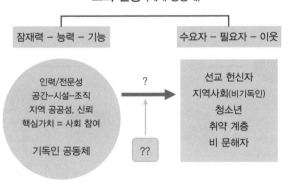

◆ 제도화 필요성
◆ 교회 사명
◆ 교회와 선교단체

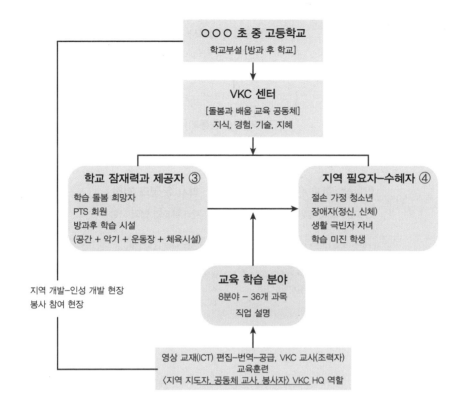

◆ **지역 개발 참여자 유의사항**

1. 지역 학교에 제안서로 [학교장+교사+지역 지도자] 동의 필수
2. 봉사자 주도로 [VKC 센터] 개설 → 현지 지도자와 동역
3. 지역 주민 - 소수 인원으로 출발, 경험 필수
4. [논쟁, 거부, 재정] 경우, 기다림 사역 - 시작하지 말 것
5. 지역 주민 참여는 [가장 든든한 기초이며, 환영과 성공의 시작]
6. [신앙-진리]는 삶으로 전달되도록 기다림으로 보응해야.

사례 1: 〈물자 기증으로 학부형 자원봉사 판매로 자력으로 교구 준비하다〉
사례 2: 〈왜 우리 마을에는 교회가 없는가〉

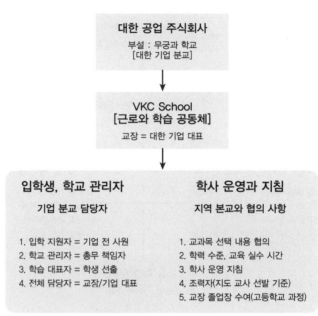

대한 공업 주식회사

부설 : 무궁과 학교
[대한 기업 분교]

↓

VKC School
[근로와 학습 공동체]

교장 = 대한 기업 대표

↓

입학생, 학교 관리자

기업 분교 담당자

1. 입학 지원자 = 기업 전 사원
2. 학교 관리자 = 총무 책임자
3. 학습 대표자 = 학생 선출
4. 전체 담당자 = 교장/기업 대표

학사 운영과 지침

지역 본교와 협의 사항

1. 교과목 선택 내용 협의
2. 학력 수준, 교육 실수 시간
3. 학사 운영 지침
4. 조력자(지도 교사 선발 기준)
5. 교장 졸업장 수여(고등학교 과정)

기업 제공 = 학습 교실, 컴퓨터 26대, 프로젝터 1SET, 전자 피아노, 책상, 의자 26조 칠판

◆ VKC School 개요

1. 교과 내용 − 교육 기본 과정 − 10개월

8개 분야	가정	건강	사회	예체능	과학	경제	종교	상담
	출산	식생활	가치 교육	무용	자연 환경	경제 생활	예절 교육	청소년
	육아	조리	세계 역사	음악	지구 과학	지역 개발	기독교	중독 (음주)
36개 과목	자녀 양육	질병 예방	공동체 정신	미술	과학 농업	상업	불교	중독 (흡연)
	부부 생활	공중 위생	국제화−세계화	실내 운동	컴퓨터	공업		중독 (마약)
		응급 처치	국가와 국민	합창		가정 경제		직업 상담

- 1개 과목 당 25분 수업을 평균 20 회 영상 강의로 구성
  → 36개 과목을 선택으로 구성
- 교과 내용의 이해와 실생활 적용을 위한 VKC 수업 별도 진행(그룹 토론, 협동학습, 실습, 작품 활동 등)
- 교과목 이름 변경, 강의 시간, 내용 등은 경험자와 전문가 자문을 통하여 조정한다.

2. 직업 선택 상담 – 1개월

	농업*	제조	의료*	문화	컴퓨터*	서비스	언어(회화)
1	원예사(화훼, 비닐 하우스)	건축가, 수리 기술자	간호사	관광 안내자 (여행, 숙박)	컴퓨터 오페레이터	미용사	영어
2	채소 재배자 (유기농 야채, 약초)	농업 기계 정비사	조산사	택배사업자 (운송, 배달)	컴퓨터 수리기술자	봉제사 (옷수선)	한국어
3	영농경영지 (종자 개량)	전기기술자	침술, 지압사 (대체의학)	조리사	영상제작자 (관, 혼, 상, 제)	장의사	중국어
4	가금사육 종사자	기념품 생산자	물리 치료사	제과 제빵사	스튜디오 사업자, 편집기사	용역사업자 (미화, 경비)	스페인어

- VKC School 개설 지역 특성과 현실에 합당한 직업 소개 (서적, 영상, 사진으로 직업 소개 자료)
- 상담으로 적성과 취미에 알맞는 직업 선택, 실제적 준비 지원

◆ VKC School 표준 시설 및 설비

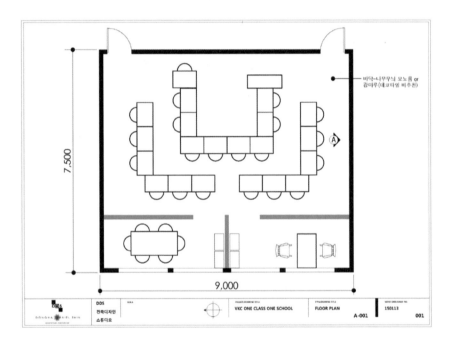

◆ VKC School 사업 진행 사례

1. 국내/한국 기업- VKC 센터 사례
   ▷ 일시 : 2014년 10월 2일 학습실 개설
   ▷ 장소 : (사) 늘푸름 나눔 보호 작업장(서울 은평구 수색동296-41)
         (사) 늘푸른 직업 재활원(경기도 고양시 덕양구 관산동 591)

VKC 비전 선언문   [학습실 준수 사항]

김연희 복지사, 오성연 VKC대표 컴퓨터11대와
학습실 (경기도 고양시 덕양구)늘푸른 직업재활원

UL Network 정재순 대표

컴퓨터 17대 와 학습 실 내부(은평구)

2. 학교 사례 1 – 캄보디아 마을 학교

  ▷ 일시: 2005년 - 현재

  ▷ 장소: Cambodia, Vot beng 마을

  ▷ Vot beng Friend School: 캄보디아 벽촌 어린이를 위한 초등학교-중
    등학교

마을 학교 개교 전 어린이 와 전도사 2005년

교실 3개, 교사 숙소, 학교 대지-1헥타

중학생 교실 2010년 방문-구 선교사, 오성연 장로

춤으로 환영 인사 2010년

Vot beng Friend School 전경

3. 학교 사례 2 – Afghanistan Zoguri 마을 학교

　▷ 일시: 2006년 - 현재

　▷ 장소: Afghanistan = Zoguri Friend School, Sabes Bulo Friend School,
　　Zola Friend School 외 1개 초등학교

　▷ Zoguri Friend School : Afghanistan 해발 3,000m 고산 지대,
　　Hazarat 족 거주 지역, 초등학교-중학교 설립운영

추위로 1년 중 5개월은 방학하는 텐트학교　　　조구리 마을　　　샤베스 불로 어린이

마을 청년회가 학교 발전을 결의문 낭독하다　　　석조 건물학교 준공 2006년 10월

4. 학교 사례 3 – 중국 기업 분교

　▷ 일시: 2010년 - 현재

　▷ 장소: 중국 산동성 청도(청양)

　▷ 중국 세라핌 [기업분교]: 액세서리 공장 내 청소년 근로자들을 위한
　　직업 학교

세라핌 공장 전경　　　액세서리 샘플, 작업장　　　재학생 앞에 서있는 신입생 2011년

컴퓨터와 보조 교사, 학습실　　　1주에 2회,컴퓨터가 교사와 교재- 2010년　　　1학년,2학년 전교생과 직원 2011년

5. 학교 사례 4 – 중국 기업 분교

  ▷ 일시: 2011년

  ▷ 장소: 중국, 산동성 청도(교주)

  ▷ 중국-청도 [기업 분교]: 텐트-방한복 생산 공장, 주민- 청소년 근로
    자 위한 야간학교

반포 산업 직원 기숙사, 기업분교 개설

텐트 생산 공장 내부

교사 책상과 양국 국기가 인상적

기업분교 학습실 내부

2개 반 40명,신입생(2011년)

한족, 조선족 교사(곡혜영 R)

◆ VKC 사업 추진 단계

1단계	2단계	3단계	4단계	5단계
준 비	**형 성**	**확 립**	**성 장-1**	**성 장-2**
사업 계획 수립	VKC HQ 설립 사업 계획 수립	VKC 운영 방침 수립	VKC 센터 확대	Global Network
조사-교류-토의 프로그램 구축 동역자 구성 〈network〉 온라인 web 제작 발주	1. 학교설립운영계획서 2. VKC 교사양성 3. VKC 영상교재 4. VKC 센터 (교회, 학교, 기업) 5. VKC On Line(site)	1.온라인 서비스 확대 2.외부 전문가 위탁작업 3.재능기부 [지식+경험+기술+지혜] 4.영상 작업 = 외주 제작, 5. 8개 언어 번역작업 6. 재정-모금 활동 협력 7. 8개 분야, 36개 과목 교재 구축(수집-보유)	국내 → 해외 〈교회,학교,기업〉 다빛나무 college 해바라기 학교	VKC-Asia VKC-Europe VKC-Africa VKC-M. East VKC-N. America VKC-S. America 사업 다각화 역량 강화 단위화
1년-2014	2년-2015	3년-2016	4년-2017	5년-2018

◆ 희망사항

1. 2015년 온누리교회 선교 전략?
2. VKC, 선교 전략 - 도구로 평가?
3. 국내 – 인천온누리교회 + VKC 센터 시험 개설
   해외 – 베트남온누리교회 + VKC 센터 시험 개설
4. VKC 영상 교재, 외국어 번역 담당 여부(13개 국어)

하나님의 선물
One Class One School

펴낸날 | 2023년 8월 15일

지은이 | 오 성 연
펴낸이 | 허 복 만
펴낸곳 | 야스미디어
등록번호 제10-2569호

편 집 기 획 | 디자인드림
표지디자인 | 디자인일그램

주   소 | 서울시 영등포구 영중로 65, 영원빌딩 327호
전   화 | 02-3143-6651
팩   스 | 02-3143-6652
이메일 | yasmediaa@daum.net
I S B N | 979-11-92979-06-9(03230)

정가 28,000원

본서의 수익금 일부분은 선교사를 지원합니다.